Antje Hoops

Die Mitbestimmungsvereinbarung in der Europäischen Aktiengesellschaft (SE)

FORUM ARBEITS- UND SOZIALRECHT

herausgegeben von
Prof. Dr. Richard Giesen, Prof. Dr. Matthias Jacobs,
Prof. Dr. Dr. h.c. Horst Konzen und Prof. Dr. Meinhard Heinze †

Band 33

Antje Hoops

Die Mitbestimmungsvereinbarung in der Europäischen Aktiengesellschaft (SE)

Centaurus Verlag & Media UG 2009

Zur Autorin: Antje Hoops, geb. 1980, absolvierte ein Studium der Rechtswissenschaft an der Universität Passau sowie an der Universität Göttingen. 2008 wurde sie an der Bucerius Law School bei Professor Dr. Matthias Jacobs promoviert. Derzeit ist sie Rechtsreferendarin am Hanseatischen Oberlandesgericht.

Die Deutsche Bibliothek – CIP-Einheitsaufnahme

Hoops, Antje:
Die Mitbestimmungsvereinbarung in der
Europäischen Aktiengesellschaft (SE) / Antje Hoops. –
Kenzingen : Centaurus-Verl., 2009
  (Forum Arbeits- und Sozialrecht ; Bd. 33)
Zugl.: Hamburg, Bucerius Law School, Diss., 2008

ISBN 978-3-8255-0737-4   ISBN 978-3-86226-370-7 (eBook)
DOI 10.1007/978-3-86226-370-7

ISSN 0936-028X

Satz: Vorlage der Autorin
Umschlaggestaltung: Antje Walter, Titisee

Vorwort

Die vorliegende Arbeit wurde im Jahr 2008 von der Bucerius Law School – Hochschule für Rechtswissenschaft – in Hamburg als Dissertation angenommen. Die mündliche Prüfung fand am 12. Dezember 2008 statt.

Ganz besonders bedanken möchte ich mich bei meinem Doktorvater Herrn Professor Dr. Matthias Jacobs. Er gab mir die Anregung zu diesem Thema und unterstützte dessen Ausarbeitung auf vielfältige Weise und mit ständigem großen Interesse. Seine kritischen, stets wertvollen Anregungen und die ständige Gesprächsbereitschaft haben entscheidend zum Gelingen dieser Arbeit beigetragen.

Herrn Prof. Dr. Christoph H. Seibt, LL.M. danke ich sehr für die zügige Erstellung des Zweitgutachtens.

Mein größter Dank gilt meinen Eltern, die mich während meiner Ausbildung in jeglicher Hinsicht liebevoll und stets außerordentlich großzügig unterstützt haben.

Ihnen widme ich diese Arbeit.

Hamburg, im Dezember 2008   *Antje Hoops*

Inhaltsverzeichnis

Literaturverzeichnis

Anweiler, Jochen   Die Auslegungsmethoden des Gerichtshofs der Europäischen Gemeinschaft, Frankfurt am Main 1997, zugleich Diss. Universität Göttingen 1996/1997

Bartone, Roberto/ Klapdor, Ralf   Die Europäische Aktiengesellschaft – Recht, Steuer, Betriebswirtschaft –, 2. Auflage, Berlin 2007

Bartsch, Johannes Mchael   Mitbestimmung und Niederlassungsfreiheit, Berlin 2006, zugleich Diss. Universität Passau 2005/2006

Baums, Theodor/ Ulmer, Peter   Unternehmensmitbestimmung der Arbeitnehmer im Recht der EU-Mitgliedstaaten, Heidelberg 2004

Bayer, Walter   Die Gründung einer Europäischen Gesellschaft mit Sitz in Deutschland, in: Lutter, Marcus/ Hommelhoff, Peter (Hrsg.), Die Europäische Gesellschaft, Köln 2005, S. 25-65

Berliner Netzwerk Cporate Governance   12 Thesen zur Modernisierung der Mitbestimmung, AG 2004, 200-201

Beuthien, Volker   Mitbestimmungsvereinbarung nach geltendem und künftigem Recht, ZHR 148 (1984), 95-117

Bezzenberger, Tilman   Die Europäische Aktiengesellschaft, Jura 2003, 229-232

Binder, Ulrike/ Jünemann, Michael/ Merz, Friedrich/ Sinewe, Patrick (Hrsg.)   Die Europäische Aktiengesellschaft (SE), Wiesbaden 2007

Blanke, Thomas   Europäisches Betriebsräte-Gesetz (EBRG), Europäische Mitbestimmung – SE, Kommentar, 2. Auflage, Baden-Baden 2006

Blanke, Thomas   Europäische Aktiengesellschaft ohne Arbeitnehmerbeteiligung?, ZIP 2006, 789-792

Blanke, Thomas   Europäische Beteiligungsvereinbarungen und Betriebsverfassung, AG 2006, 493-499

Blanquet, Françoise   ECLR – Das Statut der Europäischen Aktiengesellschaft (Societas Europaea „SE") – Ein Gemeinschaftsinstrument für die grenzüberschreitende Zusammenarbeit im Dienst der Unternehmen, ZGR 2002, 20-65

Bleckmann, Albert   Zu den Auslegungsmethoden des Europäischen Gerichtshofs, NJW 1982, 1177-1182

Bork, Reinhard   Allgemeiner Teil des Bürgerlichen Gesetzbuches, 2. Auflage, Tübingen 2006

Brandt, Ulrich	Die Hauptversammlung der Europäischen Aktiengesellschaft (SE), Frankfurt am Main 2004, zugleich Diss. Universität Würzburg 2003/2004
Brandt, Ulrich	Ein Überblick über die Europäische Aktiengesellschaft (SE) in Deutschland, BB-Special 3/2005, 1-7
Brandt, Ulrich/ Scheifele, Matthias	Die Europäische Aktiengesellschaft und das anwendbare Recht, DStR 2002, 547-555
Braun, Silvia	Die Sicherung der Unternehmensmitbestimmung im Lichte des europäischen Rechts, Baden-Baden 2005, zugleich Diss. Universität Freiburg i. Br. 2005
Braun, Susanne	Die Europäische Aktiengesellschaft: nach „Inspire Art" bereits ein Auslaufmodell?, Jura 2005, 150-156
Buchheim, Regine	Europäische Aktiengesellschaft und grenzüberschreitende Konzernverschmelzung: der aktuelle Entwurf der Rechtsform aus betriebswirtschaftlicher Sicht, Wiesbaden 2001, zugleich Diss. Freie Universität Berlin 2000
Bungert, Hartwin/ Beier, Constantin H.	Die Europäische Aktiengesellschaft – Das Statut und seine Umsetzung in die Praxis –, EWS 2002, 1-12
Calle Lambach, Inés	Das Gesetz über die Beteiligung der Arbeitnehmer in der Europäischen Gesellschaft (SE-Beteiligungsgesetz – SEBG), RIW 2005, 161-168
Callies, Christian	Die grundrechtliche Schutzpflicht im mehrpoligen Verfassungsrechtsverhältnis, JZ 2006, 321-330
Callies, Christian/ Ruffert, Matthias	EUV/ EGV Kommentar, 3. Auflage, München 2007
Canaris, Claus-Wilhelm	Grundrechte und Privatrecht, AcP 184 (1984) 201-246
Casper, Matthias	Der Lückenschluss im Statut der Europäischen Aktiengesellschaft, in: Habersack, Mathias/ Hommelhoff, Peter/ Hüffer, Uwe/ Schmidt, Karsten (Hrsg.), Festschrift für Peter Ulmer zum 70. Geburtstag am 2. Januar 2003, Berlin 2003, S. 51-72.
Däubler, Wolfgang	Die Vereinbarung zur Errichtung eines Europäischen Betriebsrats, in: Schlachter, Monika/ Ascheid, Reiner/ Friedrich, Hans-Wolf (Hrsg.), Tarifautonomie für ein neues Jahrhundert, Festschrift für Günter Schaub zum 65. Geburtstag, München 1998, S. 95-115
Däubler, Wolfgang (Hrsg.)	Tarifvertragsgesetz mit Arbeitnehmerentsendegesetz, 2. Auflage, Baden-Baden 2006
Däubler, Wolfgang/ Kittner, Michael/ Klebe, Thomas (Hrsg.)	Betriebsverfassungsgesetz, Kommentar für die Praxis, 11. Auflage, Frankfurt am Main 2008
Deutscher Anwaltverein (Handelsrechtsausschuss)	Stellungnahme zum Diskussionsentwurf eines Gesetzes zur Ausführung der Verordnung (EG) Nr. 2157/2001 des Rates vom 8. Oktober 2001 über das Statut der Europäischen Gesellschaft (SE) (SE-Ausführungsgesetz – SEAG), November 2003, NZG 2004, 75-86

Dieterich, Thomas/ Müller-Glöge, Rudi/ Preis, Ulrich/ Schaub, Günter (Hrsg.)	Erfurter Kommentar zum Arbeitsrecht, 8. Auflage, München 2008
Drinhausen, Florian/ Van Hulle, Karel/ Maul, Silja	Handbuch zur Europäischen Gesellschaft (SE), München 2007
El Mahi, Farida	Die Europäische Gesellschaft, Frankfurt am Main 2004
Fabricius, Fritz	Erweiterung der Arbeitnehmer-Beteiligung im Aufsichtsrat einer Aktiengesellschaft gem. § 76 BetrVG 1952 auf rechtsgeschäftlicher Grundlage, in: Dieterich, Thomas/ Gamillscheg, Franz/ Wiedemann, Herbert (Hrsg.), Festschrift für Marie Luise Hilger und Hermann Stumpf, München 1983, S. 155-176
Fitting, Karl (Begr.)/ Engels, Gerd/ Schmidt, Ingrid/ Trebinger, Yvonne/ Linsenmaier, Wolfgang	Betriebsverfassungsgesetz mit Wahlordnung, Handkommentar, 24. Auflage, München 2008
Fleischer, Holger	Der Einfluss der Societas Europaea auf die Dogmatik des deutschen Gesellschaftsrechts, AcP 204 (2004), 503-543
Fuchs, Maximilian/ Marhold, Franz	Europäisches Arbeitsrecht, 2. Auflage, Wien 2006
Germelmann, Claas-Hinrich/ Matthes, Hans-Christoph/ Müller-Glöge, Rudi/ Prütting, Hanns	Arbeitsgerichtsgesetz, Kommentar, 6. Auflage, München 2008
Grobys, Marcel	Das geplante Umsetzungsgesetz zur Beteiligung von Arbeitnehmern in der Europäischen Aktiengesellschaft, NZA 2004, 779-781
Grobys, Marcel	SE-Betriebsrat und Mitbestimmung in der Europäischen Gesellschaft, NZA 2005, 84-91
Gruber, Johannes/ Weller, Marc-Philippe	Societas Europaea: Mitbestimmung ohne Aufsichtsrat?, NZG 2003, 297-301
Güntzel, Volker	Die Richtlinie über die Arbeitnehmerbeteiligung in der Europäischen Aktiengesellschaft (SE) und ihre Umsetzung in das deutsche Recht, Frankfurt am Main 2006
Gutsche, Robert	Die Eignung der Europäischen Aktiengesellschaft für deutsche und mittlere Unternehmen in Deutschland, Baden-Baden 1994, zugleich Diss. Universität Heidelberg 1993
Habersack, Mathias	Das Konzernrecht der „deutschen" SE, ZGR 2003, 724-742

Habersack, Mathias	Schranken der Mitbestimmungsautonomie in der SE, AG 2006, 345-355
Habersack, Mathias	Konzernrechtliche Aspekte der Mitbestimmung in der Societas Europaea, Der Konzern 2006, 105-112
Habersack, Mathias	Grundsatzfragen der Mitbestimmung in SE und SCE sowie bei grenzüberschreitender Verschmelzung, ZHR 171(2007), 613-643
Hanau, Peter	Sicherung unternehmerischer Mitbestimmung, insbesondere durch Vereinbarung, ZGR 2001, 75-109
Hanau, Peter	Neuer Anlauf zur mitbestimmten SE, RdA 1998, 231-233
Hanau, Peter/ Steinmeyer, Heinz-Dietrich/ Wank, Rolf	Handbuch des europäischen Arbeits- und Sozialrechts, München 2002
Happ, Wilhelm (Hrsg.)	Aktienrecht, Handbuch – Mustertexte – Kommentar, 3. Auflage, Köln, Berlin, München 2007
Hauck, Friedrich/ Helml, Ewald	Arbeitsgerichtsgesetz, Kommentar, 3. Auflage, München 2006
Heidel, Thomas	Aktienrecht und Kapitalmarktrecht, Kommentar, 2. Auflage, Baden-Baden 2007
Heinze, Meinhard	Ein neuer Lösungsweg für die Europäische Aktiengesellschaft, AG 1997, 289-297
Heinze, Meinhard	ECLR – Die Europäische Aktiengesellschaft, ZGR 2002, 66-95
Heinze, Wolfgang/ Seifert, Achim/ Teichmann, Christoph	BB-Forum: Verhandlungssache – Arbeitnehmerbeteiligung in der SE, BB 2005, 2524-2530
Hensche, Detlef	Erweiterung der Mitbestimmung durch privatautonome Regelung, insbesondere in Unternehmen der öffentlichen Hand, AuR 1971, 33-45
Henssler, Martin	Unternehmerische Mitbestimmung in der Societas Europaea, in: Habersack, Mathias/ Hommelhoff, Peter/ Hüffer, Uwe/ Schmidt, Karsten (Hrsg.), Festschrift für Peter Ulmer zum 70. Geburtstag am 2. Januar 2003, Berlin 2003, 193-210
Henssler, Martin	Bewegung in der deutschen Unternehmensmitbestimmung, RdA 2005, 330-337
Henssler, Martin	Mitbestimmungsrechtliche Konsequenzen einer Sitzverlegung innerhalb der Europäischen Union – Inspiration nach „Inspire Art" –, in: Söllner, Alfred/ Gitter, Wolfgang/ Waltermann, Raimund/ Giesen, Richard/ Ricken, Oliver (Hrsg.), Gedächtnisschrift für Meinhard Heinze, München 2005
Henssler, Martin/ Willemsen, Heinz Josef/ Kalb, Heinz-Jürgen (Hrsg.)	Arbeitsrecht Kommentar, 2. Auflage, Köln 2006

XVI

Herfs-Röttgen, Ebba	Probleme der Arbeitnehmerbeteiligung in der Europäischen Aktiengesellschaft, NZA 2002, 358-365
Herfs-Röttgen, Ebba	Arbeitnehmerbeteiligung in der Europäischen Aktiengesellschaft, NZA 2001, 424-429
Hess, Harald/ Schlochauer, Ursula/ Worzalla, Michael/ Glock, Dirk/ Nicolai, Andreas (Hrsg.)	Kommentar zum Betriebsverfassungsgesetz, 7. Auflage, Köln 2008
Hirte, Heribert	Die Europäische Aktiengesellschaft, NZG 2002, 1-10
Hoffmann-Becking, Michael	Organe: Strukturen und Verantwortlichkeiten, insbesondere im monistischen System, ZGR 2004, 355-382
Hoffmann-Becking, Michael (Hrsg.)	Münchener Handbuch des Gesellschaftsrechts, Band 4 Aktiengesellschaft, 3. Auflage, München 2007
Hommelhoff, Peter	Satzungsstrenge und Gestaltungsfreiheit in der Europäischen Aktiengesellschaft, in: Habersack, Mathias/Hüffer, Uwe/ Hommelhoff, Peter/ Schmidt, Karsten (Hrsg.), Festschrift für Peter Ulmer zum 70. Geburtstag am 2. Januar 2003, Berlin 2003
Hommelhoff, Peter	Gesellschaftsrechtliche Fragen im Entwurf eines SE-Statuts, AG 1990, 422-435
Hommelhoff, Peter	Vereinbarte Mitbestimmung, ZHR 148 (1984), 118-148
Hommelhoff, Peter	Normenhierarchie für die Europäische Gesellschaft, in: Lutter, Marcus/ Hommelhoff, Peter (Hrsg.), Die Europäische Gesellschaft, Köln 2005, S. 5-23
Hopt, Klaus J./ Wiedemann, Herbert	Aktiengesetz Großkommentar, Vierter Band §§ 95-117, 4. Auflage, Berlin 2006
Horcher, Michael	Internationale betriebliche Vereinbarungen, Frankfurt am Main 2004, zugleich Diss. Universität Mainz 2003
Horn, Norbert	Die Europa-AG im Kontext des deutschen und europäischen Gesellschaftsrechts, DB 2005, 147-153
Hüffer, Uwe	Aktiengesetz, 8. Auflage, München 2008
Ihrig, Hans-Christoph/ Schlitt, Michael	Vereinbarungen über eine freiwillige Einführung oder Erweiterung der Mitbestimmung, NZG 1999, 333-337
Ihrig, Hans-Christoph/ Wagner, Jens	Das Gesetz zur Einführung der Europäischen Gesellschaft (SEEG) auf der Zielgeraden, BB 2004, 1749-1759
Jacobs, Matthias/ Krause, Rüdiger/ Oetker, Hartmut	Tarifvertragsrecht, München 2007
Jaeger, Georg/ Röder, Gerhard/ Heckelmann, Günther	Praxishandbuch Betriebsverfassungsrecht, München 2003

Jannott, Dirk/ Frodermann, Jürgen	Handbuch der Europäischen Aktiengesellschaft – Societas Europaea –, Heidelberg 2005
Joost, Detlev	Mitbestimmung in der Europäischen Aktiengesellschaft, in: Oetker, Hartmut/ Preis, Ulrich, Europäisches Arbeits- und Sozialrecht EAS, Teil B 8200, Heidelberg 2006
Junker, Abbo	Europäische Aktiengesellschaft und deutsche Mitbestimmung, ZfA 2005, 211-224
Junker, Abbo	Unternehmensmitbestimmung in Deutschland – Anpassungsbedarf durch internationale und europäische Entwicklungen, ZfA 2005, 1-44
Kallmeyer, Harald	Europa-AG: Strategische Optionen für deutsche Unternehmen, AG 2003, 197-203
Kallmeyer, Harald	Das monistische System in der SE mit Sitz in Deutschland, ZIP 2003, 1531-1536
Kallmeyer, Harald	Die Beteiligung der Arbeitnehmer in einer Europäischen Gesellschaft, ZIP 2004, 1442-1445
Kalss, Susanne	Der Minderheitenschutz bei Gründung und Sitzverlegung ZGR 2003, 593-646.
Kalss, Susanne/ Hügel, Hanns F.	Europäische Aktiengesellschaft, SE-Kommentar, Wien 2004
Kämmerer, Jörn Axel/ Veil, Rüdiger	Paritätische Arbeitnehmermitbestimmung in der monistischen Societas Europaea – ein verfassungsrechtlicher Irrweg?, ZIP 2005, 369-376
Karsten, Timo	Schuldrechtliche Tarifverträge und außertarifliche Sozialpartner-Vereinbarungen: eine Untersuchung am Beispiel von Vereinbarungen der Tarifparteien der Chemischen Industrie, Frankfurt am Main 2004, zugleich Diss. Universität Bonn 2003
Kempen, Otto Ernst/ Zachert, Ulrich	Tarifvertragsgesetz, Kommentar, 4. Auflage, Frankfurt am Main 2006
Kiem, Roger	Vereinbarte Mitbestimmung und Verhandlungsmacht der Unternehmensleitung, ZHR 171 (2007), 713-730
Kisker, Olaf	Unternehmerische Mitbestimmung in der Europäischen Gesellschaft, der Europäischen Genossenschaft und bei grenzüberschreitender Verschmelzung im Vergleich, RdA 2006, 206-212
Kleindiek, Detlef	Die Eintragung der Europäischen Gesellschaft im Handelsregister, in: Lutter, Marcus/ Hommelhoff, Peter (Hrsg.), Die Europäische Gesellschaft, Köln 2005, S. 95-109
Kleinsorge, Georg	Europäische Gesellschaft und Beteiligungsrechte der Arbeitnehmer, RdA 2002, 343-352
Kleinsorge, Georg	Die Beteiligung der Arbeitnehmer in der SE, in: Baums, Theodor/ Cahn, Andreas (Hrsg.), Die Europäische Aktiengesellschaft – Umsetzungsfragen und Perspektiven –, Berlin 2004, S. 140-151

Kleinsorge, Georg/ *Neye, Hans-Werner*	Durchbruch erreicht, (betr. Europäische Aktiengesellschaft), BarbBl. 2001, Heft 4, 5-8.
Köklü, Alper	Die Beteiligung der Arbeitnehmer und die Corporate Governance in der Europäischen Aktiengesellschaft („Societas Europaea") mit Sitz in Deutschland, Hamburg 2006, zugleich Diss. Universität Kassel 2006
Kolvenbach, Walter	Scheitert die Europa AG an der Mitbestimmung?, NZA 1998, 1323-1328
Konzen, Horst	Der Europäische Einfluss auf das deutsche Arbeitsrecht nachdem Vertrag über die Europäische Union, EuZW 1995, 39-50
Köstler, Roland	Die Mitbestimmung in der SE, ZGR 2003, 800-809
Köstler, Roland	Die Beteiligung der Arbeitnehmer in der Europäischen Aktiengesellschaft nach den deutschen Umsetzungsgesetzen, DStR 2005, 745-750
Köstler, Roland/ *Kittner, Michael/* *Zachert, Ulrich*	Aufsichtsratspraxis, 6. Auflage, Frankfurt am Main 1999
Köstler, Roland/ *Jaeger, Rolf*	Die Europäische Aktiengesellschaft, Eine Einführung in das Vorhaben der Europäischen Aktiengesellschaft (Arbeitshilfe der Hans-Böckler-Stiftung Nr. 6), 2. Auflage, Düsseldorf 2005
Kraft, Alfons/ *Wiese, Günther/* *Kreutz, Peter/* *Oetker, Hartmut/* *Raab, Thomas/* *Weber, Christoph/* *Franzen, Martin*	Betriebsverfassungsgesetz, Band II: §§ 74-132, Gemeinschaftskommentar, 8. Auflage, Neuwied 2005
Krause, Rüdiger	Die Mitbestimmung der Arbeitnehmer in der Europäischen Gesellschaft (SE), BB 2005, 1221-1229
Kraushaar, Martin	Europäische Aktiengesellschaft (SE) und Unternehmensmitbestimmung, BB 2003, 1614-1620
Kropff, Bruno/ *Semler, Johannes*	Münchener Kommentar zum Aktiengesetz, Band 3, §§ 76-117 AktG • MitbestG • § 76 BetrVG 1952, 2. Auflage, München 2004
Kropff, Bruno/ *Semler, Johannes*	Münchener Handbuch zum Aktiengesetz, Band 8, §§ 278-328 AktG, 2. Auflage, München 2000
Kropff, Bruno/ *Semler, Johannes/* *Goette, Wulf/* *Habersack, Mathias*	Münchener Kommentar zum Aktiengesetz, Band 9/2, §§ 329-410 • AktG • SE-VO • SEBG • Europäische Niederlassungsfreiheit • Die Richtlinien zum Gesellschaftsrecht •, 2. Auflage, München 2006
Kübler, Friedrich	Mitbestimmungsfeindlicher Missbrauch der Societas Europaea?, in: Damm, Reinhard/ Veil, Rüdiger/ Heermann, Peter (Hrsg.), Festschrift für Thomas Raiser zum 70. Geburtstag am 20. Februar 2005, Berlin 2005, S. 247-258

Kuffner, Andrea	Die Beteiligung der Arbeitnehmer in der Europäischen Aktiengesellschaft, Berlin 2003, zugleich Diss. Universität Regensburg 2003
Lächler, Christoph	Das Konzernrecht der Europäischen Gesellschaft (SE), Baden-Baden 2007, zugleich Diss. Universität Heidelberg 2006/2007
Lange, Tobias	Die Mitbestimmung in einer deutsch-britischen Europäischen Aktiengesellschaft, Bremen 2006
Larenz, Karl/ Canaris, Claus-Wilhelm	Methodenlehre der Rechtswissenschaft, 3. Auflage, Berlin 1995
Larenz, Karl/ Wolf, Manfred	Allgemeiner Teil des Bürgerlichen Rechts, 9. Auflage, München 2004
Lieb, Manfred	Erkämpfbarkeit von Firmentarifverträgen mit verbandsangehörigen Arbeitnehmern – insbesondere zum Zweck der Regelung von Betriebsänderungen, DB 199, 2058-2067
Lingl, Markus	Die Europäische Aktiengesellschaft – Societas Europaea (SE), JA 2006, 304-309
Lunk, Stefan/ Hinrichs, Lars	Die Mitbestimmung der Arbeitnehmer bei grenzüberschreitenden Verschmelzungen nach dem MgVG, NZA 2004, 773-780
Lutter, Marcus	Genügen die vorgeschlagenen Regelungen für eine „Europäische Aktiengesellschaft"? AG 1990, 413-421
Lutter, Marcus/ Hommelhoff, Peter (Hrsg.)	SE-Kommentar, Köln 2008
Manz, Gerhard/ Mayer, Barbara/ Schröder, Albert	Europäische Aktiengesellschaft SE, Baden-Baden 2005
Maraslis, Apostolos	Die Europäische Aktiengesellschaft (SE), Aachen 2007, zugleich Diss. Universität Frankfurt am Main 2006
Martens, Klaus-Peter	Rechtsgeschäft und Drittinteressen, AcP 177 (1977), 113-188
Maul, Silja	Konzernrecht der „deutschen" SE – Ausgewählte Fragen zum Vertragskonzern und den faktischen Unternehmensverbindungen, ZGR 2003, 743-763
Mävers, Gunther	Die Mitbestimmung der Arbeitnehmer in der Europäischen Aktiengesellschaft, Baden-Baden 2002, zugleich Diss. Universität Köln 2000
Merkt, Hanno	Europäische Aktiengesellschaft: Gesetzgebung als Selbstzweck? Kritische Bemerkungen zum Entwurf von 1991, BB 1992, 652-661
Merkt, Hanno	Die monistische Unternehmensverfassung für die Europäische Aktiengesellschaft aus deutscher Sicht, ZGR 2003, 650-678
Mertens, Hans-Joachim	Zur Gültigkeit von Mitbestimmungsvereinbarungen, AG 1982, 141-153

Meyer-Goßner, Lutz	Strafprozessordnung, Kommentar, 50. Auflage, München 2007
Minuth, Thorsten	Führungssysteme der Europäischen Aktiengesellschaft (SE): Wettbewerb zwischen alternativen Führungsstrukturen im Kraftfeld des deutschen Unternehmensrechts, Diss. Technische Universität Berlin 2005
Müller, Christopher	Europäische Betriebsrätegesetz, EBRG, Kommentar, Stuttgart/ Berlin/ Köln 1997
Müller-Bonanni, Thomas/ Melot de Beauregard, Paul	Mitbestimmung in der Societas Europaea, GmbHR 2005, 195-200
Nagel, Bernhard	Die Mitbestimmung bei der formwechselnden Umwandlung einer deutschen AG in eine Europäische Aktiengesellschaft (SE), AuR 2007, 329-336.
Nagel, Bernhard/ Freis, Gerhild/ Kleinsorge, Georg	Die Beteiligung der Arbeitnehmer in der Europäischen Aktiengesellschaft – SE, Kommentar zum SE-Beteiligungsgesetz – SEBG, München 2005
Neye, Hans-Werner/ Teichmann, Christoph	Der Entwurf für das Ausführungsgesetz zur Europäischen Aktiengesellschaft, AG 2003, 169-179
Niklas, Thomas	Beteiligung der Arbeitnehmer in der Europäischen Gesellschaft (SE) – Umsetzung in Deutschland, NZA 2004, 1200-1206
Oechsler, Jürgen	Die Sitzverlegung der Europäischen Aktiengesellschaft nach Art. 8 SE-VO, AG 2005, 373-380
Oetker, Hartmut	Die Mitbestimmung der Arbeitnehmer in der Europäischen Gesellschaft, in: Lutter, Marcus/ Hommelhoff, Peter (Hrsg.), Die Europäische Gesellschaft, Köln 2005, S. 277-318
Oetker, Hartmut	Unternehmensmitbestimmung in der SE kraft Vereinbarung, ZIP 2006, 1113-1121
Oetker, Hartmut	Die Beteiligung der Arbeitnehmer in der Europäischen Aktiengesellschaft (SE) unter besonderer Berücksichtigung der leitenden Angestellten, BB-Special 1/2005, 2-13
Oetker, Hartmut	Unternehmerische Mitbestimmung kraft Vereinbarung in der Europäischen Aktiengesellschaft (SE), Dauner-Lieb, Barbara/ Hommelhoff, Peter/ Jacobs, Matthias/ Kaiser, Dagmar/ Weber, Christoph (Hrsg.), Festschrift für Horst Konzen zum siebzigsten Geburtstag, Tübingen 2006, S. 635-663
Peltzer, Martin	Haftungsgeneigte Personalentscheidungen des Aufsichtsrates, in: Bierich, Marcus/ Hommelhoff, Peter/ Kropff, Bruno (Hrsg.), Festschrift für Johannes Semler zum 70. Geburtstag am 28. April 1993, Berlin, New York 2003, S. 261-275
Peus, Egon	Die Praxis privatautonomer Mitbestimmungsvereinbarungen – ein historischer Überblick, AG 1982, 206- 212
Pluskat, Sorika	Die Arbeitnehmerbeteiligung in der geplanten Europäischen AG, DStR 2001, 1483-1490

Preis, Ulrich	Grundfragen der Vertragsgestaltung im Arbeitsrecht, Berlin 1993
Raiser, Thomas	Mitbestimmungsgesetz, Kommentar, 4. Auflage, Berlin 2002
Raiser, Thomas	Mitbestimmungsvereinbarungen de lege ferenda, in: Hadding, Walther (Hrsg.), Festschrift für Winfried Werner zum 65. Geburtstag am 17. Oktober 1984, Berlin 1984, S. 681-696
Raiser, Thomas	Privatautonome Mitbestimmungsregelungen, BB 1977, 1461-1468
Raiser, Thomas/ Kisker, Olaf	Reform der Unternehmensmitbestimmung im Hinblick auf die deutsche und europäische Entwicklung, NJW 2006, Beilage zu Heft 22, 10-14
Raiser, Thomas/ Veil, Rüdiger	Recht der Kapitalgesellschaften, 4. Auflage, München 2006
Rehberg, Markus	Die missbräuchliche Verkürzung der unternehmerischen Mitbestimmung durch die Societas Europaea – Zur Bedeutung, Reichweite und nationalen Umsetzung von Art. 11 sowie Erwägungsgrund 18 der SE-Richtlinie, ZGR 2005, 859-893
Reichert, Jochem	Die SE als Gestaltungsinstrument für grenzüberschreitende Umstrukturierungen, Der Konzern 2006, 821-835
Reichert, Jochem/ Brandes, Stephan	Mitbestimmung der Arbeitnehmer in der SE: Gestaltungsfreiheit und Bestandsschutz, ZGR 2003, 767-799
Reinhard, Thorsten	Anmerkung zu AG Hamburg, B. v. 28.06.2005 – 66 AR 76/05 – und LG Hamburg, B. v. 30.09.2005- 417 T 15/05 – (Auch die Handelsregistereintragung einer arbeitnehmerlosen „Tochter"-SE setzt eine Vereinbarung über die Arbeitnehmerbeteiligung voraus), RIW 2006, 68-70
Richardi, Reinhard	Betriebsverfassungsgesetz mit Wahlordnung, Kommentar, 11. Auflage, München 2008
Richardi, Reinhard/ Wlotzke, Otfried	Münchener Handbuch Arbeitsrecht, Band 3, §§ 240-394, Kollektives Arbeitsrecht, 2. Auflage, München 2000
Rieble, Volker	Schutz vor paritätischer Unternehmensmitbestimmung, BB 2006, 2018-2023
Ringe, Wolf-Georg	Mitbestimmungsrechtliche Folgen einer SE-Sitzverlegung, NZG 2006, 931-935
Ringe, Wolf-Georg	Die Sitzverlegung der Europäischen Aktiengesellschaft, Tübingen 2006, zugleich Diss. Universität Bonn 2005/2006
Roth, Andreas	Zur Problematik des Vertrages zu Lasten Dritter, in :Häuser, Franz/ Steinbeck, Anja/Hammen, Horst/ Siebel, Ulf R./ Hennrichs, Joachim/ Welter, Reinhard (Hrsg.), Festschrift für Walther Hadding zum 70. Geburtstag am 8. Mai 2004, Berlin 2004, S. 253-271
Roth, Markus	Die unternehmerische Mitbestimmung in der monistischen SE, ZfA 2004, 431-461

Säcker, *Franz Jürgen/* *Rixecker, Roland* *(Hrsg.)*	Münchener Kommentar zum Bürgerlichen Gesetzbuch, Band 1, Allgemeiner Teil, 1. Halbband: §§ 1-240 • ProstG, 5. Auflage, München 2006
Säcker, Franz *Jürgen/* *Rixecker, Roland/* *(Hrsg.)*	Münchener Kommentar zum Bürgerlichen Gesetzbuch, Band 2, Schuldrecht Allgemeiner Teil, §§ 241-432, 5. Auflage, München 2007
Sanders, Pieter	Auf dem Weg zu einer europäischen Aktiengesellschaft?, AWD 1960, S. 1-5
Scheibe, Andrea	Die Mitbestimmung der Arbeitnehmer in der SE unter besonderer Berücksichtigung des monistischen Systems, Frankfurt am Main 2007, zugleich Diss. Universität Kiel 2006
Scheifele, Matthias	Die Gründung der Europäischen Aktiengesellschaft (SE), Frankfurt am Main 2004, zugleich Diss. Universität Würzburg 2004
Scherer, Christoph	Die Qual der Wahl: Dualistisches oder monistisches System? Frankfurt am Main 2006, zugleich Diss. Universität Köln 2005
Schiek, Dagmar	Europäische Betriebsratsvereinbarungen, RdA 2001, 218-236
Schirmer, Helmut	Zur Vereinbarung von Obliegenheiten zu Lasten Dritter insbesondere in Verträgen zu ihren Gunsten, in: Reichert-Facilides, Fritz/ Rittner, Fritz/ Sasse, Jürgen (Hrsg.), Festschrift für Reimer Schmidt, Karlsruhe 1976, S. 821-843
Schlösser, Jan	Europäische Aktiengesellschaft und deutsches Strafrecht, NZG 2008, 126-131
Schmidt, Hella	Aufgaben und Befugnisse der Sozialpartner im Europäischen Arbeitsrecht und die Europäisierung der Arbeitsbeziehungen, Frankfurt am Main 2002, zugleich Diss. Freie Universität Berlin 2001
Schmidt, Ingrid	Betriebliche Arbeitnehmervertretung insbesondere im Euro-.päischen Recht, RdA 2001 Sonderbeilage zu Heft 5, 12-23
Schmidt, Jessica	„Deutsche" vs. „britische" Societas Europaea (SE) – Gründung, Verfassung, Kapitalstruktur, Jena 2006, zugleich Diss. Universität Jena 2006
Schmidt, Karsten	Gesellschaftsrecht, 4. Auflage, Köln 2002
Schmidt, Karsten/ *Lutter, Marcus (Hrsg.)*	Aktiengesetz, Kommentar, I. Band, §§ 1-149, Köln 2008
Schönborn, Ansgar	Die monistische Societas Europaea in Deutschland im Vergleich zum englischen Recht, Berlin 2007, zugleich Diss. Freie Universität Berlin 2006
Schöpfe, Birgit	Gewillkürte Unternehmensmitbestimmung, Aachen 2003, zugleich Diss. Universität Mannheim 2002
Schroeder, Werner	Die Auslegung des EU-Rechts, JuS 2004, 180-186

Schulze, Reiner/ *Zuleeg, Manfred (Hrsg.)*	Europarecht, Handbuch für die deutsche Rechtspraxis, Baden-Baden 2006
Schwab, Norbert/ *Weth, Stephan*	Arbeitsgerichtsgesetz, Kommentar, 2. Auflage, Köln 2008
Schwarz, Günter Christian	Zum Statut der Europäischen Aktiengesellschaft – Die wichtigsten Neuerungen und Änderungen des Verordnungsvorschlags, ZIP 2001, 1847-1861
Schwarz, Günter Christian	Verordnung (EG) Nr. 2157/2001 des Rates über das Statut der Europäischen Gesellschaft (SE) - (SE-VO), München 2006
Seibt, Christoph H.	Privatautonome Mitbestimmungsvereinbarungen: Rechtliche Grundlagen und Praxishinweise, AG 2005, 413-429
Seibt, Christoph H.	Arbeitnehmerlose Societas Europaea. Zugleich Anmerkung zu AG Hamburg v. 28.06.2005 - 66 AR 76/05 - und LG Hamburg v. 30.09.2005 - 417 T 15/05, ZIP 2005, 2248-2251
Seibt, Christoph H.	Satzung und Satzungsgestaltung in der Europäischen Gesellschaft deutschen Rechts, in: Lutter, Marcus/ Hommelhoff, Peter (Hrsg.), Die Europäische Gesellschaft, Köln 2005, S. 67-94
Spindler, Gerald	Deregulierung des Aktienrechts? AG 1998, 53-74
Spinner, Günter	Die vereinbarte Betriebsverfassung – Ein Vergleich verschiedener Vereinbarungen zur Organisation der Betriebsverfassung –, Baden-Baden 2000, zugleich Diss. Universität Freiburg i. Br. 2000
Staudinger, Julius v.	Kommentar zum Bürgerlichen Gesetzbuch mit Einführungsgesetz und Nebengesetzen, Buch 2: Recht der Schuldverhältnisse, §§ 328-359, Berlin 2004
Steinberg, Marcus	Mitbestimmung in der Europäischen Aktiengesellschaft, Hamburg 2006, zugleich Diss. Universität Köln 2005
Teichmann, Christoph	Gestaltungsfreiheit im monistischen Leitungssystem der Europäischen Aktiengesellschaft, BB 2004, 53-60
Teichmann, Christoph	Die monistische Verfassung der Europäischen Gesellschaft, in: Lutter, Marcus/ Hommelhoff, Peter (Hrsg.), Die Europäische Gesellschaft, Köln 2005, S. 195-222
Teichmann, Christoph	Die Einführung der Europäischen Aktiengesellschaft, ZGR 2002, 383-464
Teichmann, Christoph	Mitbestimmung und grenzüberschreitende Verschmelzung, Der Konzern 2007, 89-98
Theisen, Manuel René/ *Wenz, Martin (Hrsg.)*	Die Europäische Aktiengesellschaft – Recht, Steuern und Betriebswirtschaft der Societas Europaea (SE), 2. Auflage, Stuttgart 2005
Thibièrge, C.	Le statut des sociétés étrangères, in: Le statut de l'étranger et le Marché Commun, Librairies Techniques, Paris 1959, S. 270 ff.
Thümmel, Roderich C.	Die Europäische Aktiengesellschaft (SE), Frankfurt am Main 2005
Thüsing, Gregor	SE-Betriebsrat kraft Vereinbarung, ZIP 2006, 1469-1478

Ulmer, Peter/ Habersack, Mathias/ Henssler, Martin	Mitbestimmungsrecht, Kommentar, 2. Auflage, München 2006
Veelken, Winfried	Zur Mitbestimmung bei der Europäischen Aktiengesellschaft, in: Krause, Rüdiger/ Veelken, Winfried/ Vieweg, Klaus (Hrsg.), Gedächtnisschrift für Wolfgang Blomeyer, „Recht der Wirtschaft und der Arbeit in Europa, Berlin 2004, S. 491-523
Veil, Rüdiger	Unternehmensverträge, Organisationsautonomie und Vermögensschutz im Recht der Aktiengesellschaft, Tübingen 2003
Veil, Rüdiger	Das Konzernrecht der Europäischen Aktiengesellschaft, WM 2003, 2169-2212
Vossius, Oliver	Gründung und Umwandlung der deutschen Europäischen Gesellschaft (SE), ZIP 2005, 741-749
Wagner, Jens	Praktische Erfahrungen mit der Europäischen Aktiengesellschaft, EWS 2005, 545-554
Wagner, Jens	Die Bestimmung des auf die SE anwendbaren Rechts, NZG 2002, 985-991
Weiss, Manfred	Die Umsetzung der Richtlinie über Europäische Betriebsräte, AuR 1995, 438-444
Weiss, Manfred	Arbeitnehmermitwirkung in Europa, NZA 2003, 177-184
Weiss, Susanne/ Wöhlert, Helge-Thorsten	Societas Europaea – Der Siegeszug des deutschen Mitbestimmungsrechts in Europa?, NZG 2006, 121-126
Weller, Johannes/ Gruber, Marc-Philippe	Societas Europaea: Mitbestimmung ohne Aufsichtsrat? Ideen für die Leitungsverfassung der monistischen Europäischen Aktiengesellschaft in Deutschland, NZG 2003, 297-301
Wiedemann, Herbert (Hrsg.)	Tarifvertragsgesetz, Kommentar, 7. Auflage, München 2007
Wiedemann, Herbert	Anmerkung zu BVerfG B. v. 07.02.1990 – 1 BvR 26/84 –, JZ 1990, 695-697
Windbichler, Christine	Arbeitsrecht im Konzern, München 1989
Windbichler, Christine	Arbeitnehmerinteressen im Unternehmen und gegenüber dem Unternehmen – Eine Zwischenbilanz, AG 2004, 190-196
Windbichler, Christine	Methodenfragen in einer gestuften Rechtsordnung – Mitbestimmung und körperschaftliche Organisationsautonomie in der Europäischen Aktiengesellschaft –, in: Heldrich, Andreas/ Pröls, Jürgen/ Koller, Ingo (Hrsg.), Festschrift für Claus-Wilhelm Canaris zum 70. Geburtstag, München 2007, S. 1423-1434
Wisskirchen, Gerlind/ Prinz, Thomas	Das Gesetz über die Beteiligung der Arbeitnehmer in einer Europäischen Gesellschaft (SE), DB 2004, 2638-2643
Wissmann, Hellmut	Die Mitbestimmung der Arbeitnehmer in der Europäischen Aktiengesellschaft (SE), RdA 1992, 320-330

Wissmann, Hellmut	„Deutsche" Europäische Aktiengesellschaft und Mitbestimmung, in: Waak, Rolf/ Hirte, Heribert/ Fray, Kaspar/ Fleischer, Holger/ Thüsing, Gregor (Hrsg.), Festschrift für Herbert Wiedemann zum 70. Geburtstag, München 2002, S. 685-700
Wissmann, Hellmut	Die Arbeitnehmerbeteiligung in der „deutschen" SE vor Gericht, in: Annuss, Georg/ Picker, Eduard/ Wissmann, Hellmut (Hrsg.), Festschrift für Reinhard Richardi zum 70. Geburtstag, München 2007, S. 841-858.
Wlotzke, Otfried/ Wissmann, Hellmut/ Koberski, Wolfgang/ Kleinsorge, Georg	Mitbestimmungsrecht, Kommentar, 3. Auflage, München 2008
Wollburg, Ralph/ Banerjea, Nirmal Robert	Die Reichweite der Mitbestimmung in der Europäischen Gesellschaft, ZIP 2005, 277-283
Zang, Axel	Sitz und Verlegung des Sitzes einer Europäischen Aktiengesellschaft mit Sitz in Deutschland, Frankfurt am Main 2005, zugleich Diss. Universität Würzburg 2004

Einleitung

Vereinbarungen über die Unternehmensmitbestimmung haben eine lange Tradition. In einer Vielzahl von Unternehmen werden Aspekte der Unternehmensmitbestimmung durch privatautonome Vereinbarungen geregelt. Vor allem bei Unternehmen der kommunalen Daseinsvorsorge oder solchen mit grenzüberschreitenden Corporate-Governance-Strukturen finden sich derartige Vereinbarungen[1]. Dabei besteht hinsichtlich der Zulässigkeit und Ausgestaltung solcher privatautonomer Mitbestimmungsvereinbarungen weder eine gesetzliche Regelung noch eine hinreichende einheitliche Ausarbeitung durch Rechtsprechung und Literatur. Im Schrifttum diskutiert werden Vereinbarungen, die der Bereinigung zweifelhafter Rechts- und Sachfragen betreffend Vorschriften der Mitbestimmungsgesetze dienen (sog. Vergleichsvereinbarungen)[2]. Neben Vereinbarungen zur Vereinfachung oder Anpassung der gesetzlichen Vorschriften an bestimmte Umstände und damit zur Vereinfachung der Anwendung der Mitbestimmungsgesetze (sog. Rationalisierungsvereinbarungen) werden solche Vereinbarungen erwähnt, die die gesetzlichen Mitbestimmungsmodelle modifizieren oder die Unternehmensmitbestimmung auf solche Rechtsformen erstrecken, die von den Mitbestimmungsgesetzen gerade nicht erfasst werden (sog. statusbegründende Vereinbarungen). Derartige Vereinbarungen werden jedoch bei Aktiengesellschaften (AG) aufgrund des Prinzips der Satzungsstrenge (§ 23 Abs. 5 AktG) für unzulässig und rechtlich unverbindlich gehalten. Einigkeit besteht insofern, als die Zusammensetzung des Aufsichtsrates der Aktiengesellschaft zwingend auf einer gesetzlichen Grundlage zu beruhen hat und nicht durch privatautonome Vereinbarung festgelegt werden kann.[3]

Nachdem die Diskussionen über die Zulässigkeit, das Zustandekommen, die Ausgestaltung und die Parteien solcher freiwilligen Vereinbarungen über die Unternehmensmitbestimmung nach einer lebhaften Phase in den 1970er und zu Be-

---

1 *Seibt*, AG 2005, 413, 413 mit zahlreichen Beispielen.
2 Die Einteilung möglicher Mitbestimmungsvereinbarungen in die folgenden drei Fallgruppen beruht auf *Raiser*, BB 1977, 1461 ff., dieser Einteilung folgen Münch.Hdb.GesR/*Hoffmann-Becking*, § 28 Rn. 46 ff.; *Seibt*, AG 2005, 413, 415 f.; *Oetker* in GroßKommAktG MitbestG, Vorbem. Rn. 97 ff.; *Ulmer* in Ulmer/Habersack/Henssler, Einl. MitbestG Rn. 46; diese Dreigliederung ablehnend *Mertens*, AG 1982, 141, 149; mit anderer Typologie *Beuthien*, ZHR 148 (1984), 95, 97 f.; *Hanau*, ZGR 2001, 75, 76 f.
3 Statt aller Münch.HdB.GesR/*Hoffmann-Becking* § 28 Rn. 40.

ginn der 1980er Jahre[4] Mitte der 1980er Jahre abgeklungen sind, treten sie mit der Schaffung der Rechtsform der Europäischen Aktiengesellschaft oder Societas Europaea (SE) erneut in das Interesse von Rechtspolitik und Rechtswissenschaft.

Anstelle der herkömmlichen Konzeption der Unternehmensmitbestimmung durch Gesetz ermöglicht der Gesetzgeber für die Ausgestaltung der Arbeitnehmerbeteiligung in der SE den Abschluss einer individuell auf das Unternehmen abgestimmten Vereinbarung. Erst wenn die Vereinbarungsparteien zu keiner Einigung finden, greift unter bestimmten Voraussetzungen eine gesetzliche Auffangregelung ein, die die Beteiligung der Arbeitnehmer in der SE sichert. Im Gegensatz zu den bis hierhin geführten Diskussionen und Untersuchungen zur Mitbestimmungsvereinbarung besteht nun erstmals eine gesetzliche Regelung, welche die Zulässigkeit einer solchen Vereinbarung festsetzt und Vertragsparteien, Voraussetzungen des Zustandekommens sowie Inhalte mehr oder weniger ausführlich bestimmt.

Diese Neuerung in der Konzeption des Mitbestimmungsrechts wirft eine Vielzahl von Fragen auf, die in der vorliegenden Arbeit aufgezeigt und beantwortet werden. Dies gilt insbesondere im Hinblick darauf, dass das Mitbestimmungskonzept der SE mittlerweile sowohl hinsichtlich nationaler Reformvorhaben betreffend die Arbeitnehmermitbestimmung als auch bezüglich weiterer europäischer Rechtsakte eine Vorbildfunktion einnimmt[5]. So sieht neben dem Gesetz über die Beteiligung der Arbeitnehmer und Arbeitnehmerinnen in einer Europäischen Genossenschaft (SCEBG)[6] auch das Gesetz über die Mitbestimmung der Arbeitnehmer bei

---

4 *Beuthien*, ZfA 1983, 141 ff.; *ders.* ZHR 148 (1984), 95 ff.; *Mertens*, AG 1982, 141 ff.; *Hommelhoff*, ZHR 148 (1984), 118 ff.; *Raiser* in FS Werner, S. 681 ff.; *ders.* BB 1977, 1461 ff.; *Peus*, AG 1982, 206 ff.; *Hensche*, AuR 1971, 33 ff.; *Fabricius* in FS Hilger und Stumpf, S. 155 ff.

5 Richtlinie 2005/56/EG des Europäischen Parlamentes und des Rates vom 26.10.2005 über die Verschmelzung von Kapitalgesellschaften aus verschiedenen Mitgliedstaaten, ABl. EU Nr. L 310 v. 25.11.2005, S. 1 ff.; Richtlinie 2003/72/EG des Rates vom 22.07.2003 zur Ergänzung des Statuts der Europäischen Genossenschaft hinsichtlich der Beteiligung der Arbeitnehmer, ABl. EU Nr. L 207 v. 18.08.2003, S. 25 ff.; betreffend nationale Reformvorschläge Bericht der Kommission Mitbestimmung von BDA und BDI vom 12.11.2004, S. 28 ff.; Berliner Netzwerk Corporate Governance, 12 Thesen zur Modernisierung der Mitbestimmung, AG 2004, 200 ff.; *Fleischer*, AcP 204 (2004), 502, 539 ff.; *Wissmann* in FS Wiedemann, S. 685, 700; *Junker*, ZfA 2005, 1 ff.; *Raiser/Kisker*, NJW 2006, Beilage zu Heft 22, 10 ff.; für eine Öffnung des Mitbestimmungsrechts gegenüber Vereinbarungen auch der Bundesminister für Wirtschaft und Arbeit *Clement* in einer Rede vom 01.03.2005, Bulletin der Bundesregierung Nr. 16-2 vom 01.03.2005, www.bundesregierung.de/Anlage796536/attachment; weitere Nachweise bei *Seibt*, AG 2005, 413, 414 Fn. 12.

6 Gesetz über die Beteiligung der Arbeitnehmer und Arbeitnehmerinnen in einer Europäischen Genossenschaft (SCEBG). Dieses Gesetz dient der Umsetzung der Richtlinie 2003/72/EG des Rates vom 22.07.2003 zur Ergänzung des Statuts der Europäischen Genossenschaft hinsichtlich der Beteiligung der Arbeitnehmer, ABl. EU Nr. L 207 v. 18.08.2003, S. 25 ff. Es ist verkündet als Art. 2 des Gesetzes zur Einführung der Europäischen Genossenschaft und zur Änderung des Genossenschaftsrechts vom 14.08.2006 (BGBl. I S. 1911) und gemäß Art. 21 dieses Gesetzes am 18.08.2006 in Kraft getreten.

einer grenzüberschreitenden Verschmelzung (MgVG)[7] für die Ausgestaltung der Arbeitnehmerbeteiligung bzw. Arbeitnehmermitbestimmung den Abschluss einer individuell auf das Unternehmen abgestimmten Vereinbarung zwischen den Unternehmensleitungen und einem Besonderen Verhandlungsgremium vor, ergänzt mit einer unter bestimmten Voraussetzungen eingreifenden gesetzlichen Auffangregelung. Dabei stimmen die den Inhalt der Mitbestimmungsvereinbarung regelnden Gesetzesvorschriften von SCEBG (§ 21 SCEBG) und MgVG (§ 22 MgVG) in konzeptioneller und textlicher Hinsicht nahezu mit der des SEBG (§ 21 SEBG) überein[8]. Die im Rahmen dieser Arbeit lediglich auf die Mitbestimmungsvereinbarung nach dem SEBG bezogenen Ausführungen lassen sich damit teilweise auf die Mitbestimmungsvereinbarungen nach dem SCEBG und dem MgVG übertragen. Darüber hinaus sehen immer mehr Unternehmen in Deutschland in der vereinbarten Mitbestimmung eine Alternative zu den als anachronistisch und starr empfundenen zwingenden deutschen Mitbestimmungsgesetzen, über die eine auf das jeweilige Unternehmen zugeschnittene Mitbestimmung erzielt werden kann. Daher

---

7   Gesetz über die Mitbestimmung der Arbeitnehmer bei einer grenzüberschreitenden Verschmelzung (MgVG). Dieses Gesetz dient der Umsetzung von Art. 16 der Richtlinie 2005/56/EG des Europäischen Parlaments und des Rates vom 26.10.2005 über die Verschmelzung von Kapitalgesellschaften aus verschiedenen Mitgliedstaaten (ABl. EU Nr. L 310 v. 25.11.2005 S. 1). Es ist verkündet als Art. 1 des Gesetzes zur Umsetzung der Regelungen über die Mitbestimmung der Arbeitnehmer bei einer Verschmelzung von Kapitalgesellschaften aus verschiedenen Mitgliedstaaten vom 21.12.2006 (BGBl. I S. 3332) und gemäß Art. 4 dieses Gesetzes am 29.12.2006 in Kraft getreten.

8   Die einzigen Unterschiede bestehen darin, dass zum einen § 22 MgVG im Gegensatz zum SEBG und zum SCEBG keine dem § 21 Abs. 6 SEBG entsprechende Regelung enthält. Dies ergibt sich daraus, dass das MgVG lediglich die Gründungsform der Verschmelzung, aber nicht die Umwandlung erfasst, auf welche sich § 21 Abs. 6 SEBG und § 21 Abs. 5 SCEBG aber beziehen. Zu § 21 Abs. 6 SEBG vergleiche die Ausführungen unter B.III.4. Zum anderen wird das Gleichlaufgebot von Satzung und Vereinbarung, das für die SE in Art. 12 Abs. 4 der SE-VO festgelegt ist, im MgVG direkt bei den gesetzlichen Vorgaben des § 22 MgVG zum Inhalt der Vereinbarung geregelt, was jedoch rechtstechnisch keinen Unterschied macht. Darüber hinaus bezieht § 21 Abs. 3 S. 2 Nr. 4 SCEBG im Gegensatz zu § 21 Abs. 4 SEBG auch strukturelle Änderungen von Tochtergesellschaften oder Betrieben mit ein, die nach Gründung der Europäischen Genossenschaft in diese eintreten. Dies ist jedoch aufgrund der Ausgestaltung dieser beiden Regelungen als Soll- Vorschrift unbeachtlich. Auch in der Vereinbarung für die SE kann gemäß § 21 Abs. 4 SEBG festgelegt werden, dass bei strukturellen Änderungen ihrer Tochtergesellschaften oder ihrer Betriebe Vereinbarungsverhandlungen wieder aufgenommen werden sollen. Anders als bei SCE und SE beschränkt sich der Gegenstand der Vereinbarung bei der grenzüberschreitenden Verschmelzung auf die Mitbestimmung der Arbeitnehmer im unternehmensrechtlichen Sinne. Ein Vergleich der Vorschriften von SEBG, SCEBG und MgVG findet sich bei *Habersack*, ZHR 171 (2007), 613 ff. Eine Darstellung der Mitbestimmung der Arbeitnehmer bei einer grenzüberschreitenden Verschmelzung nach dem MgVG siehe *Lunk/Hinrichs*, NZA 2007, 773 ff.; *Teichmann*, Der Konzern 2007, 89 ff. Eine Darstellung der Übereinstimmungen von SEBG, SCEBG und MgVG mit einer Entsprechungsübersicht findet sich bei *Oetker* in Lutter/Hommelhoff, SE-Kommentar, Vor. § 1 SEBG Rn. 31ff., § 21 SEBG Rn. 3.

sind die rechtlichen Rahmenbedingungen der Mitbestimmungsvereinbarung in der SE näher zu untersuchen. Neben den Modalitäten und Voraussetzungen des Zustandekommens einer solchen Vereinbarung sind insbesondere die Reichweite und Schranken der Mitbestimmungsautonomie in der SE zu erörtern. Neben den Vereinbarungsinhalten ist die Kollision der Mitbestimmungsautonomie mit den gesellschaftsrechtlichen Grundlagen wie der Satzungsautonomie der Aktionäre und der Organisationsautonomie von Verwaltungs- bzw. Aufsichtsorgan zu beleuchten.

Die Arbeit gliedert sich in vier Teile (Teile A-D). Der erste Teil behandelt die Grundlagen der Arbeitnehmermitbestimmung in der SE (Teil A). Nach einer Darstellung der Begrifflichkeit der Mitbestimmung (I.) wird im Folgenden auf die historische Entwicklung der Arbeitnehmermitbestimmung in der SE eingegangen (II.). Hieran schließt sich ein Überblick über die gesellschaftsrechtlichen Grundlagen der SE, die sich auf die Ausgestaltung der Mitbestimmung in der SE auswirken und daher von Bedeutung für deren Verständnis sind (III.). Nach Ausführungen über die Strukturen der monistischen und dualistischen Organisationsverfassung der SE folgt eine Betrachtung der Konzeption der Arbeitnehmermitbestimmung in der SE (IV.). Anschließend wird die Problematik der Mitbestimmung im monistischen System dargestellt, welche Auslöser für eine Vielzahl der Diskussionen über das System der Arbeitnehmerbeteiligung in der SE ist.

Gegenstand des 2. Teiles der Arbeit ist die Vereinbarung über die Mitbestimmung in der SE (Teil B). Zunächst ist zu klären, welcher Rechtsordnung die Vereinbarung unterliegt und welche Rechtsnatur ihr zukommt (I.). Danach wird der Abschluss einer Mitbestimmungsvereinbarung und damit deren Zustandekommen dargestellt (II.). Einzugehen ist dabei auf die Frage, welche Tatbestände überhaupt zur Aufnahme von Vereinbarungsverhandlungen und damit zum Abschluss der Vereinbarung führen. Des Weiteren gilt es, die Vereinbarungsparteien näher zu beleuchten und die Einzelheiten des Verhandlungsverfahrens einschließlich seiner Beendigung zu untersuchen. Hieran schließt sich die Behandlung weiterer formeller Anforderungen an die Wirksamkeit der Vereinbarung an, insbesondere die Frage nach einem Zustimmungserfordernis der Hauptversammlungen. Einer der Schwerpunkte des 2. Teiles dieser Arbeit liegt in der inhaltlichen Ausgestaltung der Mitbestimmungsvereinbarung (III.). Dabei ist zunächst auf die Reichweite der Mitbestimmungsautonomie in der SE einzugehen, indem die Gestaltungsfreiheit und ihre Schranken näher beleuchtet werden. Hieran schließt sich die Darstellung solcher Inhalte, die sowohl für eine die unternehmerische als auch für eine die im Rahmen dieser Arbeit nicht interessierende betriebliche Arbeitnehmerbeteiligung regelnde Vereinbarung zwingend erforderlich sind. Sodann sind zwingende und freiwillige Inhalte der Vereinbarung betreffend die Unternehmensmitbestimmung zu untersuchen, wobei insbesondere das Verhältnis zwischen Mitbestimmungsautonomie, Satzungsautonomie und Organisationsautonomie eine Rolle spielen wird.

Behandelt wird insbesondere, welche Möglichkeiten für die Ausgestaltung der Mitbestimmung im monistischen System bestehen. Dem folgt eine Darstellung der Besonderheiten bezüglich der Vereinbarungsinhalte, die sich für eine durch Umwandlung gegründete SE ergeben. Im Anschluss an die Ausführungen über die inhaltliche Ausgestaltung der Mitbestimmungsvereinbarung wird auf die Rechtsfolgen fehlerhafter Vereinbarungen eingegangen (IV.), bevor die Möglichkeiten des Rechtsschutzes bei Streitigkeiten über die Vereinbarung erörtert werden (V.).

Der dritte Teil der Arbeit beinhaltet eine Zusammenfassung der erlangten Ergebnisse (Teil C). Hieran schließt sich eine Mustervereinbarung für eine dualistische verfasste SE (Teil D).

A. Grundlagen
der Arbeitnehmermitbestimmung in der SE

I. Begriff der Arbeitnehmermitbestimmung

Unter dem Begriff der Arbeitnehmermitbestimmung versteht man nach deutschem Recht die Teilnahme der Arbeitnehmer bzw. ihrer Vertreter an der Willensbildung im Betrieb und Unternehmen. Das deutsche Mitbestimmungsrecht differenziert daher zwischen einer Mitbestimmung auf der Ebene des Betriebes und einer unternehmerischen Mitbestimmung[9]. Die betriebliche Mitbestimmung betrifft die Mitbestimmung an personellen, sozialen und wirtschaftlichen Angelegenheiten, greift jedoch nicht in den unternehmerischen Entscheidungsprozess ein[10]. Sie erfolgt durch gesonderte arbeitsrechtliche Gremien der Belegschaft, die dem Arbeitgeber gegenübertreten. Die unternehmerische Mitbestimmung gewährt den Arbeitnehmervertretern eine unmittelbare Einflussnahme auf die zentralen unternehmerischen Planungs-, Leitungs- und Organisationsentscheidungen[11]. Anders als die betriebliche Mitbestimmung ist sie nicht auf einen abschließenden Katalog von Mitbestimmungsrechten beschränkt, findet ihre Grenzen jedoch in den Zuständigkeiten der Organe, in denen sie erfolgt. Sie findet durch die Arbeitnehmervertreter in den Organen der Unternehmen statt.

Das SEBG definiert gemäß § 2 Abs. 12 SEBG Mitbestimmung als

> *„(...) die Einflussnahme der Arbeitnehmer auf die Angelegenheiten einer Gesellschaft durch*
>
> *1. die Wahrnehmung des Rechts, einen Teil der Mitglieder des Aufsichts- oder Verwaltungsorgans der Gesellschaft zu wählen oder zu bestellen, oder*
>
> *2. die Wahrnehmung des Rechts, die Bestellung eines Teiles oder aller Mitglieder des Aufsichts- oder Verwaltungsorgans der Gesellschaft zu empfehlen oder abzulehnen."*

und umfasst damit allein die unternehmerische Mitbestimmung. Der Gesetzgeber stellt zwei Modelle der Mitbestimmung nebeneinander. Neben dem aus dem deutschen Mitbestimmungsrecht bekannten Repräsentationsmodell, nach dem die Ar-

---

9 *Wissmann* in FS Wiedemann, S. 685, 686; *Ulmer* in Ulmer/Habersack/Henssler, Einl. MitbestG, Rn. 5; *Richardi* in Richardi, BetrVG, § 1 Rn. 6 f.; *Rose* in Hess/Schlochauer/Worzalla/Glock/Nicolai, BetrVG, § 1 Rn. 16 ff.

10 *Richardi* in Richardi, BetrVG, Einl. Rn. 3 f., § 1 Rn. 6 f.; *Ulmer* in Ulmer/Habersack/Henssler, Einl. MitbestG, Rn. 5; *Rose* in Hess/Schlochauer/Worzalla/Glock/Nicolai, BetrVG, § 1 Rn. 16 ff.

11 *Rose* in Hess/Schlochauer/Worzalla/Glock/Nicolai, BetrVG, § 1 Rn. 16 ff.; *Richardi* in Richardi, BetrVG, Einl. Rn. 3 f., § 1 Rn. 6 f.; *Ulmer* in Ulmer/Habersack/Henssler, Einl. MitbestG, Rn. 5.

beitnehmer einen Teil der Mitglieder des mitbestimmten Organs wählen oder bestellen können (§ 2 Abs. 12 Nr. 1 SEBG), nennt er alternativ das Kooptationsmodell (§ 2 Abs. 12 Nr. 2 SEBG). Hiernach haben die Arbeitnehmer das Recht, die Bestellung eines Teils der Mitglieder im Aufsichts- oder Verwaltungsorgan zu empfehlen oder abzulehnen. Dieses Kooptationsmodell ist dem früheren niederländischen Recht entlehnt, nach dem die Mitglieder des Aufsichtsorgans durch Kooptation bestellt wurden, die Aufsichtsratsmitglieder sich also weitere Mitglieder dazu wählten. Mit Gesetzesänderung vom 01.10.2004 wurde dieses Modell jedoch in den Niederlanden abgeschafft. Nunmehr werden die Aufsichtsratsmitglieder dort von der Aktionärsversammlung bestellt. In keinem der Mitgliedstaaten der EU besteht damit zurzeit das Kooptationsmodell, so dass hierauf bezogene Vorschriften des SEBG gegenwärtig ohne praktische Bedeutung sind[12].

Die betriebliche Mitbestimmung wird im SEBG als Unterrichtung und Anhörung des SE- Betriebsrates oder anderer Arbeitnehmervertretungen (§ 2 Abs. 10 und Abs. 11 SEBG) bezeichnet.

Als Oberbegriff für die unternehmerische und betriebliche Mitbestimmung verwendet das SEBG anders als das nationale Mitbestimmungsrecht nicht den Begriff der Arbeitnehmermitbestimmung, sondern denjenigen der *„Beteiligung der Arbeitnehmer"* (§ 2 Abs. 9 SEBG).

Im Hinblick auf das Thema dieser Arbeit beschränkt sich die Darstellung im Folgenden auf die unternehmerische Mitbestimmung in der SE.

II. Historische Entwicklung der Arbeitnehmermitbestimmung in der SE

Die Ursache dafür, dass der Schaffung der SE als einheitliche Rechtsform innerhalb der EU ein langwieriger über Jahrzehnte dauernder Verhandlungsprozess vorausging, lag maßgeblich in den Unstimmigkeiten der Mitgliedstaaten über die Ausgestaltung der Mitbestimmung in der SE[13]. Dieses Ringen um die Mitbestimmung begründet sich durch die erheblich voneinander abweichenden Mitbestimmungsmodelle der einzelnen Mitgliedstaaten, welche auf unterschiedlichsten arbeits- und gesellschaftspolitischen Gegebenheiten und Ansichten beruhen[14]. Während Großbritannien und Spanien generell eine ablehnende Haltung gegenüber der Arbeitnehmerbeteilung einnehmen, können Deutschland, die Niederlande, Dänemark, Schweden und Österreich grundsätzlich als mitbestimmungsfreundlich eingestuft werden. So findet in Belgien, Griechenland, Großbritannien, Irland, Ita-

---

12 MünchKommAktG/*Jacobs*, SEBG, § 2 Rn. 21; *Köklü*, S. 103 f.
13 *Bezzenberger*, Jura 2003, 229, 213; *Wissmann* in FS Wiedemann, S. 685, 685 f.; *Joost* in EAS Teil B 8200 Rn. 1.
14 Zur Rechtslage der Mitbestimmung in den Mitgliedstaaten vergleiche ausführlich, *Baums/ Ulmer*, Unternehmensmitbestimmung der Arbeitnehmer im Recht der EU-Mitgliedstaaten.

lien, Portugal und Spanien eine Beteiligung der Arbeitnehmer allein auf betrieblicher Ebene statt. Eine paritätische Mitbestimmung findet sich ausschließlich im deutschen Recht, während in den übrigen Mitgliedstaaten, die eine Unternehmensmitbestimmung vorsehen, diese überwiegend auf ein Drittel begrenzt ist. Zu beachten ist jedoch, dass sich das jeweilige Maß der Mitbestimmung nur anhand einer Gesamtbetrachtung der betreffenden Rechtsordnung ermitteln lässt[15]. Die Ablehnung einer Mitbestimmung der Arbeitnehmer in einzelnen Mitgliedstaaten wird meist durch eine weiter reichende Bedeutung des Arbeitskampfrechts und des Tarifrechts kompensiert.

Im Folgenden soll die historische Entwicklung der Arbeitnehmerbeteiligung in der SE sowohl auf europäischer als auch auf nationaler Ebene dargestellt werden. Dies dient dem besseren Verständnis des nunmehr geltenden Rechts der Arbeitnehmermitbestimmung in der SE und unterstützt dessen Untersuchung. Die Darstellung konzentriert sich hierbei auf die Mitbestimmung der Arbeitnehmer (Unternehmensebene). Auf die betriebliche Ebene der Arbeitnehmerbeteiligung (Unterrichtung und Anhörung) wird nicht näher eingegangen.

1. Entwicklung auf europäischer Ebene

Im Rahmen der Darstellung der historischen Entwicklung auf europäischer Ebene ist das Hauptaugenmerk auf die alternativ diskutierten Vorschläge und Entwürfe der Mitgliedstaaten zur Regelung der Arbeitnehmermitbestimmung zu legen.

a) Ausgangspunkt und Vorentwurf von 1966

Nachdem der französische Notar *Thibièrge* bereits im Jahre 1959 auf dem 57. Kongress des französischen Notariats die Idee der Schaffung einer SE hervorbrachte[16], war es die Antrittsvorlesung des niederländischen Professors *Pieter Sanders* vor der Niederländischen Wirtschaftshochschule in Rotterdam am 22.10.1959 mit dem Titel *„Auf dem Weg zu einer europäischen Aktiengesellschaft?"*[17], die den entscheidenden Anstoß zur Schaffung einer europäischen Aktiengesellschaft gab. Hierin entwickelte *Sanders* Ideen zur Schaffung eines europaweit einheitlich geltenden europäischen Aktienrechts, wobei es ihm insbesondere um die Schaffung einer neuen Rechtsform neben den bereits bestehenden nationalen Rechtsformen in Europa ging. Fragen der Arbeitnehmermitbestimmung blieben jedoch unbehandelt. Angeregt durch die von dieser Antrittsvorlesung ausgelösten europaweiten intensi-

---

15 *Windbichler*, AG 2004, 190, 192 mit Fn. 20; *Weiss*, NZA 2003, 177, 177.
16 *Thibièrge*, Le statut des sociétés étrangères, in Le statut de l'étranger et le Marché Commun, Librairies Techniques, Paris 1959, S. 270 ff., 352, 360 ff., *El Mahi*, S. 7.
17 Der wesentliche Inhalt dieser Arbeit findet sich in *Sanders*, AWD (=RIW) 1960, S.1.

ven Diskussionen[18] beauftragte die Europäische Kommission 1966 eine Gruppe von Sachverständigen unter der Leitung von *Sanders* mit der Ausarbeitung eines Vorentwurfs über das Statut für eine europäische Aktiengesellschaften auf der Grundlage von Art. 308 EGV (ex- Art. 235)[19].

Während die die Europäische Aktiengesellschaft betreffenden Fragen in gesell-schaftsrechtlicher, steuerrechtlicher und strafrechtlicher Sicht in dem sich in 13 Teile gliedernden Vorentwurf[20] detailliert geregelt waren, enthielt er hinsichtlich der Arbeitnehmermitbestimmung keine umfassende Regelung. Anstelle einer dem Charakter der Europäischen Aktiengesellschaft als gemeinschaftsrechtliche Gesell-schaftsrechtsform gerecht werdenden einheitlichen europäischen Mitbestimmungs-regelungen sollte sich die Mitbestimmung nach dem Entwurf *Sanders* lediglich nach den im jeweiligen Sitzstaat der SE geltenden Mitbestimmungsregelungen richten. Da von den seinerzeit fünf Mitgliedstaaten allein in Deutschland ein natio-nales Recht der Arbeitnehmermitbestimmung vorgesehen war, hätte diese territori-al begrenzte Regelung dazu geführt, dass allein die in Deutschland ansässigen europäischen Aktiengesellschaften der Arbeitnehmermitbestimmung unterlägen.

b) Entwürfe von 1970 und 1975

Ausgenommen der Regelungen zur Arbeitnehmermitbestimmung bildete der Vor-entwurf aus dem Jahre 1966 die Grundlage für den ersten im Juni 1970 erlassenen und auf Art. 308 EG (ex Art. 235 EGV) gestützten Entwurf der Kommission über ein Statut für Europäische Aktiengesellschaften[21]. Aufgrund der stark unterschied-lichen Rechtsvorschriften der Mitgliedstaaten über die Arbeitnehmervertretung in den Unternehmensorganen hielt die Kommission eine einzelstaatliche Regelung der Mitbestimmungsfrage für ausgeschlossen[22]. Daher entschied sie sich für die Einführung einer umfassenden und einheitlichen europäischen Regelung. Diese sich vornehmlich am deutschen Mitbestimmungsrecht (§ 76 BetrVG 1952[23]) orien-tierenden Vorschriften sahen eine Drittelbeteiligung der Arbeitnehmer im Auf-

---

18 *Hanau* in Hanau/Steinmeyer/Wank, § 19 Rn. 139; *Kleinsorge*, RdA 2002, 343, 343; *Junker*, ZfA 2005, 1, 25; einen Überblick über die von der Praxis durchgeführten Veranstaltungen mit der Europäischen Aktiengesellschaft als Diskussionsgegenstand bietet *Mävers*, S. 90 ff.

19 *Blanquet*, ZGR 2002, 20, 21; *Pluskat*, DStR 2001, 1483, 1438; *Taschner* in Jannott/Froder-mann, 1 Rn. 10.

20 Vorentwurf eines Status für europäische Aktiengesellschaften, Dok. Komm. 16.205/IV/66, 1966; vgl. hierzu die Veröffentlichung der Europäischen Kommission, in Kollektion Studien, Reihe Wettbewerb, Nr. 6, Brüssel 1967.

21 Verordnungsvorschlag eines Statuts für Europäische Aktiengesellschaften vom 30.06.1970, ABl.EG Nr. C 124 S. 1 vom 10.10.1970.

22 ABl.EG Nr. C 124 vom 10.10.1970, 1 ff. (2).

23 Aufgehoben durch Art. 6 des Zweiten Gesetzes zur Vereinfachung der Wahl der Arbeitneh-mervertreter in den Aufsichtsrat vom 18.05.2004 und ersetzt seit dem 01.07.2004 durch § 4 Drittelbeteiligungsgesetz.

sichtsrat vor, wobei in der Satzung der SE eine höhere Anzahl festgelegt werden konnte. Hierbei durfte einer von jeweils drei Arbeitnehmervertretern nicht bei der SE beschäftigt sein. Die übrigen zwei Drittel der Aufsichtsratsmitglieder sollten durch die Hauptversammlung bestellt werden. Durch zwei Drittel der bei der SE beschäftigten Arbeitnehmer konnte die Einrichtung einer Arbeitnehmervertretung gänzlich ausgeschlossen werden.

Obwohl diese Regelungen sowohl dem deutschen Interesse an einer weit reichenden Gewährleistung der Mitbestimmung entgegenkamen, als auch den die Mitbestimmung generell ablehnenden Mitgliedstaaten die Durchsetzung ihrer Interessen ermöglichten, kam es aufgrund einer Vielzahl von Stellungnahmen, Beratungen und Anregungen durch Gesellschaften, Verbände, Regierungen der Mitgliedstaaten, den Wirtschafts- und Sozialausschuss[24] sowie durch das europäische Parlament[25] zu einer vollständigen Überarbeitung des Entwurfes[26].

Am 30.04.1975 legte die Kommission dem Ministerrat einen geänderten Verordnungsentwurf vor[27]. Anstelle der im Entwurf von 1970 vorgesehenen Drittelbeteiligung der Arbeitnehmer hatte die Kommission sich nun – dem Vorschlag des Europäischen Parlaments folgend[28] – in Art. 74 a des geänderten Verordnungsentwurfes auf die Einführung einer Drittelparität nach dem Drei-Bänke-Modell geeinigt, welcher sowohl Elemente des niederländischen Mitbestimmungsmodells von 1971 enthielt, als auch an das deutsche MitbestG 1976 angelehnt war. Hiernach sollte der Aufsichtsrat zu einem Drittel aus Vertretern der Anteilseigner, zu einem Drittel aus Arbeitnehmervertretern und zu einem Drittel aus von Arbeitnehmer- und Aktionärsvertretern kooptierten unabhängigen, allgemeine Interessen vertretenden Mitgliedern bestehen. Ein Ausschluss der Arbeitnehmervertretung im Aufsichtsrat erforderte nun nicht mehr eine Zwei-Drittel-Mehrheit, sondern war bereits durch eine einfache Mehrheit möglich.

Stellte sich dieses Mitbestimmungssystem aus deutscher Sicht als erhebliche Einschränkung der Arbeitnehmerrechte dar, ging es den Mitgliedstaaten mit einer geringer ausgeprägten Mitbestimmungstradition viel zu weit. Diese nicht überwindbaren Unstimmigkeiten hinsichtlich der Mitbestimmung waren es schließlich,

---

24 Stellungnahme des Wirtschafts- und Sozialausschusses zu dem Vorschlag für eine Verordnung des Rates betreffend die Europäische Aktiengesellschaft vom 25./26.10.1972 ABl.EG Nr. C 131 vom 13.12.1972 S. 32 ff.

25 Stellungnahme des Europäischen Parlaments vom 11.07.1974 zu dem Vorschlag der Kommission der Europäischen Gemeinschaft an dem Recht für eine Verordnung betreffend das Statut für Europäische Aktiengesellschaften, ABl.EG Nr. C 93 vom 07.08.1974 S. 22 ff.

26 Zu diesem Abschnitt der Entwicklung siehe *Taschner* in Jannott/Frodermann, 1 Rn. 30 ff.

27 Erster geänderter Vorschlag einer Verordnung über das Statut der Europäischen Aktiengesellschaft vom 30.04.1975, Kom-Dok. (75), 150 abgedruckt in BT-Drucks. 7/3713 vom 02.06.1975; eine ausführliche Darstellung der Überarbeitung findet sich bei *Pipkorn*, AG 1975, 318 ff.

28 Vgl. die Stellungnahme vom 11.07.1974, ABl.EG Nr. C 93 vom 07.08.1974 S. 17 ff.

die den Verordnungsentwurf von 1975 im Jahre 1982 endgültig scheitern ließen und zu einer vorläufigen Einstellung der Arbeiten an der Schaffung einer SE führten.

c) Entwürfe von 1989 und 1991

Mit der Forcierung der Vollendung des europäischen Binnenmarktes bis Ende 1992[29] – angeregt durch den Europäischen Rat – nahm der Kommissionspräsident *Jacques Delors* die Arbeiten an der Schaffung der SE im Jahre 1987 wieder auf[30]. Die Kommission erarbeitete 1989[31] einen erneuten Vorschlag, der nach Stellungnahmen des Wirtschafts- und Sozialausschusses[32] und des europäischen Parlaments[33] in revidierter Form im Mai 1991[34] dem Ministerrat vorgelegt wurde.

Anders als die vorhergehenden Entwürfe spaltete sich dieser Vorschlag in einen die gesellschaftsrechtlichen Fragen regelnden Verordnungsentwurf auf der Rechtsgrundlage von Art. 95 EG (ex Art. 100 a EGV) und einen diesen ergänzenden auf Art. 44 Abs. 2 lit. g EG (ex Art. 54 Abs. 3 lit. g EGV) gestützten Richtlinienentwurf über die Beteiligung der Arbeitnehmer in der SE[35]. Aufgrund der aus dem Scheitern der vorangegangenen Entwürfe gewonnenen Erkenntnis, dass eine Angleichung der Extrempositionen hinsichtlich der Mitbestimmung unmöglich ist, erfolgte zudem eine Abkehr von dem ursprünglichen Ziel der Schaffung einer einheitlich geltenden europäischen Mitbestimmungsregelung. Der Verordnungsentwurf sah ein doppeltes Wahlrecht der Mitgliedstaaten vor. Zum einen bestand bezüglich der Organstruktur der SE, die sich auch auf die Frage der Mitbestimmung

---

29 Kommission der Europäischen Gemeinschaft, Vollendung des Binnenmarktes, Weißbuch vom 14.06.1985, KOM (85) 310 endg.= BR-Drucks. 289/85.
30 Einzelheiten hierzu bei *Taschner* in Jannott/Frodermann, 1 Rn. 41 ff.; *Blanquet*, ZGR 2002, 20, 23 ff.; *Hanau* in Hanau/Steinmeyer/Wank, § 19 Rn. 142; *Mävers*, S. 186 ff.
31 Zweiter geänderter Vorschlag einer Verordnung über das Statut der Europäischen Aktiengesellschaft und einer Richtlinie des Rates zur Ergänzung des SE-Statuts vom 25.08.1989, ABl.EG Nr. C 263 vom 16.10.1989, S. 41 ff., 69 ff., abgedruckt in BT-Drucks. 11/5427.
32 Stellungnahme des Wirtschafts- und Sozialausschusses, ABl.EG Nr. C124/34 ff. vom 21.05.1990.
33 Stellungnahme des Europäischen Parlamentes, ABl.EG Nr. C 48/72 ff. vom 25.02.1991.
34 Dritter geänderter Vorschlag einer Verordnung über das Statut der Europäischen Aktiengesellschaft und einer Richtlinie des Rates zur Ergänzung des SE-Statuts vom 16.05.1991, ABl. EG Nr. C 176 vom 08.07.1991, S. 1 ff., 8 ff., abgedruckt in BT-Drucks. 12/1004.
35 War Rechtsgrundlage der Entwürfe von 1970 und 1975 noch Art. 308 EG (ex Art. 235 EGV), so stützten sich der Verordnungsentwurf nunmehr auf Art. 95 EG (ex Art. 100 a EGV) und der Richtlinienentwurf auf Art. 44 Abs. 2 lit. g EG (ex Art. 54 Abs. 3 g EGV). Hierdurch sollte das Einstimmigkeitserfordernis des Art. 308 EG zugunsten der von den neuen Rechtsgrundlagen lediglich geforderten Mehrheitsentscheidung umgangen werden, da man eine Einstimmigkeit in der Frage der Mitbestimmung für unerreichbar hielt. Dazu *Herfs-Röttgen*, NZA 2001, 424, 425; *Lutter*, AG 1990, 413, 415; *Pluskat*, DStR 2001, 1483, 1484; *Hanau* in Hanau/ Steinmeyer/Wank, § 19 Rn. 143 Fußnote 183.

auswirkte, die Möglichkeit, zwischen dem sog. dualistischen[36] und dem sog. monistischen System (board system)[37] zu wählen[38]. Zum anderen stellte der Richtlinienentwurf hinsichtlich der Arbeitnehmermitbestimmung mit dem deutschen, dem niederländischen, dem französischen und dem schwedischen Modell vier Wahlmöglichkeiten zur Verfügung, wodurch das gesamte Spektrum der in Europa bestehenden nationalen Regelungen zur Mitbestimmung vertreten war[39]. Welches dieser Modelle in der SE Geltung beanspruchen sollte, hatten die Leitungs- oder Verwaltungsorgane der Gründungsgesellschaften einvernehmlich mit den Arbeitnehmervertretern zu entscheiden. Sollte es diesbezüglich zu keiner Einigung kommen, hatten die Hauptversammlungen unter Berücksichtigung der Stellungnahmen von Leitungs- oder Verwaltungsorgan und Arbeitnehmervertretung die Modellwahl zu treffen. Eine SE ohne Arbeitnehmerbeteiligung sollte es demnach nicht geben. Untermauert wurde dies zudem durch Regelungen des Verordnungsentwurfes, wonach die SE erst nach Festelegung des Mitbestimmungsmodells eingetragen werden durfte (Art. 8 Abs. 3 des Verordnungsentwurfes) und damit Rechtspersönlichkeit erlangen konnte (Art. 16 des Verordnungsentwurfes).

aa) Deutsches Modell (Beteiligung der Arbeitnehmer im Aufsichts- oder Verwaltungsorgan)

Das sog. deutsche Modell sah eine Vertretung der Arbeitnehmer im Aufsichtsrat in der Form vor, dass die Bestellung der Mitglieder des Aufsichts- oder Verwaltungsorgans zu mindestens einem Drittel und höchstens zur Hälfte durch die Arbeitnehmer erfolgen sollte. Hinsichtlich der Mitglieder des ersten Aufsichts- oder Verwaltungsorgans stand den Arbeitnehmern indes allein ein Vorschlags- oder Widerspruchsrecht zu, da die Mitglieder in diesem Fall von der Hauptversammlung bestellt wurden.

---

36 Das dualistische System sieht die Einrichtung eines Vorstandes als Leitungsorgan und eines Aufsichtsrates als Kontrollorgan vor. Näheres zu dieser Form der Organisationsverfassung siehe A.III.3.

37 Das monistische System angelsächsischen Ursprungs sieht lediglich die Einrichtung eines Verwaltungsorgans vor. Ein zusätzliches Kontrollorgan ist nicht vorgesehen. Näheres zu dieser Form der Organisationsverfassung siehe A.III.3.

38 Bestand nach dem Vorschlag von 1989 für die Gründungsgesellschaften noch die Möglichkeit, zwischen dem dualistischen und dem monistischen System frei zu wählen, stellte der überarbeitete Entwurf von 1991 den Mitgliedstaaten frei, sich auf eines der beiden Systeme für SE mit Sitz in ihrem Hoheitsgebiet festzulegen.

39 Dazu *Hanau* in Hanau/Steinmeyer/Wank, § 19 Rn. 146; *Kuffner*, S. 21; *Kienast* in Jannott/Frodermann, 13 Rn. 3; ausführlich *Wißmann*, RdA 1992, 320, 323 ff.

bb) Niederländisches Modell (Kooptation der Aufsichtsratsmitglieder)

Auch nach dem niederländischen Modell erfolgte die Bestellung der Mitglieder des ersten Aufsichts- oder Verwaltungsorgans durch die Hauptversammlung. Im Folgenden sollte die Neubestellung von Aufsichtsratsmitgliedern dann allein im Wege der Kooptation stattfinden, d.h. durch die übrigen Mitglieder des Organs selber. Hatten die Arbeitnehmer nach dem deutschen Modell die Möglichkeit, einen Teil der Mitglieder des Aufsichtsrates direkt mit Vertretern aus dem Arbeitnehmerlager zu besetzen, gab das niederländische Modell ihnen diesbezüglich lediglich ein Vorschlagsrecht. Jedoch konnten die Arbeitnehmer ebenso wie die Hauptversammlung bei Vorliegen bestimmter Gründe Widerspruch gegen die Bestellung eines Kandidaten einlegen, wodurch dessen Mitgliedschaft verhindert werden konnte. Dies sollte jedoch nicht gelten, sofern eine angerufene unabhängige Schiedsstelle den Widerspruch für unbegründet erklärte.

cc) Französisches Modell (Beteiligung der Arbeitnehmer außerhalb des Unternehmensorgans durch ein separates Organ)

Das französische Modell sah für die Beteiligung der Arbeitnehmer ein separates Organ vor, durch welches den Arbeitnehmern zwar Unterrichtungs- und Beratungsrechte, aber keine Mitentscheidungsbefugnisse eingeräumt wurden. Vergleichbar war dieses Organ daher mit dem Wirtschaftsausschuss des deutschen BetrVG 1972. Neben der mindestens vierteljährlich zu erfolgenden Unterrichtung über die Geschäfte der Gesellschaft und deren Entwicklung, war das separate Organ durch das Offenlegen von Unterlagen und die Erteilung von Auskünften umfassend über Status und Entwicklung der Geschäfte sowie über Beschäftigungskonditionen zu informieren.

dd) Schwedisches Modell (Arbeitnehmerbeteiligung kraft Vereinbarung)

Ebenso wie das französische Modell versuchte auch das schwedische Modell den Ausgleich zwischen Arbeitnehmer- und Anteilseignerinteressen nicht über eine Arbeitnehmerbeteiligung in den Unternehmensorganen zu erreichen, sondern durch die Einrichtung einer außerhalb der Organe stehenden besonderen Arbeitnehmervertretung und deren Zusammenarbeit mit den Unternehmensorganen.

Nach dem schwedischen Modell sollte die Arbeitnehmerbeteiligung durch eine zwischen Leitungs- oder Verwaltungsorgan der SE und den Arbeitnehmervertretern abgeschlossene Vereinbarung festgelegt werden, die aber mindestens den Mitbestimmungsstandard des französischen Modells gewährleisten musste. Kam es zu keiner Einigung der Verhandlungspartner, sollte ein vom jeweiligen Sitzstaat der SE ausgearbeitetes Auffangmodell Anwendung finden, welches den Arbeitnehmern zumindest die für eine Vereinbarung obligatorischen Standardrechte zu gewähren hatte. Dieses Standardmodell konnten die Verhandlungsparteien ganz oder teilweise auch zum Inhalt ihrer Vereinbarung machen.

Mit dem schwedischen Modell tauchte erstmals innerhalb der historischen Entwicklung der Arbeitnehmermitbestimmung in der SE der Gedanke einer Regelung der Arbeitnehmermitbestimmung durch eine Vereinbarung auf. Dennoch sah man zu diesem Zeitpunkt in der Vereinbarung noch nicht die bahnbrechende Antwort auf die Mitbestimmungsfrage, wie es später durch den Davignon-Bericht der Fall sein sollte[40]. Zu sehr haftete man an der Idee der Schaffung einer als striktes Recht geltenden gesetzlichen Mitbestimmungsregelung, die jegliche privatautonome Regelung ausschloss.

Auch wenn Kommission und europäisches Parlament diese vier Modelle als gleichwertig bezeichneten[41], wurde dies insbesondere von der deutschen Bundesregierung als Befürworterin der Mitbestimmung, aber auch von den Mitbestimmungsgegnern nachdrücklich bestritten[42]. So lässt sich z.B. mit Recht bezweifeln, dass der Einfluss der Arbeitnehmer nach dem Kooptationsmodell vergleichbar mit demjenigen ist, der aus der hälftigen Besetzung des Aufsichts- oder Verwaltungsorgans mit Arbeitnehmervertretern folgt. Dem steht auch nicht das zugunsten der Belegschaft bestehende Widerspruchsrecht des Kooptationsmodells entgegen. Sowohl aufgrund des Erfordernisses des Vorliegens von Widerspruchsgründen als auch aufgrund der Beteiligung einer Schiedsstelle wird es den Arbeitnehmern wohl kaum gelingen, eine Besetzung des Mitbestimmungsorgans in einem ausgeglichenen Verhältnis von Arbeitnehmer- und Anteilseignervertretern zu erreichen.

Erneut scheiterte das Vorhaben „SE" an den die Mitbestimmung betreffenden Kontroversen.

d) Davignon-Bericht von 1997

Neben der erneuten Aufnahme der SE in den Maßnahmenkatalog der Kommission über bedeutsame Projekte für den Binnenmarkt war es vor allem die am 22. September 1994 verabschiedete Richtlinie über Europäische Betriebsräte[43], die der Diskussion über die Arbeitnehmermitbestimmung in der SE neue Impulse verlieh. Diese Richtlinie sah für die betriebliche grenzüberschreitende Unterrichtung und

---

40 Siehe hierzu A.II.1.d).
41 Zur Gleichwertigkeit der Mitbestimmungsmodelle siehe die Stellungnahme des Europäischen Parlaments EP C 96/164 Punkt 12 ff. vom 17.04.1989 (Punkt 15).
42 Zur fehlenden Gleichwertigkeit der Beteiligungsmodelle *Wissmann*, RdA 1992, 320, 329 f.; *Herfs-Röttgen*, NZA 2001, 424, 425; *Heinze*, ZGR 2002, 66, 68 f.; *Merkt*, BB 1992, 652, 659; *Mävers*, S. 246 ff.
43 Richtlinie 94/45/EG des Rates vom 22.09.1994 über die Einsetzung eines Europäischen Betriebsrates oder die Schaffung eines Verfahrens zur Unterrichtung und Anhörung der Arbeitnehmer in gemeinschaftsweit operierenden Unternehmen und Unternehmensgruppen, ABl. EG Nr. L 254 vom 30.09.1994, S. 64 ff.

Anhörung eine Verhandlungslösung mit einer gesetzlichen Auffangregelung vor[44]. Ermutigt durch diese erzielte Einigung, der ebenfalls ein vierteljahrhundert währender Streit über die richtige Konzeption vorausging, und angeregt durch den Wirtschafts- und Sozialausschuss, das Europäische Parlament und den Ministerrat, setzte die Kommission 1996 eine Sachverständigengruppe[45] ein. Diese sollte unter dem Vorsitz *Etienne Davignons* eine Lösung der Mitbestimmungsfrage in der SE ausarbeiten.

Nach eingehenden Bestandsaufnahmen und Untersuchungen der in den Mitgliedstaaten der Europäischen Union bestehenden Mitbestimmungsmöglichkeiten unter wirtschaftlichen und rechtlichen Gesichtspunkten legte die Davignon-Gruppe im Mai des folgenden Jahres ihren Abschlussbericht „European Systems of Worker Involvement" (Davignon-Bericht)[46] vor. Hierin stellte sie zunächst fest, dass aufgrund der Erfahrungen der Vergangenheit und der in den Mitgliedstaaten hinsichtlich Form und Qualität bestehenden unterschiedlichen Mitbestimmungsmodellen eine einheitliche Regelung nicht gefunden werden könne. Angelehnt an die Euro-Betriebsräte-Richtlinie sah der Davignon-Bericht eine Lösung der Mitbestimmung durch Verhandlung zwischen der Unternehmensführung und einem aus Arbeitnehmervertretern zusammengesetzten Besonderem Verhandlungsgremium vor, die den unterschiedlichen Mitbestimmungskulturen und nationalen Besonderheiten Rechnung tragen sollte. Neben einem auf die Bedürfnisse der zu gründenden SE individuell zugeschnittenen Mitbestimmungssystems sollte das Verhandlungsverfahren zu einer nicht unerheblichen Verbesserung des sozialen Klimas zwischen Arbeitnehmern und Gründungsgesellschaften bzw. der künftigen SE-Leitung beitragen, was sich wiederum positiv auf die Wettbewerbsfähigkeit der SE auswirken würde. Auch wenn der Davignon-Bericht bereits Vorschläge für den Inhalt der Vereinbarung enthielt, war man dennoch darauf bedacht, das Verhandlungsverfahren möglichst flexibel auszuformen. Erst im Falle der Uneinigkeit sollte eine ge-

---

44 Zur Geschichte der Richtlinie über Europäische Betriebsräte *Mävers*, S. 273 ff.

45 Diese Sachverständigengruppe setzte sich aus Wissenschaftlern und Vertretern von Arbeitnehmer- und Arbeitgeberseite zusammen: *Etienne Davignon*, ehemaliger Vizepräsident der EG-Kommission; *Ernst Breit*, ehemaliger Vorsitzender des Deutschen Gewerkschaftsbundes und des Europäischen Gewerkschaftsbundes; *Evelyne Pichot*, Beraterin für europäische Arbeitsbeziehungen und Berichterstatterin der Sachverständigengruppe; *Silvana Sciarra*, Professorin für vergleichendes und europäisches Arbeitsrecht an der Universität Florenz und am Europäischen Hochschulinstitut in Florenz; *Rolf Thüsing*, Mitglied der Hauptgeschäftsführung der Bundesvereinigung der Deutschen Arbeitgeberverbände und Vizepräsident des UNICE-Ausschusses für soziale Angelegenheiten; *Alain Viandier*, Professor für Gesellschaftsrecht an der Juristischen Fakultät der Universität Paris V.

46 Abschlussbericht der Sachverständigengruppe „European Systems of Worker Involvement (with regard to the European Company Statute and the other pending proposals)", Mai 1997, KOM – Dok. (95) 0547, abgedruckt in BR-Drucks. 527/97; hierzu *Heinze*, ZGR 2002, 66, 70 ff., *ders.* AG 1997, 289, 292 ff.; *Blanquet*, ZGR 2002, 20, 30 ff.; *Kolvenbach*, NZA 1998, 1323, 1324 ff.

setzliche Auffangregelung eingreifen, durch welche die Arbeitnehmerbeteiligung gesichert wurde. Um die Verhandlungsbereitschaft der Arbeitnehmer zu erhalten und damit das Primat der Vereinbarungslösung nicht auszuhebeln, durfte diese Auffangregelung jedoch nicht das höchste Mitbestimmungsniveau gewährleisten. Demnach gestand die Kommission den Arbeitnehmern ein Fünftel der Sitze im Aufsichts- oder Verwaltungsorgan, mindestens aber zwei Mitglieder zu (Sockel-Lösung), wobei Anteilseigner- und Arbeitnehmervertreter die gleichen Rechte und Pflichten trafen. Anders als es der Vorentwurf von 1966 vorsah, entschied die Kommission sich damit für die Einführung einer umfassenden und einheitlichen europäischen Regelung.

Auch wenn die Vorschläge der Davignon-Kommission einen ungewöhnlich hohen Zuspruch erfuhren, scheiterte eine Einigung erneut an den verschiedenen nationalen Interessen und Gegensätzen. Dennoch bildeten die Ergebnisse des Davignon-Berichts einen entscheidenden Anknüpfungspunkt für die weiteren Versuche, eine Einigung in der Mitbestimmungsfrage zu erlangen. Insbesondere sollte die Idee der Arbeitnehmermitbestimmung kraft Vereinbarung von nun an Ausgangspunkt der folgenden Lösungsansätze des Mitbestimmungsproblems sein. Während die Vereinbarungslösung in dem Entwurf aus dem Jahre 1991 noch lediglich eine von vier Wahlmöglichkeiten für die Regelung der Mitbestimmung war[47], erkannten sie von nun an alle Mitgliedstaaten als unumstößliches Grundprinzip für eine Lösung der Arbeitnehmermitbestimmung in der SE an.

e) Weitere Bemühungen der Ratspräsidentschaften

Ausgelöst durch den Davignon-Bericht bemühten sich die verschiedenen Ratspräsidentschaften in der Folgezeit erneut um die Erzielung eines Kompromisses hinsichtlich der Arbeitnehmerbeteiligung.

So war der unter luxemburgischer Präsidentschaft entwickelt Entwurf stark an die Überlegungen der Davignon-Kommission angelehnt[48]. Er sah eine Verhandlungslösung ergänzt durch eine Auffangregelung mit Sockellösung vor. Bereits unter britischer Präsidentschaft wurde zwar das Modell der Verhandlungslösung aufrechterhalten, jedoch sollte sich nun anstelle der europaweit einheitlich geltenden Sockellösung der Anteil der Arbeitnehmervertreter im Aufsichts- oder Verwaltungsorgan nach dem weitestgehenden Mitbestimmungsmodell der an der Gründung der SE beteiligten Gesellschaften richten[49]. Sofern die Gründungsgesellschaften nicht mitbestimmt waren oder aber von der Möglichkeit Gebrauch gemacht

---

47 Hierzu A.II.1.c).
48 Ratsdokument 10020/9 vom 18.07.1997, mitgeteilt in Euro-AS 9/1997, 118 f.; vgl. hierzu ausführlich *Kolvenbach*, NZA 1998, 1323, 1324 ff.; *Kuffner*, S. 38.
49 Ratsdokument 7391/98 vom 01.04.1998, mitgeteilt in Euro-AS 4/1998, 43; hierzu *Kuffner*, S. 39 f.; *Kolvenbach*, NZA 1998, 1323, 1326 f.; *Heinze*, ZGR 2002, 66, 73 f.

wurde, die geltenden Mitbestimmungsregelungen mehrheitlich abzuwählen, sollte für die SE keine Mitbestimmungspflicht bestehen.

Basierend auf dem britischen Entwurf gelang es unter österreichischem und deutschem Ratsvorsitz, die Zusammensetzung und Abstimmungsmodalitäten des Besonderen Verhandlungsgremiums zu regeln sowie Schwellenwerte für das Eingreifen der Auffangregel festzulegen.

Trotz erzielter Einigung der nunmehr 14 Mitgliedstaaten über die Mitbestimmungsfrage im Ministerrat sollten die mit großem Engagement durchgeführten Bemühungen der Ratspräsidentschaften zur Schaffung der SE jedoch vorerst an der ablehnenden Haltung Spaniens scheitern[50]. Spanien lehnte das Eingreifen der Auffanglösung für den Fall der Gründung einer SE durch Verschmelzung zweier Aktiengesellschaften ab[51].

f) Einigung auf dem Europäischen Rat von Nizza im Dezember 2000

Eine Zustimmung Spaniens und damit eine Einigung der Mitgliedstaaten über eine Verordnung über das Statut einer Europäischen Aktiengesellschaft und einer Richtlinie zur Ergänzung des Statuts hinsichtlich der Beteiligung der Arbeitnehmer konnte erst auf dem Europäischen Rat in Nizza am 20.12.2000 mit Hilfe der so genannten Optionslösung erreicht werden. Letztere ermöglicht den Mitgliedstaaten über die Umsetzung der für die durch Verschmelzung gegründeten SE geltenden Auffangregelung (Anhang Teil 3 SE-RL) frei zu entscheiden (Art. 7 Abs. 3 SE-RL i.V.m. Art. 12 Abs. 3 SE-VO).

Gestützt auf die Rechtsgrundlage des Art. 308 EG (ex Art. 235 EGV)[52] und nach vorheriger Konsultation des Europäischen Parlaments, dessen Änderungsvorschläge[53] jedoch unbeachtet blieben, wurden SE-Verordnung und SE-Richtlinie am 08.10.2001 unter schwedischer Ratspräsidentschaft einstimmig verabschiedet.

Die SE-Verordnung (EG) 2157/2001 des Rates über das Statut der Europäischen Gesellschaft vom 08.10.2001 (SE, SE-VO)[54], die am 08.10.2004 in Kraft getreten

---

50 Hieran vermochten auch die Vermittlungsversuche unter finnischer und portugiesischer Präsidentschaft nichts zu ändern.

51 *Heinze*, ZGR 2002, 66, 76.

52 Wesentlicher Streitpunkt war und ist weiterhin die Frage der richtigen Rechtsgrundlage für die SE-VO und die SE-RL. Auf die diesbezüglich bestehenden Unstimmigkeiten soll im Rahmen dieser Arbeit nicht näher eingegangen werden. Vgl. hierzu ausführlich die Darstellung bei *Kleinsorge*, RdA 2002, 343, 345; *Hanau* in Hanau/Steinmeyer/Wank, § 19 Rn. 153; Münch-KommAktG/*Jacobs*, SEBG, Vor § 1 Rn. 12; *Kuffner*, S. 50 ff.; *Schröder/Fuchs* in Manz/ Mayer/Schröder, Teil A Vorbemerkungen Rn. 11 ff.; *Schwarz*, SE-VO, Einleitung Rn. 235 ff.

53 Vgl. den Bericht des Europäische Parlaments über den Entwurf einer Richtlinie des Rates zur Ergänzung des Statuts der Europäischen Aktiengesellschaft hinsichtlich der Beteiligung der Arbeitnehmer vom 21.06.2001, Sitzungsdokument A5-0231/2001; Berichterstatter *Winfried Menard*.

54 ABl. EG Nr. L 294 vom 10.11.2001, S. 1 ff.

ist (Art. 70 SE-VO), regelt die gesellschaftsrechtlichen Fragen der SE auf europäischer Ebene. Zwar ist die SE-VO gem. Art. 249 Abs. 2 EG unmittelbar geltendes Recht, doch bedarf es zusätzlich des Erlasses von nationalen Ausführungsgesetzen aufgrund der von den nationalen Gesetzgebern umzusetzenden rechtlichen und organisatorischen Regelungsaufträge und Wahlrechte zur Errichtung der SE.

Die Regelungen zur Beteiligung der Arbeitnehmer in der SE sind in der am 10.11.2001 in Kraft getretenen Richtlinie 2001/86/EG zur Ergänzung des Statuts der Europäischen Gesellschaft hinsichtlich der Beteiligung der Arbeitnehmer vom 08.10.2001 (SE-RL) enthalten (Art. 1 Abs. 1 SE-RL)[55]. Nach dem 19. Erwägungsgrund der SE-Verordnung steht die Verordnung mit den Vorgaben der Richtlinie in untrennbarem Zusammenhang, so dass beide zum gleichen Zeitpunkt anwendbar sein müssen. Demnach musste die Richtlinie bis zum 08.10.2004 in nationales Recht umgesetzt werden (Art. 14 Abs. 1 SE-RL).

2. Entwicklung auf nationaler Ebene

Wenn auch auf dem Rat von Nizza der Durchbruch zur Schaffung der Europäischen Aktiengesellschaft gelungen war, so waren die Arbeiten hiermit nicht beendet. Vielmehr hatten die Mitgliedstaaten nun die Aufgabe, die SE-RL bis zum 08.10.2004 in nationales Recht umzusetzen sowie die erforderlichen Ergänzungsgesetze zu erlassen.

Zuständig für die Vorarbeiten zur Erfüllung dieser Aufgabe waren in Deutschland das Bundesministerium für Wirtschaft und Arbeit sowie das Bundesministerium der Justiz.

Erste Ergebnisse konnte das Bundesministerium der Justiz bereits gut vier Monate nach dem Rat von Nizza Ende Februar 2003 in Form eines Diskussionsentwurfes für ein „Gesetz zur Einführung der Europäischen Gesellschaft (SEEG)" vorweisen, der sich jedoch allein auf die gesellschaftsrechtliche Ausführung der SE-VO beschränkte. Was die Umsetzung der Bestimmungen der SE-RL zur Arbeitnehmerbeteiligung betraf, legten die zuständigen Bundesministerien (Bundesministerium der Justiz und Bundesministerium für Wirtschaft und Arbeit) erstmals mit dem Referentenentwurf vom 05.04.2004, gefolgt von einem überarbeiteten und am 26.05.2004 beschlossenen Regierungsentwurf[56], erste Vorschläge vor. Der in Form eines Artikelgesetzes verfasste Regierungsentwurf des SEEG beinhaltete neben dem Entwurf eines SE-Ausführungsgesetzes (SEAG) auch den eines SE-Beteiligungsgesetzes (SEBG).

---

55 ABl. EG Nr. L 294 vom 10.11.2001, S. 22 ff.
56 BT-Drucks. 15/3405.

Die nach der Zuleitung des Entwurfes an den Bundesrat folgenden Beratungen in verschiedenen Ausschüssen[57] veranlassten den Bundesrat am 9. Juli 2004 zu einer Stellungnahme, die verschiedene Änderungsvorschläge und Anregungen sowohl zum gesellschaftsrechtlichen Ausführungsgesetz der SE-VO als auch zur Umsetzung der SE-RL beinhaltete[58]. Hierin befürwortete der Bundesrat die Einführung der Verhandlungslösung, da diese *„die Möglichkeit bietet, eine für jedes Unternehmen adäquate Regelung der Mitbestimmung zu vereinbaren"*[59]. Kritik übte er hingegen an der Umsetzung der Auffangregelung durch den deutschen Gesetzgeber, insbesondere an dem Entwurf zur Arbeitnehmermitbestimmung im monistischen System. Der Bundesrat schlug dessen Überarbeitung in Richtung auf eine Minderung des Mitbestimmungsniveaus vor[60]. Er fürchtete, dass deutsche Unternehmen aufgrund des vorgesehenen hohen Mitbestimmungsniveaus als Partner für eine Europäische Gesellschaft auf europäischer Ebene nicht in Betracht kämen[61].

Die Bundesregierung kam dieser Empfehlung jedoch nicht nach. In ihrer Gegenäußerung vom 24.08.2004[62] stellte sie klar, dass die Richtlinie eine Gleichbehandlung aller Mitglieder des Aufsichts- oder Verwaltungsorgans im Hinblick auf bestehende Rechte und Pflichten fordere, folglich nicht zwischen dualistischem und monistischem System unterscheide, so dass eine andere Ausgestaltung mit dem europäischen Recht nicht vereinbar sei[63]. Auch mindere die deutsche Mitbestimmung nicht die Attraktivität deutscher Unternehmen als Gründungspartner für eine SE, sondern sei vielmehr eine wesentliche Grundlage für deren wirtschaftlichen Erfolg[64].

Nachdem der Entwurf des SEEG dem Bundestag zu einer Ersten Lesung zugeleitet wurde[65], gefolgt von seiner Überweisung an die zuständigen Ausschüsse zur Beratung[66], beschloss der Rechtsausschuss am 29.09.2004 eine öffentliche Anhörung durchzuführen. Ihr Hauptaugenmerk legten die acht beteiligten Sachverstän-

---

57 Befasst mit dem Regierungsentwurf waren der Rechtsausschuss, der Wirtschaftsausschuss, der Ausschuss für Arbeit und Sozialpolitik, der Ausschuss für Familie sowie für Senioren und der Ausschuss für Frauen und Jugend.
58 BR-Drucks. 438/04 (B) vom 09.07.2004= BT-Drucks. 15/3656 S. 1 ff.
59 BR-Drucks. 438/04 (B), S. 1.
60 BR-Drucks. 438/04 (B), S. 3, 10.
61 BR-Drucks. 438/04 (B), S. 1 ff., 10.
62 BT-Drucks. 15/3656, S. 8 ff.
63 BT Drucks. 15/3656, S. 8.
64 BT-Drucks. 15/3656, S. 9.
65 Die Zuleitung an den Bundestag erfolgte gemäß Art. 76 Abs. 2 S. 4 GG noch vor der Abgabe der Stellungnahme des Bundesrates. Grund hierfür war der nahende Ablauf der Umsetzungsfrist der SE-RL am 08.10.2004, der ein zügiges Handeln erforderte.
66 Zuständige Ausschüsse waren der Rechtsausschuss, der Finanzausschuss, der Ausschuss für die Angelegenheiten der Europäischen Union sowie der Ausschuss für Wirtschaft und Arbeit.

digen[67] dieser am 18.10.2004 abgehaltenen Anhörung dabei auf die paritätische Arbeitnehmermitbestimmung in einer monistisch geführten SE. Insbesondere herrschten Unstimmigkeiten für den Fall, dass das Eingreifen der Auffangregel zu einer paritätischen Besetzung des Verwaltungsorgans einer monistisch verfassten SE führt. Neben einigen Befürwortern[68] der Mitbestimmungskonzeption des Umsetzungsgesetzes sahen andere Sachverständige hierin einen verfassungsrechtlich bedenklichen Machtzuwachs zulasten der Anteilseignerseite[69]. Anders als im dualistischen System ständen den Arbeitnehmern nämlich im monistischen System nicht nur Überwachungsaufgaben zu, sondern auch Mitwirkungsbefugnisse an unternehmerischen Entscheidungen.

Wie vom Rechtsausschuss am 27.10.2004 durch Beschluss empfohlen[70], nahm der Bundestag den Gesetzesentwurf des SEEG nach vorheriger Durchführung einiger Änderungen[71] – das SEBG wurde nur redaktionell geändert – nach Zweiter und Dritter Lesung am 29.10.2004 an[72].

Aufgrund der weiterhin bestehenden Unstimmigkeiten im Hinblick auf die Ausgestaltung der Mitbestimmung insbesondere im monistischen System und wegen des befürchteten Wettbewerbsnachteiles deutscher Unternehmen als Partner einer SE rief der Bundesrat am 26.11.2004 den Vermittlungsausschuss gemäß Art. 77 Abs. 2 GG an, um eine grundlegende Änderung des Gesetzes zu erreichen[73]. Nachdem der Vermittlungsausschuss die Verhandlungen am 15.12.2004 ohne Einigungsvorschlag beendete[74], legte der Bundesrat am 17.12.2004 Einspruch gegen das SEEG ein, der noch am selben Tag vom Bundestag zurückgewiesen wurde[75]. Am 28.12.2004 wurde das Gesetz zur Einführung der Europäischen Gesellschaft (SEEG) im Bundesgesetzblatt verkündet und trat am 29.12.2004 in Kraft[76].

---

67 Der Gruppe der gehörten Sachverständigen gehörten an: Dr. *Bernhard Beck, Klaus Bräuning, Lionel Fulton, Dietmar Hexel*, Dr. *Jürgen Möllering*, Prof. Dr. *Bernhard Nagel*, Dr. *Christoph Seibt* und Prof. Dr. *Rüdiger Veil*.

68 Vgl. *Hexel*, Öffentliche Anhörung des BT-Ausschusses vom 18.10.2004, Protokoll Nr. 58 S. 23; *Nagel*, Öffentliche Anhörung des BT-Rechtsausschusses vom 18.10.2004, Protokoll Nr. 58 S. 18 ff.

69 So *Seibt*, Öffentliche Anhörung des BT-Rechtsausschusses vom 18.10.2004, Protokoll Nr. 58 S. 9, 17; *Veil*, Öffentliche Anhörung des BT-Rechtsausschusses vom 18.10.2004, Protokoll Nr. 58 S. 11, 15 f.; ausführlich zu diesem Problem *Kämmerer/Veil*, ZIP 2005, 369.

70 BT-Drucks. 15/4053, S. 1.

71 Zu den aus der Ausschussarbeit des Bundestages hervorgehenden Änderungsvorschlägen und deren Um- bzw. Nichtumsetzung vgl. BT-Drucks. 15/4053, S. 56 ff. sowie die Darstellung bei *Kleinsorge* in Nagel/Freis/Kleinsorge, Teil 1 Rn. 47 ff.

72 Plenarprotokoll 15/136 vom 29.10.2004, S. 12497 C. 12508 A.

73 BR-Drucks. 850/04 (B).

74 BR-Drucks. 989/04.

75 BT-Drucks. 15/4557.

76 Gesetz zur Einführung der Europäischen Gesellschaft (SEEG) vom 28.12.2004, BGBl. I 3675.

Das als Artikelgesetz verfasste SEEG enthält in Art. 1 das Gesetz zur Ausführung der Verordnung EG Nr. 2157/2001 über das Statut der Europäischen Gesellschaft (SE-Ausführungsgesetz - SEAG), das hauptsächlich die Einführung und Ausgestaltung der monistischen Unternehmensverfassung sowie des Minderheitenschutzes zum Gegenstand hat[77]. Art. 2 des SEEG beinhaltet das Gesetz über die Beteiligung der Arbeitnehmer in einer Europäischen Gesellschaft (SE-Beteiligungsgesetz - SEBG) und setzt damit die SE-RL in nationales Recht um. Im Übrigen enthält es Änderungsbestimmungen, die die Gründung einer SE in Deutschland ermöglichen[78].

III. Gesellschaftsrechtliche Grundlagen der SE

Die Beteiligung der Arbeitnehmer in der SE und damit auch die Mitbestimmungsvereinbarung können nicht losgelöst von den in SE-VO und SEAG niedergelegten gesellschaftsrechtlichen Grundlagen der SE betrachtet werden. Auch wenn die gesellschaftsrechtlichen und mitbestimmungsrechtlichen Vorschriften durch die Niederschrift in zwei unterschiedlichen Rechtsquellen (SE-VO, SEAG und SE-RL, SEBG) äußerlich getrennt scheinen, besteht zwischen ihnen dennoch eine gegenseitige Abhängigkeit. Wie sich aus Erwägungsgrund 19 der SE-VO ergibt, stellen die Vorschriften der SE-RL eine untrennbare Ergänzung der SE-VO dar und müssen zum gleichen Zeitpunkt wie diese anwendbar sein. Weder die gesellschaftsrechtlichen Regelungen noch die mitbestimmungsrechtlichen Regelungen können daher ohne die anderen eine eigene unabhängige rechtsgestaltende Wirkung entwickeln[79]. Diese untrennbare Einheit belegen zahlreiche inhaltliche Verknüpfungen von SE-RL und SE-VO[80].

Im Hinblick auf die Mitbestimmungsvereinbarung als Untersuchungsgegenstand dieser Arbeit ist insbesondere der sich aus Art. 12 Abs. 2 SE-VO ergebende Zusammenhang zwischen dem Abschluss der Beteiligungsvereinbarung und der Erlangung der Rechtsfähigkeit der SE zu nennen. Die zur Erlangung der Rechtsfähigkeit notwendige Registereintragung der SE erfordert den Abschluss einer Vereinbarung über die Arbeitnehmerbeteiligung in der SE nach Art. 4 SE-RL, einen Be-

---

77 Siehe hierzu die näheren Ausführungen bei *Kleinsorge* in Nagel/Freis/Kleinsorge, Teil 1 Rn. 57 ff.
78 Art. 3 Änderung des Gerichtsverfassungsgesetzes; Art. 4 Änderung des Gesetzes über die Angelegenheiten der freiwilligen Gerichtsbarkeit; Art. 5 Änderung des Spruchverfahrensgesetzes; Art. 6 Änderung des Arbeitsgerichtsgesetzes; Art. 7 Änderung der Handelsregisterverordnung; Art. 8 Rückkehr zum einheitlichen Verordnungsrang; Art. 9 Inkrafttreten.
79 *Kleinsorge* in Nagel/Freis/Kleinsorge, 1 Rn. 16; *Grobys*, NZA 2005, 84, 84; *ders.* NZA 2004, 779, 779.
80 Eine Aufzählung der Bestimmungen der SE-VO mit arbeitsrechtlichem Bezug bieten *Kleinsorge*, RdA 2002, 343, 346 Fn. 42; *Steinberg*, S. 58 Fn. 283.

schluss des Besonderen Verhandlungsgremiums über die Nichtaufnahme oder den Abbruch von Verhandlungen (Art. 3 Abs. 6 SE-RL) oder ein erfolgloses Ablaufen der Verhandlungsfrist (Art. 5 SE-RL). Eine weitere Überschneidung von gesellschaftsrechtlichen und mitbestimmungsrechtlichen Regelungen ergibt sich aus dem Recht der Hauptversammlungen der beteiligten Gesellschaften bei der Gründung der SE durch Verschmelzung (Art. 23 Abs. 2 SE-VO) oder der Gründung einer Holding-SE (Art. 32 Abs. 2 S. 3, Abs. 4 S. 2. Unterabsatz SE-VO), die Eintragung der SE von der ausdrücklichen Genehmigung der Beteiligungsvereinbarung abhängig zu machen. Darüber hinaus beeinflussen die Gründungsformen der SE die Beteiligung der Arbeitnehmer in der SE, indem sie sich unterschiedlich auf die durch die SE-RL geregelten Ausgestaltungen der Arbeitnehmerbeteiligung in der SE auswirken (Erwägungsgrund 3 SE-RL; Art. 4 Abs. 4 SE-RL, Art. 7 Abs. 2 und 3 SE-RL).

Im Folgenden ist daher auf das Wesen der SE, die sich auf die Arbeitnehmerbeteiligung auswirkenden Gründungsformen sowie die Organisationsverfassung der SE einzugehen.

1. Wesen der SE

Die SE tritt als eigenständige, supranationale Rechtsform (Art. 1 Abs. 1 SE-VO) neben den Numerus clausus der nationalen Gesellschaftsformen[81]. Nach Art. 1 Abs. 1, 2 und Art. 4 Abs. 1, 2 SE-VO handelt es sich bei der SE um eine Handelsgesellschaft in Form einer Kapitalgesellschaft mit einem in Aktien zerlegten Grundkapital in Höhe von mindestens 120.000 Euro. Ihre Rechtsfähigkeit erlangt die SE durch die konstitutive Eintragung in das jeweils zuständige Register des Mitgliedstaates (Art. 16 Abs. 1, Art. 12 SE-VO), die im Amtsblatt der Europäischen Gemeinschaft veröffentlicht wird (Art. 14 Abs. 1 SE-VO). Die Eintragung einer deutschen SE erfolgt entsprechend den für eine AG geltenden Vorschriften im Handelsregister (§ 3 SEAG). § 21 SEAG regelt Detailfragen für die Anmeldung und Eintragung der monistischen SE. Eine Eintragung setzt voraus, dass die Vorgaben der SE-RL über die Arbeitnehmerbeteiligung in der SE erfüllt sind. Zu behandeln ist die SE in jedem Mitgliedstaat wie eine Aktiengesellschaft, die nach dem Recht des Sitzstaates der SE gegründet wurde (Art. 10 SE-VO). Die die SE-VO prägenden Verweise auf das nationale Aktienrecht führen aufgrund der fehlenden Harmonisierung des europäischen Gesellschaftsrechts zu diversen nationalen Ausprägungen der SE[82]. Parallel zum nationalen Recht der Aktiengesellschaft

---

81 Erwägungsgrund Nr. 6 der SE-VO.
82 *Kuhn* in Jannott/Frodermann, 2 Rn. 7; *Kübler* in FS Raiser, S. 247, 249; *Braun*, S. 73; *Junker*, ZfA 2005, 211, 219 spricht von einer „Renationalisierung" der SE durch diese Verweisungs-

haftet den Gläubigern der SE-Verbindlichkeiten nur das Gesellschaftsvermögen. Die Aktionäre trifft die Pflicht zur Leistung ihrer Einlage (Art. 1 Abs. 2 SE-VO). Gemäß Art. 7 SE-VO, § 2 SEAG muss der Satzungssitz der SE mit dem Ort des Sitzes der Hauptverwaltung übereinstimmen. Diesen Sitz kann die SE gemäß Art. 8 Abs. 2 SE-VO unter Beibehaltung ihrer Identität in einen anderen Mitgliedstaat verlegen[83].

2. Gründung der SE

Einen nicht unbedeutenden Einfluss auf die Mitbestimmung der Arbeitnehmer, insbesondere im Hinblick auf Umsetzung, Ausmaß und Sicherung des Grundsatzes des Bestandsschutzes in der SE hat der Gründungstatbestand der SE. Die Gründungsform beeinflusst sowohl den Inhalt der Mitbestimmungsvereinbarung und damit den Gestaltungsspielraum der Vereinbarungsparteien als auch das Eingreifen der gesetzlichen Auffangregelungen. Aus diesen Gründen ist auf die Gründungsvarianten der SE kurz einzugehen.

Die SE-VO sieht einen Numerus clausus von Gründungstatbeständen vor (Artt. 2, 3 i.V.m. 15-37 SE-VO)[84]. Hierzu zählt neben den vier Formen einer Primärgründung auch eine sekundäre Gründungsform. Gemeinsam ist allen Gründungsformen zum einen das Prinzip der Mehrstaatlichkeit, wonach die Gründungsgesellschaften eine institutionelle Verbindung zu zwei oder mehreren EU-Mitgliedstaaten vorweisen müssen[85]. Zum anderen kann eine SE-Gründung ausschließlich durch bestehende Gesellschaften bestimmter Rechtsformen erfolgen, so dass natürliche Personen als Gründer ausscheiden[86].

Als erste Variante der Primärgründung ist die Verschmelzung zu nennen (Art. 2 Abs. 1, Artt. 17-31 SE-VO). Eine Gründung durch Verschmelzung ist nur Aktiengesellschaften eröffnet, die nach dem Recht eines Mitgliedstaates gegründet worden sind und ihren Sitz sowie ihre Hauptverwaltung in der Gemeinschaft haben.

Die Bildung einer Holding-SE (Art. 2 Abs. 2, Artt. 32-34 SE-VO) als zweite Gründungsvariante kann nicht nur durch o. g. Aktiengesellschaften, sondern auch durch nach dem Recht eines der Mitgliedstaaten errichtete GmbH vorgenommen werden. Voraussetzung für diese Gründungsform ist, dass mindestens zwei Grün-

---

technik; nach *Fleischer*, AcP 204 (2004), 502, 510 f. führen diese Verweisungen zu einem Wettbewerb der Rechtsordnungen.

83 Zur Sitzverlegung der SE siehe ausführlich *Ringe*, Die Sitzverlegung der Europäischen Aktiengesellschaft.

84 Ausführlich zu den Gründungsformen der SE *Jünemann* in Binder/Jünemann/Merz/Sinewe, § 2 Rn. 1 ff.; MünchKommAktG/*Oechsler*, SE-VO, Art. 2 Rn. 1 ff.; *Köstler* in Blanke, Teil A Rn.16 f.

85 *Junker*, ZfA 2005, 211, 220; *Nagel* in Nagel/Freis/Kleinsorge, 2 Rn. 15.

86 *Junker*, ZfA 2005, 211, 220.

dungsgesellschaften dem Recht verschiedener Mitgliedstaaten unterliegen (Art. 2 Abs. 2 lit. a) SE-VO) oder seit mindestens zwei Jahren eine dem Recht eines anderen Mitgliedstaates unterliegende Tochtergesellschaft oder eine Zweigniederlassung in einem anderen Mitgliedstaat haben (Art. 2 Abs. 2 lit. b) SE-VO).

Die dritte Möglichkeit einer SE-Gründung ist die Gründung einer Tochter-SE (Art. 2 Abs. 3, Art. 35 f SE-VO). Diese Gründungsvariante ist allen Gesellschaften im Sinne des Art. 48 EG sowie juristischen Personen des öffentlichen oder privaten Rechts gestattet, sofern sie nach dem Recht eines Mitgliedstaates gegründet worden sind und Sitz sowie Hauptverwaltung in der Gemeinschaft haben. Erforderlich ist ebenso wie bei der Bildung einer Holding-SE die Bindung mindestens zwei der Gründungsgesellschaften an das Recht verschiedener Mitgliedstaaten oder das Bestehen einer dem Recht eines anderen Mitgliedstaates unterliegenden Tochtergesellschaft (Art. 2 Abs. 3 lit. a) SE-VO) oder einer Zweigniederlassung in einem anderen Mitgliedstaat (Art. 2 Abs. 3 lit. b) SE-VO) seit mindestens zwei Jahren.

Viertens kann die Gründung einer SE im Wege der formwechselnden Umwandlung erfolgen (Art. 2 Abs. 4, Art. 37 SE-VO). Dieser Weg ist jedoch allein den nach dem Recht eines Mitgliedstaates errichteten Aktiengesellschaften eröffnet[87]. Diese Aktiengesellschaften müssen zudem Sitz und Hauptverwaltung in der Gemeinschaft und seit mindestens zwei Jahren eine dem Recht eines anderen Mitgliedstaates unterliegende Tochtergesellschaft haben.

Die Möglichkeit der Sekundärgründung einer SE kann durch die Gründung einer oder mehrerer Tochtergesellschaften in Form der SE durch eine Mutter-SE erfolgen (Art. 3 Abs. 2 S. 1 SE-VO)[88]. Eines grenzüberschreitenden Bezuges bedarf es nicht, da der supranationale Charakter der SE bereits durch die Mutter-SE erfüllt wird[89].

3. Organisationsverfassung der SE

In der Satzung der SE ist die Organisationsverfassung der SE festzulegen. Unabhängig vom nationalen Aktienrecht kann aufgrund der unterschiedlichen Traditionen hinsichtlich der Organisationsverfassung der Kapitalgesellschaften in den Mitgliedstaaten zwischen einem dualistischen System und einem monistischen System gewählt werden (Art. 38 lit. b) SE-VO)[90], wobei ein nachträglicher Wechsel der

---

87 *Lingl*, JA 2006, 304, 307; *Oetker*, BB-Special 1/2005, 2, 4.
88 Abzugrenzen ist die Sekundärgründung von der Ausgründung, also der Gründung einer Tochter-SE durch zwei Unternehmen.
89 *Jannott* in Jannott/Frodermann, 5 Rn. 27; *Hirte*, NZG 2002, 1, 4.
90 Das monistische System als Organisationsverfassung findet sich vor allem in Groß-Britannien, Irland, Luxemburg, Spanien, Frankreich, Belgien, Griechenland und Portugal. Nach dem dualistischen System organisiert sind Unternehmen in Deutschland, Dänemark, Italien und den Niederlanden.

Systeme durch Satzungsänderung jederzeit möglich ist (Art. 38 lit. b), Art. 52, Art. 59 SE-VO). Die Möglichkeit der Einrichtung einer monistischen Organisationsverfassung sowie die Wahl zwischen verschiedenen Organisationsverfassungen stellt für Deutschland ein absolutes Novum dar.

Die Organe der SE sind die Hauptversammlung sowie bei der dualistischen Verfassung das Aufsichts- und das Leitungsorgan bzw. bei der monistischen Verfassung das Verwaltungsorgan.

Beim dualistischen System sind Leitungsorgan und Aufsichtsorgan – in der Terminologie des deutschen Aktienrechts als Aufsichtsrat und Vorstand bezeichnet – voneinander getrennt. Die Unternehmensleitung ist damit auf zwei Organe verteilt. Während das Leitungsorgan die Geschäftsführung in eigener Verantwortung übernimmt (Art. 39 Abs. 1 SE-VO), ist das Aufsichtsorgan für dessen Kontrolle zuständig (Art. 40 Abs. 1 S. 1 SE-VO). Dabei darf niemand zugleich Mitglied des Leitungs- und Aufsichtsorgans sein (Art. 39 Abs. 3 S. 1 SE-VO, Inkompatibilität). Das dualistische Modell der SE entspricht damit dem Leitungsmodell des deutschen Aktienrechts[91].

Im monistischen System besteht neben der Hauptversammlung lediglich ein Führungsorgan (sog. Board-System)[92]. Dieses als Verwaltungsorgan oder Verwaltungsrat[93] bezeichnete Führungsorgan nimmt sowohl Leitungs- als auch Aufsichtsaufgaben wahr. Der Verwaltungsrat leitet damit die SE, legt die Grundlinien ihrer Tätigkeit fest und kontrolliert deren Umsetzung (§ 22 Abs. 1 SEAG). Er ist damit das oberste Leitungsorgan der Gesellschaft, während die Entscheidungskompetenz der Hauptversammlung auf Angelegenheiten von grundlegender Bedeutung beschränkt ist. Um die Geschäftsführung und Aufsicht in ihren Funktionen voneinander abzugrenzen ohne jedoch das Wesen des monistischen Systems zu unterlaufen und dem dualistischen System anzupassen[94], ist zwingend mindestens eine Personen als geschäftsführender Direktor mit der Führung der laufenden Geschäfte in eigener Verantwortung zu betrauen (§ 40 Abs. 1 S. 1 SEAG)[95]. Die geschäftsführenden Direktoren sind zugleich alleinige organschaftliche Vertreter der Gesellschaft (§ 41 Abs. 1 SEAG). Trotz Einheitlichkeit des Organs wird auf diese Weise eine tatsächliche Trennung zwischen Geschäftsführung und Kontrolle erzielt. Dabei können die geschäftsführenden Direktoren aus den Reihen des Verwaltungsrates bestellt werden, sofern die Mehrheit der Verwaltungsratsmitglieder weiterhin

---

91 *Teichmann* in Lutter/Hommelhoff, S. 195, 199.
92 Ein Überblick über das monistische System findet sich bei *Teichmann* in Lutter/Hommelhoff, S. 195 ff.; *Frodermann* in Jannott/Frodermann, 5 Rn. 131 ff.; *Merkt*, ZGR 2003, 650 ff.
93 Während der Verordnungsgeber den Begriff „Verwaltungsorgan" verwendet, bezeichnet der deutsche Gesetzgeber diesen als „Verwaltungsrat".
94 Eine Aufteilung dieser beiden Funktionen innerhalb des Verwaltungsorgans durch die Praxis beobachtet *Mävers*, S. 35 f., m. w. N.
95 *Braun*, S. 76.

aus nicht geschäftsführenden Mitgliedern besteht (sog. *„interne geschäftsführende Direktoren"*, § 40 Abs. 1 S. 2 SEAG)[96]. Möglich ist aber auch die Bestellung *„externer geschäftsführender Direktoren"*, die nicht dem Verwaltungsrat angehören[97]. Dadurch dass die geschäftsführenden Direktoren gemäß § 40 Abs. 5 SEAG abberufen werden können und gemäß § 44 Abs. 2 SEAG im Verhältnis zur Gesellschaft an durch den Verwaltungsrat getroffene Anweisungen und Beschränkungen gebunden sind, wird durch die Bestellung der geschäftsführenden Direktoren keine dem dualistischen System vergleichbare Funktionentrennung erreicht[98]. Das Verhältnis der geschäftsführenden Direktoren zum Verwaltungsrat ist daher nicht mit demjenigen zwischen Vorstand und Aufsichtsrat vergleichbar.

IV. Regelungen der Arbeitnehmermitbestimmung in der SE

1. Überblick über die Regelungen der Arbeitnehmermitbestimmung in der SE-Richtlinie

In Anlehnung an die Ergebnisse des Davignon-Berichts[99] hatte man auf dem Europäischen Rat von Nizza von der ursprünglichen Idee der Schaffung eines detaillierten europaweit einheitlich geltenden Arbeitnehmerbeteiligungssystems für die SE endgültig Abstand genommen und sich auf den Erlass eines Rechtsrahmens geeinigt. Dieser gibt den Mitgliedstaaten lediglich ein Grundkonzept für die Gestaltung der Arbeitnehmerbeteiligung vor[100], wobei zwischen der Beteiligung auf Betriebs- und Unternehmensebene unterschieden wird[101].

Leitgedanke und erklärtes Ziel dieses Konzeptes ist der Schutz erworbener Rechte der Arbeitnehmer, wonach der bei den Gründungsgesellschaften gewährte Standard an Beteiligungsrechten in der SE weiterhin Bestand haben soll (Vorher-Nachher-Prinzip). Die Gründung einer SE darf nicht zu einer Minderung oder Abschaffung der in den beteiligten Gesellschaften geltenden Beteiligungsregelungen gegen den Willen der Mehrheit der Arbeitnehmer führen (Bestandsschutz). So heißt es im 3. Erwägungsgrund der SE-RL:

> *„Um die Ziele der Gemeinschaft im sozialen Bereich zu fördern, müssen besondere Bestimmungen – insbesondere auf dem Gebiet der Beteiligung der Arbeitnehmer –*

---

96 Zu diesem Modell siehe *Seibt* in Lutter/Hommelhoff, S. 67, 91 f.
97 Zu diesem Modell siehe *Seibt* in Lutter/Hommelhoff, S. 67, 92.
98 *Braun*, S. 77.
99 Hierzu A.II.1.d).
100 Vgl. die Begründung zum Regierungsentwurf, Begr. zum RegE zu I. Allgemeines SEBG (BT-Drucks. 15/3405) S. 41.
101 Zu den Regelungen der SE-RL hinsichtlich der Arbeitnehmerbeteiligung auf betrieblicher Ebene siehe MünchKommAktG/*Jacobs*, SEBG, Vor § 1 Rn. 15 ff.; *Hanau* in Hanau/Steinmeyer/Wank, § 19 Rn. 159 ff.; *Kleinsorge*, RdA 2002, 343, 347 f.

festgelegt werden, mit denen gewährleistet werden soll, dass die Gründung einer SE nicht zur Beseitigung oder zur Einschränkung der Gepflogenheiten der Arbeitnehmerbeteiligung führt, die in den an der Gründung einer SE beteiligten Gesellschaften herrschen."

Der 18. Erwägungsgrund der SE-RL ergänzt den 3. Erwägungsgrund wie folgt:

„Die Sicherung erworbener Rechte der Arbeitnehmer über ihre Beteiligung an Unternehmensentscheidungen ist fundamentaler Grundsatz und erklärtes Ziel dieser Richtlinie. Die vor der Gründung von SE bestehenden Rechte der Arbeitnehmer sollten deshalb Ausgangspunkt auch für die Gestaltung ihrer Beteiligungsrechte in der SE (Vorher-Nachher-Prinzip) sein."

Zur Verwirklichung dieses Leitgedankens sieht das Konzept eine Mitbestimmung der Arbeitnehmer im Aufsichtsrat (dualistisches System) oder im Verwaltungsorgan (monistisches System) vor, die primär durch schriftliche Vereinbarung zwischen Unternehmensleitung und Arbeitnehmervertretung frei geregelt wird (Verhandlungsprinzip, Art. 4 SE-RL). Im 8. Erwägungsgrund der SE-Richtlinie heißt es:

„Die konkreten Verfahren der grenzüberschreitenden Unterrichtung und Anhörung der Arbeitnehmer sowie gegebenenfalls der Mitbestimmung, die für die einzelnen SE gelten, sollten vorrangig durch eine Vereinbarung zwischen den betroffenen Parteien oder – in Ermangelung einer derartigen Vereinbarung – durch die Anwendung einer Reihe von subsidiären Regeln festgelegt werden."

Auf diese Weise sollen *„maßgeschneiderte Arbeitnehmervertretungsstrukturen für die SE"*[102] ermöglicht werden. Die erstmals durch den Davignon-Bericht in den Mittelpunkt des Interesses gerückte Vereinbarungslösung hat in der SE-RL damit ihren Niederschlag gefunden.

Ist die Gründung einer SE geplant, müssen die Leitungs- oder Verwaltungsorgane der Gesellschaft(en) nach Offenlegung des Verschmelzungs- oder Gründungsplans für eine Holdinggesellschaft, eine Tochtergesellschaft oder eine Umwandlung schnellstmöglich die erforderlichen Maßnahmen vornehmen, um mit den Arbeitnehmervertretern in Verhandlung zu treten (Art. 3 Abs. 1 SE-RL). Die Vertretung der Arbeitnehmer erfolgt hierbei durch ein mit Arbeitnehmervertretern besetztes sog. Besonderes Verhandlungsgremium. Seine Bildung und Zusammensetzung bestimmt sich gemäß Art. 3 Abs. 2 lit. b SE-RL nach nationalem Recht, doch macht die Richtlinie diesbezüglich detaillierte und komplizierte Vorgaben, insbesondere schreibt sie die Berücksichtigung mitgliedstaatsbezogener und proportionaler Gesichtspunkte hinsichtlich der Zahl der beschäftigten Arbeitnehmer vor (Art. 3 Abs. 2 lit. a SE-RL). Hierdurch soll sichergestellt werden, dass alle Arbeitnehmer der an der Gründung der SE beteiligten Gesellschaften repräsentiert wer-

---

102 BR-Drucks. 438/04, S. 108.

den[103]. Der Verhandlungszeitraum, der nach Art. 5 SE-RL mit Einsetzung des Besonderen Verhandlungsgremiums beginnt, beträgt grundsätzlich sechs Monate, kann aber einvernehmlich auf insgesamt zwölf Monate verlängert werden. Die nähere Ausgestaltung des Verhandlungsverfahrens obliegt den Mitgliedstaaten. Hinsichtlich des Inhaltes muss die Vereinbarung die in Art. 4 Abs. 2 lit. g) SE-RL genannten Mindestvorgaben enthalten. Im Übrigen ist den Verhandlungsparteien die Ausgestaltung grundsätzlich freigestellt (Gestaltungsfreiheit). So können sie vereinbaren, auf eine Mitbestimmung in der SE zu verzichten[104]. Für den Fall der Gründung einer SE durch Umwandlung ist der Verhandlungsspielraum der Parteien eingeschränkt, sofern in der umzuwandelnden Gesellschaft Mitbestimmungsrechte bestehen. Nach Art. 4 Abs. 4 SE-RL muss dieser Mitbestimmungsstandard zumindest in gleichem Ausmaß in der SE fortbestehen, so dass weder seine Abschaffung noch seine Minderung möglich sind.

Für eine Beschlussfassung auf Seiten des Verhandlungsgremiums bedarf es der absoluten Stimmenmehrheit der Mitglieder, die zugleich die absolute Mehrheit der Arbeitnehmer in den beteiligten Unternehmen vertreten müssen (doppelte absolute Mehrheit). Hat die Vereinbarung eine Minderung der Mitbestimmungsrechte zur Folge, bedarf es einer Mehrheit von zwei Dritteln der Stimmen der Mitglieder, die zugleich zwei Drittel der Arbeitnehmer vertreten und aus mindestens zwei Mitgliedstaaten kommen (doppelte qualifizierte Mehrheit)[105]. Gleiches gilt für einen Beschluss, nach dem eine Mitbestimmungsvereinbarung nicht abgeschlossen werden soll. Hierdurch soll unter dem Leitgedanken der Sicherung erworbener Rechte eine Minderung der Mitbestimmungsrechte erschwert werden (Bestandsschutz). Dieses Erfordernis einer Zwei-Drittel-Mehrheit greift jedoch nur dann, wenn der Anteil der Arbeitnehmer mit Mitbestimmungsrechten in einem bestimmten festgelegten Verhältnis zu dem Arbeitnehmeranteil ohne diese Rechte steht (Schwellenwerte). Je nach Gründungsart sind die Schwellenwerte dabei unterschiedlich hoch.

Erst wenn es zwischen den Verhandlungsparteien zu keiner Einigung kommt oder wenn die Parteien dies vereinbaren, greift eine Auffangregelung ein, die von jedem Mitgliedstaat nach Maßgabe der Vorgaben im Anhang der SE-Richtlinie zu schaffen ist[106]. Voraussetzung für ein Eingreifen der Auffangregelung ist jedoch, dass sich die Mitbestimmung in den beteiligten Gesellschaften auf einen bestimmten Prozentsatz der Arbeitnehmer erstreckt hat, der je nach Gründungsform unterschiedlich hoch ist. In diesem Fall findet das Mitbestimmungsmodell der beteilig-

---

103 Begründung zum Regierungsentwurf, Begr. zum RegE zu I. Allgemeines SEBG (BT-Drucks. 15/3405), S. 41.

104 Hingegen ist für die Arbeitnehmerbeteiligung auf betrieblicher Ebene die Gewährleistung eines grenzüberschreitendes Unterrichtungs- und Anhörungsverfahren obligatorisch (Erwägungsgrund 6, Art. 4 Abs. 2 lit. b bis f SE-RL). Ein Verzicht ist nicht möglich.

105 Art. 3 Abs. 4 Abschnitt 1 Satz 2 SE-RL.

106 Art. 7 i.V.m. Anhang Teil 3 SE-RL.

ten Gesellschaft auf die SE Anwendung, welches, gemessen an dem Anteil der Arbeitnehmervertreter im Aufsichts- oder Verwaltungsorgan, den höchsten Standard bietet (Vorher-Nachher-Prinzip, Bestandsschutz). Die Auffangregelung greift nicht ein, wenn das Besondere Verhandlungsgremium mit einer Zwei-Drittel-Mehrheit beschließt, die Verhandlungen nicht aufzunehmen oder bereits stattfindende Verhandlungen abzubrechen (Art. 3 Abs. 6 SE-RL). Dies führt dazu, dass die SE mitbestimmungsfrei bleibt. Im Falle einer SE-Gründung durch Umwandlung ist hingegen ein Verzicht oder eine Minderung der Mitbestimmungsrechte nicht zulässig. Für den Gründungsfall der Verschmelzung können die Mitgliedstaaten nach der Optionslösung (Art. 7 Abs. 3 SE-RL i.V.m. Art. 12 Abs. 3 SE-VO), die zur Zustimmung Spaniens auf dem Rat von Nizza führte[107], auf die Umsetzung der Auffangregelung zur Mitbestimmung verzichten.

Im Übrigen enthält die Richtlinie Bestimmungen, wonach die Mitgliedstaaten u. a. sicherzustellen haben, dass den Arbeitnehmervertretern die gleichen Rechte und Pflichten zustehen wie es nach innerstaatlichem Recht der Fall ist (Schutz der Arbeitnehmervertreter, Art. 10 SE-RL). Zudem haben die Mitgliedstaaten nach Art. 11 SE-RL Schutzmaßnahmen zu treffen, damit die SE-Gründung nicht zu einer Entziehung oder Vorenthaltung von Beteiligungsrechten missbraucht wird.

Die nationalen Vorschriften über die Mitbestimmung in den Unternehmensorganen sind gemäß Art. 13 Abs. 2 SE-RL auf die SE nicht anwendbar. Etwas anderes gilt für Unternehmen in Deutschland, die trotz ihrer Beteiligung an der Gründung einer SE ihre rechtliche Selbstständigkeit behalten (z.B. bei Beteiligung an der Gründung einer Holding-SE oder einer Tochter-SE). Im Gegensatz zu den mitbestimmungsrechtlichen Regelungen bleiben die sonstigen nationalen Beteiligungsrechte der Arbeitnehmer gemäß Art. 13 Abs. 3 lit. a) SE-RL bestehen (in Deutschland z.B. die betriebliche Mitbestimmung nach dem BetrVG oder dem SprAuG).

Im Ergebnis kennzeichnet sich die SE-Richtlinie einerseits durch einen weiten Gestaltungsspielraum der Mitgliedstaaten hinsichtlich ihrer Umsetzung in das nationale Recht, zum anderen bestehen aber auch, insbesondere im Hinblick auf die Bildung und Zusammensetzung des Besonderen Verhandlungsgremiums und den Fall des Eingreifens der Auffangregelung, detaillierte und strenge Vorgaben[108]. Charakteristisch ist zudem das Nebeneinander von Gestaltungsfreiheit und Bestandsgarantie, zweier an sich gegensätzlicher Prinzipien, die es miteinander in Einklang zu bringen gilt[109].

---

107 Hierzu bereits A.II.1.f).
108 *Kienast* in Jannott/Frodermann, 13 Rn. 19.
109 *Kübler* in FS Raiser, S. 247, 249; kritisch, ob die Harmonisierung dieser beiden gegenläufigen Interessen überhaupt möglich ist, *Reichert/Brandes*, ZGR 2003, 767, 768 f.

2. Überblick über die Regelungen der Arbeitnehmermitbestimmung im SEBG

Mit dem Erlass des SEBG hat der deutsche Gesetzgeber seine Pflicht zur Umsetzung der SE-RL erfüllt. Infolgedessen hat das SEBG mit der SE-RL nicht nur den gleichen Regelungsgegenstand gemein, nämlich die Beteiligung der Arbeitnehmer in einer SE, sondern richtet sich auch hinsichtlich Zielsetzung und Grundprinzipien nach den Vorgaben der SE-RL.

Ebenso wie die SE-RL[110] setzt sich das SEBG in § 1 Abs. 1 S. 2 SEBG die Sicherung erworbener Beteiligungsrechte der Arbeitnehmer an Unternehmensentscheidungen zum Ziel. Nach Vorgabe der SE-RL[111] soll dies primär durch eine Beteiligungsvereinbarung zwischen den Unternehmen und einem Besonderen Verhandlungsgremium auf Arbeitnehmerseite erreicht werden (§ 1 Abs. 2 S. 1 SEBG-Verhandlungsprinzip). § 21 SEBG enthält in Umsetzung von Art. 4 SE-RL nähere Regelungen über die Vereinbarung und schränkt die grundsätzliche Autonomie der Parteien durch inhaltliche Vorgaben für die Vereinbarung ein (§ 21 Abs. 1, 3 und 6 SEBG). § 21 Abs. 3 SEBG stellt ausdrücklich klar, dass die Parteien von einer Mitbestimmungsvereinbarung absehen können. Ebenso steht ihnen frei, in der Vereinbarung die gesetzlichen Auffangregelungen über die Mitbestimmung zu übernehmen (§ 21 Abs. 5 SEBG). Eine Einschränkung des Grundsatzes der freien Aushandelbarkeit der Vereinbarung ist für den Fall der Gründung der SE durch Umwandlung vorgesehen (§ 21 Abs. 6 SEBG). In Umsetzung der SE-RL müssen alle vor der Umwandlung bestehenden Komponenten der Arbeitnehmermitbestimmung in der SE fortgelten.

Bei erfolglosen Verhandlungen greift eine Auffanglösung (§ 1 Abs. 2 S. 2 SEBG), deren Inhalt das SEBG in §§ 22-33 bzw. 22, 34-38 SEBG festlegt. Sie gliedert die Arbeitnehmerbeteiligung einerseits in einen SE-Betriebsrat kraft Gesetzes (§§ 22-33 SEBG), der die Rechte der Arbeitnehmer auf Unterrichtung und Anhörung in der SE sichern soll sowie andererseits in eine Mitbestimmung kraft Gesetzes (§§ 34-38 SEBG). Letztere gewährt den Arbeitnehmervertretern eine Besetzung von Sitzen im Aufsichts- oder Veraltungsorgan der SE.

Flankiert werden Verhandlungsprinzip und Auffanglösung durch den Vorher-Nachher-Grundsatz[112], der seinen Niederschlag insbesondere in §§ 1 Abs. 1 S. 3, 15 Abs. 3 und Abs. 5, 21 Abs. 6, 35 Abs. 1 und Abs. 2 S. 2 SEBG gefunden hat.

Neben den von den einzelnen Mitgliedstaaten zwingend identisch umzusetzenden Vorgaben, wie z.B. Vorrang der Verhandlungslösung, Abstimmungsverfahren im Besonderen Verhandlungsgremium und Mindestinhalte der Auffangregelung, eröffnet die SE-RL den nationalen Gesetzgebern in bestimmten Bereichen Gestal-

---

110 Erwägungsgründe Nr. 3, 18 SE-RL.
111 Art. 1 Abs. 2 SE-RL, Erwägungsgründe Nrn. 7, 8 SE-RL.
112 Zum Vorher-Nachher-Prinzip siehe bereits A.IV.1.

tungsspielräume[113]. Hierzu zählen insbesondere Vorschriften über die Bestimmung und die Wahl der Mitglieder des Besonderen Verhandlungsgremiums sowie des Aufsichts- oder Verwaltungsorgans und die Konkretisierung des Inhaltes der Auffangregelung, welche allesamt einen Großteil der Regelungen des SEBG ausmachen. Zusätzlich, damit über die Vorgaben der Richtlinie hinausgehend, gewährt das SEBG den Gewerkschaften verschiedene mittelbare und unmittelbare Einflussmöglichkeiten[114]. Zudem erklärt das SEBG seine Regelungen gemäß § 1 Abs. 4 SEBG auch bei strukturellen Änderungen einer bereits bestehenden SE für anwendbar, so dass Vereinbarungsverhandlungen auch vor einer strukturellen Änderung der SE vorzunehmen sind (§ 21 Abs. 4 SEBG).

Das SEBG beinhaltet folgende Teile: Teil 1 legt allgemeine Vorschriften, Begriffsbestimmungen und den Geltungsbereich des SEBG fest. In Teil 2 werden Bildung, Zusammensetzung und Verhandlungsverfahren des Besonderen Verhandlungsgremiums geregelt. Die Beteiligung der Arbeitnehmer in der SE durch Vereinbarung oder kraft Gesetzes (Auffangregel) wird in Teil 3 behandelt. Teil 4 führt Grundsätze der Zusammenarbeit und notwendige Schutzbestimmungen auf. In Teil 5 finden sich Straf- und Bußgeldvorschriften.

Das SEBG gilt gemäß § 3 Abs. 1 S. 1 SEBG für alle SE mit Sitz im Inland. Unabhängig vom Sitz der SE findet das SEBG aber auch auf beteiligte Gesellschaften, betroffene Tochtergesellschaften und betroffene Betriebe im Inland Anwendung (§ 3 Abs. 1 S. 2 SEBG). Somit gilt es auch für die in Deutschland beschäftigten Arbeitnehmer der SE. Der Geltungsbereich des SEBG orientiert sich damit nicht allein am Sitz der SE, so dass in einer SE mehrere nationale Durchführungsgesetze Geltung beanspruchen können. Beispielweise hat eine SE mit Sitz in Frankreich und mit in Deutschland beschäftigten Arbeitnehmern die Vorschriften des SEBG teilweise zu beachten[115].

Mit der Umsetzung der SE-RL hat Deutschland in mitbestimmungsrechtlicher Hinsicht Neuland betreten. Zum einen wurde die grundsätzlich als striktes Recht angesehene unternehmerische Mitbestimmung durch die Einführung der Vereinbarungslösung für autonome Regelungen freigegeben, zum anderen kann nun auch in Deutschland eine monistische Gesellschaftsverfassung gewählt werden.

V. Problematik der Mitbestimmung im monistischen System

Trifft die monistische Organisationsverfassung durch Eingreifen der gesetzlichen Auffangregel des § 35 SEBG auf das deutsche Mitbestimmungssystem, hat dies zur Folge, dass die Arbeitnehmervertreter dem Verwaltungsrat angehören und damit

---

113 Vgl. die Begründung zum RegE zu I. Allgemeines SEBG (BT-Drucks. 15/3405), S. 41.
114 Siehe hierzu die Ausführungen bei MünchKommAktG/*Jacobs*, SEBG, Vor § 1 Rn. 34 ff.
115 *Kienast* in Jannott/Frodermann, 13 Rn. 76 ff. mit Beispiel.

nicht mehr nur die Unternehmensführung beaufsichtigen und kontrollieren, sondern ihnen zugleich die Unternehmensleitung obliegt[116]. Problematisch wird diese Stellung der Arbeitnehmer insbesondere dann, wenn an der Gründung der SE eine Gesellschaft beteiligt ist, deren Mitbestimmung sich nach dem deutschen MitbestG richtet, so dass es zu einer paritätischen Besetzung des Verwaltungsrates kommt und zusätzlich die geschäftsführenden Direktoren aus den Reihen des Verwaltungsrates bestellt werden (interne geschäftsführende Direktoren) und allein der Anteilseignerseite angehören. In einer solchen Konstellation entsteht ein Übergewicht zugunsten der Arbeitnehmerseite bei der Ausübung der Aufsichtsfunktion des Verwaltungsrates gegenüber den geschäftsführenden Direktoren[117]. Hieraus resultiert ein Übergang von einer paritätischen Beteiligung der Arbeitnehmer an der Unternehmenskontrolle zu einer paritätischen Arbeitnehmerbeteiligung an der Unternehmensführung. Die Arbeitnehmer erfahren einen entscheidenden Machtzuwachs, der zum einen zu einer erheblichen Ausdehnung der Verantwortung und Haftung der Arbeitnehmervertreter führt[118] und zum anderen nicht in Einklang mit der Intention des deutschen Mitbestimmungssystems steht[119]. Letzteres stellt unter Heranziehung der vom BVerfG im Mitbestimmungsurteil[120] festgelegten Grenzen einer Arbeitnehmermitbestimmung im Aufsichtsrat einen ungerechtfertigten Eingriff in das verfassungsrechtliche gewährleistete Eigentumsrecht des Art. 14 Abs. 1 GG der Anteilseigner dar[121]. Mit der nachträglichen Einführung des § 35 Abs. 3 in das SEAG nach eindringlichen Empfehlungen des Rechtsausschusses[122] versucht der Gesetzgeber dieses Problem wie folgt zu lösen: Ist ein dem Verwaltungsrat angehörender geschäftsführender Direktor von der Abstimmung aus rechtlichen Gründen ausgeschlossen mit der Folge, dass eine Überparität der Arbeitnehmervertreter bei der Abstimmung entsteht, fällt dem Vorsitzenden des Verwaltungsrates, der zwingend von den Anteilseignern zu bestellen ist (Art. 45 SE-VO), unter bestimmten Voraussetzungen eine zusätzliche Stimme zu. Auf diese Weise soll das verfassungsrechtlich gebotene[123] Letztentscheidungsrecht der Anteilseigner gewahrt werden. Dieser vom Gesetzgeber vorgesehene Mechanismus zur Lösung des

---

116 Hierzu *Gruber/Weller*, NZG 2003, 297, 299; *Ihrig/Wagner*, BB 2004, 1749, 1757.

117 *Oetker* in Lutter/Hommelhoff, S. 277, 286; *Horn*, DB 2005, 147, 152.

118 *Teichmann*, BB 2004, 53, 57; dem folgend *Henssler* in Ulmer/Habersack/Henssler, Einl. SEBG, Rn. 201.

119 *Henssler* in Ulmer/Habersack/Henssler, Einl. SEBG Rn. 201.

120 BVerfGE 50, 290 ff.

121 Zur Verfassungswidrigkeit der paritätischen Arbeitnehmermitbestimmung in der monistischen SE, MünchKommAktG/*Jacobs*, SEBG, § 35 Rn. 16 ff.; *Henssler* in GS Heinze, S. 333, 338 f.; *ders.* in Ulmer/Habersack/Henssler, Einl. SEBG Rn. 202 f.; *Gruber/Weller*, NZG 2003, 297, 299; *Roth*, ZfA 2004, 431, 452 f.; sehr ausführlich *Kämmerer/Veil*, ZIP 2005, 369 ff.; mit verfassungsrechtlichen Bedenken auch *Weiss/Wöhler*, NZG 2006, 121, 125.

122 Beschlussempfehlung des Rechtsausschusses, BT-Drucks. 15/3405 S. 18, 59.

123 BVerfGE 50, 290, 350.

Problems der qualitativen Ausdehnung der paritätischen Arbeitnehmermitbestimmung in der monistisch verfassten SE wird im Schrifttum zu Recht kritisiert und als unzureichend eingeordnet[124]. So bleibt beispielsweise der Fall ungeregelt, dass der Verwaltungsratsvorsitzende selbst geschäftsführend ist und einem Stimmverbot unterliegt[125]. Die von der Literatur vorgeschlagenen Möglichkeiten zur Verhinderung einer Überparität der Arbeitnehmervertreter im Verwaltungsrat und zur Herbeiführung einer klaren Trennung zwischen einem Aufsichtsbereich und einem die Arbeitnehmervertreter ausschließenden Leitungsbereich sind zahlreich[126], sollen hier aber nur insoweit dargestellt und diskutiert werden, wie sie den Inhalt der Vereinbarung betreffen[127].

Im Gegensatz zur monistisch verfassten SE bereitet ein aufgrund Eingreifens der Auffangregelung eintretendes Zusammentreffen einer dualistisch strukturierten SE mit den nationalen Mitbestimmungsregelungen keine derartigen Schwierigkeiten[128]. Zurückzuführen ist dies auf die Konzeption des deutschen Mitbestimmungsrechts, das an einer dualistischen Organisationsverfassung ausgerichtet ist und damit der deutschen Gesellschaftsrechtstradition entspricht.

---

124 Kritisch *Oetker* in Lutter/Hommelhoff, S. 277, 313 ff.; *Müller-Bonanni/Melot de Beauregard*, GmbHR 2005, 195, 199; *Kämmerer/Veil*, ZIP 2005, 369, 370; *Henssler* in Ulmer/Habersack/Henssler, Einl. SEBG, Rn. 127; *Seibt*, AG 2005, 413, 425; *Lange*, S. 83; *Wagner*, EWS 2005, 545, 551.

125 Münch.Hdb.GesR/*Austmann* § 85 Rn. 20.

126 Einen kurzen Überblick über die verschiedenen Lösungsansätze bieten *Weiss/Wöhlert*, NZG 2006, 121, 125; einzelne Lösungsansätze finden sich bei *Kallmeyer*, ZIP 2003, 1531, 1534 f.; ders., ZIP 2004, 1442, 1444 f.; *Gruber/Weller*, NZG 2003, 297, 300; *Brandt*, BB-Special 3/2005, 1, 3; *Ihrig/Wagner*, BB 2004, 1749, 1757; *Steinberg*, S. 236 ff.

127 Siehe B.III.3.d)bb); B.III.3.e)aa)(2)(c);B.III.3.e)bb);B.III.3.e)dd);B.III.4.b).

128 *Weiss/Wöhlert*, NZG 2006, 121, 125.

B. Mitbestimmungsvereinbarung

Das SEBG und die SE-RL sehen vor, dass die Beteiligung der Arbeitnehmer in der SE primär durch eine Vereinbarung zu regeln ist (§ 1 Abs. 2 S. 1 SEBG; Art. 1 Abs. 2, Erwägungsgründe Nrn. 7, 8 SE-RL). Durch sie soll ein sinnvoller Ausgleich der in den einzelnen Mitgliedstaaten bestehenden unterschiedlichen Rechtslagen und zudem eine sachgerechte individuelle Anpassung an die Bedürfnisse und Strukturen der zukünftigen SE erreicht werden[129]. Die Vereinbarung wird im SEBG an mehreren Stellen ausdrücklich genannt.

In § 1 Abs. 2 S. 1 SEBG wird das Verhandlungsprinzip und damit der Vorrang der Beteiligungsvereinbarung zum Ausdruck gebracht. Gleiches gilt für § 13 Abs. 1 S. 1 SEBG, der zusätzlich die Schriftform für die Vereinbarung vorschreibt. § 1 Abs. 3 SEBG enthält eine Auslegungsregel, nach der die Beteiligungsvereinbarung ebenso wie die Vorschriften des SEBG so auszulegen sind, dass das Ziel der Gemeinschaft, die Beteiligung der Arbeitnehmer in der SE sicherzustellen, gefördert wird. Die am Abschluss der Vereinbarung beteiligten Parteien werden in §§ 4 Abs. 1 S. 2; 13 Abs. 1 S. 1 SEBG genannt.

§ 13 Abs. 1 S. 2 SEBG ergänzt den in § 40 SEBG allgemein festgelegten Grundsatz der vertrauensvollen Zusammenarbeit speziell für die auf den Abschluss einer Vereinbarung gerichteten Verhandlungen zwischen dem Besonderen Verhandlungsgremium und den Leitungen.

Einzige Norm im SEBG, die allein die Vereinbarung als solche zum Gegenstand hat, ist § 21 SEBG. Neben der wiederholten Normierung des Schriftformerfordernisses und der Vereinbarungsparteien beinhaltet § 21 Abs. 1 SEBG den Grundsatz der Autonomie der Parteien. Eingeschränkt wird dieser Grundsatz durch die Vorgaben des Gesetzgebers hinsichtlich der inhaltlichen Ausgestaltung der Vereinbarung, wobei zwischen der Beteiligungsvereinbarung allgemein (§ 21 Abs. 1 Nrn. 1 und 6, Abs. 4, Abs. 5 SEBG), der Vereinbarung über die Unterrichtung und Anhörung (§ 21 Abs. 1 Nrn. 2, 3, 4, 5 und Abs. 2 SEBG) und einer Mitbestimmungsvereinbarung (§ 21 Abs. 3 SEBG) unterschieden wird. Eine weitere Einschränkung erfährt die Parteiautonomie durch § 21 Abs. 6 S. 1 SEBG, der im Fall einer durch Umwandlung gegründeten SE die Fortgeltung des bisherigen Mitbestimmungsstandards der umzuwandelnden Gesellschaft vorschreibt.

---

129 BR-Drucks. 438/04 S. 103; siehe hierzu bereits oben A.IV.1.

In Ergänzung zu § 21 Abs. 5 SEBG stellen § 21 Abs. 1 Nr. 1 SEBG und § 34 Abs. 1 i.V.m. § 22 Abs. 1 Nr. 1 SEBG klar, dass auch die gesetzlichen Auffangregeln ganz oder teilweise zum Inhalt der Vereinbarung gemacht werden können. Auch wenn das SEBG die maßgeblichen Vorschriften über die Vereinbarung enthält, wird sie auch in der SE-VO an mehreren Stellen erwähnt (Art. 12 Abs. 2, 3, 4; Art. 23 Abs. 2 S. 2 SE-VO). Grund hierfür ist die bereits dargestellte Verknüpfung der Vorschriften der SE-VO mit denen des SEBG, die insbesondere zwischen den Gründungsformen der SE und der Arbeitnehmerbeteiligung besteht[130].

Mit Hilfe der soeben aufgeführten gesetzlichen Vorschriften ist auf die rechtlichen Rahmenbedingungen der Mitbestimmungsvereinbarung sowie bestehende Probleme und offene Fragen einzugehen.

I. Anwendbare Rechtsordnung und Rechtsnatur

1. Anwendbare Rechtsordnung

Nach Art. 6 SE-RL ist auf die Vereinbarung die Rechtsordnung des Mitgliedstaates anwendbar, in dem die SE ihren Sitz hat. Den Vereinbarungsparteien steht es jedoch offen, die Anwendbarkeit einer anderen Rechtsordnung eines der Mitgliedstaaten zu bestimmen. Zwar enthalten weder SE-RL noch SEBG eine diesbezügliche Regelung, doch ergibt sich die Möglichkeit einer solchen Rechtswahl aus dem der SE-RL zugrunde liegenden Prinzip, den Parteien hinsichtlich der Gestaltung der Arbeitnehmerbeteiligung in der SE möglichst große Freiheiten zu gewährleisten. Gesetzlich verbindliche Vorgaben sind grundsätzlich nur dann vorgesehen, wenn die Vereinbarungsparteien zu keiner Einigung finden können. Dieses Prinzip der Gestaltungsfreiheit umfasst nicht nur den Inhalt der Vereinbarung, sondern auch deren Kollisionsrecht. In Ergänzung zu diesem Grundsatz der Parteiautonomie lässt sich Art. 27 Abs. 1 EGBGB heranziehen, nach dem den Parteien eines vertraglichen Schuldverhältnisses die Möglichkeit der Rechtswahl zusteht, sie somit auch die Geltung des Umsetzungsrechtes eines anderen Mitgliedstaates vereinbaren können. Da beide Vereinbarungsparteien einer solchen Rechtswahl zustimmen müssen, besteht die Gefahr des Missbrauchs einer solchen Rechtswahlklausel zu Lasten einer der Parteien nicht. Die Festlegung einer anderen Rechtsordnung kann jedoch die Rechtsverfolgung praktisch erheblich erschweren, so dass von ihr abzuraten ist.

Für die nachfolgende Darstellung ist allein von einer Anwendung des deutschen Rechts auszugehen, wobei sich diese nicht aus einer freien Rechtswahl, sondern aus Art. 6 SE-RL ergeben soll.

---

130 Siehe hierzu die Darstellung unter A.III.

2. Rechtsnatur

Welche Rechtsnatur die Beteiligungsvereinbarung hat, wird weder durch die SE-RL noch durch das SEBG ausdrücklich festgelegt. Gemäß Art. 6 Abs. 1 SE-RL ist auf die Vereinbarung die Rechtsordnung des Mitgliedstaates anwendbar, in dem die SE ihren Sitz hat, so dass auch für die Bestimmung ihrer Rechtsnatur das jeweils nationale Recht des Sitzstaates maßgeblich ist. Da die SE-RL keinerlei Anhaltspunkte enthält, die einen möglichen vom Richtliniengeber vorgesehenen Rechtscharakter der Vereinbarung erkennen lassen oder zumindest andeuten, scheidet eine europaweit einheitliche Qualifizierung der Vereinbarung aus. Dies hat zur Folge, dass ihr in den einzelnen Mitgliedstaaten jeweils unterschiedliche Bedeutung zukommen kann. Aufgrund der Anwendbarkeit von Art. 6 Abs. 1 SE-RL soll eine rechtliche Einordnung der Vereinbarung hier am Maßstab des deutschen Rechts erfolgen[131]. Von Bedeutung ist die Frage nach der Rechtsnatur für die sich aus der Vereinbarung ergebenden Rechte und Pflichten der Vereinbarungsparteien. Insbesondere wirkt sie sich auf die Wirkung und Durchsetzbarkeit Regelungen und damit zugleich auf die Qualität der vereinbarten Arbeitnehmermitbestimmung aus. So kann die Vereinbarung, je nachdem welche Rechtsnatur man ihr zuspricht, sowohl normativ als auch schuldrechtlich wirken. Die Rechtsnatur der Vereinbarung berührt darüber hinaus die Frage, ob ihre Auslegung nach den Grundsätzen der vertraglichen oder der gesetzlichen Auslegung zu erfolgen hat. Auch entscheidet sie darüber, ob bei einzelnen unwirksamen Bestimmungen der Vereinbarung diese im Übrigen wirksam bleibt oder insgesamt unwirksam wird. Infolge des unterschiedlichen Regelungsgegenstandes von EBRG-Vereinbarung und SE-Vereinbarung kann nicht einfach auf die Diskussion zurückgegriffen werden, die in der Literatur zur Rechtsnatur der EBRG-Vereinbarung geführt wird[132]. Anders als die EBRG-Vereinbarung, die ausschließlich die Ausgestaltung der grenzübergreifenden betrieblichen Unterrichtung und Anhörung der Arbeitnehmer zum Gegenstand hat, können in der SE-Vereinbarung darüber hinaus auch Bestimmungen getroffen werden, die die unternehmerische Arbeitnehmermitbestimmung regeln. Diese Regelungen wirken sich im Gegensatz zu den Vereinbarungen nach dem EBRG auf die Organisationsverfassung und die Satzung der SE aus und beeinflussen damit direkt die Unternehmensleitung. Dies gilt insbesondere im Falle einer monistisch

---

131 Auf die vielfach im Schrifttum behandelte Frage, ob und in welchem Umfang Mitbestimmungsvereinbarungen für Unternehmen zulässig sind, soll im Rahmen dieser Arbeit nicht eingegangen werden. Vergleiche hierzu nur *Beuthien*, ZHR (148) 1984, 95 ff.; *Oetker* in Großkomm.AktG MitbestG, Vorbem. Rn. 97 ff.; *Hanau*, ZGR 2001, 75 ff.; *Seibt*, AG 2005, 413 ff.; *Raiser* in FS Werner, S. 681 ff.; *ders.* BB 1977, 1461 ff.; *Windbichler*, S. 541 ff.; *Mertens*, AG 1982, 141 ff.; *Hommelhoff*, ZHR 148 (1984), 118, 133 ff. Mit der Normierung des § 21 SEBG anerkennt der deutsche Gesetzgeber die Zulässigkeit solcher Vereinbarungen für die SE.

132 Ebenso *Oetker* in Lutter/Hommelhoff, SE-Kommentar, § 21 SEBG Rn. 14; anders dagegen *Kuffner*, S. 150.

verfassten SE, in welcher die Arbeitnehmervertreter direkt in dem auch mit Unternehmensleitungsaufgaben befassten Verwaltungsorgan vertreten sind. Im Gegensatz zur EBRG-Vereinbarung bewirkt die SE-Vereinbarung eine enge Verzahnung von Arbeits- und Gesellschaftsrecht.

Eine wirksame Vereinbarung setzt eine Einigung zwischen dem Besonderen Verhandlungsgremium und den Leitungen voraus. Eine einseitige Erklärung einer der Vereinbarungsparteien genügt nicht. Diese zwischen den Verhandlungsparteien erforderliche Willensübereinstimmung sowie der der Einigung vorausgehende Verhandlungsmechanismus qualifizieren die Vereinbarung als privatrechtlichen Vertrag. Da es sich bei den Vereinbarungsparteien um Arbeitgeber- und Arbeitnehmervertretungen handelt, kommt dem Vertrag ferner ein kollektivarbeitsrechtlicher Charakter zu. Eine nähere Qualifizierung der Mitbestimmungsvereinbarung fällt jedoch nicht ganz leicht. Als mögliche Rechtsnatur der Vereinbarung diskutiert das Schrifttum den Tarifvertrag, die Betriebsvereinbarung, einen Kollektivvertrag sui generis sowie einen schuldrechtlichen Vertrag zugunsten Dritter[133]. Im Folgenden ist die in der Literatur vorgenommenen Einordnungen der Mitbestimmungsvereinbarung näher darzustellen.

a) Tarifvertrag

Der kollektivrechtliche Charakter der Beteiligungsvereinbarung legt es nahe, die Vereinbarung einem der vom deutschen Gesetzgeber vorgesehenen Kollektivverträge zuzuordnen. Zu den Kollektivverträgen zählen unter anderem die Betriebsvereinbarung, die Dienstvereinbarung[134] und der Tarifvertrag[135]. Der Tarifvertrag ist ein schriftlicher Vertrag zwischen einem Arbeitgeber oder einem Arbeitgeberverband auf der einen Seite und einer Gewerkschaft auf der anderen Seite. Geregelt werden durch den Tarifvertrag zum einen die Rechte und Pflichten der Tarifvertragsparteien (schuldrechtlicher Teil), zum anderen enthält er Rechtsnormen, die

---

133 Zur parallelen Diskussion über die Rechtsnatur der im Rahmen des EBRG abgeschlossenen Vereinbarung *Horcher*, S. 243 ff.; *Schmidt*, RdA 2001, Sonderbeilage zu Heft 5, 12, 17 f.; *Spinner*, S. 60 ff.; *Müller*, EBRG, § 17 Rn. 3; MünchArbR/*Joost* § 366 Rn. 98; *Schiek*, RdA 2001, 218, 231 f.; *Däubler* in FS Schaub, S. 95, 101 ff.; *Weiss*, AuR 1995, 438, 443; *Blanke* in Blanke, Teil B § 41 Rn. 29 ff.

134 Bei einer Dienstvereinbarung handelt es sich nach h.M. um einen öffentlich-rechtlichen Vertrag zwischen einer Dienststelle und der Personalvertretung, der inhaltlich der Betriebsvereinbarung entspricht. Aufgrund ihres öffentlich-rechtlichen Charakters ist sie für die vorliegende Arbeit ohne Bedeutung und bleibt daher unbeachtet.

135 Neben diesen genannten Typen von Kollektivverträgen gibt es eine Vielzahl weiterer Formen von Kollektivverträgen, sowohl mit als auch ohne normative Wirkung. Siehe hierzu ausführlich MünchArbR/*Löwisch/Rieble*, § 280 Rn. 10 ff. Unzutreffend sind daher die Ausführungen *Steinberg*s, S. 188, wonach das deutsche Recht lediglich zwei Typen von Kollektivverträgen kenne, nämlich den Tarifvertrag und die Betriebsvereinbarung.

Abschluss, Inhalt und Beendigung von Arbeitsverhältnissen sowie betriebliche und betriebsverfassungsrechtliche Fragen regeln (normativer Teil).

Dem Schrifttum zufolge scheide eine Qualifikation der Vereinbarung als Tarifvertrag bereits aufgrund des durch § 2 Abs. 2 TVG gesetzlich begrenzten Kreises der Vertragsparteien aus[136]. Nach § 2 Abs. 1 TVG könne Tarifvertragspartei auf Arbeitnehmerseite allein eine Gewerkschaft und ihre Spitzenorganisation sein[137]. Auch wenn nach § 6 Abs. 2 S. 1 SEBG Gewerkschaftsvertreter zu Mitgliedern des Besonderen Verhandlungsgremiums gewählt werden könnten, komme ihnen damit keine eigene Organstellung zu[138]. Die Gewerkschaftsvertreter hätten lediglich die Stellung eines Mitgliedes des Besonderen Verhandlungsgremiums[139] und bildeten damit kein eigenständiges Verhandlungsorgan. Schließlich müsse bei einer Qualifikation der Mitbestimmungsvereinbarung als Tarifvertrag deren Abschluss auch mit Hilfe von Arbeitskämpfen zulässig sein[140]. Die Mitbestimmungsvereinbarung als solche sei jedoch nicht erstreikbar[141].

b) Betriebsvereinbarung

Ebenso schließt die Literatur eine Qualifikation der Mitbestimmungsvereinbarung als Betriebsvereinbarung einstimmig aus[142]. Es fehle an der Vergleichbarkeit von Betriebsrat und Besonderem Verhandlungsgremium hinsichtlich Stellung und Funktion[143]. Die auf dem Prinzip der demokratischen Repräsentation der Belegschaft und der Betriebsautonomie beruhende Betriebsvereinbarung dürfe durch ein hauptsächlich mitgliedstaatlich zusammengesetztes Besonderes Verhandlungsgremium in bestimmten Konstellationen nicht abgeschlossen werden[144].

---

136 *Oetker* in FS Konzen, S. 635, 642; *ders.* in Lutter/Hommelhoff, SE-Kommentar, § 21 SEBG Rn. 15; *Hennings* in Manz/Mayer/Schröder, Art. 4 SE-RL Rn. 33; *Scheibe*, S.94.

137 MünchKommAktG/*Jacobs*, SEBG, § 21 Rn. 6.

138 *Hanau*, ZGR 2001, 75, 105; MünchKommAktG/*Jacobs*, SEBG, § 21 Rn. 6; *Herfs-Röttgen*, NZA 2002, 358, 363 f.; *Steinberg*, S. 191.

139 *Herfs-Röttgen*, NZA 2002, 358, 363 f.

140 *Kraushaar*, BB 2003, 1614, 1619; MünchKommAktG/*Jacobs*, SEBG, § 21 Rn. 6; *Köklü* in Drinhausen/Van Hulle/Maul, 6 Rn. 159; *Steinberg*, S. 191 f.

141 *Steinberg*, S. 191 f.; MünchKommAktG/*Jacobs*, SEBG, § 21 Rn. 6; *Herfs-Röttgen*, NZA 2002, 358, 364; *Scheibe* S. 94; *Köklü* in Drinhausen/Van Hulle/Maul, 6 Rn. 159.

142 *Kraushaar*, BB 2003, 1614, 1619; *Steinberg*, S. 192; *Kienast* in Jannott/Frodermann, 13 Rn. 352; *Herfs-Röttgen*, NZA 2002, 358, 364; MünchKommAktG/*Jacobs*, SEBG, § 21 Rn. 6; *Oetker* in FS Konzen, S. 635, 642; *Blanke*, AG 2006, 493, 495; *Scheibe*, S. 95 f.; *Hennings* in Manz/Mayer/Schröder, Art. 4 SE-RL Rn. 33; *Henssler* in Ulmer/Habersack/Henssler, Einl. SEBG Rn. 153; *Habersack*, ZHR 171 (2007), 613, 627.

143 *Oetker* in FS Konzen, S. 635, 642; *ders.* in Lutter/Hommelhoff, SE-Kommentar, § 21 SEBG Rn. 15; *Herfs-Röttgen*, NZA 2002, 358, 364; MünchKommAktG/*Jacobs*, SEBG, § 21 Rn. 6; *Steinberg*, S. 192.

144 *Kraushaar*, BB 2003, 1614, 1619.

c) Kollektivvertrag sui generis mit normativer Wirkung

Da die Mitbestimmungsvereinbarung keinem der gesetzlich vorgesehenen Kollektivverträge zugeordnet werden kann, ihr kollektivrechtlicher Charakter sich aber nicht leugnen lässt, wird im Schrifttum vermehrt die Ansicht vertreten, bei der Vereinbarung handele es sich um einen Kollektivvertrag sui generis[145]. Einige Vertreter dieser Ansicht sprechen den in der Vereinbarung enthaltenen Regelungen zudem ausdrücklich eine normative Wirkung zu[146]. Soll einem Vertrag normative Wirkung zukommen, so bedarf es hierfür einer besonderen Legitimation durch den Gesetzgeber[147]. Nach *Herfs-Röttgen* und *Kraushaar* ergebe sich die gesetzliche Anordnung für eine Normsetzung unmittelbar aus Art. 4 Abs. 1 SE-RL[148]. Hiergegen wendet *Hennings* ein, dass die SE-RL keine unmittelbare Rechtswirkung im nationalen Recht entwickeln könne[149]. Daher sei die Legitimation für die Normsetzung in den die SE-RL umsetzenden nationalen Vorschriften des SEBG zu finden[150]. Dieser Auffassung folgt auch *Köklü*, der die Legitimation unmittelbar aus §§ 4 Abs. 1, 13 Abs. 1 SEBG herleitet[151].

Begründet wird die Einordnung der Vereinbarung als Kollektivvertrag sui generis mit dem inhaltlichen Schwerpunkt der Mitbestimmungsvereinbarung, der in der Herbeiführung einer auf Dauer angelegten Arbeitnehmerrepräsentation in der SE liege[152]. Zwar könne eine solche Arbeitnehmerrepräsentation durch eine vertragliche Pflicht der Leitungen zur Einrichtung und Verwirklichung einer Arbeitnehmerbeteiligung herbeigeführt werden, so dass aufgrund dieser für einen schuldrechtlichen Vertrag charakteristischen Begründung von Rechten und Pflichten die Ver-

---

145 *Schwarz*, SE-VO, Einl. Rn. 285; *Braun*, S. 90 f.; *Blanke*, AG 2006, 493, 496; *Hennings* in Manz/Mayer/Schröder, Art. 4 SE-RL Rn. 34; *Henssler* in Ulmer/Habersack/Henssler, Einl. SEBG Rn. 153; *Bartone/Klapdor*, S. 101; *Kraushaar*, BB 2003, 1614, 1619; *Steinberg*, S. 192; *Joost* in EAS Teil B 8200 Rn. 113; *Kienast* in Jannott/Frodermann, 13 Rn. 353; *Herfs-Röttgen*, NZA 2002, 358, 364; *Kuffner*, S. 150 f.; *Köklü*, S. 188; *ders.* in Drinhausen/Van Hulle/Maul, 6 Rn. 158; für eine normative Wirkung der Vereinbarung im Hinblick auf die Regelungen zur unternehmerischen Mitbestimmung der Arbeitnehmer auch *Oetker* in FS Konzen, S. 635, 643.
146 *Blanke*, AG 2006, 493, 496; *Braun*, S. 90 f.; *Herfs-Röttgen*, NZA 2006, 358, 364; *Hennings* in Manz/Mayer/Schröder, Art. 4 SE-RL Rn. 34; *Kuffner*, S. 151; *Scheibe*, S. 98; *Steinberg*, S. 190; *Schwarz*, SE-VO, Einleitung, Rn. 285; *Köklü* in Drinhausen/Van Hulle/Maul, 6 Rn. 158; *Zang*, S. 623; für eine normative Wirkung der Vereinbarung im Hinblick auf die Regelungen zur unternehmerischen Mitbestimmung der Arbeitnehmer auch *Oetker* in FS Konzen, S. 635, 643.
147 BVerfG NJW 1977, 2255, 2258; BAG v. 29.11.1967- GS 1/67, AP Nr. 13 zu Art. 9 GG, Bl. 333, 342; *Weiss*, AuR 1995, 438, 443.
148 *Herfs-Röttgen*, NZA 2002, 358, 364; *Kraushaar*, BB 2003, 1614, 1619; *Steinberg*, S. 190 und S. 192.
149 *Hennings* in Manz/Mayer/Schröder, Art. 4 SE-RL Rn. 34 Fn. 66.
150 *Hennings* in Manz/Mayer/Schröder, Art. 4 SE-RL Rn. 34.
151 *Köklü* in Drinhausen/Van Hulle/Maul, 6 Rn. 158.
152 *Herfs-Röttgen*, NZA 2002, 358, 364; *Hennings* in Manz/Mayer/Schröder, Art. 4 SE-RL Rn. 34.

einbarung auch als rein schuldrechtlicher Vertrag qualifiziert werden könne. Hiergegen spreche jedoch zum einen die der Vereinbarung zukommende Funktion eines Organisationsaktes[153], denn die Vereinbarung begründe nicht nur individualvertragliche Verpflichtungen zwischen Leitungen und Besonderem Verhandlungsgremium, sondern enthalte insbesondere Regelungen, die weit reichende Rechtsfolgen für Dritte besäßen[154]. Zum anderen löse sich das Besondere Verhandlungsgremium nach dem Zustandekommen der Vereinbarung auf mit der Folge, dass es als Gläubiger die Rechte aus der Vereinbarung nicht einklagen könne[155]. Problematisch sei zudem, dass die Regelungen der Vereinbarung für Arbeitnehmer gelten könnten, die am Abschluss der Vereinbarung nicht beteiligt gewesen seien[156]. Zwar repräsentiere das Besondere Verhandlungsgremium grundsätzlich die Arbeitnehmer bei den Verhandlungen über die Mitbestimmungsvereinbarung, doch könne es aufgrund der vorwiegend mitgliedstaatlichen Zusammensetzung des Gremiums dazu kommen, dass die Belegschaften einzelner Gesellschaften keinen eigenen Vertreter in das Gremium entsenden könnten, durch das Besondere Verhandlungsgremium damit nicht direkt repräsentiert würden und am Abschluss der Beteiligungsvereinbarung damit nicht beteiligt wären[157]. Eine so geschlossene Vereinbarung gelte jedoch auch für die Gesellschaften und deren Arbeitnehmer, die mit keinem eigenen Mitglied im Besonderen Verhandlungsgremium vertreten seien[158]. Die Bestimmungen der Vereinbarung könnten zu einer Verminderung des bisherigen Mitbestimmungsstandards führen und somit insbesondere zu Lasten der deutschen Arbeitnehmer einen Eingriff in deren Rechte darstellen[159]. Ein solcher Eingriff zu Lasten am Vertragschluss nicht beteiligter Personen sei durch einen schuldrechtlichen Vertrag jedoch nicht möglich[160]. Da im deutschen Recht ein Vertrag zu Lasten Dritter nicht zulässig sei, scheide eine Einordnung der Vereinbarung als schuldrechtlicher Vertrag von vornherein aus[161].

---

153 *Kraushaar*, BB 2003, 1614, 1619; *Scheibe*, S. 96; *Herfs-Röttgen*, NZA 2002, 358, 364; *Hennings* in Manz/Mayer/Schröder, Art. 4 SE-RL Rn. 34 (Organisationsstatut); für eine Einordnung der Mitbestimmungsvereinbarung als kollektivrechtlicher Organisationsvertrag *Oetker* in FS Konzen, S. 635, 643; *ders.* in Lutter/Hommelhoff, S. 277, 299 Fn. 84; *ders.* in Lutter/Hommelhoff, SE-Kommentar, § 21 SEBG Rn. 16 f.

154 *Kuffner*, S. 150 f.

155 *Scheibe*, S. 97 f.; *Kraushaar*, BB 2003, 1614, 1619; so wohl auch *Kienast* in Jannott/Frodermann, 13 Rn. 352 mit Fn. 320.

156 *Steinberg*, S. 188; dieses Merkmal der Vereinbarung herausstellend ebenso *Oetker* in FS Konzen, S. 635, 643.

157 *Steinberg*, S. 188 f.

158 *Steinberg*, S. 189.

159 *Steinberg*, S. 188.

160 *Steinberg*, S. 189.

161 *Steinberg*, S. 188 f.; *Scheibe*, S. 96 f.

d) Schuldrechtlicher Vertrag zu Gunsten Dritter

Eine Einordnung der Mitbestimmungsvereinbarung als normativ wirkender Kollektivvertrag wird von *Jacobs* mit der Begründung abgelehnt, dass es hierfür an der erforderlichen ausdrücklichen gesetzlichen Anordnung fehle, welche die normative Wirkung legitimiere[162]. Weder aus Art. 4 Abs. 1 SE-RL noch aus einzelnen Vorschriften des SEBG (§§ 1 Abs. 2 S. 1, 13 Abs. 1, 21 SEBG) oder aus dessen Systematik und Zweck lasse sich eine Legitimation zur Rechtssetzung und damit für die normative Wirkung herleiten[163]. Vielmehr bedürfe es gar keiner normativen Wirkung der Beteiligungsvereinbarung, da tarifvertragliche oder betriebsverfassungsrechtliche Systeme mit einer normativen Wirkung von Vereinbarungen den meisten Mitgliedstaaten unbekannt seien[164]. Gegen eine normative Wirkung spreche ferner das in Art. 12 Abs. 4 SE-VO normierte Gebot, die Satzung an die Regelungen der Beteiligungsvereinbarung anzupassen[165]. Zudem erfordere auch die Begründung von Rechtspositionen für den SE-Betriebsrat oder die Arbeitnehmervertreter im Aufsichts- oder Verwaltungsorgan keine normative Wirkung[166]. Beteiligungsvereinbarungen könnten dem Verhandlungspartner gegenüber auch ohne normative Wirkung durchgesetzt werden[167].

Aufgrund der dargestellten Aspekte sei die Beteiligungsvereinbarung daher als schuldrechtlicher Vertrag zu Gunsten Dritter im Sinne von § 328 BGB zu qualifizieren[168].

e) Kollektivrechtlicher Organisationsvertrag mit schuldrechtlicher Wirkung zugunsten Dritter

Die dargestellten Ansichten und Argumentationen zur Bestimmung der Rechtsnatur der Mitbestimmungsvereinbarung zeigen, dass ihre dogmatische Einordnung einige Schwierigkeiten bereitet. Wesentlich beeinflusst wird diese Diskussion um die Rechtsnatur dabei von der verschiedentlich beantworteten Frage, ob die Beteiligungsvereinbarung normative Wirkung entfaltet.

Eine solche normative Wirkung ließe sich begründen, wenn die Mitbestimmungsvereinbarung als Tarifvertrag im Sinne des TVG qualifiziert werden könnte. Der Tarifvertrag eröffnet den Tarifparteien die Möglichkeit, unmittelbar und zwingend wirkende Rechtsnormen für ihre Mitglieder zu erlassen. Bei dieser Normset-

---

162 MünchKommAktG/*Jacobs*, SEBG, § 21 Rn. 6.
163 MünchKommAktG/*Jacobs*, SEBG, § 21 Rn. 6.
164 MünchKommAktG/*Jacobs*, SEBG, § 21 Rn. 6.
165 MünchKommAktG/*Jacobs*, SEBG, § 21 Rn. 7; *Oetker* in Lutter/Hommelhoff, S. 277, 299 Fn. 84.
166 MünchKommAktG/*Jacobs*, SEBG, § 21 Rn. 7.
167 MünchKommAktG/*Jacobs*, SEBG, § 21 Rn. 7.
168 MünchKommAktG/*Jacobs*, SEBG, § 21 Rn. 6.

zung handelt es sich um eine materielle Gesetzgebung, die Normen im rechtstechnischen Sinne erzeugt[169]. Dies hat zur Folge, dass der Tarifvertrag im normativen Teil Geltung gegenüber Dritten beansprucht, die selber nicht als Partei am normsetzenden Vertragsschluss beteiligt waren.

In Übereinstimmung mit dem Schrifttum lässt sich die Vereinbarung nach § 21 SEBG jedoch bereits aufgrund der Unterschiedlichkeit der Abschlussparteien von Tarifvertrag und Mitbestimmungsvereinbarung nicht als Tarifvertrag qualifizieren. Gegen eine Einordnung als Tarifvertrag spricht darüber hinaus, dass die vom Gesetzgeber in § 1 TVG festgelegte Regelungsbefugnis sich nicht auf den Erlass von Regelungen zur Arbeitnehmermitbestimmung erstreckt[170]. Nach § 1 TVG sind die Tarifvertragsparteien befugt, im schuldrechtlichen Teil des Tarifvertrages die Rechte und Pflichten der Tarifvertragsparteien festzulegen sowie im normativen Teil des Tarifvertrages Regelungen zu Abschluss, Inhalt und Beendigung von Arbeitsverhältnissen (Individualnormen) sowie zu betrieblichen und betriebsverfassungsrechtlichen Fragen (Kollektivnormen) zu erlassen.

Die Befugnis für die Regelung der Arbeitnehmermitbestimmung kann unter keinen Umständen aus der Kompetenz zur Vereinbarung von das Arbeitverhältnis betreffenden Individualnormen abgeleitet werden. Aber auch der Versuch, die Mitbestimmung den betrieblichen oder betriebsverfassungsrechtlichen Fragen zuzuordnen, führt nicht zum Erfolg[171]. Zu den betrieblichen Fragen zählen solche, die über das einzelne Arbeitsverhältnis hinausgehend das betriebliche Rechtsverhältnis zwischen Arbeitgeber und Belegschaft regeln[172]. Erfasst werden Angelegenheiten, die die unternehmerische Planung im arbeitstechnischen Betriebsablauf sowie deren Umsetzung betreffen[173]. Regelungen zur Arbeitnehmermitbestimmung wirken sich auf die gesellschaftsrechtliche Organisation des Unternehmens aus, betreffen jedoch keine betrieblichen Fragen im Sinne von § 1 Abs. 1 TVG.

Ebenso wenig ist die Unternehmensmitbestimmung eine betriebsverfassungsrechtliche Frage im Sinne von § 1 Abs. 1 TVG. Betriebsverfassungsrechtliche Fragen betreffen die Organisation der gesetzlichen Arbeitnehmervertretung im Betrieb, die Beteiligungsrechte der Arbeitnehmervertretungen sowie deren Rechtsverhältnis zum Arbeitgeber, den Gewerkschaften und den Arbeitnehmern[174]. Die Ar-

---

169 BVerfGE 4, 96, 106; BVerfGE 18, 18, 26; BVerfGE 28, 295, 304 f.
170 Die folgenden Ausführungen über das Fehlen der tariflichen Regelungsbefugnis beziehen sich allein auf den die unternehmerische Mitbestimmung regelnden Teil der Beteiligungsvereinbarung.
171 Ebenso bezüglich der Zulässigkeit von die Unternehmensmitbestimmung regelnden Tarifverträgen, *Beuthien*, ZHR 148 (1984), 95, 99 ff.; *Windbichler*, S. 549 f.; *Hanau*, ZGR 2001, 75, 80 ff.
172 *Henssler* in Henssler/Willemsen/Kalb, § 1 TVG Rn. 51; ErfK/*Franzen* § 1 TVG Rn. 45.
173 *Henssler* in Henssler/Willemsen/Kalb, § 1 TVG Rn. 52; ErfK/*Franzen* § 1 TVG Rn. 46.
174 *Krause* in Jacobs/Krause/Oetker, Tarifvertragsrecht, § 4 Rn. 77.

beitnehmermitbestimmung hingegen ermöglicht den Arbeitnehmern nicht eine Einflussnahme auf soziale, personelle und wirtschaftliche Angelegenheiten des Betriebes, sondern durch die Beteiligung an Planungs- und Entscheidungsprozessen auf die Unternehmensführung als solche. Die Arbeitnehmermitbestimmung erfolgt nicht auf Betriebsebene, sondern auf Unternehmensebene.

Die Unternehmensmitbestimmung betrifft damit weder betriebliche noch betriebsverfassungsrechtliche Fragen und gehört somit nicht zum Katalog normativ regelbarer Gegenstände des § 1 Abs. 1 TVG[175].

Zu klären bleibt, ob § 1 Abs. 1 TVG mit der Befugnis zur Regelung der Rechte und Pflichten der Tarifvertragsparteien erlaubt, die Arbeitnehmermitbestimmung im schuldrechtlichen Teil des Tarifvertrages zu regeln[176]. Gegen solche schuldrechtlichen tariflichen Regelungen der Mitbestimmung spricht, dass § 1 Abs. 1 Halbsatz 2 TVG die Zulässigkeit tariflicher Regelungen allein auf betriebliche und betriebsverfassungsrechtliche Bereiche beschränkt. Würde man eine Regelung von mitbestimmungsrechtlichen Fragen im schuldrechtlichen Teil des Tarifvertrages zulassen, so ließe sich diese Beschränkung ohne weiteres unterlaufen[177]. Zwar kommt in einem solchen Fall dieser Regelung keine normative Wirkung zu, sondern allein einen schuldrechtliche, dennoch erfolgt auf diese Weise ein mittelbarer Einfluss auf die Unternehmensmitbestimmung. Zudem sind derartige Regelungen bereits aufgrund der sich aus Art. 9 Abs. 3 GG ergebenden Schranken der Tarifautonomie unzulässig. Der Bereich der grundgesetzlich gewährleisteten Koalitionsfreiheit beschränkt sich auf Regelungen zur Wahrung und Förderung der Arbeits- und Wirtschaftsbedingungen[178]. Er gewährt jedoch nicht das Recht, die Organisationsverfassung des Koalitionspartners zu gestalten[179]. Die unternehmerische Mitbestimmung unterfällt damit nicht dem Schutzbereich der Koalitionsfreiheit aus Art. 9 Abs. 3 GG.

Selbst wenn man mit einem Teil der Literatur eine Regelung der Unternehmensmitbestimmung durch schuldrechtliche Tarifvereinbarungen inhaltlich für zulässig hält[180], fehlt es doch an der Zuständigkeit der Tarifvertragspartei auf Arbeit-

---

175 *Wendeling-Schröder* in Kempen/Zachert, TVG, § 1 Rn. 594; *Karsten*, S. 138; Däubler/*Hensche*, TVG, § 1 Rn. 848; *Seibt*, AG 2005, 413, 417.

176 Ausführlich zu dieser umstrittenen Frage *Wendeling-Schröder* in Kempen/Zachert TVG, § 1 Rn. 594 ff.; *Hanau*, ZGR 2001, 75, 82 ff.

177 *Beuthien*, ZHR 148 (1984), 95, 102.

178 *Beuthien*, ZHR 148 (1984), 95, 100.

179 *Beuthien*, ZHR 148 (1984), 95, 100.

180 Für eine Zulässigkeit von Regelungen zur Unternehmensmitbestimmung im schuldrechtlichen Teil des Tarifvertrages, Däubler/*Hensche*, TVG § 1 Rn. 849, 856; *Wendeling-Schröder* in Kempen/Zachert, TVG § 1 Rn. 600; *Fabricius* in FS Hilger und Stumpf, S. 155 ff.; eine umfassende Darstellung der unterschiedlichen Meinungen zur Zulässigkeit von Regelungen der Unternehmensmitbestimmung im schuldrechtlichen Teil des Tarifvertrages bietet *Karsten*, S. 81 ff.

geberseite für den Abschluss einer Vereinbarung solchen Inhalts. Bei der Regelung der Unternehmensverfassung handelt es sich um ein gesellschaftsrechtliches Grundlagengeschäft, welches allein den Gesellschaftern bzw. Anteilseignern vorbehalten ist. Letztere sind aber nicht Arbeitgeber im Sinne von § 2 Abs. 1 TVG. Mangels Zuständigkeit der Arbeitgeberseite im Sinne des TVG kann die Unternehmensmitbestimmung durch schuldrechtlich wirkenden Tarifvertrag nicht geregelt werden[181].

Die Unternehmensmitbestimmung fällt daher nicht in den Bereich tariflich regelbarer Gegenstände[182]. Aufgrund der soeben dargestellten Aspekte wird eine Einordnung der Beteiligungsvereinbarung als Tarifvertrag im Schrifttum daher zu Recht abgelehnt.

Ebenso weisen, abgesehen vom kollektivrechtlichen Charakter, Mitbestimmungsvereinbarung und Betriebsvereinbarung keine Gemeinsamkeiten auf. So ist bei der Beteiligungsvereinbarung Partei auf Arbeitnehmerseite nicht der Betriebsrat, sondern das Besondere Verhandlungsgremium. Letzteres kann aufgrund der bestehenden Unterschiede hinsichtlich Stellung und Funktion auch nicht dem Betriebsrat gleichgestellt werden[183]. Zum einen ist der Betriebsrat als gesetzlicher Repräsentant der Arbeitnehmer eines Betriebes ein auf Dauer angelegtes Organ, während das Besondere Verhandlungsgremium lediglich ein Ad-hoc-Gremium darstellt[184]. Zum anderen besteht die Hauptaufgabe des Betriebsrates in der Mitwirkung und Mitbestimmung in sozialen, personellen und wirtschaftlichen Angelegenheiten sowie in der Gestaltung des Arbeitsplatzes (§§ 87-113 BetrVG). Die Aufgabe des Besonderen Verhandlungsgremiums erschöpft sich hingegen im Abschluss einer Beteiligungsvereinbarung mit den Leitungen (§ 4 Abs. 1 S. 2 SEBG). Mitbestimmungs- oder Mitwirkungsrecht stehen ihm nicht zu. Der festgelegte Aufgabenbereich des Betriebsrates wirkt sich auch auf die Betriebsvereinbarung aus, indem er deren Inhalt beschränkt. Gegenstand einer Betriebsvereinbarung kann nur sein, was zum Aufgabenbereich des Betriebsrates nach dem BetrVG gehört, da dieses die Grundlage für die Tätigkeit des Betriebsrates ist[185]. Eine unmittelbare Einwirkung des Betriebsrates auf das mitbestimmungsrechtliche Organisationssystem des Unternehmens sieht das BetrVG aber an keiner Stelle vor[186]. Das Betriebsver-

---

181 So auch *Windbichler*, S. 550; diese Problematik erkennend auch Däubler/*Hensche* TVG, § 1 Rn. 849.

182 Ebenso *Windbichler*, S. 550; *Lieb*, DB 1999, 2058, 2066 f.; ErfK/*Oetker*, Einf. DrittelbG Rn. 6 ff.; *Raiser* in FS Werner, S. 681, 684.

183 *Oetker* in FS Konzen, S. 635, 642; *Herfs-Röttgen*, NZA 2002, 358, 364; MünchKomm-AktG/*Jacobs*, SEBG, § 21 Rn. 6.

184 Zur Einordnung des Besonderen Verhandlungsgremiums als Ad-hoc-Gremium siehe ausführlich B.II.2.a)aa)(1).

185 BAG v. 12.08.1982 – 6 AZR 1117/79, AP Nr. 4 zu § 77 BetrVG 1972, Bl. 429.

186 *Seibt*, AG 2005, 413, 417.

fassungsrecht ist als eigenständiges beteiligungsrechtliches System klar von der Unternehmensmitbestimmung zu trennen.

Der Mitbestimmungsvereinbarung kommt daher nicht die Rechtsnatur einer Betriebsvereinbarung zu.

Die Einwände, die gegen eine Einordnung der Mitbestimmungsvereinbarung als schuldrechtlicher Vertrag und damit für einen Kollektivvertrag sui generis vorgebracht werden, überzeugen nur teilweise.

Richtigerweise kann die Vereinbarung nicht als rein synallagmatischer Vertrag eingeordnet werden, da der hierfür charakteristische gegenseitige Austausch von Leistungen nicht im Vordergrund steht. Der Schwerpunkt der Vereinbarung liegt anders als beim schuldrechtlichen Austauschvertrag nicht allein in der Begründung von gegenseitigen Rechten und Pflichten, sondern insbesondere hinsichtlich der Regelungen zur Mitbestimmung in der Bildung einer dauerhaften Arbeitnehmerbeteiligung in der SE. Anders als der herkömmlich Austauschvertrag ist die Mitbestimmungsvereinbarung in ihrer Wirkung nicht auf die Erfüllungsleistung der gegenüber dem jeweiligen Vertragspartner zu erbringenden Vertragspflicht beschränkt, sondern sie begründet mit dem Entstehen der SE die Geschäftsgrundlage für die Ausgestaltung der Unternehmensmitbestimmung und damit für die Unternehmensverfassung. Aufgrund dieser organisationsrechtlichen Auswirkungen liegt eine Qualifizierung als kollektivrechtlicher Organisationsvertrag nahe, wobei dies entgegen einiger Ansichten in der Literatur[187] noch nichts über eine normative Wirkung besagt.

Zu klären bleibt demnach, ob der Vereinbarung auch die von einem Teil der Literatur befürwortete normative Wirkung zukommt oder ob es bei einer schuldrechtlichen Wirkung verbleibt.

Im Schrifttum wird die Notwendigkeit einer solchen normativen Wirkung zum einen vornehmlich damit begründet, dass es mit dem Wegfall des Besonderen Verhandlungsgremiums an einer Vertragspartei fehle, die die Vereinbarung im Falle einer rein schuldrechtlichen Wirkung einklagen könne. Zum anderen begründe die Vereinbarung Regelungen für Organisationen und Personen, die zwar nicht am Abschluss dieser Vereinbarung beteiligt, aber dennoch von ihr betroffen seien[188].

Nach Ansicht *Steinbergs* und *Scheibes* könne eine Qualifikation als schuldrechtlicher Vertrag bereits deswegen nicht angenommen werden, weil eine Mitbestimmungsvereinbarung unter bestimmten Voraussetzungen zugleich in Rechte am Vertragschluss unbeteiligter Dritter eingreifen könne, ein schuldrechtlicher Vertrag zu Lasten Dritter nach deutschem Recht jedoch unzulässig sei.

---

187 *Kuffner*, S. 150 f.; *Herfs-Röttgen*, NZA 2002, 358, 364; *Hennings* in Manz/Mayer/Schröder, Art. 4 SE-RL, Rn. 34; *Steinberg*, S. 190.
188 *Oetker* in FS Konzen, S. 635, 643; *Kuffner*, S. 150 f.; *Steinberg*, S. 189 f.

Steinberg und *Scheibe* ist insofern zuzustimmen, als ein Vertrag zu Lasten Dritter, durch den ein Dritter ohne seine Mitwirkung unmittelbar vertraglich verpflichtet wird, nach deutschem Recht unzulässig ist[189]. Eine derartige Verpflichtung würde die rechtsgeschäftliche Willens- und Handlungsfreiheit des Dritten in einer nicht zu rechtfertigenden Weise einschränken und stände damit dem Grundsatz der Privatautonomie und der allgemeinen Handlungsfreiheit diametral entgegen[190]. Rechtsnachteile, die aus einem privatautonomen Rechtsverhältnis resultieren, dürfen einer Person nicht auferlegt werden, die für deren Entstehen keinen Zurechnungstatbestand geschaffen hat[191]. Der Vertrag zu Lasten Dritter stellt die Kehrseite des Vertrages zu Gunsten Dritter dar[192]. Gegenstand einer Drittbegünstigung im Sinne von § 328 BGB ist jede nach § 241 Abs. 1 BGB zulässige Leistung[193]. Damit kann die zugewendete Leistung sowohl in einem Tun als auch in einem Unterlassen bestehen[194]. Folglich stellt sich die Frage, ob der Vertrag zu Lasten Dritter nur Belastungen mit Rechtspflichten in Form eines Tuns oder Unterlassens oder darüber hinausgehend jede Verschlechterung von Rechtsposition des Dritten erfasst. Werden einem Dritten durch Vertrag keine Rechtspflichten auferlegt, seine bestehenden Rechtspositionen jedoch verschlechtert, so ist der Vertrag zumindest dann ein unzulässiger zu Lasten Dritter, wenn ein Eingriff in rechtlich geschützte Positionen und nicht allein in tatsächlich ungeschützte Chancen erfolgt[195].

Der Abschluss einer Mitbestimmungsvereinbarung in der von *Steinberg* dargestellten Fallkonstellation, welche die Minderung deutscher Mitbestimmungsstandards zur Folge hat, führt nicht zu einer Beeinträchtigung von rechtlich geschützten Rechtspositionen deutscher Arbeitnehmer. Zwar ist Leitgedanke der SE-RL der Schutz erworbener Rechte der Arbeitnehmer, wonach der bei den Gründungsgesellschaften bestehende Standard an Beteiligungsrechten auch in der SE weiter gewährleistet werden soll, so dass die SE-Gründung nicht zu einer Minderung bzw. Abschaffung der Mitbestimmungsstandards gegen den Willen der Mehrheit der Arbeitnehmer führen darf. Doch handelt es sich bei den bestehenden Standards nicht um eine geschützte Rechtsposition der Art, dass eine Beeinträchtigung absolut ausgeschlossen ist. Dies ergibt sich schon aus der vom Gesetzgeber geschaffenen Möglichkeit, die Arbeitnehmerbeteiligung in der SE autonom durch Vereinba-

---

189 Ausführlich zum Vertrag zu Lasten Dritter mit zahlreichen Beispielen, *Martens*, AcP 177 (1977), 113 ff.
190 *Staudinger/Jagmann*, Vorbem. zu §§ 328 ff. Rn. 42; MünchKomm/*Gottwald,* § 328 Rn. 188; *Roth* in FS Hadding, S. 253 ff.; *Martens*, AcP 177 (1977), 113, 139.
191 BGHZ 54, 145, 147; BGHZ 58, 216, 220; BGHZ 61, 359, 361; *Schirmer* in FS Schmidt, S. 821, 830.
192 *Staudinger/Jagmann*, Vorbem. zu §§ 328 ff. Rn. 42; *Roth* in FS Hadding, S. 253, 258.
193 MünchKomm/*Gottwald*, § 328 Rn. 21.
194 MünchKomm/*Gottwald*, § 328 Rn. 21.
195 *Schirmer* in FS Schmidt, S. 821, 832; *Martens*, AcP 177 (1977), 113, 135.

rung zu verhandeln und zu gestalten und damit den Mitbestimmungsstandard herabzusenken oder eine Mitbestimmung in der künftigen SE gänzlich auszuschließen, auch wenn es hierzu der Erfüllung bestimmter Mehrheitserfordernisse auf Arbeitnehmerseite bedarf. Gerade mit diesen Mehrheitserfordernissen bringt der Gesetzgeber zum Ausdruck, dass er die bestehenden Mitbestimmungsrechte der Arbeitnehmer hierdurch ausreichend geschützt sieht. Der Gesetzgeber erkennt mit dieser Konstruktion keinen uneingeschränkten Bestand des bis zum Gründungzeitpunkt der SE bestehenden Mitbestimmungsniveaus zu. Durch eine Vereinbarung wird lediglich die tatsächliche Chance der Arbeitnehmer beeinträchtigt, dass der in den Gründungsgesellschaften der SE bestehende Mitbestimmungsstandard auch in der zukünftigen SE beibehalten wird. Bei einer solchen tatsächlichen Chance handelt es sich jedoch nicht um eine rechtlich geschützte Position der Arbeitnehmer. Nicht die die Mitbestimmung abschmelzende Vereinbarung, sondern die Systematik der Arbeitnehmerbeteiligung des SEBG als solches greift daher in die Rechte der Arbeitnehmer ein. Bereits der Vertrag über die Gründung einer SE zwischen den Gründungsgesellschaften und die daraus resultierende Anwendbarkeit des SEBG müsste, denkt man den Ansatz *Steinbergs* weiter, bereits als Vertrag zu Lasten Dritter bezeichnet werden. Die Vereinbarung greift nicht in Rechte der Arbeitnehmer ein, sondern stattet die Arbeitnehmer vielmehr mit Rechtspositionen aus, so dass etwaige Minderungen im Vergleich zum Mitbestimmungsniveau in den Gründungsgesellschaften als Beschränkungen der erst durch die Vereinbarung selbst neu übertragenen Rechte zu sehen sind. Auch in den Pflichten, die mit der Stellung als Arbeitnehmervertreter im mitbestimmten Organ verbunden sind (z.B. Geheimhaltungspflichten, Haftungsrisiken) und durch die Mitbestimmungsvereinbarung festgelegt werden können, kann kein Eingriff zu Lasten Dritter gesehen werden. Zwar sind die betroffenen Arbeitnehmervertreter meist nicht mit den Arbeitnehmervertretern im Besonderen Verhandlungsgremium identisch und daher am Abschluss der Vereinbarung nicht unmittelbar beteiligt, doch ist kein Arbeitnehmer verpflichtet, Mitglied des mitbestimmten Organs zu werden. Weder die Wahl noch die Empfehlung der Arbeitnehmervertreter kann gegen deren Willen erfolgen. Auch handelt es sich bei der Mitbestimmungsvereinbarung nicht um einen Vertrag zu Lasten der Anteilseignerseite. Zwar sind Verhandlungspartei auf Unternehmensseite die Leitungen der beteiligten Gesellschaften, während die Anteilseignerseite durch die Regelungen der Vereinbarung je nach Ausgestaltung möglicherweise in ihren Anteilseignerrechten betroffen ist. Dadurch dass die Hauptversammlung die Eintragung der SE von der Genehmigung der Vereinbarung abhängig machen kann bzw. die nach Eintragung der SE abgeschlossene Vereinbarung der Zustimmung der Hauptsversammlung bedarf, scheidet ein Eingriff zu Lasten der am Vertragschluss nicht beteiligten Anteilseigner jedoch aus.

Festzuhalten bleibt, dass gegen eine Qualifizierung der Vereinbarung im Sinne von § 21 SEBG als schuldrechtlicher Vertrag zu Gunsten Dritter der Einwand nicht standhält, es handele sich hierbei zugleich um einen unzulässigen Vertrag zu Lasten Dritter. Gegen eine Einordnung der Mitbestimmungsvereinbarung als schuldrechtlicher Vertrag lässt sich auch nicht anführen, es fehle mit dem Wegfall des Besonderen Verhandlungsgremiums an einer Vereinbarungspartei, die die Vereinbarung einklagen könne. Grundsätzlich ist es Aufgabe der Leitungen, die Einhaltung und Umsetzung der getroffenen Vereinbarung zu gewährleisten. Sollten die Leitungen dieser Pflicht nicht nachkommen, eröffnet der Gesetzgeber mit der Einführung von §§ 2 a Abs. 1 Nr. 3 d, 10 ArbGG die Möglichkeit, die Erfüllung der Vereinbarung im arbeitsrechtlichen Beschlussverfahren durchzusetzen. Als beteiligtenfähig sind dabei auf Arbeitnehmerseite nicht allein das Besondere Verhandlungsgremium und der SE-Betriebsrat anzuerkennen, sondern auch die Mitglieder des Aufsichts- oder Verwaltungsorgans[196]. Durch den echten Vertrag zu Gunsten Dritter nach § 328 Abs. 1 BGB[197] erwirbt der begünstigte Dritte ohne irgendeine Mitwirkung seinerseits unmittelbar einen eigenen selbstständig einklagbaren Leistungsanspruch und damit das Recht, die vertraglich geschuldete Leistung zu fordern. Der Dritte ist damit Gläubiger. Mithin sind die Arbeitnehmervertreter des Aufsichts- bzw. Verwaltungsorgan nicht nur beteiligtenfähig, sondern auch antragsbefugt. Bei einer Einordnung der Mitbestimmungsvereinbarung als schuldrechtlicher Vertrag zu Gunsten Dritter lassen sich damit die vereinbarten Rechtspositionen der Arbeitnehmer trotz der Auflösung des Besonderen Verhandlungsgremiums gegenüber den Leitungen gerichtlich durchsetzen.

Gegen die Annahme einer normativen Wirkung spricht zudem die fehlende, aber erforderliche Legitimation durch den Gesetzgeber[198]. Der Gesetzgeber muss deutlich zum Ausdruck bringen, dass er eine normative Wirkung und damit eine Erstreckung der Wirkung auf Dritte gewollt hat. Eine diesen Anforderungen entsprechende Legitimationsgrundlage lässt sich jedoch weder den europarechtlichen noch den nationalen Vorschriften entnehmen. Die gerichtliche Durchsetzbarkeit stellt gegenüber einer normativen Wirkung eine praktische Erschwerung dar, doch rechtfertigt dies nicht die Annahme einer normativen Wirkung ohne Legitimationsgrundlage.

Wie *Hennings* zutreffend bemerkt, ist eine normative Wirkung nicht aus Art. 4 Abs. 1 SE-RL ableitbar, da dieser nicht unmittelbar wirkt, sondern einer Umset-

---

196 Zur Parteifähigkeit im arbeitsrechtlichen Beschlussverfahren nach §§ 2a Abs. 1 Nr. 3 d, 10 ArbGG näher unter B.V.2.
197 Anders als beim echten Vertrag zu Gunsten Dritter erwirbt der Dritte beim unechten Vertrag zu Gunsten Dritter kein unmittelbares Rechte gegen den Schuldner, sondern allein der Gläubiger, nicht aber der Dritte kann die Leistung vom Schuldner fordern.
198 *Weiss*, AuR 1995, 438, 443; ebenso für das Recht des EGV *Krebber* in Callies/Ruffert, EUV/EGV, Art. 139 Rn. 16.

zung in nationales Recht bedarf. Auch weisen die verwendeten Begriffe „*verhandeln*" und „*Vereinbarung*" keinerlei Anhaltspunkte auf, die auf eine normative Wirkung der Vereinbarung hinweisen. Zudem verpflichtet die SE-RL die nationalen Gesetzgeber lediglich dazu, die Einhaltung der Vereinbarung durch die Leitungen sicherzustellen, nicht aber eine normative Wirkung anzuordnen.

Anhaltspunkte für eine Bereitschaft des Richtliniengebers, die Beteiligungsvereinbarung nach § 21 SEBG mit normativer Wirkung auszustatten ergeben sich auch nicht aus einem Vergleich mit den nach Art. 139 Abs. 1 EG zulässigen „*vertraglichen Beziehungen*" oder „*Vereinbarungen*" im Rahmen des Sozialen Dialoges. Während die „*vertraglichen Beziehungen*" schuldrechtliche Beziehungen erfassen, die allein die Vertragsparteien binden, zeichnen sich die „*Vereinbarungen*" zusätzlich durch das in Art. 139 Abs. 2 EG vorgesehene Transformationsverfahren aus[199]. Eine Außenwirkung kommt diesen Vereinbarungen jedoch nicht zu[200]. Nach herrschender Meinung ermöglichen diese gemeinschaftsrechtlichen Vorschriften lediglich den Abschluss schuldrechtlicher Vereinbarungen, bilden jedoch keine Legitimationsgrundlage für normativ wirkende Kollektivverträge[201].

Auch im nationalen Recht findet sich keine Legitimationsgrundlage für eine normative Wirkung. Die vom deutschen Gesetzgeber einzigen mit normativer Wirkung versehenen arbeitsrechtlichen Regelungsinstrumentarien (Tarifvertrag und Betriebsvereinbarung) scheiden wie bereits dargestellt aus. Ebenso wenig lässt sich aus dem Wortlaut der §§ 1 Abs. 1, 13 Abs. 1 S. 1, 21 SEBG und aus der Systematik und Zielsetzung des SEBG eine normative Wirkung herleiten. Vielmehr spricht die in Art. 12 Abs. 4 SE-VO normierte Pflicht, die Satzung inhaltlich an die Vereinbarung anzupassen gegen eine solche. Bei einer unmittelbaren und zwingenden Wirkung der Vereinbarung hätte es nämlich einer solchen Pflicht nicht bedurft, da die Geltung der Vereinbarung bereits mittels normativer Wirkung sichergestellt wäre und die entgegenstehenden Regelungen der Satzung ipso jure verdrängen würden. Eine Klarstellung durch den Verordnungsgeber, wonach die Vereinbarung Vorrang vor der Satzung genießt, hätte genügt. Art. 12 Abs. 4 SE-VO dient dem Schutz der Arbeitnehmerbeteiligung in der SE, indem einer nach § 21 SEBG geschlossenen bzw. einer nach Gründung erneut geschlossenen Vereinbarung der Vorrang gegenüber der Satzung eingeräumt wird, die Satzung mithin nicht von der Vereinbarung abweichen darf[202]. Mit diesem Sicherungsmechanismus löst der Gesetzgeber zugleich ein in der Diskussion um die generelle Zulässigkeit und Konstruktion privatautonomer Mitbestimmungsvereinbarungen erörtertes Problem,

---

199 *Fuchs* in Fuchs/Marhold, S. 206.
200 *Krebber* in Callies/Ruffert, Art. 139 EGV Rn. 16; *Fuchs* in Fuchs/Marhold, S. 206.
201 *Konzen*, EuZW 1995, 39, 47; *Hanau* in Hanau/Steinmeyer/Wank, § 19 Rn. 17; ausführlich hierzu *Schmidt, Hella* S. 173 ff.; *Krause* in Jacobs/Krause/Oetker, Tarifvertragsrecht, § 1 Rn. 126; *Krebber* in Callies/Ruffert, Art. 139 EGV Rn. 16 f.
202 MünchKommAktG/*Schäfer*, SE-VO, Art. 12 Rn.9

wonach die schuldrechtliche Verpflichtung, die Arbeitnehmerbeteiligung durch Satzungsänderung einzuführen, die Gefahr berge, dass die für die Satzungsänderung allein zuständige Hauptversammlung die Mitbestimmungsregelungen gar nicht erst durch Satzungsänderung einführe oder nachträglich durch eine Satzungsänderung beseitige[203]. Mit dem Gleichlaufgebot des Art. 12 Abs. 4 SE-VO von Satzung und Vereinbarung steht diese Problematik einer Qualifikation der SE-Vereinbarung als schuldrechtlicher Vertrag nicht entgegen. Zwar ist der Ansicht *Scheibes* insofern zuzustimmen, als aus der SE-VO keine Aussage über die Rechtsnatur der Vereinbarung hergeleitet werden könne, da sich diese gerade nach dem Recht des Sitzstaates richte[204]. Dies schließt jedoch nicht aus, die Vorschriften von SE-VO und SEBG bei ihrer Auslegung und Anwendung miteinander in Einklang zu bringen. Dass der Verordnungsgeber der Mitbestimmungsvereinbarung keine normative Wirkung zukommen lassen wollte, ergibt sich zudem aus Art. 9 SE-VO. In Art. 9 SE-VO wird das auf die SE anwendbare Recht sowie die Hierarchie der Rechtsquellen geregelt[205]. Die Mitbestimmungsvereinbarung als solche wird von Art. 9 SE-VO jedoch nicht erwähnt, so dass es sich bei ihr nicht um eine eigenständige Rechtsquelle handelt[206].

Gegen die Annahme einer normativen Wirkung der SE streitet darüber hinaus der Umstand, dass dem deutschen Gesetzgeber die zur normativen Wirkung von Tarifvertrag, Betriebsvereinbarung und Vereinbarungen nach dem EBRG geführte gleich gelagerte Diskussion bekannt gewesen sein dürfte, er hinsichtlich der SE-Vereinbarung jedoch von einer Klarstellung dieser Frage abgesehen hat.

Wünschenswert wäre es gewesen, wenn der deutsche Gesetzgeber im Hinblick auf die Frage zur Rechtsnatur der Vereinbarung für Klarheit und Rechtssicherheit gesorgt hätte. Diesem Wunsch ist der Gesetzgeber jedoch auch bei der Umsetzung der Richtlinie 2005/56/EG vom 26.10.2005 über die Verschmelzung von Kapitalgesellschaften aus verschiedenen Mitgliedstaaten[207] in nationales Recht nicht nachgekommen. Das deutsche Umsetzungsgesetz[208] orientiert sich nicht nur bezüglich Systematik und Aufbau am SEBG, sondern lässt ebenso wie dieses die Frage nach Rechtsnatur und Wirkung der Vereinbarung ungeklärt.

---

203 Zu dieser Problematik *Hensche*, AuR 1971, 33, 39; *Bartsch*, S. 162.

204 *Scheibe*, S. 98.

205 Zur Normenhierarchie für die SE *Hommelhoff* in Lutter/Hommelhoff, S. 5 ff.; *Wagner*, NZG 2002, 985 ff.

206 *Habersack*, AG 2006, 345, 348; *ders.* ZHR 171 (2007), 613, 629 f.; a. A. *Teichmann*, Der Konzern, 89, 94 f., nach dem die Vereinbarung in die Kategorie des Art. 9 Abs. 1 lit. c (i) SE-VO falle.

207 ABl.EU Nr. L 310 S. 1.

208 Gesetz zur Umsetzung der Regelungen über die Mitbestimmung der Arbeitnehmer bei einer Verschmelzung von Kapitalgesellschaften aus verschiednen Mitgliedstaaten (MgVG).

Bei der Mitbestimmungsvereinbarung nach § 21 SEBG handelt es sich nach alledem um einen kollektivrechtlichen Organisationsvertrag mit schuldrechtlicher Wirkung zugunsten Dritter. Die Mitbestimmungsvereinbarung zielt auf die gesellschaftsrechtliche Festschreibung der Mitbestimmung und bildet die Grundlage für die Ausgestaltung der Satzung[209]. Zu ihrer Umsetzung bedarf es daher einer entsprechenden Satzungsgestaltung[210].

II. Abschluss der Mitbestimmungsvereinbarung

Bevor auf die Probleme und offenen Fragen einer bereits bestehenden Mitbestimmungsvereinbarung eingegangen wird, ist zunächst das Zustandekommen einer solchen Vereinbarung zu untersuchen. Hierbei sind neben den Tatbeständen, die zur Aufnahme von Verhandlungen über die Mitbestimmungsvereinbarung führen, insbesondere die Vereinbarungsparteien, das Verhandlungsverfahren und mögliche Formerfordernisse zu betrachten.

1. Tatbestände, die zur Aufnahme von Verhandlungen über die Mitbestimmungsvereinbarung führen

Die Aufnahme von Verhandlungen mit dem gesetzgeberischen Idealziel des Abschlusses einer Mitbestimmungsvereinbarung hat immer dann zu erfolgen, wenn eine SE gegründet werden soll[211]. Das SEBG sieht aber zusätzlich noch vier weitere Fallkonstellationen vor, die Verhandlungen über die Beteiligung der Arbeitnehmer auslösen und damit zum Abschluss einer Mitbestimmungsvereinbarung führen können. Hierzu zählt zum einen die in § 18 Abs. 1 und 2 SEBG normierte Wiederaufnahme von Verhandlungen nach einem Beschluss gemäß § 16 Abs. 1 S. 1 SEBG und zum anderen die Wiederaufnahme von Verhandlungen bei geplanten strukturellen Änderungen (§ 18 Abs. 3 SEBG). In der dritten Fallkonstellation finden Verhandlungen über eine Vereinbarung im Sinne von § 21 SEBG dann statt, wenn der kraft Gesetzes eingesetzte SE-Betriebsrat einen Beschluss zur Aufnahme von Neuverhandlungen fasst, § 26 SEBG. Letztlich können Wiederaufnahmeklauseln, die von den Parteien in der Vereinbarung festgelegt werden (§ 21 Abs. 1 Nr. 6 SEBG), zur Wiederaufnahme von Verhandlungen führen[212].

---

209 *Bartsch*, S. 158 bezogen auf die Unterwerfung von Scheinauslandsgesellschaften unter deutsches Mitbestimmungsrecht mit Hilfe von privatautonomen Mitbestimmungsvereinbarungen.

210 *Habersack*, AG 2006, 345, 348, der von einer Überführung der Vereinbarung in die Satzung spricht.

211 Zu den Gründungsformen der SE siehe A.III.2.

212 Zur Wiederaufnahmeklausel in der Vereinbarung gemäß § 21 Abs. 1 Nr. 6 SEBG, siehe die Ausführungen unter B.III.2.c).

a) Primärgründung einer SE

Soll eine SE gegründet werden, sind aufgrund des maßgeblichen Regelungskonzepts der Arbeitnehmerbeteiligung in der SE, dem Primat der Verhandlungslösung, Verhandlungen über die Arbeitnehmermitbestimmung zwischen dem Besonderen Verhandlungsgremium und den Leitungen der beteiligten Gesellschaften aufzunehmen.

Dies gilt selbst dann, wenn die zu gründende SE weder gegenwärtig noch zukünftig Arbeitnehmer haben soll, den an der Gründung beteiligten Gesellschaften aber Arbeitnehmer angehören[213]. Ob die Gründungsgesellschaften mitbestimmt sind oder nicht, ist dabei unerheblich[214]. Begründen lässt sich dieses Erfordernis von Verhandlungen damit, dass der Registerrichter an den eindeutigen, eine Vereinbarung fordernden Wortlaut des Art. 12 Abs. 2 SE-VO gebunden ist und nicht nachprüfen kann und darf, ob die SE tatsächlich arbeitnehmerfrei ist und in Zukunft auch bleibt[215]. Hält das Besondere Verhandlungsgremium die Führung von Verhandlungen über die Beteiligung der Arbeitnehmer in dieser Fallkonstellation für entbehrlich, kann es einen Beschluss über die Nichtaufnahme von Verhandlungen treffen mit der Möglichkeit der Wiederaufnahme von Verhandlungen gemäß § 18 Abs. 1 SEBG[216]. Möglich ist auch der Abschluss einer Vereinbarung, die für den Fall, dass die SE in Zukunft doch Arbeitnehmer beschäftigt, eine Regelung der Arbeitnehmerbeteiligung in der SE vorsieht[217].

Sind sowohl die Gründungsgesellschaften als auch die SE arbeitnehmerfrei, bedarf es der Aufnahme eines Verhandlungsverfahrens hingegen nicht[218]. Wird dem Registergericht die Arbeitnehmerlosigkeit nachgewiesen, kann eine Eintragung der SE entgegen Art. 12 Abs. 2 SE-VO auch ohne Durchführung eines Verhandlungsverfahrens erfolgen[219]. Zum einen können die Leitungen der Gründungsgesell-

---

213 AG Hamburg, Beschluss v. 28.06.2005 – 66 AR 76/05, ZIP 2005, 2017, 2018 bestätigt durch LG Hamburg, Beschluss v. 30.09.2005 – 417 T 15/05, ZIP 2005, 2018, 2019; Münch. Hdb.GesR/*Austmann* § 85 Rn. 29; *Henssler* in Ulmer/Habersack/Henssler, Einl. SEBG, Rn. 170; *Seibt*, ZIP 2005, 2248, 2248 f.; *Rößler* in Binder/Jünemann/Merz/Sinewe, § 2 Rn. 641; *Joost* in EAS Teil B 8200 Rn. 43; *Oetker* in Lutter/Hommelhoff, SE-Kommentar, § 1 SEBG Rn. 9; ablehnend *Reinhard*, RIW 2006, 68, 69 f.; MünchKommAktG/*Schäfer*, SE-VO, Art. 12 Rn. 7.
214 *Bartone/Klapdor*, S. 95.
215 Zustimmend *Henssler* in Ulmer/Habersack/Henssler, Einl. SEBG, Rn. 170.
216 *Henssler* in Ulmer/Habersack/Henssler, Einl. SEBG, Rn. 170.
217 *Henssler* in Ulmer/Habersack/Henssler, Einl. SEBG, Rn. 170.
218 AG Düsseldorf, Verf. V. 16.01.2006 – HRB 52618, ZIP 2006, 287; ebenso AG München, Verf. v. 29.03.2006 – HRB 159649, ZIP 2006, 1300; Münch.Hdb.GesR/*Austmann* § 85 Rn. 29; *Kienast* in Jannott/Frodermann, 13 Rn. 212; *Henssler*, RdA 2005, 330, 334 f.; a. A:. *Blanke*, ZIP 2006, 789, 791 f.
219 AG Düsseldorf, ZIP 2006, 282; AG München, ZIP 2006, 1300; *Henssler* in Ulmer/Habersack/Henssler, Einl. SEBG, Rn. 170; *Kienast* in Jannott/Frodermann, 13 Rn. 210; *Reichert* in Happ, Aktienrecht, 13.01 Rn. 21.

schaften ihrer Informationspflicht über das Gründungsvorhaben einer SE gemäß § 4 Abs. S. 1 und 2 SEBG nicht nachkommen und somit das Verhandlungsverfahren gar nicht einleiten, da es an den Arbeitnehmern als Adressaten der Information fehlt[220]. Zum anderen ist bei arbeitnehmerfreien Gründungsgesellschaften und bei Gründungsgesellschaften, denen nicht mehr als neun Arbeitnehmer angehören, die Errichtung eines aus mindestens zehn Arbeitnehmern bestehenden Besonderen Verhandlungsgremiums gemäß § 5 Abs. 1 SEBG unmöglich[221].

b) Sekundärgründung einer SE

Umstritten ist, ob im Falle einer Sekundärgründung, also der Gründung einer SE-Tochtergesellschaft durch eine bestehende SE (Art. 3 Abs. 2 SE-VO), ein Beteiligungsverfahren erforderlich ist[222].

Nach einer Ansicht in der Literatur ist bei der Gründung einer SE-Tochtergesellschaft das gleiche Verfahren zur Arbeitnehmerbeteiligung durchzuführen wie bei den übrigen Gründungsformen der SE auch[223]. Der Grundsatz des Schutzes erworbener Arbeitnehmerrechte beanspruche auch bei dieser Gründungsform Geltung[224]. Zudem gälten die zwingenden Eintragungsvoraussetzungen des Art. 12 Abs. 2 SE-VO auch für die Sekundärgründung, so dass auch bei der Gründung einer Tochter-SE durch eine Mutter-SE der Abschluss einer Beteiligungsvereinbarung oder das Vorliegen einer der Ausnahmetatbestände erforderlich sei[225]. Daher seien auf die Gründung einer SE-Tochtergesellschaft die Regelungen anwendbar, die für die Gründung einer Tochter-SE gälten[226]. Zur Vereinfachung des Verhandlungsverfahrens könne an die Stelle des Besonderen Verhandlungsgremiums der bereits bestehende SE-Betriebsrat der Mutter-SE als Verhandlungspartei treten[227]. Anders als bei der Gründung der Mutter-SE, für die in der Gründungsphase noch

---

220 Münch.Hdb.GesR/*Austmann* § 85 Rn. 29; *Henssler* in Ulmer/Habersack/Henssler, Einl. SEBG Rn. 172.

221 *Henssler* in Ulmer/Habersack/Henssler, Einl. SEBG, Rn. 172; *Seibt*, ZIP 2005, 2248, 2248 f.; *Reichert* in Happ, Aktienrecht, 19.01 Rn. 21; *Rößler* in Binder/Jünemann/Merz/Sinewe, § 2 Rn. 642; *Kienast* in Jannott/Frodermann, 13 Rn. 211.

222 Dagegen MünchKommAktG/*Jacobs*, SEBG, Vor. § 1 Rn. 10 f.; § 3 Rn. 2; *Seibt*, ZIP 2005, 2248, 2249; *Reichert* in Happ, Aktienrecht, 19.01 Rn. 21; bezogen auf die SE-RL auch *Veelken* in GS Blomeyer, S. 491, 513; für eine Anwendung der Regelungen der Arbeitnehmerbeteiligung bei der Sekundärgründung hingegen *Kienast* in Jannott/Frodermann, 13 Rn. 202, 265; *Jannott* in Jannott/Frodermann, 3 Rn. 271; *Scheibe*, S. 165 ff.; *Köklü* in Drinhausen/Van Hulle/Maul, 6 Rn. 109 f.; *Oetker* in Lutter/Hommelhoff, SE-Kommentar, § 1 SEBG Rn. 8.

223 *Kienast* in Jannott/Frodermann, 13 Rn. 205, *Scheibe*, S. 166 f.; *Köklü*, S. 156; *ders.* in Drinhausen/Van Hulle/Maul, 6 Rn. 109; *Oetker* in Lutter/Hommelhoff, SE-Kommentar, § 1 SEBG Rn. 8.

224 *Kienast* in Jannott/Frodermann, 13 Rn. 202.

225 *Scheibe*, S. 165 f.; *Oetker* in Lutter/Hommelhoff, SE-Kommentar, § 1 SEBG Rn. 8.

226 *Jannott* in Jannott/Frodermann, 5 Rn. 271 f.; *Kienast* in Jannott/Frodermann, 13 Rn. 202, 265.

227 *Köklü*, S. 157; *ders.* in Drinhausen/Van Hulle/Maul, 6 Rn 110.

keine Arbeitnehmervertretung existiere, bestehe bei der Sekundärgründung nunmehr mit dem SE-Betriebsrat eine derartige Arbeitnehmervertretung, deren Rolle und Funktion als Vertretungsorgan durch die erneute Bildung eines Besonderen Verhandlungsgremiums nicht ignoriert werden dürfe[228]. Einer Übernahme der Funktion des Besonderen Verhandlungsgremiums durch den SE-Betriebsrat hält *Kienast* zu Recht entgegen, dass die Zusammensetzung des SE-Betriebsrates der Muttergesellschaft nicht der Zusammensetzung eines für die SE-Tochtergesellschaft zu gründenden Besonderen Verhandlungsgremiums entspreche[229]. Während das Besondere Verhandlungsgremium der SE-Tochtergesellschaft sich nach den in der Gründungsgesellschaft vertretenen Arbeitnehmern richte, seien im SE-Betriebsrat der Mutter-SE, wenn dieser weitere Tochtergesellschaften angehörten, auch die Arbeitnehmer dieser vertreten[230]. Die Arbeitnehmervertreter dieser Tochtergesellschaften repräsentierten jedoch ein anderes Unternehmen und kämen als Verhandlungsführer der neu zu gründenden SE-Tochter daher nicht in Betracht[231].

Jacobs, Seibt und Reichert halten die Durchführung eines Beteiligungsverfahren im Falle einer Sekundärgründung nicht für erforderlich[232]. Die Sekundärgründung bleibe beteiligungsfrei, so dass die Tochter-SE frei von jeglicher Unternehmensmitbestimmung sei. Begründet wird dies zum einen damit, dass SE-RL und SEBG ein solches Beteiligungsverfahren ausdrücklich nur für Primärgründungen vorsähen[233]. Zum anderen sprächen Wortlaut und Systematik von SE-RL und SEBG gegen eine entsprechende Anwendung der Regelungen über die Gründung einer Tochter-SE auf die Gründung einer SE-Tochtergesellschaft[234]. Während es sich bei der Tochter-SE um eine von mehreren Gründern vorgenommene grenzüberschreitenden Joint-Venture-Gründung handele, stelle die SE-Tochtergesellschaft eine Einmanngründung durch eine SE dar, zu welcher die entscheidenden Vorschriften der SE-RL nicht passen würden[235]. Auch der Großteil der Vorschriften der SEBG beziehe sich ausschließlich auf die Primärgründung, lasse die Sekundärgründung aber außer Betracht[236].

Weder die SE-RL noch das SEBG erwähnen die Sekundärgründung einer SE-Tochtergesellschaft ausdrücklich. Daraus kann indes nicht der Schluss gezogen

---

228 *Köklü* in Drinhausen/Van Hulle/Maul, 6 Rn. 110.
229 *Kienast* in Jannott/Frodermann, 13 Rn. 207.
230 *Kienast* in Jannott/Frodermann, 13 Rn. 207.
231 Für eine Führung der Verhandlungen durch das Besondere Verhandlungsgremium in diesem Falle auch *Scheibe*, S. 166.
232 MünchKommAktG/*Jacobs*, SEBG, Vor. § 1 Rn. 10 f.; *Seibt*, ZIP 2005, 2248, 2249; *Reichert* in Happ, Aktienrecht, 19.01 Rn. 21; bezogen auf die SE-RL auch *Veelken* in GS Blomeyer, S. 491, 513.
233 *Reichert* in Happ, Aktienrecht, 19.01 Rn. 21; *Veelken* in GS Blomeyer, S. 491, 513.
234 MünchKommAktG/*Jacobs*, SEBG, Vor. § 1 Rn. 11.
235 MünchKommAktG/*Jacobs*, SEBG, Vor. § 1 Rn. 11.
236 MünchKommAktG/*Jacobs*, SEBG, Vor. § 1 Rn. 11.

werden, dass eine Anwendung der Regelungen über die Arbeitnehmerbeteiligung in der SE ausgeschlossen ist, zumal die SE-RL gemäß Art. 2 lit. a SE-RL unter „SE" eine nach der SE-VO gegründete Gesellschaft und daher auch eine sekundär gegründete SE-Tochtergesellschaft versteht. Sinn und Zweck des Systems der Arbeitnehmerbeteiligung in der SE sind vorrangig der Schutz erworbener Rechte der Arbeitnehmer der Gründungsgesellschaften verschiedener Mitgliedstaaten. Sie beziehen sich auf transnationale Gründungssachverhalte. Diesem Schutz der Arbeitnehmerrechte mit supranationalem Charakter wird jedoch bereits bei der Gründung der Mutter-SE Rechnung getragen. Mangels grenzüberschreitenden Bezuges bei der Gründung der sekundären Tochter-SE erfordern Sinn und Zweck des SE-Mitbestimmungssystems keine gemeinschaftsrechtliche Mitbestimmung. Der Mitbestimmungsstandard der Gründungsgesellschaften der Mutter-SE und damit der der Mutter-SE genießt *„keine unbegrenzte Fortschreibung (...) auf alle weiteren SE-Tochtergründungen"*[237]. Der Durchführung eines Verhandlungsverfahrens bedarf es aufgrund der Beteiligungsfreiheit der sekundären Tochter-SE daher nicht, so dass Art. 12 Abs. 2 SE-VO, der als Eintragungsvoraussetzung der SE den Abschluss einer Vereinbarung oder das Vorliegen eines der Ausnahmetatbestände vorschreibt, hinsichtlich der Sekundärgründung teleologisch zu reduzieren ist[238].

c) Wiederaufnahme von Verhandlungen nach einem Beschluss des Besonderen Verhandlungsgremiums über die Nichtaufnahme oder den Abbruch von Verhandlungen, § 18 Abs. 1 und 2 SEBG

In der ersten Konstellation des § 18 SEGB, dem § 18 Abs. 1, 2 SEBG, der Art. 3 Abs. 6 Unterabsatz 4 der SE-RL in nationales Recht umsetzt, kann durch Initiative von mindestens zehn Prozent der Arbeitnehmer der SE, ihrer Tochtergesellschaften oder Betriebe oder von deren Vertretern auf schriftlichen Antrag die erneute Bildung des Besonderen Verhandlungsgremiums und die Wiederaufnahme von Verhandlungen verlangt werden, wenn das Besondere Verhandlungsgremium nach § 16 Abs. 1 S. 1 SEBG während des Gründungsverfahrens der SE beschlossen hat, keine Verhandlungen aufzunehmen oder bereits begonnene Verhandlungen abzubrechen. Dieser gesetzliche Anspruch besteht jedoch frühestens zwei Jahre nach einem Beschluss i.S.v. § 16 Abs. 1 S. 1 SEBG. Eine frühere Wiederaufnahme der Verhandlungen kann nur erfolgen, wenn das Besondere Verhandlungsgremium und die Leitungen dies vereinbart haben (§ 18 Abs. 1 S. 2 SEBG). Die erneute Aufnahme der Verhandlungen kann zum Abschluss einer Vereinbarung nach § 21 SEBG führen[239]. Bei Nichteinigung greifen die gesetzlichen Auffangregeln (§§ 22

---

237 MünchKommAktG/*Jacobs*, SEBG, Vor. § 1 Rn. 11.
238 MünchKommAktG/*Jacobs*, SEBG, Vor. § 1 Rn. 11.
239 MünchKommAktG/*Jacobs*, SEBG, § 18 Rn. 4.

Abs. 1 Nr. 2, 34 Abs. 1 SEBG) anders als beim Verhandlungsverfahren im Gründungsstadium der SE nicht (§ 18 Abs. 2 SEBG) ein. In diesem Fall bleibt es bei der Rechtslage, die vor Wiederaufnahme der Verhandlungen bestand.

d) Wiederaufnahme von Verhandlungen bei geplanten strukturellen Änderungen, § 18 Abs. 3 SEBG

In der zweiten Fallkonstellation des § 18 SEBG schreibt das SEBG die Pflicht zur Aufnahme von Verhandlungen bei geplanten strukturellen Änderungen der SE vor, die geeignet sind, die Beteiligungsrechte der Arbeitnehmer zu mindern (§ 18 Abs. 3 SEBG)[240].

aa) Tatbestandsmerkmale

Tatbestandsmerkmale des § 18 Abs. 3 SEBG sind strukturelle Änderungen und deren Eignung, die Beteiligungsrechte der Arbeitnehmer zu mindern.

(1) Strukturelle Änderungen

Für das Tatbestandsmerkmal der strukturellen Änderung besteht keine gesetzliche Definition. Die Regierungsbegründung zum SEBG nennt als Beispiel für eine solche Strukturänderung einzig die Aufnahme einer mitbestimmten Gesellschaft durch eine mitbestimmungsfreie SE[241]. Auch das Schrifttum beschränkt sich vielfach auf die Darstellung von Fallgruppen und benennt als strukturelle Änderung die Verschmelzung einer Gesellschaft auf eine SE[242] sowie die Spaltung zur Aufnahme in eine SE[243], den Wechsel von der monistischen in die dualistische Organisationsverfassung und umgekehrt[244], die Beteiligung einer Gesellschaft an einer Holding-SE oder Tochter-SE und den Erwerb von Unternehmensteilen oder Betriebsteilen

---

240 Zu § 18 Abs. 3 SEBG *Kienast* in Jannott/Frodermann, 13 Rn. 187 ff.; *Freis* in Nagel/Freis/Kleinsorge, Teil 3 § 18 Rn. 8 ff.; MünchKommAktG/*Jacobs*, SEBG, § 18 Rn. 6 ff.; *Köstler* in Theisen/Wenz, S. 369 ff.; *Rieble*, BB 2006, 2018, 2022; insbesondere zu den bestehenden Streitigkeiten und Problemen, *Wollburg/Banerjea*, ZIP 2005, 277, 278; *Kallmeyer*, ZIP 2004, 1442, 1443 f.; *Grobys*, NZA 2005, 84, 91.

241 BT-Drucks. 15/3405, S. 50, die Gesetzesbegründung spricht davon, dass eine SE ein mitbestimmtes Unternehmen mit einer größeren Anzahl von Arbeitnehmern „aufnimmt", womit offenbar eine Betriebsübernahme oder Verschmelzung gemeint ist, in der SE aber bisher keine Mitbestimmung gilt.

242 *Wollburg/Banerjea*, ZIP 2005, 277, 282; *Kienast* in Jannott/Frodermann, 13 Rn. 192; *Rehberg*, ZGR 2005, 859, 860 ff.; ausführlich auch *Köklü* in Drinhausen/Van Hulle/Maul, 6 Rn. 90 ff.

243 *Kleinsorge*, RdA 2002, 343, 351; *Wollburg/Banerjea*, ZIP 2005, 277, 282; MünchKomm-AktG/*Jacobs*, SEBG, § 18 Rn. 16.

244 *Scheibe*, S. 156 f.; MünchKommAktG/*Jacobs*, SEBG, § 18 Rn. 16; *Oetker* in Lutter/Hommelhoff, SE-Kommentar, § 18 SEBG Rn. 16.

durch die SE[245]. Reine Personalveränderungen[246] und die Sitzverlegung[247] der SE sollen dagegen nicht vom Tatbestand des § 18 Abs. 3 SEBG erfasst werden. Bemüht, eine Definition zu schaffen, beschreibt die Literatur den Begriff der strukturellen Änderung abstrakt als *„korporative Akte, die in der Intensität an die Neugründung heranreichen"*[248] oder als *„korporative Akte von ganz erheblichem Gewicht"*[249], als *„Vorgänge gründungsähnlichen Charakters"*[250] und als *„Fälle (...), die inhaltlich einer Beteiligung am Gründungsvorgang der SE entsprächen oder entsprochen hätten, wenn sie bereits bei Gründung der SE gegeben gewesen wären"*[251].

Als Begründung für diese restriktive Auslegung des § 18 Abs. 3 SEBG wird zum einen das in der Regierungsbegründung genannte Beispiel der Verschmelzung herangezogen, welches Anhaltspunkte dafür liefere, dass als strukturelle Änderungen allein ein gründungsähnlicher Vorgang bezeichnet werden könne[252]. Die Anführung lediglich dieses einzelnen Beispielsfalles erlaubt jedoch keinen Rückschluss auf eine derartige Auslegung. Zum anderen wird das enge Verständnis des § 18 Abs. 3 SEBG auf den Umstand gestützt, dass eine die Mitbestimmung ändernde Neuverhandlung die Neubesetzung des Aufsichts- oder Verwaltungsorgans verlange und somit die Umsetzung durch ein Statusverfahren nach §§ 97 ff. AktG bzw. §§ 25 ff. SEAG nach sich ziehe[253]. Aufgrund dieser weit reichenden Folgen müsse die Wiederaufnahme von Verhandlungen auf Ausnahmefälle beschränkt bleiben[254]. Des Weiteren geböten die Rechtsfolgen einer Verletzung der Pflicht zur Wiederaufnahme des Verfahrens nach § 18 Abs. 3 SEBG dessen restriktive Auslegung[255]. Kämen die Parteien dieser Pflicht nicht nach, begründe dies ge-

---

245 *Scheibe*, S. 156 f.
246 MünchKommAktG/*Jacobs*, SEBG, § 18 Rn. 18; *Köstler* in Theisen/Wenz, S. 331, 370 f.; *Wollburg/Banerjea*, ZIP 2005, 277, 280; *Müller-Bonanni/Melot de Beauregard*, GmbHR 2005, 195, 200; *Rieble*, BB 2006, 2018, 2022; *Henssler* in Ulmer/Habersack/Henssler, Einl. SEBG, Rn. 214; *Oetker* in Lutter/Hommelhoff, SE-Kommentar, § 18 SEBG Rn. 16.
247 *Kienast* in Jannott/Frodermann, 13 Rn. 193; *Wenz* in Theisen/Wenz, S. 189, 234; MünchKommAktG/*Jacobs*, SEBG, § 18 Rn. 16; *Henssler* in Ulmer/Habersack/Henssler, Einl. SEBG Rn. 214; *Scheibe*, S. 158; *Oetker* in Lutter/Hommelhoff, SE-Kommentar, § 18 SEBG Rn. 16.
248 *Rieble*, BB 2006, 2018, 2022; ähnlich *Henssler* in Ulmer/Habersack/Henssler, Einl. SEBG Rn. 209.
249 *Wollburg/Banerjea*, ZIP 2005, 277, 279; MünchKommAktG/*Jacobs*, SEBG, § 18 Rn. 12; *Seibt* in Henssler/Willemsen/Kalb, § 1 MitbestG Rn. 6; ähnlich *Habersack*, Der Konzern 2006, 105, 109.
250 *Krause*, BB 2005, 1221, 1228; MünchKommAktG/*Jacobs*, SEBG, § 18 Rn. 12.
251 *Kienast* in Jannott/Frodermann, 13 Rn. 193.
252 *Wollburg/Banerjea*, ZIP 2005, 277, 278 f.
253 *Kienast* in Jannott/Frodermann, § 13 Rn. 191.
254 *Kienast* in Jannott/Frodermann, § 13 Rn. 191.
255 *Müller-Bonanni/Melot de Beauregard*, GmbHR 2005, 195, 200; MünchKommAktG/*Jacobs*, SEBG, § 18 Rn. 12; *Wollburg/Banerjea*, ZIP 2005, 277, 278 f.; *Schwarz*, SE-VO, Einleitung Rn. 253; *Schönborn*, S. 130.

mäß § 43 SEBG die Vermutung eines Missbrauchs der SE, der gemäß § 45 Abs. 1 Nr. 2 SEBG mit einer Freiheitsstrafe von bis zu zwei Jahren oder mit einer Geldstrafe geahndet werden könne. Unter dem Gesichtspunkt des verfassungsrechtlich verankerten Bestimmtheitsgebots (Art. 103 Abs. 2 GG, § 1 StGB) sowie des In-dubio-pro-reo-Grundsatzes sei mangels präziser Formulierung durch den Gesetzgeber eine restriktive Auslegung geboten[256]. Hiergegen wendet *Niklas* zu Recht ein, dass gesetzliche Beweisvermutungen oder widerlegbare Beweisregeln weder die freie Beweiswürdigung beschränkten noch der Angeklagte die Beweislast trage[257]. Da es einen Beweis des ersten Anscheins im Strafprozessrecht nicht gebe, würden lediglich die Grenzen der Beweiserhebung und die Bezugspunkte der Beweiswürdigung geändert[258].

Darüber hinaus wird in der Literatur angeführt, dass der Straftatbestand des § 45 Abs. 1 Nr. 2 SEBG lediglich auf Satz 1 des § 43 SEBG verweise, nicht dagegen auch auf den Vermutungstatbestand des Satzes 2[259]. Das Missbrauchsverbot des § 43 SEBG stellt eine systematische Einheit von Missbrauchstatbestand (S. 1) und Missbrauchsvermutung (S. 2) dar, indem Satz 2 den Satz 1 konkretisiert[260]. Dem Einwand, der Aufnahme einer Missbrauchsvermutung im Sinne von Satz 2 hätte es bei einer solchen Auslegung nicht bedurft, ist entgegenzuhalten, dass Verstöße gegen das Missbrauchsverbot nicht nur strafrechtlichen Sanktionen unterliegen, sondern – auch wenn das SEBG hierzu schweigt – zudem zivilrechtliche Ansprüche[261] begründen können, für die die Missbrauchsvermutung gilt. Aufgrund des deutlich gefassten Wortlauts des § 45 Abs. 1 Nr. 2 SEBG mit seiner expliziten Verweisung allein auf S. 1 kann diese systematische Einheit im Rahmen der Anwendung des Straftatbestandes damit nicht aufrechterhalten werden. Folglich verstößt der Straftatbestand des § 45 Abs. 1 Nr. 2 SEBG nicht gegen den In-dubio-pro-reo-Grundsatz. Eine restriktive Auslegung des § 18 Abs. 3 SEBG lässt sich daher auf diese Weise nicht begründen.

Auch darf § 18 Abs. 3 SEBG nicht mit dem Ziel restriktiv ausgelegt werden, den Anwendungsbereich des § 45 Abs. 1 Nr. 2 SEBG einzuschränken. Der Normzweck des § 18 Abs. 3 SEBG, die Sicherung erworbener Beteiligungsrechte durch die Wiederaufnahme von Verhandlungen, beruht nämlich nicht auf einem grund-

---

256 Ausführlich zu den verfassungsrechtlichen Bedenken gegenüber § 45 Abs. 1 Nr. 2 SEBG vgl. *Rehberg*, ZGR 2005, 859, 889 ff.; *Schlösser*, NZG 2008, 126, 128 f.; *Joost* in EAS Teil B 8200 Rn. 252.

257 *Niklas*, NZA 2004, 1200, 1205.

258 *Niklas*, NZA 2004, 1200, 1205 mit Hinweisen auf BGHSt 6, 292, 296; *Meyer-Goßner*, StPO, § 261 Rn. 23; BGH, NStZ- RR 2003, 3712.

259 *Rehberg*, ZGR 2005, 859, 891; *Scheibe*, S. 153.

260 MünchKommAktG/*Jacobs*, SEBG, § 45 Rn. 5.

261 In Betracht kommen Schadensersatzansprüche nach §§ 823 Abs. 2 i.V.m. 43 SEBG und Unterlassungsansprüche analog §§ 1004 Abs. 1, 823 BGB.

sätzlichen Misstrauen des Gesetzgebers, wonach strukturelle Änderungen grundsätzlich deshalb vorgenommen werden, um die Minderung von Beteiligungsrechten zu erzielen[262]. Indem das Eingreifen der Missbrauchsvermutung nach § 43 S. 2 SEBG einen engen zeitlichen Zusammenhang zwischen der SE-Gründung und der strukturellen Änderung erfordert [263] und der Straftatbestand des § 45 Abs. 1 Nr. 2 SEBG ein zielgerichtetes Handeln, die Arbeitnehmerrechte vorzuenthalten oder zu entziehen voraussetzt, ist der Begrenzung des Anwendungsbereich des § 45 Abs. 1 Nr. 2 SEBG genüge getan. Einer zusätzlichen Einschränkung der Anwendbarkeit bedarf es nicht.

Ein weiterer Anhaltspunkt für eine restriktive Auslegung des Begriffs der strukturellen Änderung soll sich nach *Wollburg/Banerjea* aus dem Wortlaut der dem § 18 Abs. 3 SEBG zugrunde liegenden Erwägung (18) SE-RL ergeben, wonach bezüglich des Geltungsbereichs des Vorher-Nachher-Prinzips der Begriff der strukturellen Änderung im Zusammenhang mit dem Begriff der Neugründung genannt werde[264]. Diese Begründung ist jedoch nicht haltbar. Erwägungsgrund 18 stellt lediglich klar, dass das bei Neugründung geltenden Vorher-Nachher-Prinzip auch bei strukturellen Änderungen bereits bestehender SE gelten soll, um die Sicherung der Beteiligungsrechte der Arbeitnehmer auch in solchen Fällen zu gewährleisten. Mit der Verwendung des Begriffs der Neugründung grenzt der Richtliniengeber die Fälle der strukturellen Änderung lediglich zeitlich von der Gründungsphase der SE ab. Das Regelungssystem von SE-RL und SEBG zur Mitbestimmung bezieht sich nämlich grundsätzlich nur auf die Phase der Errichtung der SE, so dass die Regelungen zur Arbeitnehmerbeteiligung bei strukturellen Änderungen als Ausnahme von diesem Grundsatz eine besondere Hervorhebung verlangen. Aus der Verwendung des Begriffs der Neugründung folgt damit nicht, dass auch die strukturelle Änderung nur eine Gründung bzw. *„gründungsähnlich"* sein kann. Mit der Abgrenzung dieser beiden Zeiträume macht der Richtliniengeber deutlich, dass die Sicherung der Arbeitnehmerbeteiligungsrechte in einer bereits gegründeten SE unter den gleichen Voraussetzungen und auf die gleiche Weise zu erfolgen hat, wie dies im Gründungsstadium der SE der Fall ist[265]. Hierdurch wird vermieden, dass der Zeitpunkt der Vornahme einer strukturellen Änderung bestimmt, ob und welcher Mitbestimmungsstandard in der SE Geltung beansprucht[266]. Auch ist dem Wortlaut des § 18 Abs. 3 SEBG eine Beschränkung auf Maßnahmen mit gründungsähnlichem Charakter nicht zu entnehmen.

---

262 Zur missbräuchlichen Verkürzung der unternehmerischen Mitbestimmung durch die SE ausführlich, *Rehberg*, ZGR 2005, 859 ff.
263 *Nagel* in Nagel/Freis/Kleinsorge, 3 § 43 Rn. 7; *Rehberg*, ZGR 2005, 859, 888.
264 *Wollburg/Banerjea*, ZIP 2005, 277, 278.
265 *Scheibe*, S. 155.
266 Ebenso *Kienast* in Jannott/Frodermann, 13 Rn. 19; *Scheibe*, S. 155.

Nach dem soeben Dargestellten ist der Auffassung *Scheibes* zu folgen, wonach als strukturelle Änderungen solche Maßnahmen zu bezeichnen sind, die, legt man sie hypothetisch zurück in die Phase der SE-Gründung, abweichende Voraussetzungen für das Verhandlungsverfahren und damit die Arbeitnehmerbeteiligung in der SE geschaffen hätten[267]. Stellt man hierauf ab, so handelt es sich beim Erwerb von Betrieben oder Betriebsteilen durch die SE um strukturelle Änderungen im Sinne von § 18 Abs. 3 SEBG. Ein Blick auf § 2 Abs. 4 SEBG stellt klar, dass sich nach dem Willen des Gesetzgebers der Bestandsschutz auch auf die von den strukturellen Änderungen betroffenen Betriebe und ihre Arbeitnehmer erstreckt[268].

Änderungen der Arbeitnehmerzahl unterfallen nicht dem Tatbestand des § 18 Abs. 3 SEBG. In § 5 Abs. 4 SEBG differenziert der Gesetzgeber deutlich zwischen *„Änderungen in der Struktur"* und damit strukturellen Änderungen und *„Änderungen in der (...) Arbeitnehmeranzahl"*, setzt diese Begriffe daher nicht miteinander gleich mit der Konsequenz, dass es sich bei einer Änderung der Arbeitnehmerzahl nicht um eine strukturelle Änderung handelt[269].

Ebenso wenig handelt es sich bei einer grenzüberschreitenden Sitzverlegung der SE um eine strukturelle Änderung[270]. Gemäß Art. 8 SE-VO kann die SE ihren Sitz in einen anderen Mitgliedstaat verlegen, ohne dass ihre Neugründung aufgrund vorhergehender zwingender Auflösung erforderlich ist. Die SE bleibt bei einer Sitzverlegung einschließlich des geltenden Mitbestimmungssystems unverändert bestehen. Die Sitzverlegung wirkt identitätswahrend, was den gemeinschaftsrechtlichen Charakter der SE kennzeichnet[271]. Strukturelle Änderungen sind folglich nicht gegeben. Auch bedarf die Eintragung der SE im Zuzugsstaat keiner erneuten Durchführung eines Verhandlungsverfahrens. Die Voraussetzungen des Art. 12 Abs. 2 SE-VO brauchen in diesem Fall nicht erneut erfüllt zu werden[272]. Eine abgeschlossene Mitbestimmungsvereinbarung gilt im neuen Sitzstaat weiter[273], sofern die Verhandlungsparteien nichts anderes vereinbart haben[274].

---

267 *Scheibe*, S. 156, 158.

268 *Scheibe*, S. 156.

269 *Köstler* in Theisen/Wenz, S. 370; *Köklü* in Drinhausen/Van Hulle/Maul, 6 Rn. 94; *Kienast* in Jannott/Frodermann, 13 Rn. 191; MünchKommAktG/*Jacobs*, SEBG, § 18 Rn. 12; *Scheibe*, S. 154; *Schwarz*, SE-VO, Einleitung Rn. 253; *Grobys*, NZA 2005, 84, 91; *Rößler/Zeppenfeld* in Binder/Jünemann/Merz/Sinewe, § 3 Rn. 365.

270 *Ringe*, S. 153 f.; *ders.* in NZG 2006, 931, 932, 934; *Wollburg/Banerjea*, ZIP 2005, 277, 283; MünchKommAktG/*Jacobs*, SEBG, § 18 Rn. 17; *Kienast* in Jannott/Frodermann, 13 Rn. 193, 200; *Hunger* in Jannott/Frodermann, 9 Rn. 36 f.; *Kleinsorge*, RdA 2002, 343, 351; *Henssler* in Ulmer/Habersack/Henssler, Einl. SEBG Rn. 214; *Schönborn*, S. 130; *Köklü*, S. 153 ff.; *Heinze*, ZGR 2002, 66, 93; *Oechsler*, AG 2005, 373, 376; *Köstler* in Blanke, Teil A Rn. 32.

271 *Kienast* in Jannott/Frodermann, 13 Rn. 198; *Zang*, S. 263; *Ringe*, S. 153.

272 *Kienast* in Jannott/Frodermann, 13 Rn. 199.

273 *Ringe*, S. 153; *Oechsler*, AG 2005, 373, 376 f.; *Güntzel*, S. 299 ff.; *Wollburg/Banerjea*, ZIP 2005, 277, 283; *Schwarz*, SE-VO, Art. 8 Rn. 10; *Köstler* in Köstler/Jaeger, S. 20; *Kleinsorge*,

Als strukturelle Änderung einzuordnen ist hingegen der Wechsel der Organisationsverfassung der SE, d.h. ein Wechsel vom dualistischen zum monistischen System und umgekehrt[275]. Bei einem solchen Wechsel handelt es sich um einen Vorgang, der abweichende Voraussetzungen für das Verhandlungsverfahren zur Folge gehabt hätte, wenn er bereits im Zeitpunkt der Gründung der SE gegeben gewesen wäre. Durch das das Mitbestimmungssystem des SEBG prägende Verhandlungsprinzip soll eine individuell angepasste und maßgeschneiderte Regelung der Arbeitnehmermitbeteiligung für die jeweilige SE geschaffen werden. Ein maßgeblich die Individualität der SE beeinflussendes Merkmal ist ihre Organisationsstruktur, welche folglich auch die Ausgestaltung der Mitbestimmung grundlegend beeinflusst. Mit einem Wechsel der Organisationsverfassung entfällt ein Umstand, der Grundlage und Ausgangspunkt für die Verhandlungen und das vereinbarte Mitbestimmungssystem gewesen ist und ohne den die Parteien wahrscheinlich zu einem anderen Vereinbarungsergebnis gekommen wären. Es liefe dem Leitziel des Vorrangs der Verhandlungslösung zuwider, wenn eine paritätisch mitbestimmte dualistische SE in eine monistische SE umstrukturiert würde mit der Folge, dass durch die Weitergeltung der Vereinbarung das Verwaltungsorgan paritätisch besetzt wäre. Auch ein Blick auf die Diskussion um die verfassungsrechtlich gebotene Einschränkung der §§ 35, 21 Abs. 6 SEBG im Falle der Umwandlung einer paritätisch mitbestimmten Gesellschaft mit Aufsichtsrat in eine monistisch verfasste stützt diese These[276]. Schließlich überzeugt auch die Argumentation *Scheibes*, wonach die SE bei Nichtanwendbarkeit des § 18 Abs. 3 SEBG bei einem Wechsel der Organisationsstruktur aufgrund der soeben genannten Folgen gezwungen sei, die im Gründungsstadium gewählte Organisationsverfassung dauerhaft beizubehalten, was die durch Art. 38 lit. b SE-VO zu gewährleistende Wahlmöglichkeit zwischen monistischem und dualistischem System unzulässig einschränke[277]. Meist wird es jedoch bei einem Wechsel der Organisationsverfassung am Vorliegen des Tatbestandsmerkmals der Minderung von Beteiligungsrechten fehlen[278]. Dies ist zumindest für den Wechsel vom dualistischen zum monistischen System bei einer paritätischen Mitbestimmung der Fall. Es ist den Parteien daher zu raten, für den Fall eines Organisationswechsels in der Vereinbarung die Wiederaufnahme von

RdA 2002, 343, 351; *Wenz* in Theisen/Wenz, S. 189, 234 f.; *Hunger* in Jannott/Frodermann, 9 Rn. 37; *Zang*, S. 120 ff.

274 Für einen solche Passus in der Vereinbarung, *Ringe*, S. 159; *Wenz* in Theisen/Wenz, S. 189, 234.

275 Ebenso MünchKommAktG/*Jacobs*, SEBG, § 18 Rn. 16; *Scheibe*, S. 158 f.; a. A. *Köklü*, S. 123; *ders.* in Drinhausen/Van Hulle/Maul, 6 Rn. 103.

276 Siehe hierzu die Ausführungen unter B.III.4.

277 *Scheibe*, S. 159.

278 Siehe hierzu B.II.1.d)aa)(2)(b).

Verhandlungen festzuschreiben, um die soeben dargestellten Unstimmigkeiten zu vermeiden[279].

(2) Minderung von Beteiligungsrechten

Nicht nur hinsichtlich des Begriffs der strukturellen Änderung, sondern auch bezüglich des Tatbestandsmerkmals der Minderung von Beteiligungsrechten bestehen Unstimmigkeiten innerhalb des Schrifttums.

(a) Beteiligungsrechte

Auch wenn die Erwägung (18) SE-RL von der *„Beteiligung an Unternehmensentscheidungen"* spricht, umfasst der Begriff der Beteiligungsrechte im Sinne von § 18 Abs. 3 SEBG entgegen der Ansicht von *Grobys*[280] und *Kallmeyer*[281] nicht nur die unternehmerische Mitbestimmung, sondern auch die Mitbestimmung auf betrieblicher Ebene[282]. Sowohl die Unternehmensmitbestimmung als auch die Unterrichtung und Anhörung ermöglichen den Arbeitnehmern, Einfluss auf die *„Unternehmensentscheidungen"* zu nehmen[283]. Dies ergibt sich auch aus § 1 Abs. 1 S. 2 SEBG, der die Sicherung von Arbeitnehmerbeteiligungsrechten an Unternehmensentscheidungen als Zielsetzung benennt und in § 1 Abs. 2 SEBG als Sicherungsobjekt auch die betriebliche Mitbestimmung anführt. Zudem beinhaltet Erwägungsgrund 18 SE-RL das dem Regelungssystem der SE-RL zugrunde liegende Vorher-Nachher-Prinzip, welches die Sicherung der Arbeitnehmerbeteiligungsrechte der SE gewähren soll. Gemäß Art. 2 lit. h SE-RL, umgesetzt in § 2 Abs. 8 SEBG, umfasst die Arbeitnehmerbeteiligung neben der unternehmerischen auch die betriebliche Mitbestimmung.

(b) Minderung von Beteiligungsrechten

Die Beteiligungsrechte sind gemindert, wenn den Arbeitnehmern nach der strukturellen Änderung weniger Rechte zustehen als vorher[284]. In die Beurteilung des Vorliegens einer Minderung von Beteiligungsrechten sind die Rechte der Arbeitnehmer mit einzubeziehen, die noch nicht der SE oder ihrer Tochtergesellschaft angehören. Dies ergibt sich zum einen aus der in § 18 Abs. 3 S. 2 SEBG vorgesehenen Möglichkeit, die Verhandlungen auf Arbeitnehmerseite anstelle des Besonderen

279 Siehe hierzu B.III.2.c) und B.III.2.d).
280 *Grobys*, NZA 2005, 84, 91.
281 *Kallmeyer*, ZIP 2004, 1442, 1444.
282 Ebenso MünchKommAktG/*Jacobs*, SEBG, § 18 Rn. 15.
283 MünchKommAktG/*Jacobs*, SEBG, § 18 Rn. 15.
284 MünchKommAktG/*Jacobs*, SEBG, § 18 Rn. 14; *Reichert* in Happ, Aktienrecht, 19.01 Rn. 38; *ders.* Der Konzern 2006, 821, 831.

Verhandlungsgremiums durch den SE-Betriebsrat, ergänzt mit Vertretern der von der strukturellen Änderung betroffenen Arbeitnehmern, die bisher nicht vom SE-Betriebsrat repräsentiert werden, durchzuführen[285]. Zum anderen sieht der § 18 Abs. 3 SEBG zugrunde liegende § 1 Abs. 4 SEBG vor, dass der Grundsatz der Sicherung erworbener Arbeitnehmerbeteiligungsrechte bei strukturellen Änderungen auch für die hiervon betroffenen Gesellschaften und ihre Arbeitnehmer gilt.

Für die Beurteilung, ob eine strukturelle Änderung zu einer Minderung der Beteiligungsrechte führt, muss zudem folgender Aspekt berücksichtigt werden:

Bezüglich der Rechte der Mitarbeiter der SE ist das Mitbestimmungsstatut maßgeblich, das im Zeitpunkt der Errichtung der SE durch Vereinbarung oder kraft gesetzlicher Auffangregelung (§§ 22 ff, 34 ff. SEBG) errichtet wurde. Dieses Mitbestimmungsstatut ist als Besitzstand der SE-Arbeitnehmer festgeschrieben. Es kann nicht abgeändert werden, so dass auch seine Minderung von vornherein ausgeschlossen ist[286]. Aus diesem Grunde kann es zu einer Minderung von Beteiligungsrechten nicht bei den Mitarbeitern der SE kommen, sondern nur bei den Arbeitnehmern, die noch nicht für die SE oder deren Tochtergesellschaften tätig sind[287]. Vergrößert sich durch strukturelle Änderung die Anzahl der Arbeitnehmer in der SE, so dass nach deutschem Mitbestimmungsrecht aufgrund eines Überschreitens bestimmter Schwellenwerte anstelle der Drittelbeteiligung die Parität gelten würde, stellt dies keine Minderung der Beteiligungsrechte der Arbeitnehmer der SE im Sinne von § 18 Abs. 3 SEBG dar[288]. Das deutsche Mitbestimmungsrecht ist mit Gründung der SE auf diese nicht anwendbar, § 47 Abs. 1 Nr. 1 SEBG. Eine hypothetische Intensivierung des Mitbestimmungsstandards durch ein nicht anwendbares Gesetz stellt keine Minderung im Sinne des § 18 Abs. 3 SEBG dar[289]. Gleiches gilt für den umgekehrten Fall, d.h. wenn die Beschäftigtenzahlen infolge struktureller Änderungen absinken mit der hypothetischen Folge, dass die nach deutschem Recht erforderlichen Mitbestimmungsvoraussetzungen entfallen[290]. Maßgeblich ist der Schutz der Beteiligungsrechte im Zeitpunkt der SE-Gründung[291]. Wird dem Beispiel der Regierungsbegründung entsprechend eine mitbestimmte Gesellschaft auf eine mitbestimmungsfreie SE verschmolzen – liegt eine strukturelle Änderung also vor – bewirkt dies aufgrund des Mitbestimmungsbesitzstandes keine Minde-

---

285 So auch *Wollburg/Banerjea*, ZIP 2005, 277, 279; MünchKommAktG/*Jacobs*, SEBG, § 18 Rn. 14; *Oetker* in Lutter/Hommelhoff, SE-Kommentar, § 18 Rn. 20.
286 *Rieble*, BB 2006, 2018, 2022; Münch.Hdb.GesR/*Austmann* § 85 Rn. 47.
287 *Henssler* in Ulmer/Habersack/Henssler, Einl. SEBG Rn. 207 f., 212.
288 So auch Münch.Hdb.GesR/*Austmann* § 85 Rn. 47.
289 *Rieble*, BB 2006, 2018, 2022; so im Ergebnis auch *Köklü* in Drinhausen/Van Hulle/Maul, 6 Rn. 96 f.
290 *Müller-Bonanni/Melot de Beauregard*, GmbHR 2005, 195, 197 f.; *Rieble*, BB 2006, 2018, 2022.
291 *Lange*, S. 74; *Köklü* in Drinhausen/Van Hulle/Maul, 6 Rn. 97.

rung bei den Mitarbeitern der SE. Allein die hinzukommenden Arbeitnehmer können einer Minderung ihrer Mitbestimmungsrechte unterliegen. Dies setzt jedoch voraus, dass den aufgenommenen Arbeitnehmern bereits in ihrer bisherigen Gesellschaft Beteiligungsrechte nach dem Mitbestimmungsrecht (MitbestG, DrittelbG) zugestanden haben. Beruhen diese Beteiligungsrechte dagegen auf Vorschriften über die Konzernmitbestimmung (§ 5 MitbestG, § 2 DrittelbG), mindern sich ihre Rechte nicht[292]. Dem SEBG ist eine Konzernmitbestimmung fremd[293], so dass eine Berücksichtigung solcher Rechte, die den Arbeitnehmern allein aufgrund eines Konzerntatbestandes zustehen, dem Prinzip des Bestandsschutzes widerspricht[294]. Gestützt wird dies durch den Verweis des § 18 Abs. 3 SEBG auf § 35 Abs. 2 S. 2 SEBG für den Fall einer von einem mitbestimmten Konzern erworbenen Tochtergesellschaft durch eine weniger intensiv oder gar nicht mitbestimmte SE. Hiernach kommt es für die Intensität der Mitbestimmung allein auf den bisherigen Anteil an Arbeitnehmervertretern an, der in den *„Organen der beteiligten Gesellschaften vor der Eintragung der SE bestanden hat"*, nicht jedoch auf den Anteil in den Organen der bisherigen Obergesellschaft[295]. Das bei der Konzernmutter herrschende Mitbestimmungsniveau wird vom Bestandsschutz des § 18 Abs. 3 SEBG nicht erfasst. Wie *Rieble* treffend darlegt, *„handelt es sich um kein eigenes Mitbestimmungsrecht, sondern um einen Reflex aus der Konzernzugehörigkeit, der von vornherein mit der auflösenden Bedingung der Entkonzernisierung belastet ist"*[296].

Erwirbt die SE wesentliche Unternehmensanteile (Eigentümermehrheit) an einem anderen Unternehmen mit der Folge, dass dieses zu einer Tochtergesellschaft der SE wird, stellt dies nach der Ansicht *Scheibes* einen Fall des § 18 Abs. 3 SEBG dar und verpflichtet daher zur Wiederaufnahme von Verhandlungen[297]. *Scheibe* ist zwar insofern zuzustimmen, als Erwägungsgrund 18 SE-RL in den Schutzbereich des Vorher-Nachher-Prinzips neben der SE auch die *„von den strukturellen Änderungsprozessen betroffenen Gesellschaften"* mit einbezieht. Auch ist es richtig, dass der Begriff der Beteiligungsrechte gemäß § 2 Abs. 9 S. 2 SEBG auch solche in den Konzernunternehmen der SE erfasst. Im Hinblick auf den Schutzzweck des § 18 Abs. 3 SEBG handelt es sich beim Erwerb wesentlicher Unternehmensbeteiligungen daher um einen Fall der strukturellen Änderung, folgt man wie hier der Auffassung *Scheibes*, wonach hierunter solche Vorgänge fallen, die abweichende Voraussetzungen für das Verhandlungsverfahren zur Folge gehabt hätten, wenn sie bereits vor Gründung der SE gegeben gewesen wären. Jedoch fehlt es in dieser

---

292 MünchKommAktG/*Jacobs*, SEBG, § 18 Rn. 14; Münch.Hdb.GesR/*Austmann* § 85 Rn. 49.
293 *Henssler* in Ulmer/Habersack/Henssler, Einl. SEBG Rn. 212; *Rieble*, BB 2006, 2018, 2022; *Wollburg/Banerjea*, ZIP 2005, 277, 279 f.
294 *Braun*, S. 106 f.
295 *Wollburg/Banerjea*, ZIP 2005, 277, 279 f.; *Braun*, S. 107.
296 *Rieble*, BB 2006, 2018, 2022.
297 *Scheibe*, S. 156 f.

Fallkonstellation an der erforderlichen Minderung von Beteiligungsrechten hinsichtlich der Arbeitnehmer der betroffenen Tochtergesellschaften. Gemäß § 47 Abs. 1 Nr. 1 i.V.m. Art. 13 Abs. 3 lit. b SE-RL bleiben die deutschen Mitbestimmungsgesetze für die deutschen Tochtergesellschaften weiterhin anwendbar. Eine Minderung von Beteiligungsrechten infolge struktureller Änderungen liegt damit nicht vor[298]. Die Befürworter dieser Ansicht sprechen in diesem Fall zu Recht von einer faktischen Minderung, da wesentliche Unternehmensentscheidungen nunmehr in der herrschenden Gesellschaft getroffen würden und die Arbeitnehmer zugleich von der Wahl der Arbeitnehmervertreter der SE als Obergesellschaft ausgeschlossen seien[299]. Aufgrund der Regelungsabstinenz des Gesetzgebers hinsichtlich einer Konzernzurechnung sei dies jedoch hinzunehmen.

Ob eine Wiederaufnahme von Verhandlungen auch dann zu erfolgen hat, wenn strukturelle Änderungen der SE geplant sind, die geeignet sind, Beteiligungs-rechte der Arbeitnehmer auszuweiten, indem diese Änderungen, wären sie bereits vor Gründung der SE gegeben, zu einem geringeren Mitbestimmungsstandard geführt hätten, ist weder vom Richtliniengeber noch vom deutschen Gesetzgeber geregelt. § 18 Abs. 3 sowie Erwägungsgrund 18 SE-RL bezwecken die Sicherung von Beteiligungsrechten der Arbeitnehmer. Deren Minderung soll durch den Bestandsschutz ausgeschlossen werden. Nicht vom Schutzzweck erfasst ist der dem Bestandsschutz gegensätzliche Abbau von Beteiligungsrechten. Mit Gründung der SE haben die Arbeitnehmer einen Besitzstand an Mitbestimmung erworben, der ebenfalls dem in Erwägungsgrund 18 SE-RL und § 1 Abs. 4 i.V.m. Abs. 1 S. 2 SEBG verankerten Bestandsschutz unterliegt. Eine analoge Anwendung des § 18 Abs. 3 SEBG scheidet für diese Fallkonstellation daher aus[300]. Verkleinert sich beispielsweise eine kraft Gesetzes mitbestimmte SE und unterschreitet sie nunmehr die für das Eingreifen der gesetzlichen Auffangregelung erforderlichen Schwellenwerte, bleibt das bestehende Mitbestimmungsniveau erhalten[301]. Den Verhandlungspartnern steht es jedoch frei, gemäß § 21 Abs. 1 Nr. 6, Abs. 4 SEBG die Wiederaufnahme von Verhandlungen für diese Fallgruppe zu vereinbaren[302].

---

298 Ebenso *Wollburg/Banerjea*, ZIP 2005, 277, 280; *Köklü*, S. 150 f.

299 *Müller-Bonanni/Melot de Beauregard*, GmbHR 2005, 195, 200; *Wollburg/Banerjea*, ZIP 2005, 277, 280; *Rieble*, BB 2006, 2018, 2022; *Henssler* in Ulmer/Habersack/Henssler, Einl. SEBG, Rn. 213.

300 *Scheibe*, S. 164; *Henssler* in Ulmer/Habersack/Henssler, Einl. SEBG, Rn. 207.

301 Im Ergebnis so auch *Wollburg/Banerjea*, ZIP 2005, 277, 282 f.; *Müller-Bonanni/Melot de Beauregard*, GmbHR 2005, 195, 197; MünchKommAktG/*Jacobs*, SEBG, § 18 Rn. 1; *Köklü*, S. 151 f.; *ders.* in Drinhausen/Van Hulle/Maul, 6 Rn. 101 f.

302 Siehe hierzu näher die Ausführungen unter B.III.2.c) und B.III.2.d).

bb) Rechtsfolgen

Haben die Verhandlungen den Abschluss einer neuen Vereinbarung zur Folge, die zu einer Änderung des bisher geltenden Mitbestimmungssystems und damit zugleich zu einer Änderung der Zusammensetzung des mitbestimmten Organs führt, ist für dessen Umsetzung die Durchführung eines Statusverfahrens nach §§ 24 Abs. 2, 25, 26 SEAG, §§ 96 Abs. 2, 97-98 AktG erforderlich[303]. Führen die aufgenommen Verhandlungen mangels Einigung nicht zum Abschluss einer Vereinbarung nach § 21 SEBG, so finden gemäß § 18 Abs. 3 S. 3 SEBG die gesetzlichen Auffangreglungen (§§ 22 ff, 34 ff. SEBG) Anwendung. Dies gilt auch dann, wenn bis zum Zeitpunkt der Wiederaufnahme der Verhandlungen eine Beteiligungsvereinbarung gemäß § 21 SEBG bestanden hat. In diesem Fall verdrängen die gesetzlichen Auffangregeln die individuell ausgehandelte Vereinbarung, welcher vom Gesetzgeber sonst grundsätzlich Vorrang eingeräumt wird[304].

Mit § 18 Abs. 3 geht das SEBG zwar über die unmittelbaren Vorgaben der SE-RL hinaus, doch stellt Erwägungsgrund Nr. 18 S. 3 SE-RL klar, dass der Grundsatz der Sicherung erworbener Beteiligungsrechte der Arbeitnehmer nicht nur für Neugründungen, sondern auch für strukturelle Änderungen bereits bestehender SE das Hauptziel der SE-RL ist. § 18 Abs. 3 SEBG kann damit nicht als richtlinienwidrig bezeichnet werden[305].

e) Wiederaufnahme von Verhandlungen nach einem Beschluss des SE-Betriebsrates zur Aufnahme von Neuverhandlungen, § 26 SEBG

Gelten in einer SE die gesetzlichen Auffangregelungen der §§ 22 ff. oder §§ 34 ff. SEBG, hat der SE-Betriebsrat kraft Gesetzes gemäß § 26 SEBG vier Jahre nach seiner Einsetzung darüber zu beschließen, ob die bisher geltenden gesetzlichen Auffangregelungen zur Arbeitnehmerbeteiligung weiter gelten sollen oder ob eine Vereinbarung nach § 21 SEBG auszuhandeln ist. Entschließt er sich mit der erforderlichen Mehrheit seiner Mitglieder für die Aufnahme von Verhandlungen, gelten die Vorschriften über das Verhandlungsverfahren entsprechend (§ 26 Abs. 2 S. 1 SEBG), wobei die Aufgabe des Besonderen Verhandlungsgremiums nun vom SE-Betriebsrat wahrgenommen wird. Auch wenn § 26 SEBG im 1. Abschnitt des 2. Kapitels des SEBG über die Beteiligung der Arbeitnehmer kraft Gesetzes verortet ist und sich damit systematisch nur auf die Arbeitnehmerbeteiligung durch Unterrichtung und Anhörung bezieht, nicht aber auf die unternehmerische Mitbe-

---

303 *Wissmann* in FS Richardi, S. 841, 851 f.; MünchKommAktG/*Reichert/Brandes*, SE-VO, Art. 43 Rn. 77.

304 Hierzu kritisch MünchKommAktG/*Jacobs*, SEBG, § 18 Rn. 24; *Kienast* in Jannott/Frodermann, 13 Rn. 196.

305 MünchKommAktG/*Jacobs*, SEBG, § 18 Rn. 7; *Niklas*, NZA 2004, 1200, 1205; anders *Kallmeyer*, ZIP 2004, 1442, 1444.

stimmung, kann Letztere auch Gegenstand der Vereinbarung sein[306]. § 26 SEBG verweist auf § 21 SEBG und somit auch auf § 21 Abs. 3 SEBG, der die Vereinbarung über die Mitbestimmung betrifft.

Ein Scheitern der Verhandlungen führt zu einer Fortgeltung der bisher in der SE geltenden Regelung zur Arbeitnehmerbeteiligung (§ 26 Abs. 2 S. 1 SEBG).

2. Vereinbarungsparteien

Die Parteien der Mitbestimmungsvereinbarung sind in den §§ 4 Abs. 1 S. 2, 13 Abs. 1 und 21 Abs. 1 SEBG festgelegt.

Auf Arbeitnehmerseite ist Vereinbarungspartei grundsätzlich das Besondere Verhandlungsgremium, dessen Bildung sich nach den §§ 5 ff. SEBG richtet[307]. Die gesetzlichen Vorgaben für seine Errichtung sind äußerst kompliziert. Dies resultiert aus dem gesetzgeberischen Ziel, eine Vertretung aller Arbeitnehmer aus den unterschiedlichen Mitgliedstaaten, den beteiligten Unternehmen und den betroffenen Betrieben weitestgehend zu gewährleisten. Im Falle der Aufnahme von Verhandlungen gemäß § 18 Abs. 3 S. 1 SEBG wegen geplanter struktureller Änderungen in einer bereits bestehenden SE, kann an die Stelle des Besonderen Verhandlungsgremiums auch der SE-Betriebsrat als Verhandlungspartner treten (§ 18 Abs. 3 S. 2 SEBG)[308]. Ebenso ist der SE-Betriebsrat Vereinbarungspartei, wenn er gemäß § 26 Abs. 1 SEBG vier Jahre nach seiner gesetzlichen Einsetzung den Beschluss fasst, erneut Verhandlungen über den Abschluss einer Vereinbarung nach § 21 SEBG aufzunehmen (§ 26 Abs. 2 S. 1 SEBG)[309].

Auf Seiten der an der Gründung der SE beteiligten Gesellschaften sind deren Leitungen Partei der Beteiligungsvereinbarung. Kommt es zur Wiederaufnahme von Vereinbarungsverhandlungen nach einem Beschluss im Sinne von § 16 Abs. 1 S. 1 SEBG gemäß § 18 Abs. 1 S. 1, Abs. 2 SEBG oder wegen geplanter struktureller Änderungen gemäß § 18 Abs. 3 SEBG tritt an die Stelle der Leitungen der Gründungsgesellschaften die Leitung der SE (§ 18 Abs. 4 SEBG).

---

306 MünchKommAktG/*Jacobs*, SEBG, Vor § 23 Rn. 7; BR-Drucks. 438/04 S. 132.
307 Auf die Errichtung des Besonderen Verhandlungsgremiums soll im Rahmen dieser Arbeit nicht näher eingegangen werden, siehe hierzu z.B. *Thümmel*, Die Europäische Aktiengesellschaft, S. 130; *Kienast* in Jannott/Frodermann, 13 Rn. 122 ff.; *Oetker* in Lutter/Hommelhoff, S. 277, 290 ff.; *ders.* In Lutter/Hommelhoff, SE-Kommentar, §§ 5 ff. SEBG; *Krause*, BB 2005, 1221, 1223 ff.; *Schwarz*, SE-VO, Einleitung Rn. 249 ff.; *Köklü* in Drinhausen/Van Hulle/Maul, 6 Rn. 26 ff., 111 ff.; *Scheibe*, S. 31 ff.
308 Zu diesem Fall der Wiederaufnahme von Verhandlungen vergleiche bereits oben B.II.1.d).
309 Siehe hierzu bereits oben B.II.1.e).

a) Arbeitnehmerseite

aa) Besonderes Verhandlungsgremium

(1) Definition und Rechtsnatur

Der Begriff des Besonderen Verhandlungsgremiums ist in § 2 SEBG, der zahlreiche Definitionen für das SEBG enthält, nicht erwähnt. In Anlehnung an Art. 2 lit. g SE-RL und § 4 Abs. 1 S. 2 SEBG lässt sich das Besondere Verhandlungsgremium im Sinne des SEBG als Gremium der Arbeitnehmerseite bezeichnen, das mit dem zuständigen Organ der beteiligten Gründungsgesellschaften – nach dem SEBG also den Leitungen – zusammen eine Vereinbarung über die Arbeitnehmerbeteiligung in der SE abschließen soll.

Das Besondere Verhandlungsgremium ist ein weisungsunabhängiges, eigenverantwortlich handelndes nationales Gründungsorgan mit einer internationalen Besetzung, dessen Amtszeit anlassbezogen ist und daher nicht auf Dauer angelegt ist (Ad-hoc-Gremium)[310]. Seine Amtszeit endet mit dem Abschluss einer Vereinbarung (§ 4 Abs. 1 S. 2 SEBG) bzw. mit dem Beschluss der Nichteröffnung oder des Abbruchs der Verhandlungen (§ 16 Abs. 1 SEBG). Nach Beendigung seiner Amtszeit löst sich das Besondere Verhandlungsgremium auf[311]. Zwar spricht das aufwändige und komplexe Verfahren der Bildung des Besonderen Verhandlungsgremiums gegen eine Einordnung als Ad-hoc-Gremium und auch in Art. 3 Abs. 6 Abschnitt 4 SE-RL ist von einem *„wieder einberufen"* des Besonderen Verhandlungsgremiums die Rede, so dass man einerseits eine Reaktivierung des ursprünglichen Besonderen Verhandlungsgremiums annehmen könnte. Andererseits weist § 5 Abs. 4 SEBG auf eine *„Tätigkeitsdauer"* des Gremiums hin. Zudem lässt der nationale Gesetzgeber aufgrund des Wortlauts sowohl in § 18 Abs. 1 S. 1 SEBG (*„erneut gebildet"*) als auch in § 18 Abs. 3 S. 2 SEBG (*„neu zu bildenden"*) keine andere Qualifikation als die eines Ad-hoc-Gremiums zu. In diesen beiden Fällen der Wiederaufnahme der Verhandlungen ist nicht das im Gründungsstadium der SE errichtete Besondere Verhandlungsgremium erneut einzuberufen, sondern Verhandlungspartner ist ein nach den §§ 4 ff. SEBG komplett neu zu bildendes Besonderes Verhandlungsgremium[312]. Für eine Neubildung spricht neben dem Wortlaut des § 18 SEBG auch die in § 18 Abs. 3 S. 2 SEGB vorgesehene Möglichkeit, die Verhandlungen anstelle des Besonderen Verhandlungsgremiums durch den SE-

---

310 MünchKommAktG/*Jacobs*, SEBG, § 4 Rn. 2; *Thümmel*, Die Europäische Aktiengesellschaft, Rn. 276; *Oetker* in Lutter/Hommelhoff, SE-Kommentar, § 4 SEBG Rn. 7.

311 *Steinberg*, S. 117.

312 *Hennings* in Manz/Mayer/Schröder, Art. 3 SE-RL Rn. 102; *Kienast* in Jannott/Frodermann, 13 Rn. 331 f.; MünchKommAktG/*Jacobs*, SEBG, § 18 Rn. 4; *Freis* in Nagel/Freis/Kleinsorge, Teil 3 § 18 Rn. 4.

Betriebsrat führen zu lassen. Sinn und Zweck dieser Möglichkeit ist es dem Gesetzgeber zufolge, den erheblichen organisatorischen Aufwand, den die Errichtung eines neuen Gremiums mit sich bringt, zu vermeiden[313]. Folglich geht auch der Gesetzgeber von einer Neubildung des Gremiums aus. Zudem sieht das SEBG für den Fall struktureller Änderungen eine Anpassung der Zusammensetzung des Besonderen Verhandlungsgremiums an die Neuerungen vor (§ 5 Abs. 4 S. 1 SEBG). § 18 Abs. 1 SEBG greift diesen Gedanken auf, indem er bei der Bildung des Gremiums an die Stelle der beteiligten Gesellschaften, betroffenen Tochtergesellschaften und betroffenen Betriebe der SE, die SE selber, ihre Tochtergesellschaften und Betriebe stellt[314]. Lehnt man eine Neubildung im Falle des § 18 SEBG ab, so bedarf es vor der erneuten Einberufung des „alten" Gremiums dessen Anpassung an die erfolgten strukturellen Änderungen. Ob man nun das „alte" Verhandlungsgremium zunächst in seiner Zusammensetzung den Änderungen hinsichtlich Struktur oder Arbeitnehmerzahl anpasst oder aber ein den aktuellen Stand berücksichtigendes Gremium gänzlich neu bildet, macht kaum einen Unterschied. Im Einklang mit dem Wortlaut des § 18 Abs. 2 und 3 SEBG ist das Besondere Verhandlungsgremium daher vollständig neu zu bilden. Für eine Einordnung als ein auf Dauer gebildetes Organ lässt sich auch nicht ins Feld führen, dass das Besondere Verhandlungsgremium als Partei der Vereinbarung auf deren Durchsetzung zu achten hat. Die Pflicht, die Erfüllung und Einhaltung der Vereinbarung sicherzustellen, trifft die Leitungen[315]. Zusätzlich können auf Arbeitnehmerseite ebenso der SE-Betriebsrat oder die Arbeitnehmervertreter im Aufsichts- oder Verwaltungsorgan auf die Einhaltung achten. Eine über den Abschluss einer Beteiligungsvereinbarung hinausgehende Aufgabe sieht der Gesetzgeber für das Besondere Verhandlungsgremium nicht vor. Mit Erfüllung dieser Aufgabe bedarf es des Besonderen Verhandlungsgremiums daher nicht mehr.

Die Willensbildung des Besonderen Verhandlungsgremiums erfolgt durch Beschluss. Regelungen über die Beschlussfassung im Besonderen Verhandlungsgremium sind in § 15 SEBG enthalten.

(2) Beschlussfassung im Besonderen Verhandlungsgremium

Dem Abschluss der Vereinbarung muss von Arbeitnehmerseite her ein zustimmender Beschluss des Besonderen Verhandlungsgremiums zugrunde liegen.

Nach § 15 Abs. 2 SEBG fasst das Besondere Verhandlungsgremium seine Beschlüsse grundsätzlich mit der absoluten Mehrheit der Stimmen, wobei diese Mehrheit zugleich die absolute Mehrheit der Arbeitnehmer in den beteiligten Mit-

---

313 BT-Drucks. 15/3405 Begründung zu § 18 Abs. 3, Seite 50; *Hennings* in Manz/Mayer/Schröder, Art. 3 SE-RL Rn. 105; *Freis* in Nagel/Freis/Kleinsorge, Teil 3 § 18 Rn. 18.
314 BT-Drucks. 15/3405 Begründung zu § 18, Seite 50.
315 *Kienast* in Jannott/Frodermann, 13 Rn. 354 und Fn. 322.

gliedstaaten repräsentieren muss (sog. doppelte absolute Mehrheit). Jedem Mitglied des Gremiums steht eine Stimme zu.

Eine Mehrheit von Zwei-Dritteln der Stimmen, die von Zwei-Dritteln der gesamten Arbeitnehmerschaft aus mindestens zwei Mitgliedstaaten stammen müssen (sog. doppelte qualifizierte Mehrheit), ist dann erforderlich, wenn das Gremium beschließt, keine Verhandlungen aufzunehmen oder bereits begonnene Verhandlungen abzubrechen (§ 16 Abs. 1 S. 1, 2 SEBG).

Das gleiche Quorum ist unter Voraussetzung der Erfüllung bestimmter Schwellenwerte notwendig, wenn die Vereinbarung zu einer Minderung der Mitbestimmungsrechte führt (§ 15 Abs. 3 SEBG). Im Falle einer SE-Gründung durch Verschmelzung bedarf es dieser qualifizierten Mehrheit nur, wenn die Mitbestimmung sich auf mindestens 25 % der Gesamtzahl der in den beteiligten Gründungsgesellschaften beschäftigten Arbeitnehmer erstreckt (§ 15 Abs. 3 S. 2 Nr. 1 SEBG). Bei der Gründung einer Tochter-SE oder SE-Holding müssen mindestens 50 % der Arbeitnehmer der beteiligten Gesellschaften von der Mitbestimmung betroffen sein (§ 15 Abs. 3 S. 2 Nr. 2 SEBG)[316]. Eine Minderung der Mitbestimmungsrechte gemäß § 15 Abs. 3 SEBG liegt nach der Definition des § 15 Abs. 4 SEBG vor, wenn der Arbeitnehmeranteil der Mitglieder der Organe der SE geringer ist, als der höchste in den beteiligten Gesellschaften geltende Anteil bzw. wenn das Recht der Arbeitnehmer, Mitglieder für das Aufsichts- oder Verwaltungsorgan zu wählen, zu bestellen, zu empfehlen oder abzulehnen, beseitigt oder eingeschränkt wird[317]. Die Beurteilung, ob eine Minderung von Mitbestimmungsrechten vorliegt, richtet sich nicht nach einer Gesamtbetrachtung aller Beteiligungsrechte in den beteiligten Gesellschaften, sondern orientiert sich am Mitbestimmungsstandard der Gesellschaft, die vor Gründung der SE den höchsten Anteil an Vertretern im Mitbestimmungsorgan gewährleistete[318]. Maßgeblich ist nicht die absolute Zahl der Arbeitnehmervertreter im mitbestimmten Organ, sondern deren Anteil und damit deren Stim-

---

316 Ob in die Berechnung dieser Schwellenwerte auch die Arbeitnehmer der betroffenen Tochtergesellschaften gemäß § 15 Abs. 3 S. 2 SEBG mit einzubeziehen sind oder ob es sich hierbei um eine richtlinienwidrige Regelung handelt, wird kontrovers diskutiert. Vergleiche hierzu *Krause*, BB 2005, 1221, 1227; *Grobys*, NZA 2005, 84, 89; *Niklas*, NZA 2004, 1200, 1203; *Rehberg*, ZGR 2005, 859, 889; *Nagel* in Nagel/Freis/Kleinsorge, Teil 3 § 15 Rn. 14; *Kallmeyer*, ZIP 2004, 1442, 1443; *Scheibe*, S. 113 ff.

317 Ausführlich zur Frage, was unter einer Minderung der Mitbestimmungsrechte im Sinne von § 15 Abs. 3 und 4 SEBG zu verstehen ist und zu den diesbezüglich bestehenden Problemen MünchKommAktG/*Jacobs*, SEBG, § 15 Rn. 11 ff.; *Reichert/Brandes*, ZGR 2003, 767, 784 ff.; *Reichert* in Happ, Aktienrecht, 19.01 Rn. 32; *Oetker*, BB-Special 1/2005, 2, 10 f., *ders.* in Lutter/Hommelhoff, S. 277, 303 ff.; *ders.* in Lutter/Hommelhoff, SE-Kommentar, § 15 SEBG Rn. 17 ff.; *Scheibe*, S. 103 ff.; *Steinberg*, S. 165 ff.; *Joost* in EAS Teil B 8200 Rn. 92 ff.

318 *Brandt*, BB-Special 3/2005, 1, 5; *Braun*, S. 86; MünchKommAktG/*Jacobs*, SEBG, § 15 Rn. 12; *Scheibe*, S. 104.

mengewicht[319]. Hierfür spricht der Wortlaut des § 15 Abs. 4 Nr. 1 SEBG, der ausdrücklich den „*Anteil*" und nicht die Anzahl als Maßstab für die Vorher-Nachher-Betrachtung benennt.

bb) SE-Betriebsrat

(1) SE-Betriebsrat als Verhandlungspartei bei Wiederaufnahme von Verhandlungen bei geplanten strukturellen Änderungen

Sind wegen geplanter struktureller Änderungen nach § 18 Abs. 3 S. 1 SEBG erneut Verhandlungen zu führen, kann mit Einverständnis der Leitung der SE an die Stelle des neu zu bildenden Besonderen Verhandlungsgremiums auch der bereits bestehende SE-Betriebsrat treten. Eine Ergänzung des SE-Betriebsrats mit zusätzlichen Mitgliedern erfolgt dabei aufgrund des Erfordernisses, die durch die geplante strukturelle Änderung hinzukommenden Arbeitnehmer durch eigene Vertreter in den Verhandlungen zu repräsentieren.

Im Falle des § 18 Abs. 3 S. 1 SEBG übernimmt der SE-Betriebsrat Aufgabe und Funktion des Besonderen Verhandlungsgremiums. Neben der ihm übertragenen Zuständigkeit für die Verhandlungsführung besitzt er damit auch die Kompetenz zum Abschluss der Beteiligungsvereinbarung, wobei hinsichtlich der Anforderungen an eine wirksame Beschlussfassung innerhalb des SE-Betriebsrates folgendes gilt:

(a) SE-Betriebsrat kraft Gesetzes

Der kraft Gesetzes errichtete SE-Betriebsrat fasst seine Beschlüsse grundsätzlich mit der Mehrheit seiner anwesenden Mitglieder. Eine Ausnahme gilt, wenn das SEBG etwas anderes bestimmt (§ 24 Abs. 3 S. 2 SEBG). Eine solche Bestimmung enthält § 15 Abs. 2 und 3 SEBG, wonach für einen wirksamen Beschluss bestimmte Mehrheiten zu berücksichtigen sind[320]. Zwar ist in § 15 Abs. 2 und 3 SEBG vom Besonderen Verhandlungsgremium und nicht vom SE-Betriebsrat die Rede, dem Wortlaut des § 18 Abs. 3 S. 2 SEBG zufolge tritt der SE-Betriebsrat jedoch an dessen Stelle, so dass § 15 SEBG Anwendung findet. Hierfür spricht auch § 18 Abs. 4 SEBG, der im Falle des § 18 Abs. 3 SEBG die Vorschriften des zweiten Teiles des SEBG und damit auch § 15 SEBG für anwendbar erklärt. Auch aus dem Normzweck des § 15 Abs. 2 und 3 SEBG ergibt sich die Pflicht zur Beachtung der Mehrheitserfordernisse im Falle des § 18 Abs. 3 SEBG. Nach der Auslegungsregel

---

319 Münch.Hdb.GesR/*Austmann* § 85 Rn. 39; *Thümmel*, Die Europäische Aktiengesellschaft, Rn. 296; *Henssler*, RdA 2005, 330, 335; MünchKommAktG/*Jacobs*, SEBG, § 15 Rn. 12; BT-Drucks. 15/3405, S. 50.
320 Dazu bereits B.II.2.a)aa)(2).

des § 1 Abs. 3 SEBG i.V.m. Abs. 1 S. 2 SEBG sind alle Vorschriften des SEBG so auszulegen, dass der der SE-RL zugrunde liegende Grundsatz und das erklärte Ziel der Sicherung erworbener Rechte der Arbeitnehmer sowohl im Fall der Neugründung als auch bei strukturellen Änderungen einer bereits bestehenden SE gefördert werden[321]. Zweck des § 15 Abs. 3 SEBG ist der Schutz bestehender Beteiligungsrechte der Arbeitnehmer vor einer Verschlechterung, indem durch das Erfordernis einer qualifizierten Mehrheit eine auf die Minderung von Arbeitnehmerrechten gerichtete Beschlussfassung erschwert wird. Eine solche Schutzbedürftigkeit besteht dabei nicht nur im Fall der Neugründung einer SE, sondern auch bei geplanten strukturellen Änderungen einer bereits bestehenden SE (§ 1 Abs. 4 SEBG)[322]. Damit ist auch im Falle der Wiederaufnahme von Verhandlungen gem. § 18 Abs. 3 S. 1 SEBG die Sicherung der Beteiligungsrechte zu gewährleisten, so dass § 15 Abs. 2 und 3 SEBG Geltung beanspruchen. Auch wenn § 18 Abs. 3 SEBG selber bereits durch die Pflicht zur Aufnahme von Verhandlungen zum Schutz der Arbeitnehmerrechte bei strukturellen Änderungen beiträgt, sind für eine effektive Sicherung zusätzliche erhöhte Anforderungen an die Beschlussfassung zu stellen.

(b) SE-Betriebsrat kraft Vereinbarung

Die Beschlussfassung innerhalb eines durch Vereinbarung errichteten SE-Betriebsrates richtet sich grundsätzlich nach den von den Verhandlungsparteien in der Vereinbarung festgelegten Regelungen. Die Verhandlungsparteien können gemäß § 21 Abs. 5 SEBG die Anwendbarkeit der Regelungen der §§ 22 ff. SEBG über den SE-Betriebsrat kraft Gesetzes vereinbaren. In diesem Fall gelten gemäß §§ 21 Abs. 4, 24 Abs. 3 S. 2, 18 Abs. 3 S. 2 SEBG die Mehrheitserfordernisse des § 15 SEBG[323]. Ob diese Mehrheitserfordernisse auch zu beachten sind, wenn die Parteien nicht auf die gesetzlichen Auffangregeln verweisen, sondern eigene Regeln für die Beschlussfassung in der Vereinbarung festlegen, ist indes fraglich.

Nach § 21 Abs. 4 S. 2 SEBG können die Parteien das Verfahren für Verhandlungen vor strukturellen Änderungen regeln. Zum Verfahren gehören auch die erforderlichen Mehrheiten für eine wirksame Abstimmung, so dass für eine Minderung bestehender Mitbestimmungsrechte anstelle einer qualifizierten Mehrheit eine absolute Mehrheit vereinbart werden können müsste. Dies ist jedoch abzulehnen.

§ 21 Abs. 4 SEBG regt die Verhandlungsparteien an, schon im Gründungsstadium der SE mögliche strukturelle Änderungen zu berücksichtigen und das Verfahren für die in diesem Fall obligatorischen Neuverhandlungen (§ 18 Abs. 3 SEBG) festzulegen. Ziel ist es, den organisatorischen Aufwand von Neuverhandlungen

---

321 Siehe auch MünchKommAktG/*Jacobs*, SEBG, Vor. § 1 Rn. 33.
322 Erwägungsgrund Nr. 18 S. 3 SE-RL.
323 Die soeben dargestellten Ausführungen für eine Anwendbarkeit des § 15 Abs. 2 SEBG auf den SE-Betriebsrat gelten kraft Gesetzes entsprechend.

möglichst gering zu halten[324]. Die Wiederaufnahme des Verfahrens nach § 18 Abs. 3 SEBG hingegen steht nicht zur Disposition der Parteien, sie ist nicht abdingbar[325]. Die Sicherung erworbener Rechte der Arbeitnehmer und damit der Schutz vor einer Minderung der bei SE-Gründung bestehenden Beteiligungsrechte darf durch später vorgenommene strukturelle Änderungen nicht unterlaufen werden. § 18 Abs. 3 SEBG soll einen Missbrauch durch strukturellen Änderungen vorbeugen[326]. Sowohl die Verhandlungen im Gründungsstadium der SE als auch wieder aufgenommene Verhandlungen nach § 18 Abs. 3 SEBG unterliegen daher dem gleichen Grundsatz. Nicht ersichtlich ist somit, warum die qualifizierten Mehrheitserfordernisse des § 15 Abs. 2 und 3 SEBG, wie sie vom Gesetzgeber für den Fall der Beschlussfassung bei Gründung der SE vorgesehen sind, nicht auch für den Fall der Wiederaufnahme gelten sollen. Der zum Grundsatz erklärte Schutz erworbener Rechte darf nicht durch eine Absenkung der Mehrheitserfordernisse kraft Vereinbarung unterlaufen werden. Dies lässt sich auch nicht damit begründen, dass die Arbeitnehmer als Inhaber der zu schützenden Rechte, repräsentiert durch das Besondere Verhandlungsgremium, dem Abschluss der Vereinbarung zugestimmt und damit freiwillig auf ihre Rechte verzichtet haben. Dieser Fall könnte als eine unzulässige „Vereinbarung zu Lasten Dritter" bezeichnet werden. Auch solche Arbeitnehmer genießen nämlich Schutz, die erst nach Vornahme der strukturellen Änderungen für die SE tätig werden. Diese Arbeitnehmer waren zum Zeitpunkt der Herabsetzung der gesetzlichen Mehrheitserfordernisse durch die Vereinbarung aber an den Verhandlungen noch nicht beteiligt, da ihre Interessen von den Mitgliedern des Besonderen Verhandlungsgremiums noch nicht vertreten wurden. Die Mehrheitserfordernisse des § 15 SEBG beanspruchen daher auch für den kraft Vereinbarung errichteten SE-Betriebsrat Geltung.

(2) SE-Betriebsrat als Verhandlungspartei bei Wiederaufnahme von
    Verhandlungen nach einem Beschluss des SE-Betriebsrates zur Aufnahme
    von Neuverhandlungen

Im Fall der Wiederaufnahme von Vereinbarungsverhandlungen durch Beschluss des SE-Betriebsrates gemäß § 26 Abs. 1 SEBG bestimmt der Gesetzgeber ausdrücklich, dass der SE-Betriebsrat an die Stelle des Besonderen Verhandlungsgremiums tritt (§ 26 Abs. 2 S. 1 SEBG). Damit besitzt er die Zuständigkeit für den Abschluss der Beteiligungsvereinbarung, wobei sich Verhandlungsverfahren und Beschlussfassung gemäß § 26 Abs. 2 S. 1 SEBG nach den gesetzlichen Vorschriften für das Besondere Verhandlungsgremium (§§ 13-15, 17, 20 SEBG) richten.

---

324 *Freis* in Nagel/Freis/Kleinsorge, Teil 3 § 21 Rn. 28.
325 MünchKommAktG/*Jacobs*, SEBG, § 18 Rn. 8, § 21 Rn. 25; BT-Drucks. 438/04 S. 129.
326 MünchKommAktG/*Jacobs*, SEBG, § 18 Rn. 8.

Somit ist auch die Beachtung der in § 15 SEBG aufgestellten Mehrheitserfordernisse vom Gesetzgeber ausdrücklich vorgesehen.

cc) Hinzuziehung von Sachverständigen

Nach § 14 Abs. 1 S. 1 SEBG, der Art. 3 Abs. 5 S. 1 und 3 SE-RL umsetzt, kann das Besondere Verhandlungsgremium bei den Verhandlungen Sachverständige seiner Wahl, zu denen auch Gewerkschaftsvertreter einschlägiger Organisationen auf Gemeinschaftsebene zählen, zur Unterstützung hinzuziehen. Auf Wunsch des Besonderen Verhandlungsgremiums können diese auch mitberatend an den Verhandlungen mit den Leitungen teilnehmen (§ 14 Abs. 1 S. 2 SEBG). Ein Stimmrecht steht ihnen nicht zu. Sie haben nicht die Stellung einer eigenständigen Verhandlungspartei neben dem Besonderen Verhandlungsgremium und den Leitungen, sondern stehen allein dem Verhandlungsgremium beratend zur Seite.

b) Leitungen der Gesellschaften bzw. Leitung der SE

aa) Begriffsbestimmung

Dem Besonderen Verhandlungsgremium als Verhandlungspartei gegenübergestellt sind für die beteiligten Gründungsgesellschaften die sog. Leitungen (z.B. §§ 4 Abs. 1 S. 2, 13 Abs. 1 S. 1, 21 Abs. 1 SEBG). Für den Fall der Wiederaufnahme von Verhandlungen wegen eines Beschlusses nach § 16 Abs. 1 S. 1 SEBG oder wegen geplanter struktureller Änderungen tritt als Verhandlungspartei auf Arbeitgeberseite an die Stelle der Leitungen der Gründungsgesellschaften die Leitung der bestehenden SE (§ 18 Abs. 4 SEBG).

Während die SE-RL ausführliche und umfangreiche Vorgaben zu Bildung, Zusammensetzung, Organisation und Beschlussfassung des Besonderen Verhandlungsgremiums enthält, bestehen derartige Regelungen und Vorgaben bezüglich der Leitungen nicht. Gleiches gilt für das SEBG mit Ausnahme einer in § 2 Abs. 5 SEBG niedergelegten Definition des Begriffs der Leitungen. § 2 Abs. 5 SEBG definiert als Leitung das Organ der unmittelbar an der Gründung der SE beteiligten Gesellschaften oder der SE selbst, das die Geschäfte der Gesellschaft führt und zu ihrer Vertretung berechtigt ist (§ 2 Abs. 5 S. 1 SEBG). Je nach Organisationsverfassung der Gründungsgesellschaften ist dies das Leitungs- oder Verwaltungsorgan. Damit sind die Hauptversammlungen als Verhandlungspartner des Besonderen Verhandlungsgremiums ausgeschlossen[327]

Bei einer inländischen GmbH sind Leitung in diesem Sinne der oder die Geschäftsführer, während bei einer deutschen AG Vertretung und Geschäftsführung

---

327 *Hanau*, RdA 1998, 231, 232; *Schwarz*, SE-VO, Einl. Rn. 245.

durch den Vorstand erfolgen. Leitung einer dualistisch verfassten SE ist das Leitungsorgan, wohingegen im monistischen System die geschäftsführenden Direktoren des Verwaltungsorgans die Leitung bilden (§ 2 Abs. 5 S. 2 SEBG). Dadurch dass die an der Gründung der SE beteiligten Gesellschaften unterschiedliche Rechtsformen aufweisen, sind auch ihre geschäftsführenden und vertretenden Organe verschiedentlich organisiert und benannt. Zur sprachlichen Vereinfachung dieser Vielfalt dient daher der Begriff der Leitung[328].

bb) Interessenkonflikt

Ist eine deutsche AG an der Gründung einer SE beteiligt, so ist ihr Vorstand Leitung im Sinne des SEBG. Die Mitglieder des Vorstandes werden durch den Aufsichtsrat einberufen. Im Falle von Verhandlungen zwischen dem Besonderen Verhandlungsgremium und dem Vorstand als Leitung werden die Arbeitnehmer damit von beiden Parteien repräsentiert und stehen daher auf beiden Seiten der Vereinbarung. Nach *Kübler* hafte der Vereinbarung damit ein *„Hauch von Insichgeschäft"* an, was noch dadurch verstärkt werde, dass der Vorstand bei der Geschäftsführung seine Tätigkeit unter anderem auch am Interesse der Arbeitnehmer auszurichten habe[329].

Diese „Doppelstellung" der Arbeitnehmer kann zu einer Beeinträchtigung des Grundgedankens der Vereinbarungslösung führen, durch gleichberechtigte Verhandlungen zwischen Arbeitnehmern und Arbeitgebern eine Lösung der Arbeitnehmerbeteiligung zu erzielen. Eine flexible und individuell auf die spezifischen Bedingungen der zukünftigen SE zugeschnittene Mitbestimmungsvereinbarung wird bei einem bestehenden Interessenkonflikt im Vorstand nicht immer leicht zu erreichen sein. Gemäß Art. 23 Abs. 1 S. 2 SE-VO können sich die Hauptversammlungen jedoch das Recht vorbehalten, die Eintragung der SE von ihrer ausdrücklichen Genehmigung der geschlossenen Vereinbarung abhängig zu machen[330]. Findet das Verhandlungsverfahren nach Eintragung der SE statt, bedarf es für die Wirksamkeit der Vereinbarung nach der hier vertretenen Auffassung einer Zu-

---

328 BT-Drucks. 15/3405, S. 44.
329 MünchKommAktG/*Kübler*, SE-VO, Einf. Europ.Gesellschaft, Rn. 38, *ders.* in FS Raiser, S. 247, 252; dem zustimmend *Henssler* in Ulmer/Habersack/Henssler SEBG, Einl. Rn. 185; Bedenken hierzu äußert auch MünchKommAktG/*Jacobs*, SEBG, § 21 Rn. 5; *Kiem*, ZHR 171 (2007), 713, 718.
330 So wohl auch *Henssler* in Ulmer/Habersack/Henssler SEBG, Einl. Rn. 185. der sich jedoch nicht explizit auf einen Genehmigungsvorbehalt der Hauptversammlung im Sinne von Art. 23 Abs. 1 S. 2 SE-VO bezieht, sondern lediglich von einer Zustimmung der Hauptversammlung zum endgültigen Verhandlungsergebnis spricht. Zur Genehmigung der Vereinbarung durch die Hauptversammlung der beteiligten Gesellschaften gemäß Art. 23 Abs. 1 S. 2 SE-VO, Art. 32 Abs. 6 Unterabsatz 2 SE-VO siehe die Ausführungen unter B.II.4.a).

stimmung der Hauptversammlung[331]. Mit Hilfe des Genehmigungsvorbehaltes vor Eintragung der SE und des Zustimmungserfordernisses nach Eintragung der SE kann der zu Lasten der Anteilseignerseite bestehende Interessenkonflikt somit abgemildert werden. Darüber hinaus hat der Vorstand in der Praxis häufig entscheidenden Einfluss auf die Auswahl zukünftiger Vorstandsmitglieder, teilweise sogar so weitgehend, dass der Aufsichtsrat lediglich als formelles Bestätigungsorgan fungiert, wenn auch nach der zwingenden gesetzlichen Kompetenzzuweisung des § 84 Abs. 1 S. 1 AktG die Vorstandsmitglieder mit ihrer Zustimmung durch den Aufsichtsrat bestellt werden[332]. Trotz des Bestellungsaktes des Aufsichtsrates wird der Vorstand im Kern die Interessen der Anteilseigner vertreten.

cc) Verhandlungs- und Abschlusskompetenz

Aufgrund der fehlenden Vorgaben von Richtliniengeber und nationalem Gesetzgeber über Zusammensetzung, innere Organisation der Leitungen und das Verhältnis der Leitungen zueinander ist es Aufgabe der Leitungen, die Verhandlungs- und Abschlusskompetenz sowie das Verfahren der Beschlussfassung autonom festzulegen[333].

Die Verhandlungsführung und der Vereinbarungsabschluss müssen nicht durch das vertretungsberechtigte Organ (Leitung[en]) persönlich erfolgen. Angesichts der bedeutenden Funktion der Vereinbarung, insbesondere für den Ablauf des Gründungsverfahren der SE, sowie ihrer Auswirkungen auf Art, Qualität und Umfang des Einflusses der Arbeitnehmer in der zukünftigen SE, ist jedoch zu gewährleisten, dass die Vereinbarung für jede der beteiligten Gesellschaften verbindlich ist[334]. Möglich ist es für das vertretungsberechtigte Organ daher, eine Person für die Führung der Verhandlungen und bzw. oder den Abschluss der Vereinbarung nach den Grundsätzen der Vertretungslehre zu bevollmächtigen (Bsp. Prokurist)[335]. Aber auch untereinander können die Leitungen der beteiligten Gesellschaften sich Verhandlungs- bzw. Vereinbarungsvollmacht erteilen[336] mit der Folge, dass nicht alle Leitungen der Gründungsgesellschaften am Verhandlungsverfahren und der Unterzeichnung der Vereinbarung beteiligt sein müssen, sondern allein die Unterschrift der hierzu bevollmächtigten Leitung genügt. Dieser das Vereinbarungsverfahren erleichternden Möglichkeit steht auch nicht der Wortlaut von Erwägungs-

---

331 Siehe hierzu die Ausführungen unter B.II.4.b).

332 Hierzu ausführlich und mit zahlreichen Belegen aus der Praxis, *Peltzer* in FS Semler, S. 261, 263 ff.

333 *Oetker* in FS Konzen, S. 635, 638; *ders.* in Lutter/Hommelhoff, S. 277, 297.

334 *Oetker* in FS Konzen, S. 635, 638.

335 *Grobys*, NZA 2005, 84, 86.

336 *Grobys*, NZA 2005, 84, 86; MünchKommAktG/*Jacobs*, SEBG § 21 Rn. 5; *Oetker* in Lutter/Hommelhoff, S. 277, 297; *Schwarz*, SE-VO, Einl. Rn. 246.

grund 11, Art. 3 Abs. 3, Art. 4 Abs. 1 und Art. 7 Abs. 1 b SE-RL entgegen, wonach Verhandlungsverfahren und Vereinbarungsabschluss mit dem jeweils zuständigen Organ der beteiligten Gesellschaften zu erfolgen haben und damit dem Wortlaut nach mehrere („*jeweils*") Organe dem Besonderen Verhandlungsgremium als Partei gegenüberstehen. Gleiches gilt für §§ 4 Abs. 1 S. 2, 13 Abs. 1 S. 1, 21 Abs. 1 SEBG, der als Verhandlungspartei des Besonderen Verhandlungsgremiums ausdrücklich die Leitungen, nicht aber die Leitung nennt. Wie *Oetker* zutreffend anmerkt, soll der verwendete Plural lediglich klarstellen, dass die Vereinbarung durch jede an der Gründung beteiligten Gesellschaften legitimiert sein muss[337]. Mit Erteilung der Vereinbarungsvollmacht durch die bevollmächtigenden Gesellschaften wird zugleich die Beteiligungsvereinbarung legitimiert, sofern sie sich im Rahmen der Vertretungsmacht befindet. Dies hat zur Folge, dass die Vereinbarung für alle an der Gründung beteiligten Gesellschaften verbindliche Wirkung erzielt.

dd) Beschlussfassung

Während die Beschlussfassung des Besonderen Verhandlungsgremiums an gesetzlich festgelegte Mehrheitserfordernisse geknüpft ist[338], machen das SEBG und die SE-RL diesbezüglich für die Leitungen keine Vorgaben. Aufgrund der weit reichenden Konsequenzen der Vereinbarung für die beteiligten Gesellschaften gilt für die Beschlussfassung der Unternehmensleitungen das Einstimmigkeitsprinzip[339]. Die Leitung jeder beteiligten Gesellschaft muss daher der Vereinbarung rechtsverbindlich zustimmen. Allerdings können die Leitungen sich darauf einigen, dass auch andere Mehrheitserfordernisse wie z.B. eine einfache oder eine Zwei-Drittel-Mehrheit für eine wirksame Beschlussfassung über die Vereinbarung genügen. Eine solche Abrede ist aber nur dann wirksam, wenn alle Leitungen ihr vor Aufnahme der Vereinbarungsverhandlungen einstimmig zugestimmt haben.

ee) Bildung eines einheitlichen Verhandlungsorgans

Für die Leitungen besteht neben der Möglichkeit einer gegenseitigen Vollmachterteilung die Option, ein einheitliches Verhandlungsorgan zu errichten, das dem Besonderen Verhandlungsgremium als Verhandlungspartei gegenübertritt[340]. Zusammensetzung, Organisation und Modalitäten der Beschlussfassung dieses gemein-

---

337 *Oetker* in FS Konzen, S. 635, 639.
338 Siehe hierzu B.II.2.a)aa)(2).
339 *Krause*, BB 2005, 1221, 1226; *Grobys*, NZA 2005, 84, 88; *Henssler* in Ulmer/Habersack/Henssler, SEBG Einl. Rn. 185.
340 *Hennings* in Manz/Mayer/Schröder, Art. 3 SE-RL Rn. 17; *Hanau* in Hanau/Steinmeyer/Wank, § 19 Rn. 163; MünchKommAktG/*Jacobs*, SEBG, § 4 Rn. 1, § 13 Rn. 2; *Köklü* in Drinhausen/Van Hulle/Maul, 6 Rn. 2; *Buchheim*, S. 153.

samen Organs können dabei nach den Vorstellungen der Leitungen festgesetzt werden.

Die Zulässigkeit der Bildung eines solchen einheitlichen Verhandlungsorgans ergibt sich zum einen aus der Regelungsabstinenz von Richtliniengeber und nationalem Gesetzgeber hinsichtlich der Leitungsorgane auf Unternehmensebene und der daraus resultierenden Zuständigkeit der Leitungen, die Verhandlungs- und Abschlusskompetenz autonom festzulegen[341], wozu auch die Errichtung eines solchen Gremiums zählt. Zum anderen sind keine entgegenstehenden gesetzlichen Regelungen oder Richtlinienvorgaben ersichtlich. Nach *Hennings* enthalte die SE-RL sogar einen Hinweis darauf, dass die beteiligten Gesellschaften nicht mit allen Mitgliedern an Verhandlungen teilzunehmen haben, sondern hierfür einen Ausschuss einrichten können[342]. Anstelle wie in Art. 3 Abs. 1 SE-EL die Verwaltungs- und Leitungsorgane der Gesellschaft als Verhandlungspartei auf Arbeitgeberseite zu benennen, bezeichne die Richtlinie in den die Vereinbarung direkt betreffenden Artikeln[343] *„das jeweils zuständige Organ der beteiligten Gesellschaften"* als Verhandlungspartei und weise damit auf die Zulässigkeit eines gemeinsamen Verhandlungsorgans hin[344]. *Hanau* hingegen sieht in der Verwendung des Begriffs *„das (...)zuständige Organ"* die Möglichkeit, dass nicht nur die Leitungs- oder Verwaltungsorgane der beteiligten Gesellschaften, sondern auch die Anteilseigner am Verhandlungsverfahren als Vereinbarungspartei auf Unternehmensseite beteiligt werden[345]. Eine Auslegung des Wortlautes wie *Hennings* und *Hanau* es vorschlagen ist allerdings nicht zwingend. So lässt sich von dem Begriff *„das jeweils zuständige Organ der beteiligten Gesellschaften"* nicht auf die Zulässigkeit eines gemeinsamen Verhandlungsorgans schließen. Vielmehr ist der Gesetzeswortlaut so zu verstehen, dass das jeweils zuständige Organ jeder einzelnen der beteiligten Gesellschaften an der Verhandlungsführung und dem Vereinbarungsabschluss persönlich oder durch einen Vertreter beteiligt sein muss. Dies ergibt sich zum einen aus der ansonsten überflüssigen Verwendung des Wortes *„jeweils"*, sowie ausdrücklich aus dem Wortlaut des Art. 7 Abs. 1 S. 1 lit. b) SE-RL. Dennoch steht diese Auslegung der Zulässigkeit einer Einrichtung eines gemeinsamen Verhandlungsorgans nicht entgegen. Der in den Art. 3 Abs. 3, Art. 4 Abs. 1 und Art. 7 Abs. 1 b SE-RL und §§ 4 Abs. 1 S. 2, 13 Abs. 1 S. 1, 21 Abs. 1 SEBG verwendete Plural (*„Leitungen"*, *„jeweils zuständigen Organe der beteiligten Gesellschaften"*) soll auch in diesem Fall lediglich auf das Erfordernis einer Legitimation der Vereinbarung durch alle beteiligten Gesellschaften hinweisen[346]. Durch die einvernehmliche Er-

---

341 Siehe hierzu B.II.2.b)cc).
342 *Hennings* in Manz/Mayer/Schröder, Art. 3 SE-RL Rn. 17.
343 Beispielsweise Artt. 3 Abs. 3, 4 Abs. 1 und 2, 7 Abs. 1 S. 2 lit. b SE-RL.
344 Dieser Begründung folgend wohl auch *Buchheim*, S. 153 Fn. 249.
345 *Hanau*, RdA 1998, 231, 232.
346 Siehe hierzu bereits B.II.2.b)cc).

richtung eines solchen gemeinsamen Organs und dessen Bevollmächtigung zum Vereinbarungsabschluss durch alle beteiligten Gesellschaften ist diesem Erfordernis jedoch genüge getan. Auch anderweitige rechtliche Bedenken bezüglich der Bildung eines solchen Verhandlungsorgans sind nicht ersichtlich. Vielmehr führt seine Errichtung für die an der Gründung der SE beteiligten Gesellschaften zu einer Erleichterung des Verhandlungs- und Vereinbarungsverfahrens sowohl in organisatorischer als auch in finanzieller Hinsicht.

Die Zulässigkeit eines gemeinsamen Verhandlungsorgans erstreckt sich denknotwendig auch auf die autonome Festlegung von Zusammensetzung, Organisation und Beschlussfassung dieses Organs. *Steinberg* will diese Gestaltungsautonomie insofern einschränken, als das gemeinsame Verhandlungsorgan einem Beschluss über die Vereinbarung nur einstimmig zustimmen könne[347]. Er begründet dies mit dem Wortlaut des Art. 4 Abs. 1 SE-RL und des § 21 Abs. 1 S. 1 SEBG, wonach die Vereinbarung zwischen dem Besonderen Verhandlungsgremium und jedem der jeweils zuständigen Organe der beteiligten Gesellschaften zustande komme. Damit müsse jede der Leitungen der Vereinbarung zustimmen mit der Folge, dass auch untereinander organisierte Leitungen (gemeinsames einheitliches Verhandlungsorgan) einen Beschluss nur einstimmig fassen könnten. Diese Einschränkung der Gestaltungsautonomie ist jedoch abzulehnen. Zuzustimmen ist *Steinberg* insofern, als die Beteiligungsvereinbarung gemäß Art. 4 Abs. 1 SE-RL, § 21 Abs. 1 S. 1 SEBG zwischen dem Besonderen Verhandlungsgremium und jeder der einzelnen Leitungen zustande kommt, so dass die Leitungen aller beteiligten Gesellschaften der Vereinbarung zustimmen müssen[348]. Hieraus lässt sich allerdings nicht das Erfordernis einer einstimmigen Beschlussfassung über die Beteiligungsvereinbarung für das Verhandlungsorgans ableiten. Entscheiden sich die Leitungen der beteiligten Gründungsgesellschaften für die Bildung eines einheitlichen Verhandlungsorgans, können sie mangels anderweitiger oder entgegenstehender gesetzlicher Regelungen einstimmig vereinbaren, dass für eine wirksame Beschlussfassung dieses Organs beispielsweise eine Zwei-Drittel-Mehrheit der Stimmen genügen soll. Eine solche einstimmige Einigung auf eine Zwei-Drittel-Mehrheit führt dazu, dass eine mit dieser Mehrheit beschlossene Beteiligungsvereinbarung mit dem Besonderen Verhandlungsgremium durch jede der beteiligten Gesellschaften legitimiert ist.

---

347 *Steinberg*, S. 172; *Steinberg* spricht nicht explizit von einem einheitlichen bzw. gemeinsamen Verhandlungsorgan der beteiligten Gesellschaften, sondern von den jeweils zuständigen untereinander organisierten Organen der beteiligten Gesellschaften. Hierbei handelt es sich jedoch lediglich um eine sprachliche Abweichung.
348 *Grobys*, NZA 2005, 84, 88; *Krause*, BB 2005, 1221, 1226.

3. Verhandlungsverfahren

Das Verhandlungsverfahren zur Herbeiführung einer Beteiligungsvereinbarung (Verhandlungsverfahren im weiteren Sinne) lässt sich in drei Etappen gliedern[349]. Als erstes erfolgt die Einleitung des Verfahrens indem die Leitungs- oder Verwaltungsorgane der Gründungsgesellschaften von sich aus die Arbeitnehmervertretungen[350] und Sprecherausschüsse in den beteiligten Gesellschaften, betroffenen Tochtergesellschaften und betroffenen Betrieben über das Gründungsvorhaben informieren und zur Bildung eines Besonderen Verhandlungsgremiums auffordern (§ 4 Abs. 2 S 1 SEBG). Die Informationen müssen alle für die Bildung dieses Gremiums erforderlichen Tatsachen beinhalten (§ 4 Abs. 3 SEBG). Hierzu gehören insbesondere Daten über die beteiligten Gesellschaften, in diesen bestehende Mitbestimmungsformen sowie die Anzahl der Arbeitnehmer in den beteiligten Gesellschaften. In der zweiten Etappe erfolgt die Bildung des Besonderen Verhandlungsgremiums. Hieran schließt sich als dritte Etappe die Verhandlungen zwischen dem Besonderen Verhandlungsgremium und den Leitungen der Gründungsgesellschaften, die auf den Abschluss einer Beteiligungsvereinbarung gerichtet sind (Verhandlungsverfahren im engeren Sinne). Im Rahmen dieser Arbeit soll im Folgenden allein auf das Verhandlungsverfahren im engeren Sinne eingegangen werden.

Nachdem die Leitungs- bzw. Verwaltungsorgane der Gründungsgesellschaften die bestehenden Arbeitnehmervertretungen und Sprecherausschüsse über das Gründungsvorhaben informiert haben und damit das Verhandlungsverfahren eingeleitet haben und im Anschluss daran das Besondere Verhandlungsgremium gebildet wurde, kann das eigentliche Verhandlungsverfahren (Verhandlungsverfahren im engeren Sinne) zur Herbeiführung einer Einigung über die Arbeitnehmerbeteiligung beginnen.

Das Verhandlungsverfahren im engeren Sinne beginnt gemäß § 20 Abs. 1 S. 1 SEBG mit der Einsetzung des Besonderen Verhandlungsgremiums. Die Einsetzung erfolgt durch die schriftliche und ausdrücklich terminierte Einladung des Besonderen Verhandlungsgremiums durch die Leitungen der Gründungsgesellschaften (§ 20 Abs. 1 S. 2 SEBG). Die Einladung ist dann vorzunehmen, wenn die Mitglieder des Besonderen Verhandlungsgremiums gewählt und den Leitungen benannt worden sind oder wenn die für die Wahl der Arbeitnehmervertreter vorgesehene Frist von zehn Wochen (§ 11 Abs. 1 S. 1 SEBG) abgelaufen ist (§12 Abs. 1 S. 1 SEBG). Unbeachtlich ist, ob die Mitglieder der Einladung tatsächlich nachkommen. Maßgeblich für die Konstituierung des Besonderen Verhandlungsgremiums

---

349 Für diese Dreigliederung ebenso *Grobys*, NZA 2005, 84, 86; *Krause*, BB 2005, 1221, 1223.
350 Unter dem Begriff der „Arbeitnehmervertretungen" versteht das SEBG gemäß § 2 Abs. 6 SEBG jede Vertretung der Arbeitnehmer nach dem BetrVG, also Betriebsrat, Gesamtbetriebsrat, Konzernbetriebsrat oder eine nach § 3 Abs. 1 Nrn. 1-3 BetrVG gebildete Vertretung.

und damit für den Beginn des Verhandlungsverfahrens ist allein die erfolgte Einladung und nicht die tatsächlich erfolgte erste Sitzung des Besonderen Verhandlungsgremiums (§ 20 Abs. 1 S. 2 SEBG)[351].

Zeitpunkt, Häufigkeit, Ort, Dauer sowie andere Modalitäten der Verhandlungen sind weder vom Richtliniengeber noch vom nationalen Gesetzgeber vorgegeben. Damit haben die Parteien sich auf die Organisation des Verhandlungsverfahrens einvernehmlich festzulegen[352]. Auf diese Autonomie weist § 13 Abs. 2 S. 3 SEBG für Zeitpunkt, Häufigkeit und Ort der Verhandlungen ausdrücklich hin.

a) Grundsatz der vertrauensvollen Zusammenarbeit

Nach § 13 Abs. 1 S. 2 SEBG haben die Verhandlungspartner das Verhandlungsverfahren unter Berücksichtigung des Grundsatzes der vertrauensvollen Zusammenarbeit zu führen[353]. Diese Pflicht der Parteien zur vertrauensvollen Zusammenarbeit ist ein traditioneller Grundsatz auch des deutschen BetrVG. § 13 Abs. 1 S. 2 SEBG ergänzt den diesen Grundsatz allgemein normierenden § 40 SEBG[354]. Konflikte sind daher mit dem ernsten Willen zur Einigung zu behandeln[355], wobei eine Einigung nicht erzwungen werden kann[356]. Dieses Gebot zielt darauf ab, trotz bestehender Interessengegensätze eine durch Ehrlichkeit, Fairness und Zuverlässigkeit geprägte Verhandlungsatmosphäre zu schaffen. Kooperation nicht Konfrontation soll das Verhandlungsverfahren kennzeichnen. Dabei müssen soziale Gegensätze jedoch nicht geleugnet werden, so dass eine gleichgewichtige Beachtung der Interessen nicht verlangt wird. Das Besondere Verhandlungsgremium als Vertreter der Arbeitnehmer hat damit vorrangig deren Interessen zu wahren, während die Leitungen in erster Linie den Interessen der beteiligten Gesellschaften verpflichtet sind. Im Ergebnis sollen die Parteien davon abgehalten werden, die Interessen der eigenen Seite um jeden Preis zu Lasten des Leitgedankens der Verhandlungslösung durchzusetzen[357]. Die Mitbestimmungsfrage soll vielmehr aktiv durch einen Kompromiss zwischen den Interessen der Verhandlungsparteien gelöst werden[358].

---

351 *Freis* in Nagel/Freis/Kleinsorge, 3 Rn. 2; MünchKommAktG/*Jacobs,* SEBG, § 20 Rn. 2; *Grobys,* NZA 2005, 84, 87.

352 *Calle Lambach,* RIW 2005, 161, 163; *Joost* in EAS Teil B 8200 Rn. 83.

353 Den Grundsatz der vertrauensvollen Zusammenarbeit normieren ebenfalls § 2 Abs. 1 BetrVG für das Verhältnis zwischen Arbeitgeber und Betriebsrat sowie § 8 Abs. 3 und § 38 EBRG für die Verhandlungen zwischen zentraler Leitung und Besonderem Verhandlungsgremium.

354 In Umsetzung von Art. 9 SE-RL übernimmt der nationale Gesetzgeber in § 40 SEBG den im deutschen Betriebsverfassungsrecht etablierten Grundsatz der vertrauensvollen Zusammenarbeit, BR-Drucks. 438/04 S. 141; BT-Drucks. 15/3405, S. 56.

355 BT-Drucks. 15/3405, S. 49.

356 *Krause,* BB 2005, 1221, 1225; MünchKommAktG/*Jacobs,* SEBG, § 13 Rn. 3.

357 Ebenso *Hennings* in Manz/Mayer/Schröder, Art. 4 SE-RL Rn. 1.

358 *Hennings* in Manz/Mayer/Schröder, Art. 4 SE-RL Rn. 1.

Ergänzt wird der Grundsatz der vertrauensvollen Zusammenarbeit durch die in § 41 SEBG normierten Verschwiegenheitspflichten, welche die Sicherung vertraulicher Informationen gewährleisten sollen. Die Verletzung einer Verschwiegenheitspflicht wird durch die Strafvorschrift des § 45 SEBG sanktioniert.

b) Verhandlungssprache

Der Grundsatz der vertrauensvollen Zusammenarbeit (§ 13 Abs. 1 S. 2 SEBG) wirkt sich auch auf die Frage aus, in welcher Sprache die Verhandlungen abzuhalten sind[359]. Gesetzliche Vorgaben finden sich diesbezüglich nicht. Die Verhandlungsparteien können daher einvernehmlich eine Verhandlungssprache ihrer Wahl festlegen. Dabei bietet es sich unabhängig von dem geplanten Sitz der zukünftigen SE an, aus Gründen der Verhandlungsökonomie und im Hinblick auf den Grundsatz der vertrauensvollen Zusammenarbeit die Sprache zu wählen, die von der Mehrzahl der Beteiligten beherrscht wird, was in den meisten Fällen wohl Englisch sein wird. Der Grundsatz der vertrauensvollen Zusammenarbeit gebietet es darüber hinaus, bei dennoch bestehenden Sprachbarrieren einen Dolmetscher zu den Verhandlungen hinzuzuziehen. Nur wenn alle Beteiligten den Verhandlungsgesprächen und Verhandlungsergebnissen ohne Schwierigkeiten folgen können, lässt sich eine vertrauensvolle auf Kooperation ausgerichtete, durch Ehrlichkeit, Zuverlässigkeit und Fairness geprägte Verhandlungsatmosphäre erreichen.

c) Verhandlungsanspruch und Verhandlungspflicht

Weder die SE-RL noch das SEBG schreiben ausdrücklich eine Verhandlungspflicht bzw. einen Verhandlungsanspruch des Besonderen Verhandlungsgremiums und der Leitungen vor[360]. Vielmehr scheinen Richtlinien- und Gesetzgeber davon auszugehen, dass die Parteien grundsätzlich zu Verhandlungen bereit sind und diese auch durchführen[361]. Eine Ausnahme hiervon bildet allein die Möglichkeit des Besonderen Verhandlungsgremiums, Verhandlungen gar nicht erst aufzunehmen oder vorzeitig abzubrechen (§ 16 Abs. 1 S. 1 SEBG).

Nach der Ansicht von *Kienast* lasse sich aus der in SE-RL und SEBG verankerten Konzeption der Arbeitnehmerbeteiligung in der SE eine Verhandlungspflicht der Parteien ableiten[362]. Diese Verhandlungspflicht folge zum einen aus dem Leit-

---

359 Zu der Frage, in welcher Sprache der Vereinbarungstext abzufassen ist, siehe B.II.6.

360 Zur gleichgelagerten und ebenfalls umstrittenen Frage des Bestehens eines Verhandlungsanspruchs der Tarifvertragsparteien vgl. ausführlich Däubler/*Reim*, TVG § 1 Rn. 107 ff.; *Thüsing* in Wiedemann, TVG, § 1 Rn. 216 ff.; ErfK/*Franzen* § 1 TVG Rn. 24; *Zachert* in Kempen/Zachert, TVG, § 1 TVG Rn. 27.

361 Ebenso *Kienast* in Jannott/Frodermann, 13 Rn. 309.

362 *Kienast* in Jannott/Frodermann, 13 Rn. 310 ff.; für das Bestehen einer Verhandlungspflicht ebenfalls *Henssler* in Ulmer/Habersack/Henssler, Einl. SEBG, Rn. 181.

gedanken dieser Konzeption, eine Beteiligung der Arbeitnehmer in der SE sicherzustellen (§ 1 Abs. 3 SEBG). Zum anderen ergebe sie sich aus der in § 4 Abs. 1 S. 2 SEBG ausdrücklich genannten Aufgabe der Verhandlungspartner, eine Beteiligungsvereinbarung abzuschließen. Schließlich spreche für eine solche Vereinbarungspflicht auch Art. 4 Abs. 1 SE-RL, wonach die Leitungen und das Besondere Verhandlungsgremium mit dem ernsten Willen zur Verständigung zu verhandeln haben, um den Abschluss einer Vereinbarung für die SE herbeizuführen. Denn Voraussetzung für einen solchen Willen sei die Aufnahme von Verhandlungen. Die Verhandlungspflicht bestehe ferner für beide Parteien unabhängig davon, ob die beteiligten Gründungsgesellschaften mitbestimmt oder mitbestimmungsfrei seien. Eine Ausnahme von der Verhandlungspflicht des Besonderen Verhandlungsgremiums bestehe allein für den Fall eines Beschlusses nach § 16 Abs. 1 S. 1 SEBG.

Auch wenn *Kienast* insofern zuzustimmen ist, als die Sicherung von Beteiligungsrechten Hauptzweck von SE-RL und SEBG ist[363], lässt sich hieraus jedoch noch keine Verhandlungspflicht bzw. kein Verhandlungsanspruch der Parteien ableiten[364]. Die Sicherung der Beteiligungsrechte der Arbeitnehmer wird nämlich maßgeblich auch durch das Eingreifen der gesetzlichen Auffangregelungen gewährleistet[365]. Scheitern die Verhandlungen und kommt es damit zu keiner Vereinbarung, werden die Arbeitnehmerrechte nicht preisgegeben, sondern vielmehr durch Eingreifen der weit reichenden Auffangregelungen gesichert. Ebenso wenig lässt sich aus dem gesetzgeberisch ausdrücklich festgelegten Ziel, eine Vereinbarung über die Beteiligung der Arbeitnehmer abzuschließen (§ 4 Abs. 1 S. 2 SEBG) auf das Bestehen einer Verhandlungspflicht schließen. Nähme man das Bestehen eines Verhandlungsanspruchs an, wäre dieser nach § 888 Abs. 1 ZPO vollstreckbar. Im Falle der Verweigerung von Vereinbarungsverhandlungen und dadurch verursachter Verzögerung des Gründungsvorhabens könnte der einstweilige Rechtsschutz in Anspruch genommen werden und eine einstweilige Verfügung gemäß den §§ 935, 938 ZPO erwirkt werden. Sinn und Zweck der Verhandlungslösung ist es jedoch, durch praxisnahe Verhandlungen einvernehmliche Ergebnisse bezüglich der Arbeitnehmerbeteiligung in der SE zu erreichen, die sowohl von Arbeitnehmerseite als auch von Unternehmensseite akzeptiert und respektiert werden und damit „maßgeschneiderte" Arbeitnehmervertretungsstrukturen für die SE[366] darstellen[367]. Ist eine der Parteien oder sind beide Parteien aber an Verhandlungen nicht interessiert und damit auch nicht an einer individuell an ihren Vorstellungen und Interessen angepassten Arbeitnehmerbeteiligung, lassen sich auch durch das

---

363 Vgl. 18. Erwägungsgrund SE-RL.
364 Gegen das Bestehen eines Verhandlungsanspruches auch MünchKommAktG/*Jacobs*, SEBG, § 20 Rn. 4; *Scheibe*, S. 76; *Rieble*, BB 2006, 2018, 2020.
365 BT-Drucks. 15 /3405, S. 42.
366 BR-Drucks. 438/04, S. 107, 108.
367 Hierzu bereits A.IV.1.

Bestehen einer Verhandlungspflicht Sinn und Zweck der Vereinbarung nicht erreichen. Verhandlungspflicht bzw. Verhandlungsanspruch sind auch nicht damit begründbar, dass der in Art. 4 Abs. 1 SE-RL normierte Grundsatz, mit dem Willen zur Verständigung zu handeln, den Beginn von Verhandlungen voraussetzt und damit auf eine Verhandlungpflicht geschlossen werden kann. Der Grundsatz des Art. 4 Abs. 1 SE-RL ist dann von den Parteien zu beachten, wenn sie Verhandlungen führen. Verhandlungen sind aber nicht allein um des Willens aufzunehmen, diesen Grundsatz zur Anwendung zu bringen. Darüber hinaus sind die Vereinbarungsparteien Privatrechtssubjekte. Für sie gilt der verfassungsrechtlich durch Art. 2 Abs. 1 GG geschützte Grundsatz der Vertragsfreiheit, so dass sie frei darüber entscheiden können müssen, mit wem sie Verträge eingehen und die dafür erforderlichen Verhandlungen aufnehmen wollen.

Während *Kienast* sich auf der einen Seite für das Bestehen einer beiderseitigen Verhandlungspflicht ausspricht, gesteht er auf der anderen Seite beiden Parteien die Möglichkeit zu, die Verhandlungen einseitig vor Ablauf der Sechsmonatsfrist des § 20 SEBG abzubrechen mit der Folge, dass mit Ablauf dieser Frist die Beteiligung der Arbeitnehmer kraft Gesetzes eingreift[368]. Diese von *Kienast* vorgenommene Trennung zwischen Verhandlungspflicht und Nichtbestehen einer Pflicht zur Einhaltung der Verhandlungsdauer nach § 20 SEBG ist jedoch sinnlos. Es ist kein vernünftiger Grund ersichtlich, warum die Parteien erst zur Aufnahme von Verhandlungen verpflichtet sein sollen, ihnen aber frei steht, diese aufgenommenen Verhandlungen vorzeitig wieder abzubrechen. Einer Umgehung der von *Kienast* geforderten Verhandlungspflicht wäre auf diese Weise Tür und Tor geöffnet. In konsequenter Fortführung der Argumentation *Kienasts*, wonach erklärtes gesetzliches Ziel der Abschluss einer Beteiligungsvereinbarung sei, müssten die Parteien zur Erreichung dieses Ziels verpflichtet sein, die Verhandlungen bis zum Ablauf der Sechsmonatsfrist durchzuführen. Gegen eine Verhandlungspflicht spricht zudem, dass der Lauf der gesetzlichen Verhandlungsfrist mit der erfolgten Einladung des Besonderen Verhandlungsgremiums zur konstituierenden Sitzung beginnt und nicht mit der tatsächlichen Aufnahme der Verhandlungen[369]. Auch stellt sich die Frage, welche Folgen ein Verstoß gegen die Verhandlungspflicht nach sich ziehen würde, insbesondere ob und wie die Vollstreckung eines solchen eingeklagten Verhandlungsanspruchs zu erfolgen hätte. Eine Vollstreckung des Verhandlungsanspruchs wäre mit dem Sinn und Zweck der Verhandlungslösung, unter Beachtung des Grundsatzes der vertrauensvollen Zusammenarbeit durch kooperatives Zusammenwirken mit dem ernsten Willen zu Einigung eine einvernehmliche von beiden Parteien akzeptierte Mitbestimmungslösung zu finden, gar nicht vereinbar. Die Verhandlungs- und Einigungsbereitschaft einer mittels Zwangsvollstreckung

---

368 *Kienast* in Jannott/Frodermann, 13 Rn. 314.
369 Vgl. hierzu bereits B.II.3.

an den Verhandlungstisch gezwungenen Partei wird meist äußerst gering sein und die Verhandlungsatmosphäre erheblich belasten, so dass dem Sinn und Zweck der Verhandlungslösung nur sehr schwer nachzukommen sein wird. Aus diesem Grunde begründet auch das Prinzip der vertrauensvollen Zusammenarbeit keinen Verhandlungsanspruch des Besonderen Verhandlungsgremiums gegen die Leitungen und damit keine Verhandlungspflicht der Leitungen[370]. Verweigern die Leitungen die Aufnahme von Verhandlungen, werden sie durch Eingreifen der gesetzlichen Auffangregelungen sanktioniert, sofern sie an der SE-Gründung festhalten[371]. Dass das Besondere Verhandlungsgremium keine Verhandlungspflicht trifft[372], ergibt sich zusätzlich aus § 16 Abs. 1 S. 1 SEBG, der dem Besonderen Verhandlungsgremium erlaubt, keine Verhandlungen aufzunehmen oder bereits begonnene Verhandlungen abzubrechen.

Im Ergebnis besteht daher weder ein Verhandlungsanspruch noch eine Verhandlungspflicht der Leitungen bzw. des Besonderen Verhandlungsgremiums.

d) Arbeitskampf

Ob der Abschluss einer Vereinbarung mit Hilfe von Arbeitskampfmaßnahmen erzielt werden kann, wird weder durch die SE-RL noch durch das SEBG ausdrücklich geregelt. Der Arbeitskampf ist ein herkömmliches Mittel der Druckausübung auf den Verhandlungspartner, um den Abschluss einer Einigung herbeizuführen, wenn eine solche durch Verständigung nicht erreicht werden kann. Eine solche Druckausübung mit dem Ziel, die Parteien zum Abschluss einer Vereinbarung zu bewegen, ist nach der Systematik des SEBG bereits mit der gesetzlichen Festlegung der Verhandlungsfrist von sechs Monaten bzw. einem Jahr (§ 20 SEBG) und dem Eingreifen der gesetzlichen Auffangregelung für den Fall des Scheiterns der Verhandlungen vorgesehen. Dieses vom Gesetzgeber vorgesehene Druckmittel und damit die Systematik des SEBG dürfen durch die Zulassung von Arbeitskampfmaßnahmen nicht konterkariert werden.

Die Unvereinbarkeit von Arbeitskämpfen mit dem System des SEBG ergibt sich ferner daraus, dass die Eintragung der SE und damit deren Gründung die Durchführung von Verhandlungen, deren einvernehmlichen Abbruch oder Scheitern und das Eingreifen der Auffangregeln voraussetzt[373]. Das Erzielen einer Vereinbarung

---

370 Dafür, dass aus dem Grundsatz der vertrauensvollen Zusammenarbeit kein Verhandlungsanspruch folgt auch MünchKommAktG/*Jacobs,* SEBG, § 13 Rn. 3.
371 Ebenso MünchKommAktG/*Jacobs,* SEBG, § 13 Rn. 3; ausführlicher zu den Rechtsfolgen einer Verweigerung der Verhandlungen oder ihres Abbruchs durch die Leitungen siehe B.II.3.i)bb).
372 BR-Drucks. 438/04, S. 125; MünchKommAktG/*Jacobs,* SEBG, § 13 Rn. 3 mit Fn. 5.
373 *Herfs-Röttgen,* NZA 2002, 358, 364; *Brandt,* BB-Special 3/2005, 1, 5 Fn. 41.

mit Hilfe von Arbeitskampfmaßnahmen lässt sich mit keiner dieser drei genannten Voraussetzungen gleichstellen.

Die Unzulässigkeit von Arbeitskampfmaßnahmen lässt sich darüber hinaus aus dem in § 13 Abs. 1 S. 2 SEBG niedergelegten Grundsatz der vertrauensvollen Zusammenarbeit[374] herleiten[375]. Im Zusammenwirken mit dem Prinzip der Verhandlungslösung soll durch den Grundsatz der vertrauensvollen Zusammenarbeit in fairem Dialog und durch Verständigung eine für beide Vereinbarungsparteien akzeptable Lösung der Arbeitnehmerbeteiligung ausgehandelt werden. Diese von Vertrauen, Fairness und Ehrlichkeit geprägte Verhandlungsatmosphäre wirkt sich auch auf das Klima der zukünftigen Zusammenarbeit zwischen Arbeitgeber und Arbeitnehmern positiv aus. Eine mit Hilfe von Arbeitskampfmaßnahmen erzwungene Beteiligungsvereinbarung läuft einer gegenseitigen Verständigung und damit dem Grundsatz der vertrauensvollen Zusammenarbeit zuwider. Arbeitskämpfe zur Herbeiführung von Beteiligungsvereinbarungen sind damit als rechtswidrig einzustufen[376].

e) Auskunftserteilung

Konkretisierung des Grundsatzes der vertrauensvollen Zusammenarbeit ist die Auskunftserteilung der Leitungen gegenüber dem Besonderen Verhandlungsgremium (§ 13 Abs. 2 S. 1, 2 SEBG).

Die Leitungen haben dem Besonderen Verhandlungsgremium die Auskünfte und Unterlagen zu erteilen, die für eine pflichtgemäße Erfüllung seiner Aufgabe, eine Beteiligungsvereinbarung mit den Leitungen zu treffen, erforderlich sind. Hierzu gehören Informationen über den Gründungsplan sowie über den Verlauf des Gründungsverfahrens bis zur Eintragung der SE (§ 13 Abs. 2 S. 2 SEBG). Diese Informationen sind dem Besonderen Verhandlungsgremium nicht nur vor Aufnahme des Verhandlungsverfahrens zu erteilen, sondern während des gesamten Gründungs- und Verhandlungsverfahrens zugänglich zu machen. Ein Anspruch auf Auskunftserteilung wird jedoch weder durch § 13 Abs. 2 SEBG noch durch § 13 Abs. 1 S. 2 SEBG begründet[377]. Kommen die Leitungen der Informationserteilung

---

374 Siehe zu diesem Grundsatz die Ausführungen unter B.II.3.a).
375 *Hennings* in Manz/Mayer/Schröder, Art. 4 SE-RL, Rn. 2; MünchKommAktG/*Jacobs*, SEBG, § 13 Rn. 3, § 21 Rn. 6, § 40 Rn. 10; *Oetker* in FS Konzen, S. 635, 639; *Freis* in Freis/ Nagel/Kleinsorge, 3 § 13 Rn. 5.
376 Für die Unzulässigkeit von Arbeitskampfmaßnahmen auch *Rieble*, BB 2006, 2018, 2020; *Köklü* in Drinhausen/Van Hulle/Maul, 6 Rn. 43; *Henssler* in Ulmer/Habersack/Henssler, Einl. SEBG Rn. 153; *Brandt,* BB-Special 3/2005, 1, 5; *Rößler* in Binder/Jünemann/Merz/ Sinewe, § 2 Rn. 703.
377 MünchKommAktG/*Jacobs*, SEBG, § 13 Rn. 4; für eine Qualifizierung der Auskunftserteilung als Anspruch des Besonderen Verhandlungsgremiums *Krause*, BB 2005, 1221, 1225 f.; *Freis* in Nagel/Freis/Kleinsorge, 3 § 13 Rn. 7.

nicht nach, kann das Besondere Verhandlungsgremium aufgrund fehlender Informationen den Abschluss einer Vereinbarung ablehnen mit der Folge, dass als Sanktion die gesetzliche Auffangregelung eingreift[378]. Der Inhalt der Auskunft wird durch die Aufgabe des Besonderen Verhandlungsgremiums konkretisiert. Die umfassende Informationserteilung dient dazu, eine Stellung des Besonderen Verhandlungsgremiums als ebenbürtiger Verhandlungspartner zu gewährleisten. Die Informationen sind rechtzeitig zu erteilen, damit das Besondere Verhandlungsgremium ausreichend Zeit hat, sich mit ihrer Hilfe angemessen auf das Verhandlungsverfahren vorzubereiten.

Hinsichtlich der Einordnung, ob die angeforderten Auskünfte und Unterlagen erforderlich sind, hat das Besondere Verhandlungsgremium einen Beurteilungsspielraum. Dieser Beurteilungsspielraum erfährt durch den Grundsatz der vertrauensvollen Zusammenarbeit allerdings eine Einschränkung.

f) Hinzuziehung von Sachverständigen

Das Besondere Verhandlungsgremium kann zu den Verhandlungen Sachverständige seiner Wahl, zu denen auch Vertreter einschlägiger Gewerkschaftsorganisationen zählen, hinzuziehen (§ 14 Abs. 1 S. 1 SEBG), ohne dass es dazu der Zustimmung der Leitungen bedarf[379]. Entgegen einer Ansicht im Schrifttum, die auch Vertreter deutscher Gewerkschaften als Sachverständige zulassen will[380], müssen die Vertreter einer auf Gemeinschaftsebene tätigen Gewerkschaft angehören[381]. Hierfür spricht zum einen der Wortlaut des § 14 Abs. 1 S. 1 SEBG, der ausdrücklich gemeinschaftsweit tätige Gewerkschaftsorganisationen benennt. Zum anderen ergibt sich diese Einschränkung auch aus der Begründung des Gesetzgebers, dem die Gewerkschaften auf Gemeinschaftsebene „besonders geeignet erscheinen, die Stimmigkeit von Regelungen auf Gemeinschaftsebene zu fördern"[382].

Die Sachverständigen können sowohl die Arbeit des Besonderen Verhandlungsgremiums beratend unterstützen als auch an den Verhandlungen mit den Leitungen unmittelbar beratend teilnehmen (§ 14 Abs. 1 S. 2 SEBG).

Die Hinzuziehung der Sachverständigen unterliegt dem Grundsatz der Erforderlichkeit[383]. Sie muss zur ordnungsgemäßen Erfüllung der Aufgaben des Besonde-

---

378 MünchKommAktG/*Jacobs*, SEBG, § 13 Rn. 4.
379 *Henssler* in Ulmer/Habersack/Henssler SEBG, Einl. Rn. 180; MünchKommAktG/*Jacobs*, SEBG, § 14 Rn. 4.
380 *Henssler* in Ulmer/Habersack/Henssler SEBG, Einl. Rn. 180; *Köklü* in Drinhausen/Van Hulle/Maul, 6 Rn. 52.
381 So auch MünchKommAktG/*Jacobs*, SEBG, § 14 Rn. 5; *Oetker* in Lutter/Hommelhoff, S. 277, 296; *ders.* BB-Special, 1/2005, 1, 8.
382 BT-Drucks. 1534/05, S. 49.
383 A. A. *Henssler* in Ulmer/Habersack/Henssler SEBG, Einl. Rn. 180; *Freis* in Nagel/Freis/Kleinsorge, § 14 Rn. 9.

ren Verhandlungsgremiums erforderlich sein. Auch wenn dies gesetzlich nicht ausdrücklich geregelt ist, ergibt sich die Beachtung des Erforderlichkeitsprinzips schon aus dem in § 13 Abs. 1 S. 2 SEBG niedergelegten Grundsatz der vertrauensvollen Zusammenarbeit zwischen dem Besonderen Verhandlungsgremium und den Leitungen[384]. Auch die mit der Heranziehung von Sachverständigen verbundene Kostenerstattung steht unter dem Gebot der Erforderlichkeit[385].

g) Dauer der Verhandlungen

Ebenso wie das Verhandlungsverfahren beginnt auch die Frist des für die Verhandlungen gesetzlich festgelegten Zeitraums von sechs Monaten (§ 20 Abs. 1 SEBG) bzw. die zwischen den Verhandlungsparteien mögliche einvernehmliche Verlängerung auf höchstens 1 Jahr (§ 20 Abs. 2 SEBG) mit der Einsetzung des Besonderen Verhandlungsgremiums und damit mit dem Tag der Einladung. Auf eine Verlängerung des Zeitraums werden die Parteien sich immer dann einigen müssen, wenn sie das Eingreifen der gesetzlichen Auffangregel verhindern wollen, der Abschluss einer Beteiligungsvereinbarung aber aus Zeitgründen innerhalb der gesetzlich vorgesehenen Frist nicht möglich sein wird. Das Verhandlungsverfahren wird sich in den meisten Fällen aufgrund bestehender Sprachbarrieren, unterschiedlicher nationaler Ansichten und Traditionen zur Mitbestimmung der Arbeitnehmer und der Tatsache, dass die Mitglieder der Verhandlungsparteien zu den Verhandlungen aus unterschiedlichen Ländern einreisen müssen, zeitlich und organisatorisch als äußerst aufwändig gestalten. Demnach werden die Parteien nicht selten von einer Verlängerung des Verhandlungszeitraums Gebrauch machen. Durch die gesetzliche Begrenzung der Verhandlungsdauer sollen jahrelang andauernde Verhandlungen über die Arbeitnehmerbeteiligung und eine daraus resultierende Verzögerung der Gründung der SE verhindert werden. Mit Ablauf der Verhandlungsfrist finden die gesetzlichen Auffangregeln für die Beteiligung der Arbeitnehmer in der SE Anwendung, wenn die beteiligten Gesellschaften weiterhin an der Gründung der SE festhalten.

h) Kosten

Die Kosten des Verhandlungsverfahrens, wie z.B. für Anreise, Unterkunft, Büroräume, Dolmetscher, Sachmittel etc. sind von beteiligten Gründungsgesellschaften gesamtschuldnerisch zu tragen, wobei die Ansprüche unter dem Vorbehalt der Erforderlichkeit stehen (§ 19 S. 1 SEBG).

---

384 *Oetker* in Lutter/Hommelhoff, S. 277, 296.
385 BT-Drucks. 15/3405, S. 51.

i) Ende der Verhandlungen

Das Verhandlungsverfahren kann auf vier verschiedene Arten beendet werden.

aa) Beschluss über die Nichtaufnahme oder den Abbruch von Verhandlungen
durch das Besondere Verhandlungsgremium

Die Verhandlungen können durch das Besondere Verhandlungsgremium vorzeitig
einseitig beendet werden, indem seine Mitglieder mit einer doppelten qualifizierten
Mehrheit beschließen, keine Verhandlungen aufzunehmen oder bereits begonnene
Verhandlungen vorzeitig abzubrechen (§ 16 Abs. 1 S. 1 SEBG). Im Falle der
Gründung einer SE durch Umwandlung ist ein solcher Abbruch- oder Verzichtsbeschluss dann unzulässig, wenn den Arbeitnehmern der umzuwandelnden Gesellschaft Mitbestimmungsrechte zustehen (§ 16 Abs. 3 SEBG).

Ein Nichtaufnahme- oder Abbruchsbeschluss hat zur Folge, dass das Verhandlungsverfahren beendet und die SE ohne Abschluss einer Vereinbarung in das
Handelsregister eingetragen werden kann (Art. 12 Abs. 2 SE-VO). Hinsichtlich der
Arbeitnehmerbeteiligung sind nach einem solchen Beschluss weder die Regelungen über den SE-Betriebsrat kraft Gesetzes (§§ 22 ff. SEBG) noch die gesetzlichen
Auffangregeln über die Unternehmensmitbestimmung (§§ 34 ff. SEBG) anwendbar
(§ 16 Abs. 2 S. 2 SEBG). Während auf betrieblicher Ebene die nationalen Beteili-
gungsgesetze (BetrVG, SprAuG) sowie das EBRG anwendbar bleiben (§ 16 Abs. 1
S. 3 SEBG), hat ein solcher Beschluss des Besonderen Verhandlungsgremiums auf
Unternehmensebene eine mitbestimmungsfreie SE zur Folge. Die Nichtanwendbarkeit des deutschen Mitbestimmungsrechts folgt zum einen daraus, dass die dualistisch verfasste SE als Rechtsform nicht dem Anwendungsbereich der deutschen
Mitbestimmungsgesetze unterliegt bzw. die monistisch verfasste SE mit diesen
nicht kompatibel ist[386]. Zum anderen erklärt § 16 Abs. 1 S. 3 SEBG allein die Vorschriften für die Unterrichtung und Anhörung für anwendbar, nicht aber diejenigen
über die Unternehmensmitbestimmung. Letzteres wird durch die zwingende Vorgabe des Art. 13 Abs. 2 SE-RL bestätigt.

Auf schriftlichen Antrag von 10 % der Arbeitnehmer der SE, ihrer Tochtergesellschaften und Betriebe muss das Verhandlungsverfahren allerdings wieder aufgenommen werden, vorausgesetzt der Beschluss liegt mindestens zwei Jahre zurück (§ 18 Abs. 1 S. 1 SEBG)[387]. Kommt es in diesem wieder aufgenommenen Verhandlungsverfahren zu keiner Einigung der Parteien innerhalb des gesetzlich vorgesehenen Zeitraums, so greifen anders als im Gründungsverfahren nicht die
gesetzlichen Auffangregelungen ein (§ 18 Abs. 2 SEBG), sondern es bleibt bei der

---

386 MünchKommAktG/*Jacobs*, SEBG, § 16 Rn. 4; *Oetker* in Lutter/Hommelhoff, S. 277, 302.
387 Zur Wiederaufnahme des Verfahrens nach § 18 SEBG vergleiche B.II.1.c) und B.II.1.d).

vor Wiederaufnahme der Verhandlungen bestehenden Rechtslage[388]. Grund hierfür ist der Verlust des Bestandschutzes der Arbeitnehmervertreter in der mitbestimmungsfreien SE, der aus dem Verzicht der Verhandlungen im Rahmen des Gründungsverfahrens resultiert[389].

bb) Beschluss über die Nichtaufnahme oder den Abbruch von Verhandlungen durch die Leitungen

Die Nichtaufnahme bzw. der vorzeitige Abbruch von Verhandlungen durch die Leitung trotz Festhaltens am Gründungsvorhaben der SE ist gesetzlich nicht geregelt. Aufgrund des Nichtbestehens einer Verhandlungspflicht der Parteien[390] haben jedoch auch die Leitungen die Möglichkeit, die Verhandlungen vorzeitig abzubrechen bzw. diese gar nicht erst aufzunehmen[391].

Fraglich ist allerdings, welche Rechtsfolgen ein solcher Abbruch der Arbeitgeberseite hat. Trotz des ähnlich gelagerten Sachverhaltes ist ein Rückgriff auf die Rechtsfolgen des § 16 Abs. 1 und 2 SEBG ausgeschlossen[392]. Die Leitungen hätten sonst die Möglichkeit durch ein Verweigern der Aufnahme von Verhandlungen oder ihres vorzeitigen Abbruchs, eine Beteiligung der Arbeitnehmer in der künftigen SE eigenmächtig ohne Zustimmung der Arbeitnehmer auszuschließen. Damit das dem System der Arbeitnehmerbeteiligung in der SE zugrunde liegende Verhandlungsprinzip auf diese Weise nicht ausgehebelt wird, ist eine Verhandlungsverweigerung der Leitungen so zu behandeln wie das Nichtzustandekommen einer Vereinbarung innerhalb des gesetzlich vorgegebenen Zeitraums von sechs bzw. zwölf Monaten mit der Folge, dass die gesetzlichen Auffangregeln greifen[393].

Verweigern die Leitungen die Aufnahme von Verhandlungen oder brechen sie diese vorzeitig ab und nehmen sie zugleich vom Gründungsvorhaben der SE Abstand, greifen denknotwendig weder die gesetzlichen Auffangregelungen der §§ 22 ff., 34 ff. SEBG noch die Rechtsfolgen des § 16 Abs. 1 und 2 SEBG ein. Die Gründung einer SE ist gescheitert, so dass es keiner Regelung der Arbeitnehmerbeteiligung in der SE bedarf.

---

388 BR-Drucks. 438/04 S. 127.
389 *Krause*, BB 2005, 1221, 1225.
390 Zum Nichtbestehen einer Verhandlungspflicht der Leitungen siehe die Ausführungen unter B.II.3.c).
391 Trotz Befürwortung des Nichtbestehens eines Verhandlungsanspruchs soll die Arbeitgeberseite nach *Rieble* die Verhandlungen nicht vorzeitig abbrechen dürfen, *Rieble*, BB 2006, 2018, 2020.
392 Ebenso MünchKommAktG/*Jacobs*, SEBG, § 16 Rn. 3.
393 Für das Eingreifen der Auffangregel in diesem Fall auch *Freis* in Nagel/Freis/Kleinsorge, 3 § 13 Rn. 6; MünchKommAktG/*Jacobs*, SEBG, § 4 Rn. 3; Münch.Hdb.GesR/*Austmann* § 85 Rn. 41; *Kienast* in Jannott/Frodermann, 13 Rn. 314 und 315.

cc) Abschluss einer schriftlichen Vereinbarung über die Arbeitnehmerbeteiligung

Die Verhandlungsparteien können das Verfahren durch den Abschluss einer Vereinbarung über die Arbeitnehmerbeteiligung in der SE beenden. In dieser Vereinbarung können sie sich auf die Einrichtung eines SE-Betriebsrates (§ 21 Abs. 1 SEBG), die Festlegung der Ausführungsmodalitäten eines Verfahrens zur Unterrichtung und Anhörung der Arbeitnehmer (§ 21 Abs. 2 SEBG), die Gestaltung der unternehmerischen Mitbestimmung in der SE (§ 21 Abs. 3 SEBG) oder die Einführung der gesetzlichen Auffangregeln der §§ 22 ff., 34 ff. SEBG (§ 21 Abs. 5 SEBG) einigen.

dd) Scheitern der Verhandlungen durch erfolglosen Ablauf des Verhandlungszeitraums

Die Verhandlungen sind auch dann abgeschlossen, wenn es nach ihrer Aufnahme nach Ablauf des gesetzlich festgelegten Verhandlungszeitraums von sechs bzw. zwölf Monaten zu keiner Einigung zwischen den Verhandlungsparteien gekommen ist. Scheitern die Verhandlungen auf diese Weise, finden die gesetzlichen Auffangregeln gemäß §§ 22 Abs. 1 Nr. 2, 34 Abs. 1 SEBG Anwendung, sofern die beteiligten Gesellschaften weiterhin an der Gründung der SE festhalten.

Die Verhandlungsparteien können das Verhandlungsverfahren auch einvernehmlich vor Fristablauf beenden, wenn sie das Zustandekommen einer Vereinbarung nicht für möglich halten. Nach Ansicht von *Grobys*[394] steht ein solcher einvernehmlicher Abbruch einer Erklärung der Parteien gleich, mit dem Eingreifen der gesetzlichen Auffangregeln einverstanden zu sein. Ein Abwarten des Ablaufens der gesetzlichen Mindestverhandlungsfrist bis zur Eintragung der SE sei bloße Förmelei, so dass die SE sofort eingetragen werden könne.

Diese Ansicht von *Grobys* ist jedoch abzulehnen. Zum einen kann der bloße Abbruch der Verhandlungen nicht der Erklärung gleichgestellt werden, dass beide Parteien mit dem Eingreifen der Auffangregel einverstanden sind[395]. Zum anderen sieht der Gesetzgeber für den Fall, dass die Parteien sich nicht auf ein individuell ausgearbeitetes Mitbestimmungssystem für die SE einigen können, an der Gründung der SE weiterhin festhalten und die gesetzlichen Auffangregeln für anwendbar erklären möchten, die Möglichkeit vor, die Geltung der gesetzlichen Auffangregeln zum Inhalt der Vereinbarung zu machen (§ 21 Abs. 5 SEBG). Mit dem Abschluss einer solchen Vereinbarung im Sinne von § 21 Abs. 5 SEBG ist das Verhandlungsverfahren abgeschlossen und eine Eintragung der SE kann ohne zeitliche Verzögerung vorgenommen werden.

---

394 *Grobys*, NZA 2005, 84, 88.
395 Ebenso MünchKommAktG/*Jacobs*, SEBG § 22 Rn. 3.

Aufgrund der vorhandenen gesetzlichen Regelungen für diese Fallkonstellation bedarf es einer Lösung wie *Grobys* sie vorschlägt daher nicht. Brechen die Parteien die Verhandlungen frühzeitig vor Ablauf der Verhandlungsfrist ab, ohne ausdrücklich und schriftlich eine individuelle Beteiligungsvereinbarung für die SE oder das Eingreifen der Auffangregelungen vereinbart zu haben, greifen mit Ablauf der gesetzlichen Mindestverhandlungsfrist die Auffangregelungen ein. Dies ergibt sich auch aus Art. 12 Abs. 2 SE-VO i.V.m. Art. 5 SE-RL, wonach eine Eintragung der SE frühestens sechs Monate nach Verhandlungsbeginn möglich ist, sofern keine Einigung erzielt wurde und auch kein Abbruchs- oder Verzichtsbeschluss des Besonderen Verhandlungsgremiums vorliegt.

4. Zustimmung der Hauptversammlungen der beteiligten Gesellschaften bzw. der SE

Umstritten ist, ob es für das Wirksamwerden der Mitbestimmungsvereinbarung einer Zustimmung der Hauptversammlungen der Gründungsgesellschaften bzw. der SE bedarf.

Eine Ansicht in der Literatur sieht in der Beteiligung oder Zustimmung der Anteilseignerversammlung eine notwendige Voraussetzung für das Zustandekommen einer wirksamen Mitbestimmungsvereinbarung[396]. Begründet wird dies zum einen mit der Bedeutung der Mitbestimmungsvereinbarung, die einer Grundlagenentscheidung gleichkomme[397]. Zum anderen wird angeführt, dass die Unternehmensleitung ebenso wie im nationalen Gesellschaftsrecht auch bei der SE nicht über die Zusammensetzung von Aufsichts- bzw. Verwaltungsorgan entscheiden dürfe[398]. Das Zustimmungserfordernis der Hauptversammlung ergebe sich ferner aus der ausdrücklich geforderten Übereinstimmung von Satzung und Mitbestimmungsvereinbarung (Art. 12 Abs. 4 S. 1 und S. 2 SE-VO) sowie dem verallgemeinerungsfähigen Gedanken der Artt. 23 Abs. 2 S. 2, 32 Abs. 6 Unterabsatz 2 SE-VO[399].

Nach einer anderen Ansicht im Schrifttum bedarf es für die Wirksamkeit der Mitbestimmungsvereinbarung grundsätzlich keiner Zustimmung der Anteilseignerversammlung der beteiligten Gesellschaften[400]. Allein für den Fall der Gründung einer Holding-SE oder Verschmelzungsgründung sei der Hauptversammlung der

---

396 *Seibt*, AG 2005, 413, 418; *Kisker*, RdA 2006, 206, 207; wohl auch *Habersack*, AG 2006, 345, 351 Fn. 44; *Henssler* in Ulmer/Habersack/Henssler, Einl. SEBG, Rn. 185 zumindest für den Fall, dass es zu einer Erweiterung der Mitbestimmungsrechte kommt; *Schwarz*, SE-VO, Einl. Rn. 276 ff.; Art. 12 Rn. 37 ff.; Art. 23 Rn. 23 ff.; *Kiem*, ZHR 171 (2007), 713, 719 ff.

397 *Kisker*, RdA 2006, 206, 207.

398 *Seibt*, AG 2005, 413, 418.

399 *Seibt*, AG 2005, 413, 418.

400 *Hennings* in Manz/Mayer/Schröder, Art. 3 SE-RL Rn. 18; *Spindler* in Lutter/Hommelhoff, SE-Kommentar, Art. 52 SE-VO Rn. 22; wohl auch *Oetker* in FS Konzen, S. 635, 641.

beteiligten Gesellschaften gemäß Artt. 23 Abs. 2 S. 2, 32 Abs. 6 Unterabsatz 2 SE-VO das Recht vorbehalten, bei der Abstimmung über den Verschmelzungs- oder Gründungsplan, die Eintragung der SE von der Genehmigung der abgeschlossenen Vereinbarung abhängig zu machen[401].

Hinsichtlich der Beurteilung der Frage, ob die Wirksamkeit der Mitbestimmungsvereinbarung von einer Zustimmung der Hauptversammlungen abhängt, ist zwischen dem Abschluss der Vereinbarung vor Eintragung und nach Eintragung der SE zu unterscheiden[402].

a) Abschluss der Mitbestimmungsvereinbarung vor Eintragung der SE

Die Zuständigkeiten der Hauptversammlungen der an der Gründung der SE beteiligten Gesellschaften ergeben sich für deutsche Gründungsgesellschaften gemäß § 119 Abs. 1 AktG insbesondere für die im Gesetz oder in der Satzung ausdrücklich genannten Angelegenheiten. Zusätzlich zu diesen geschriebenen Zuständigkeiten hat der BGH in seiner Holzmüller-Entscheidung das Bestehen von ungeschriebenen Hauptversammlungskompetenzen anerkannt[403]. Nach dieser Entscheidung hält der BGH eine ungeschriebene Zuständigkeit der Hauptversammlung in Form eines Zustimmungserfordernisses für solche grundlegenden Maßnahmen für erforderlich, die nur noch formal von der Geschäftsführungs- und Vertretungsbefugnis des Vorstandes gedeckt sind, aber so tief in die Mitgliedschaftsrechte und Vermögensinteressen der Anteilseigner eingreifen, dass die Sorgfaltspflichten des Vorstandes die Einholung einer Zustimmung durch die Hauptversammlung nach § 119 Abs. 2 AktG erfordern[404]. Bei diesen Maßnahmen handelt es sich um Grundlagengeschäfte und Strukturmaßnahmen.

Während die SE-VO grundsätzlich die Zuständigkeiten der Organe einer bereits bestehenden SE regelt, beinhaltet sie für die Gründungsphase der SE auch Zuständigkeitsregelungen für die Hauptversammlungen der nationalen Gründungsgesellschaften[405].

Gemäß Art. 23 Abs. 2 S. 2, Art. 32 Abs. 6 Unterabsatz 2 SE-VO[406] ist den Hauptversammlungen der beteiligten Gesellschaften bei Gründung einer Holding-SE oder einer Verschmelzungsgründung das Recht vorbehalten, die Eintragung der SE von einer Genehmigung der abgeschlossenen Vereinbarung abhängig zu ma-

---

401 *Oetker* in FS Konzen, S. 635, 641; *Hennings* in Manz/Mayer/Schröder, Art. 3 Rn. 18; wohl auch *Scheifele*, S. 214.
402 *Schwarz*, SE-VO, Einl. Rn. 276.
403 BGHZ 83, 122 (Holzmüller).
404 BGHZ 83, 122, 131(Holzmüller).
405 *Schwarz*, SE-VO, Art. 52 Rn. 11.
406 Eine entsprechende Regelung findet sich für die grenzüberschreitende Verschmelzung in § 122 g Abs. 1 UmwG, der Art. 9 Abs. 2 der Verschmelzungsrichtlinie in deutsches Recht umsetzt.

chen[407]. Der Genehmigungsvorbehalt bezweckt einen Ausgleich dafür, dass das Verhältnis zwischen Anteilseigner- und Arbeitnehmervertretern in den Gesellschaftsorganen (Mitbestimmung) durch Vereinbarung geregelt wird, Verhandlungspartei auf Unternehmensseite aber nicht die durch die Vereinbarung betroffenen Anteilseigner selber sind, sondern die Verwaltungs- oder Leitungsorgane der beteiligten Gesellschaften[408]. Ist im Zeitpunkt der Abstimmung über den Gründungs- oder Verschmelzungsplan die Vereinbarung noch nicht abgeschlossen, was in der Praxis meist der Fall sein wird[409], haben die Anteilseigner Beschluss zu fassen, ohne Kenntnis von den Auswirkungen der Vereinbarung auf Größe und Zusammensetzung des Aufsichtsrates bzw. Verwaltungsrates und damit auf die Satzung zu haben. Für die Anteilseigner besteht daher das Risiko, dass sich die ihrer Entscheidung zugrunde liegenden wirtschaftlichen Parameter ändern[410]. Die Anteilseigner der Gründungsgesellschaften sind daher in der Regel an der Ausgestaltung der Arbeitnehmerbeteiligung in der zukünftigen SE nicht beteiligt. Die Interessen der Anteileigner werden insbesondere dann in einer einen Genehmigungsvorbehalt rechtfertigenden Weise berührt, wenn in den Gründungsgesellschaften bisher keine Arbeitnehmermitbestimmung auf Unternehmensebene stattgefunden hat. Liegt im Zeitpunkt der Beschlussfassung über den Verschmelzungs- oder Gründungsplan noch keine Vereinbarung über die spätere Mitbestimmung vor, ermöglicht der Genehmigungsvorbehalt den Anteilseignern von der SE-Gründung Abstand zu nehmen, da eine vorbehaltene Zustimmung ein gesetzliches Eintragungshindernis darstellt[411].

Auch wenn Artt. 23 Abs. 2 S. 2, 32 Abs. 6 Unterabsatz 2 SE-VO nur die Verschmelzungs- und Holdingsgründung erfassen, kann die Hauptversammlung auch im Falle einer Umwandlungsgründung von einem solchen Genehmigungsvor-

---

407 Gegenstand des Genehmigungsvorbehaltes der Hauptversammlung kann nicht nur die „geschlossene Vereinbarung" im Sinne von Art. 23 Abs. 2 S. 2, Art. 32 Abs. 6 Unterabsatz 2 SE-VO sein, sondern auch der Nichtverhandlungsbeschluss des Besonderen Verhandlungsgremiums gemäß § 16 SEBG sowie die Anwendung der Auffangregelung nach erfolglosem Ablauf des Verhandlungszeitraums (§ 20 SEBG) und Zustimmung des zuständigen Organs der Gründungsgesellschaften, sofern kein Beschluss im Sinne des § 16 SEBG vorliegt (§ 22 Abs. 1 lit. b SEBG). Mit ausführlicher Begründung hierzu, *Scheifele*, S. 215 f.; dem folgend *Schwarz*, SE-VO, Einl. Rn. 277 und Art. 23 Rn. 29 f.

408 *Hanau*, RdA 1998, 231, 232; *Kalss*, ZGR 2003, 593, 632; *Drinhausen* in Drinhausen/Van Hulle/Maul, 4 Rn. 18; *Kiem*, ZHR 171 (2007), 713, 720.

409 *Vossius*, ZIP 2005, 741, 743; MünchKommAktG/*Schäfer*, SE-VO, Art. 23 Rn. 2; *Kiem*, ZHR 171 (2007), 713, 725 f.

410 *Schröder* in Manz/Mayer/Schröder, Art. 23 SE-VO Rn. 15, Art. 32 SE-VO Rn. 85; *Bayer* in Lutter/Hommelhoff, SE-Kommentar, Art. 13 SE-VO Rn. 3, 14.

411 Nach der Ansicht *Oetkers* hat diese Genehmigung auf die Rechtswirksamkeit der Vereinbarung jedoch keinen Einfluss. Etwas anderes ergebe sich nur, wenn die Parteien nach § 21 Abs. 1 Nr. 6 SEBG das Inkrafttreten der Vereinbarung an den Eintritt der Bedingung einer Genehmigung der Vereinbarung durch die Hauptversammlung gekoppelt hätten *Oetker* in FS Konzen, S. 635, 641.

behalt mangels gesetzlicher Regelung analog Gebrauch machen[412]. Ebenso wie bei Verschmelzungs- und Holdingsgründungen kann es auch bei der Umwandlungsgründung zu einer Änderung des Mitbestimmungsniveaus zu Lasten der Anteilseignerseite kommen[413], von der diese im Zeitpunkt des Beschlusses über die Umwandlungsgründung mangels bestehender Vereinbarungen keine Kenntnis hatte. Die Übereinstimmung dieser Tatbestände gebietet es, Sinn und Zweck des Genehmigungsvorbehalts durch eine analoge Anwendung auf die Umwandlungsgründung zu übertragen.

Etwas anderes muss für die Gründung einer Tochter-SE gelten[414]. Art. 36 SE-VO verweist hinsichtlich der geltenden Rechtsvorschriften umfassend auf die Regelungen des nationalen Aktienrechts, so dass eine analoge Anwendung der Vorschriften der SE-VO ausscheidet[415]. Ein Genehmigungsvorbehalt der Hauptversammlung zur Mitbestimmungsvereinbarung müsste daher im nationalen Aktienrecht vorgesehen sein, findet sich dort aber nicht ausdrücklich. Eine ungeschriebene Kompetenz der Hauptversammlung ergibt sich auch nicht aus den Grundsätzen der Holzmüller-Entscheidung[416]. Bei der Art und Weise der Zusammensetzung des mitbestimmten Organs der Tochtergesellschaft handelt es sich nicht um eine Entscheidung des Vorstandes der Muttergesellschaft, die eine Beteiligung der Hauptversammlung der Muttergesellschaft erfordert[417].

Während die Wirksamkeit der Vereinbarung damit an die Genehmigung geknüpft ist, soll nach Ansicht von *Schröder* auch zwischen der Genehmigung der Vereinbarung und dem Zustimmungsbeschluss zum Verschmelzungs- bzw. Gründungsplan ein Abhängigkeitsverhältnis in der Weise bestehen, dass die Wirksamkeit des Zustimmungsbeschluss der Hauptversammlung unter der aufschiebenden Bedingungen der Genehmigung der Beteiligungsvereinbarung steht[418]. Dem Wortlaut der Art. 23 Abs. 2 S. 2 SE-VO, Art. 32 Abs. 6 Unterabsatz 2 SE-VO lässt sich eine solche Abhängigkeit nicht entnehmen[419]. Als Folge einer verweigerten Genehmigung nennt der Gesetzestext allein die Nichteintragung der SE[420]. Auch erfordert der Zweck dieses Genehmigungsvorbehaltes ein solches Abhängigkeitsverhältnis nicht. Dem Zweck des Genehmigungsvorbehaltes, eine Mitentscheidung der Aktionäre in Bezug auf die Mitbestimmungsregelung in der SE zu gewährleis-

---

412 *Schwarz*, SE-VO, Einl. Rn. 278.
413 So auch *Schwarz*, SE-VO, Einl. Rn. 278.
414 *Schwarz*, SE-VO, Einl. Rn. 279.
415 *Schwarz*, SE-VO, Einl. Rn. 279.
416 BGHZ 83, 122, 131 (Holzmüller); präzisiert durch BGHZ 159, 30 (Gelatine I); BGH NZG 2004, 575 (Gelatine II).
417 *Schwarz*, SE-VO, Einl. Rn. 279.
418 *Schröder* in Manz/Mayer/Schröder, Art. 23 SE-VO Rn. 18, Art. 32 SE-VO Rn. 86.
419 Hierfür *Oetker* in FS Konzen, S. 635, 641; im Ergebnis auch *Jannott* in Jannott/Frodermann, 3 Rn. 85 Fußnote 170; J. Schmidt, S. 209.
420 *Neun* in Theisen/Wenz, S. 132, 159; wohl auch *Bungert/Beier*, EWS 2002, 1, 5.

ten, ist mit der Möglichkeit genüge getan, durch eine verweigerte Genehmigung der Vereinbarung, die Eintragung der SE in das Handelsregister und damit deren Rechtsfähigkeit zu verhindern. Mit der Verweigerung der Genehmigung weist die Hauptversammlung den Vorstand im gesellschaftsinternen Verhältnis an, von der Eintragung der SE in das Handelsregister abzusehen[421].

Finden die Vereinbarungsverhandlungen vor Eintragung der SE statt, erfordert dies nicht kategorisch eine Zustimmung der Hauptversammlung zur Mitbestimmungsvereinbarung, sondern räumt den Anteilseignern die Möglichkeit eines Genehmigungsvorbehalts ein. Ein generelles ungeschriebenes Zustimmungserfordernis vor Eintragung lässt sich auch nicht aus den Holzmüller-Grundsätzen herleiten. Mit Artt. 23, 32 SE-VO besteht eine abschließende Regelung, die die Zustimmung der Hauptversammlung zur Vereinbarung vor Eintragung der SE betrifft, so dass es keines Rückgriffs über Art. 18 SE-VO auf das mitgliedstaatliche Recht und Richterrecht bedarf[422]. Nicht in der SE-VO geregelt ist, welche Stimmenmehrheit der Hauptversammlung für den Zustimmungsbeschluss erforderlich ist. Gemäß Art. 18 SE-VO findet somit mitgliedstaatliches Recht Anwendung. Nach § 133 Abs. 1 AktG ist daher bei einer deutschen Gründungsgesellschaft eine einfache Stimmenmehrheit ausreichend[423]. Zu beachten ist jedoch, dass durch einen Zustimmungsvorbehalt die Gründung der SE erheblich verzögert werden kann, weil nach Beschluss der Gründungspläne und vor Eintragung der SE erneut eine Hauptversammlung abgehalten werden muss[424]. Wegen des beträchtlichen Streubesitzes bei Publikumsgesellschaften kann eine erneute Einberufung der Hauptversammlung aufgrund der organisatorischen Schwierigkeiten zu einer beachtlichen zeitlichen Verlangsamung der Entstehung der SE führen.

Dem Schutz der Anteilseigner wird bei Abschluss der Vereinbarung vor Eintragung der SE somit durch die Möglichkeit genüge getan, sich das Recht vorzubehalten, die Eintragung der SE von der Genehmigung der geschlossenen Vereinbarung abhängig zu machen (Art. 23 Abs. 2 S. 2, Art. 32 Abs. 6 Unterabsatz 2 SE-VO direkt bzw. analog). Behält sich die Hauptversammlung die Genehmigung vor und erteilt sie die Zustimmung nicht, kann die SE nicht eingetragen werden und das Verhandlungsverfahren ist erneut aufzunehmen.

---

421 *Scheifele*, S. 217, *Schwarz*, SE-VO, Art. 23 Rn. 33.
422 *Schwarz*, SE-VO, Art. 23 Rn. 25.
423 *Scheifele*, S. 217; dem folgend *Schwarz*, SE-VO, Art. 23 Rn. 32; MünchKommAktG/*Schäfer*, SE-VO, Art. 23 Rn. 12; *Bayer* in Lutter/Hommelhoff, SE-Kommentar, Art. 23 SE-VO Rn. 20; für eine Drei-Viertel-Mehrheit dagegen *Teichmann* in Drinhausen/Van Hulle/Maul, 4 Rn. 64.
424 Ebenso *Hennings* in Manz/Mayer/Schröder, Art. 3 Rn. 18; *Scheifele*, S. 217; *Jannott* in Jannott/Frodermann, 3 Rn. 85; *Bayer* in Lutter/Hommelhoff, S. 25, 41; *Teichmann* in Drinhausen/an Hulle/Maul, 4 Rn. 64.

Zu beachten ist, dass die Hauptversammlung beim Abschluss der Vereinbarung vor Eintragung der SE die vereinbarte Mitbestimmungslösung nur genehmigen oder ablehnen kann, nicht jedoch an ihrer inhaltlichen Ausgestaltung beteiligt wird.

b) Abschluss der Vereinbarung nach Eintragung der SE

Nach der Ansicht *Kiems* könne sich die Hauptversammlung die Letztentscheidung über das vereinbarte Mitbestimmungsmodell gemäß Artt. 23 Abs. 2 S. 2, 32 Abs. 6 Unterabsatz 2 SE-VO ausdrücklich vorbehalten[425]. Verzichte sie auf einen solchen Genehmigungsvorbehalt, fehle es ihr zwar an einer originären Beschlusszuständigkeit, da eine Hauptversammlungskompetenz sich darüber hinausgehend nicht begründen lasse[426]. Doch sei das angestrebte Mitbestimmungsmodell Bestandteil der der Hauptversammlung vom Vorstand zur Vorbereitung der Beschlussfassung über die Gründung der SE vorgelegten Gründungsberichte[427]. In diesen Berichten habe der Vorstand ausführlich die Grundsätze des Verfahrens zur Verhandlung der Mitbestimmung der Arbeitnehmervertreter darzulegen, so dass er gegenüber der Hauptversammlung ebenfalls Aussagen über die angestrebte Mitbestimmungslösung zu machen habe[428]. Im Zeitpunkt der Beschlussfassung der Hauptversammlung über den Gründungsplan der SE habe diese daher bereits Kenntnis über das Mitbestimmungsmodell. Ein unter diesen Umständen gefasster Beschluss der Hauptversammlung binde den Vorstand hinsichtlich der Verhandlungen über die Arbeitnehmermitbestimmung, so dass eine Einbindung der Anteilseignerseite hinsichtlich der Entscheidung über die Mitbestimmungsvereinbarung gewährleistet sei[429]. Könne der Vorstand das angestrebte Ziel in den Verhandlungen nicht erreichen, müsse er sich auf das Eingreifen der Auffangregelung einigen.

Eines solchen Rückgriffs auf die Selbstbindung der Unternehmensleitungen aufgrund des gegenüber der Hauptversammlung vorgelegten Konzepts der Strukturmaßnahmen bedarf es jedoch nicht, wenn sich das Erfordernis der Zustimmung aus einer Hauptversammlungszuständigkeit ergibt. In diesem Fall stellt sich auch die mit der Ansicht von *Kiem* verbundene Problematik nicht, inwieweit die Leitungen überhaupt noch frei verhandeln können und was zu gelten hat, wenn die getroffene Mitbestimmungsvereinbarung später abgeändert oder erneuert wird.

---

425 *Kiem*, ZHR 171 (2007), 713, 721 ff.
426 *Kiem*, ZHR 171 (2007), 713, 723 f. Dabei bezieht sich *Kiem* ausschließlich auf die nationalen, nicht aber auch auf die gemeinschaftsrechtlichen Hauptversammlungskompetenzen.
427 *Kiem*, ZHR 171 (2007), 713, 726.
428 *Kiem*, ZHR 171 (2007), 713, 726.
429 *Kiem*, ZHR 171 (2007), 713, 728.

Die Kompetenzen der Hauptversammlung der SE sind in Art. 52 SE-VO durch eine doppelstufige Zuständigkeitsverweisung geregelt[430]. Danach richtet sich die Zuständigkeit der Hauptversammlung zunächst nach den Vorschriften des Gemeinschaftsrechts (SE-VO, SE-RL), Art. 52 Unterabsatz 1 SE-VO. Gemäß Art. 52 Unterabsatz 2 SE-VO ist die Hauptversammlung ferner für die Angelegenheiten zuständig, die ihr durch das nationale Recht oder durch eine mit diesem in Einklang stehende Satzung übertragen werden. Die Zuständigkeiten kraft Gemeinschaftsrecht nach Art. 52 Unterabsatz 1 SE-VO umfassen nicht nur geschriebene, sondern auch ungeschriebene Hauptversammlungszuständigkeiten[431]. Rechtstechnisch handelt es sich bei den ungeschriebenen gemeinschaftsrechtlichen Hauptversammlungskompetenzen um spezifische Regelungslücken der SE, die mittels gemeinschaftsrechtlicher Rechtsfortbildung durch Auslegung der SE-VO zu schließen sind[432]. Auch die Hauptversammlungszuständigkeiten kraft nationalen Rechts (Art. 52 Unterabsatz 2 SE-VO) beziehen sich neben den gesetzlich ausdrücklich vorgesehenen und satzungsmäßigen Vorschriften ebenso auf die ungeschriebenen mitgliedstaatlichen Regelungen[433]. Damit finden über die Verweisungen in das nationale Recht auch die Grundsätze der Holzmüller-Entscheidung über die ungeschriebenen Hauptversammlungskompetenzen Anwendung[434]. Aus dem Grundsatz des Vorrangs der gemeinschaftsrechtlichen Vorschriften ergibt sich, dass entgegen der Formulierung „außerdem", die die Unterabsätze 1 und 2 miteinander verbindet, keine Gleichrangigkeit von gemeinschaftsrechtlichen und nationalen Zuständigkeiten besteht[435]. Die nationalen Zuständigkeitsregelungen treten nicht gleichrangig neben die gemeinschaftsrechtlichen Kompetenzzuweisungen, sondern ergänzen diese lediglich im Falle einer fehlenden Regelung auf gemeinschaftsrechtlicher Ebene[436]. Die Zuständigkeiten kraft nationalen Rechts stehen zudem unter dem Vorbehalt der gemeinschaftsrechtlichen Strukturvorgaben[437]. Dies bedeutet, dass nationale, die SE-VO ergänzende Kompetenzzuweisungen an die Hauptversamm-

---

430 *Schwarz*, SE-VO, Art. 52 Rn. 7 ff.; *Spindler* in Lutter/Hommelhoff, SE-Kommentar, Art. 52 SE-VO Rn. 2, 7.

431 *Schwarz*, SE-VO, Art. 52 Rn. 14; *Brandt*, S. 122 f.; *Spindler* in Lutter/Hommelhoff, SE-Kommentar, Art. 52 SE-VO Rn. 22.

432 *Schwarz*, SE-VO, Art. 52 Rn. 14, *Brandt*, S. 123.

433 Dafür, dass die gemeinschaftsrechtlichen Verweisungen auf Nationalrecht auch dessen ungeschriebenes Richterrecht erfassen, *Hommelhoff* in Lutter/Hommelhoff, S. 5, 20 f.; *Teichmann*, NZG 2002, 383, 398.

434 *Schwarz*, SE-VO, Art. 52 Rn 34 f.; *Gutsche*, S. 105; *Buchheim*, S. 249; *Habersack*, ZGR 2003, 724, 741; *Hommelhoff*, AG 1990, 422, 428; *Maul* in Drinhausen/Van Hulle/Maul, 5 Rn. 37; *Schönborn*, S. 298 ff.; sehr ausführlich, aber eine Anwendbarkeit ablehnend *Brandt*, S. 123 ff.

435 *Schwarz*, SE-VO, Art. 52 Rn. 18; MünchKommAktG/*Schäfer*, SE-VO, Art. 9 Rn. 21.

436 *Schwarz*, SE-VO, Art. 52 Rn. 18.

437 *Schwarz*, SE-VO, Art. 52 Rn. 18.

lung grundsätzlich zulässig sind, der vom Gemeinschaftsrecht vorgegebenen grundsätzlichen Struktur der SE jedoch nicht zuwiderlaufen dürfen[438].

Für den Fall, dass eine Vereinbarung nach Eintragung der SE abgeschlossen wird, sei es, dass das Verhandlungsverfahren aufgrund struktureller Änderungen in der bestehenden SE gemäß § 18 Abs. 3 SEBG wieder aufgenommen wird, ein Verhandlungsverfahren wegen vorausgehenden Nichtverhandlungsbeschlusses (§ 16 Abs. 1 SEBG) gemäß § 18 Abs. 1 SEBG erfolgt, die Neuaufnahme von Verhandlungen nach Eingreifen der Auffangregelung gemäß § 26 SEBG beschlossen wird oder eine bestehende Mitbestimmungsvereinbarung inhaltlich geändert wird, ergibt sich eine ausdrückliche Zuständigkeitsregelung für eine Zustimmung der Hauptversammlung zur Vereinbarung weder aus gemeinschaftsrechtlichen Vorgaben noch mittels Verweisung aus dem nationalen Recht. Die Vorschriften über den Genehmigungsvorbehalt nach Artt. 23 Abs. 2 S. 2, 32 Abs. 6 Unterabsatz 2 SE-VO betreffen ausschließlich das Verhandlungsverfahren vor Eintragung der SE und sind somit für den Zeitraum nach Gründung der SE nicht anwendbar. Die SE-VO ist bezüglich dieser ihrem Regelungsbereich zuzuordnenden Rechtsfrage somit lückenhaft.

Möglicherweise kann diese Regelungslücke mittels gemeinschaftsrechtlicher Rechtsfortbildung durch die Begründung einer ungeschriebenen gemeinschaftsrechtlichen Hauptversammlungszuständigkeit geschlossen werden. Ebenso wie im nationalen Recht ist auch im Europarecht eine Kompetenz der Richter zur Schließung von Regelungslücken sowohl des Primärrechts als auch des Sekundärrechts mittels Rechtsfortbildung anerkannt[439]. Zwar wird die richterliche Rechtsfortbildung von der SE-VO im Gegensatz zu den früheren Verordnungsvorschlägen nicht ausdrücklich als Rechtsquelle benannt. Hieraus lässt sich jedoch nicht ihre Unzulässigkeit ableiten[440]. Der Grund für die Nichterwähnung liegt zum einen darin, dass die entsprechenden Regelungen in den vorangehenden Verordnungsvorschlägen sich als unbestimmt und nicht umsetzbar erwiesen[441]. Zum anderen wird auf diese Weise den „...aktuellen Grenzen dieser Quelle als Rechtsschöpfung" Rechnung getragen[442]. Voraussetzung für eine Lückenschließung im Sekundärrecht ist nach dem EuGH, dass die bestehende Lücke gegen höherrangiges primäres Recht

---

438 *Brandt*, S. 123 f.; *Schwarz*, SE-VO, Art. 52 Rn. 18 ff.
439 EuGH, Urteil v. 30.01.1974, Rs. 159/73 (Hannoversche Zucker), Slg. 1974, 121, 129 Rn. 4. Die Zulässigkeit der richterlichen Rechtsfortbildung anerkennt das BVerfG in seiner „Kloppenburg"- Entscheidung, BVerfGE 75, 223, 243 f. Für die Zulässigkeit einer Lückenschließung auch im Sekundärrecht, EuGH, Urteil v. 12.12.1985, Rs. 165/84 (Krohn), Slg. 1985, 3997, 4019 Rn. 14. Grundlegend zur Auslegung von europäischem Sekundärrecht, *Bleckmann*, NJW 1982, 1177, 1178 ff.; *Anweiler*, S. 25 ff.
440 *Scheifele*, S. 56; *Teichmann*, ZGR 2002, 383, 406; gegen eine Lückenschließung durch Rechtsfortbildung in der SE-VO *Casper* in FS Ulmer, S. 51, 57 f.
441 *Scheifele*, S. 56; *Merkt*, BB 1992, 652, 656.
442 *Teichmann*, ZGR 2002, 383, 406 f.; dem folgend *Scheifele*, S. 56.

verstößt[443]. Da der EuGH auch den Gleichbehandlungsgrundsatz als höherrangiges Primärrecht einordnet[444], sind an die Rechtsfortbildung die gleichen Anforderungen zu stellen wie an einen Analogieschluss auch, da auch dieser eine Ungleichbehandlung vergleichbarer Sachverhalte voraussetzt[445]. Zu beachten ist, dass die Entscheidung des Gesetzgebers, über die Verweisungstechnik des Art. 9 SE-VO Lücken der SE-VO vornehmlich durch einen Rückgriff auf das Recht des Sitzstaates zu füllen, dem Lückenschluss durch Auslegung und Fortbildung der SE-VO Grenzen setzt[446]. Eine Lückenfüllung durch Rechtsfortbildung der SE-VO kommt jedoch dann in Betracht, wenn das nationale Recht für die betroffenen Bereiche keine passende Regelung enthält auf die mittels Verweisung zurückgegriffen werden kann, da diese Bereiche sich ausschließlich auf die Rechtsform der SE beziehen[447]. Bei der Regelung der Arbeitnehmerbeteiligung durch Abschluss einer Vereinbarung handelt es sich um eine Materie, die sich gesetzlich ausschließlich auf die Rechtsform der SE bezieht und für die das nationale Aktienrecht keine gleich gelagerten Regelungen enthält. Auf gemeinschaftsrechtlicher Ebene erfolgt die Rechtsfortbildung mittels systematisch-teleologischer Auslegung, so dass eine Unterscheidung zwischen Auslegung und Rechtsfortbildung, wie sie auf nationaler Ebene erfolgt, in der Gemeinschaftsrechtspraxis nicht vorgenommen wird[448]. Auch der EuGH setzt in seiner Rechtsprechung Auslegung, Rechtsfortbildung und Rechtschöpfung unter dem Begriff „Auslegung" miteinander gleich[449]. Die Rechtsfortbildung des Gemeinschaftsrechts erfolgt dabei nicht nach den Regelungen und Grundsätzen des nationalen Rechts, sondern nach den Grundsätzen, die der EuGH für die Auslegung und Rechtsfortbildung des Gemeinschaftsrechts entwickelt hat[450]. Zwar bedient sich der EuGH den traditionellen auch in Deutschland verwendeten Auslegungskriterien Wortlaut, Historie, Systematik und Teleologie, doch gewichtet er sie aufgrund der Besonderheiten des Gemeinschaftsrechts unterschiedlich[451]. Aufgrund der durch das Gemeinschaftsrecht bedingten deutlichen Grenzen der historischen und wörtlichen Auslegung[452], kommt maßgeblich die systema-

443 *Scheifele*, S. 59; *Teichmann*, ZGR 2002, 383, 408.
444 EuGH, Urteil v. 12.12.1985, Rs. 165/84 (Krohn), Slg. 1985, 3997, 4022 Rn. 27; EuGH Urteil v. 25.11.1986, verb. Rs. 201 und 202/85 (Klensch), Slg. 1986, 3477, 3510 f. Rn. 22.
445 *Teichmann*, ZGR 2002, 383, 408; *Scheifele*, S. 59 f.
446 *Kuhn* in Jannott/Frodermann, 2 Rn. 16.
447 *Kuhn* in Jannott/Frodermann, 2 Rn. 16; *Wagner*, NZG 2002, 985, 989; *Brandt/Scheifele*, DStR 2002, 547, 552.
448 *Borchard* in Schulze/Zuleeg, Europarecht, § 15 Rn. 3; *Schroeder*, JuS 2004, 180, 184.
449 *Schroeder*, JuS 2004, 180, 184.
450 *Borchard* in Schulze/Zuleeg, Europarecht, § 15 Rn. 31 und 58; *Schröder/Fuchs* in Manz/Mayer/Schröder, Vorbemerkungen Rn. 58; *Lächler*, S. 71.
451 Siehe hierzu ausführlich *Teichmann*, ZGR 2002, 383, 404; *Casper* in FS Ulmer, S. 51, 54 f.
452 Die Grenzen der wörtlichen Auslegung resultieren aus der Sprachenvielfalt der Gemeinschaft. Da alle von der Gemeinschaft erlassenen Rechtsakte in allen Amtssprachen gleich verbindlich sind, sind nach dem EuGH alle Amtssprachen bei einer Wortlautinterpretation zu beachten.

tisch-teleologische Auslegung zur Anwendung[453]. Zu klären ist daher, ob sich die Zustimmung der Hauptversammlung als Wirksamkeitserfordernis der Mitbestimmungsvereinbarung systematisch-teleologisch begründen lässt.

Ebenso wie beim Verhandlungsverfahren vor Eintragung der SE besteht auch bei Abschluss einer Vereinbarung nach Eintragung ein vergleichbares besonderes Schutzbedürfnis der Anteilseignerseite. Könnte in einer bestehenden SE die Mitbestimmungsvereinbarung ohne Zustimmung der SE-Hauptversammlung getroffen werden, entschiede die Unternehmensleitung zusammen mit der Arbeitnehmerseite über die Zusammensetzung des Aufsichts- oder Verwaltungsorgans. Indem auf diese Weise die Kompetenzen der Hauptversammlung eingeschränkt werden, wird zugleich in die Rechte und Interessen der Anteilseigner eingegriffen. Dem kann auch nicht entgegengehalten werden, dass der Betätigung der Hauptversammlung durch das in Art. 12 Abs. 4 S. 2 SE-VO festgesetzte Erfordernis der Anpassung der Satzung an die Mitbestimmungsvereinbarung genüge getan ist, indem die Satzungsänderung eine Zustimmung der Hauptversammlung erfordert[454]. Zwar hat der nationale Gesetzgeber von der Ermächtigung in Art. 12 Abs. 4 S. 3 SE-VO, wonach eine Satzungsänderung aufgrund widersprechender Mitbestimmungsvereinbarung auch ohne weiteren Beschluss der Hauptversammlung vorgenommen werden kann, keinen Gebrauch gemacht. Nach nationalem Recht setzt eine Satzungsänderung daher auch bei einer Anpassung an die Mitbestimmungsvereinbarung einen Beschluss der Hauptversammlung voraus. Mit diesem Beschlusserfordernis der Satzungsänderung ist den Interessen der Anteilseignerseite jedoch nicht genüge getan, da die Satzung bei bestehendem Widerspruch zur Mitbestimmungsvereinbarung zwingend geändert werden muss[455]. Die Hauptversammlung hat somit keine Entscheidungskompetenz dahingehend, ob sie die Satzung ändern will oder nicht. Bei der Zustimmung handelt es sich daher lediglich um einen formalen Änderungsbeschluss. Das besondere Schutzbedürfnis der Anteilseignerseite ergibt sich zudem daraus, dass die Arbeitnehmerseite sowohl unmittelbar durch das Besondere Verhandlungsgremium als auch mittelbar durch die Leitungen repräsentiert und damit auf beiden Seiten der Vereinbarung steht, so dass ein Ungleichgewicht zugunsten der Arbeitnehmerseite besteht[456]. Um die Kompetenzen der Hauptver-

---

Die untergeordnete Rolle der historischen Auslegung ist darauf zurückzuführen, dass die Entstehungsgeschichte europäischer Normen meist nicht durch Protokolle oder ähnliche Aufzeichnungen festgehalten wird.

453 *Schroeder*, JuS 2004, 180, 183; *Borchard* in Schulze/Zuleeg, Europarecht, § 15 Rn. 45 und 58; *Schröder/Fuchs* in Manz/Mayer/Schröder, Vorbemerkungen Rn. 61; *Lächler*, S. 71.

454 So *Thüsing*, ZIP 2006, 1469, 1472; *Seibt* in Lutter/Hommelhoff, SE-Kommentar, Art. 12 SE-VO Rn. 33.

455 *Schwarz*, SE-VO, Art. 12 Rn. 47; a. A. *Fuchs* in Manz/Mayer/Schröder, Art. 12 SE-VO Rn. 32; *Seibt* in Lutter/Hommelhoff, SE-Kommentar, Art. 12 Rn. 33.

456 Siehe hierzu die Ausführungen unter B.II.2.b)bb).

sammlung und die Eigentümerrechte der Anteilseignerseite auch bei Abschluss einer Mitbestimmungsvereinbarung nach Eintragung zu wahren, bedarf die Wirksamkeit der Mitbestimmungsvereinbarung daher der Zustimmung der Hauptversammlung[457]. Dies steht wie soeben dargestellt zum einen im Einklang mit der Systematik der SE-VO, ergibt sich zum anderen aber auch aus dem Rechtsgedanken und Zweck des Art. 23 Abs. 2 S. 2, Art. 32 Abs. 6 Unterabsatz 2 SE-VO[458].

Gemäß Art. 57 SE-VO werden Beschlüsse der Hauptversammlung der SE grundsätzlich mit der Mehrheit der abgegebenen gültigen Stimmen gefasst, sofern die SE-VO oder das Aktienrecht des Sitzstaates keine größere Mehrheit vorschreiben. Da es sich beim Zustimmungserfordernis der Hauptversammlung um eine ungeschriebene Kompetenz handelt, enthalten weder SE-VO, SEAG noch das nationale Aktienrecht eine Vorgabe über die notwendige Mehrheit eines solchen Zustimmungsbeschlusses. Gemäß Art. 57 SE-VO genügt daher die einfache Stimmenmehrheit.

Schwarz begründet das Zustimmungserfordernis der Hauptversammlung und dessen Einordnung als ungeschriebene gemeinschaftsrechtliche Hauptversammlungskompetenz mittels Rechtsfortbildung zudem durch einen Vergleich mit der Vorschrift des § 293 Abs. 1 S. 1 AktG zum Unternehmensvertrag[459]. Dadurch dass die Mitbestimmungsvereinbarung die Zusammensetzung des Aufsichts- oder Verwaltungsorgans beeinflusse und sich damit auf die innere Organisation der SE auswirke, weise sie Parallelen zum Unternehmensvertrag auf. Ebenso wie den von § 291 Abs. 1 S. 1 AktG erfassten Unternehmensverträgen komme auch der Mitbestimmungsvereinbarung nach § 21 SEBG eine grundlegende strukturändernde Wirkung zu, da sie sowohl die Rechte der Mitglieder betreffe als auch gemäß Art. 12 Abs. 4 SE-VO Vorrang gegenüber der Satzung genieße[460]. In analoger Anwendung der Vorschriften für Unternehmensverträge bedürfe eine wirksame Vereinbarung gemäß Art. 59 Abs. 1 SE-VO i.V.m. § 293 Abs. 1 S. 1 AktG daher der Zustimmung der Hauptversammlung mit einer dreiviertel Stimmenmehrheit[461]. Aufgrund des Vorrangs der Mitbestimmungsvereinbarung gegenüber der Satzung könne hinsichtlich des Mehrheitserfordernisses auf Art. 59 Abs. 1 SE-VO analog

457 So auch *Schwarz*, SE-VO, Einl. Rn. 281; *Seibt*, AG 2005, 413, 418.
458 Mit Zweifeln, ob aus Art. 23 Abs. 2 S. 1 SE-VO ein die allgemeine Einbindung der Anteilseignerversammlung begründender Rechtsgedanke entnommen werden kann, da Art. 23 Abs. 2 S. 1 SE-VO wertneutral sei *Kiem*, ZHR 171 (2007), 713, 722.
459 *Schwarz*, SE-VO Art. 12 Rn. 37 f.
460 Für die strukturverändernde Wirkung einer freiwilligen Vereinbarung durch welche die Mitbestimmungsrechte der Arbeitnehmer ausgedehnt werden auch, *Hanau*, ZGR 2001, 75, 92; *Ihrig /Schlitt*, NZG 1999, 333, 335; *Schöpfe*, S. 228; *Beuthien*, ZHR 148, 1984, 95, 101.
461 *Schwarz*, SE-VO, Art. 12 Rn. 37 mit Fn. 72 und Einl. Rn. 281.

zurückgegriffen werden, auch wenn die Zustimmung zur Vereinbarung keine Satzungsänderung in diesem Sinne darstelle[462].

Zweifel an dieser Begründung der gemeinschaftsrechtlichen Hauptversammlungskompetenz durch einen Vergleich mit § 293 Abs. 1 S. 1 AktG ergeben sich daraus, dass im Rahmen dieser gemeinschaftsrechtlichen Rechtsfortbildung und der dabei erfolgenden teleologisch-systematischen Auslegung der SE-VO auf die Regelungen des § 293 Abs. 1 S. 1 AktG und damit auf nationales Recht zurückgegriffen wird[463]. Aufgrund der Eigenständigkeit und einheitlichen Geltung des Gemeinschaftsrechts erfolgt dessen Auslegung grundsätzlich autonom[464]. Nur wenn das Gemeinschaftsrecht ausdrücklich auf das nationale Recht verweist, kann für die Auslegung nationales Recht herangezogen werden[465]. Zwar verweist die SE-VO in Art. 52 Unterabschnitt 2 SE-VO auf die Anwendbarkeit nationalen Rechts, doch treten wie bereits dargestellt, die nationalen Zuständigkeitsregelungen nicht gleichrangig neben die gemeinschaftsrechtlichen Vorgaben, sondern ergänzen diese erst im Falle einer auf gemeinschaftsrechtlicher Ebene fehlenden geschriebenen oder ungeschriebenen Hauptversammlungskompetenz. Darüber hinaus ist die Mitbestimmungsvereinbarung nicht mit einem Unternehmensvertrag im Sinne der §§ 291 ff. AktG vergleichbar. Das Schwergewicht des Unternehmensvertrages liegt darin, dass durch ihn die Unternehmensstruktur der verpflichteten Gesellschaft geändert wird[466]. Der Unternehmensvertrag führt zu einer Änderung des bisher verfolgten Unternehmensinteresses der Gesellschaft, indem an die Stelle des auf das eigene Unternehmen und seine Aktionäre bezogenen Unternehmensinteresse ganz oder teilweise das Unternehmensinteresse des anderen Vertragsteiles tritt[467]. Die Gesellschaft verwendet den erreichten Gewinn nicht mehr für sich selber bzw. für ihre Aktionäre, sondern führt diesen an den Vertragspartner ab bzw. vergemeinschaftet ihn, so dass sie anstatt für eigene nunmehr für fremde Rechnung tätig wird[468]. Während der Geltungsdauer des Unternehmensvertrages unterliegt die verpflichtete AG anderen gesetzlichen und satzungsmäßigen Bestimmungen als grundsätzlich für die Verfassung und die Aktionäre gelten[469]. Die in § 291 AktG geregelten Unternehmensverträge ändern neben den wirtschaftlichen auch die rechtlichen Strukturen der Gesellschaft sowie ihre Verfassung und die Rechtsver-

---

462 *Schwarz*, SE-VO, Art. 12 Rn. 37 Fn. 72 und Rn. 38.

463 Allgemein zur Anwendung des nationalen Konzernrecht auf die Europäische Aktiengesellschaft, *Veil*, WM 2003, 2169 ff.; *Habersack*, ZGR 2003, 724 ff.; *Maul*, ZGR 2003, 743 ff.; *Raiser/Veil*, § 59 Rn. 22; *Sinewe* in Binder/Jünemann/Merz/Sinewe, § 4 Rn. 57 ff.

464 *Borchard* in Schulze/Zuleeg, Europarecht, § 15 Rn. 58 und 32; *Teichmann*, ZGR 2002, 383, 402 f.

465 *Borchard* in Schulze/Zuleeg, Europarecht, § 15 Rn. 32.

466 MünchKommAktG/*Altmeppen*, Vor. § 291 Rn. 2.

467 MünchKommAktG/*Altmeppen*, Vor. § 291 Rn. 2.

468 MünchKommAktG/*Altmeppen*, Vor. § 291 Rn. 2.

469 MünchKommAktG/*Altmeppen*, § 291 Rn. 25.

hältnisse der Gesellschafter untereinander, so dass ihnen ein organisationsrechtlicher Charakter zugesprochen werden kann[470]. Ihnen kommt daher die Rechtsnatur eines Organisationsvertrages zu[471].

Das Schwergewicht der Vereinbarungswirkung liegt hingegen nicht in der unmittelbaren Gestaltung der gesellschaftsrechtlichen Organisation. Die Grundprinzipien der Verfassung der SE, die Funktionen und Aufgaben ihrer Organe werden aufgrund der Innen- und Außenschranken der Vereinbarungsautonomie nicht Gegenstand der Vereinbarung[472]. Die die Mitbestimmungsvereinbarung betreffende Gestaltungsfreiheit erfasst ausschließlich Regelungen über die *„Mitbestimmung der Arbeitnehmer"* im Sinne von § 21 Abs. 3 S. 1, 2 Abs. 12 SEBG[473]. Die Vereinbarung stellt daher zwar die Grundlage für eine dauerhafte Arbeitnehmerrepräsentation in der SE dar, doch erfolgt durch sie nicht deren unmittelbare Errichtung. Die Mitbestimmungsvereinbarung wirkt nach der hier vertretenen Auffassung nicht normativ, sondern schuldrechtlich[474]. Für die Umsetzung des in der Vereinbarung festgelegten Beteiligungssystems bedarf es der Erfüllung durch die Vereinbarungsparteien, wozu auch die entsprechende Ausgestaltung bzw. Anpassung der Satzung gehört. Unmittelbar geltendes Organisationsrecht wird durch die Vereinbarung nicht geschaffen. Ein weiterer Unterschied zu den Unternehmensverträgen besteht darin, dass der Unternehmensvertrag sich auf die Ausgestaltung bestimmter Unternehmensfunktionen beschränkt, wobei die formelle Integrität der Gesellschaftsverfassung gewahrt bleibt[475]. Die Mitbestimmungsvereinbarung bildet hingegen die Grundlage für die Ausgestaltung der Arbeitnehmerbeteiligung in der SE, während die Wahrnehmung der Unternehmensfunktion unberührt bleibt. Aus den genannten Gründen kann die Zustimmung der Hauptversammlung nicht aus einem Vergleich mit § 293 Abs. 1 S. 1 AktG bzw. dessen analoger Anwendbarkeit hergeleitet werden, sondern ist allein auf die teleologisch-systematische Auslegung der SE-VO zu stützen.

Da das Zustimmungserfordernis der Hauptversammlung für eine nach Eintragung der SE abgeschlossene Mitbestimmungsvereinbarung auf einer gegenüber ungeschriebenen nationalen Zuständigkeitsregelungen vorrangigen ungeschriebe-

---

470 MünchKommAktG/*Altmeppen*, Vor. § 291 Rn. 4, 8, § 291 Rn. 25 f. mit Beispielen.

471 Die Einordnung der Unternehmensverträge des § 291 AktG als Organisationsvertrag ist herrschende Meinung, BGHZ 103, 1, 4; BGHZ 105, 324, 331; BGHZ 116, 37, 43; MünchKommAktG/*Altmeppen*, § 291 Rn. 25; *K. Schmidt*, GesR, § 31 III 1 a; *Hüffer*, Aktiengesetz, § 291 Rn. 17; zu den mit der Einordnung des Unternehmensvertrages als Organisationsvertrag verbundenen Rechtsfolgen sehr ausführlich, *Veil*, S. 184 ff.

472 Zu den Innen- und Außenschranken der Mitbestimmungsvereinbarung siehe ausführlich B.III.1.b)aa) und B.III.1.b)bb).

473 Zur „Mitbestimmung der Arbeitnehmer" als Grenze der Gestaltungsfreiheit siehe B.III.1.b)aa)(2).

474 Zur Rechtsnatur der Vereinbarung siehe B.I.2.

475 *Hensche*, AuR 1971, 33, 38.

nen gemeinschaftsrechtlichen Zuständigkeitszuweisung beruht, sind nach der Holzmüller-Entscheidung evt. mögliche nationale ungeschriebene Kompetenzen der Hauptversammlung unbeachtlich.

Wird eine Vereinbarung nach Eintragung der SE geschlossen, bedarf es für ihre Wirksamkeit der Zustimmung durch die Hauptversammlung. Diese ungeschriebene gemeinschaftsrechtliche Hauptversammlungszuständigkeit ergibt sich aus einer gemeinschaftsrechtlichen Rechtsfortbildung durch Auslegung der SE-VO. Erteilt die Hauptversammlung ihre Zustimmung nicht, richtet sich die Rechtsfolge nach dem Grund für die Wiederaufnahme von Verhandlungen nach Gründung der SE[476]. Erfolgt die Wiederaufnahme von Verhandlungen nach § 18 Abs. 3 SEBG aufgrund struktureller Änderungen, findet bei einem Scheitern der Verhandlungen gemäß § 18 Abs. 3 S. 3 SEBG die gesetzliche Auffangregelung Anwendung[477]. Beruht die Neuaufnahme der Verhandlungen auf einem Nichtverhandlungsbeschluss gemäß § 18 Abs. 1 SEBG, bleibt die SE gemäß § 18 Abs. 2 SEBG mitbestimmungsfrei, wenn bis Ablauf des Verhandlungszeitraums keine genehmigte Vereinbarung vorliegt[478]. Kommt es zu einer Wiederaufnahme der Verhandlungen durch Beschluss des SE-Betriebsrates gemäß § 26 SEBG, führt eine fehlende Vereinbarung dazu, dass die bisher geltende Auffangregelung weitergilt (§ 26 Abs. 2 SEBG). Die alte Vereinbarung gilt hingegen weiter, wenn nach der Gründung einer durch Vereinbarung mitbestimmten SE neue Verhandlungen aufgenommen werden und diese an der fehlenden Genehmigung durch die Hauptversammlung scheitern[479].

Ebenso wie beim Abschluss der Vereinbarung vor Eintragung kann die Hauptversammlung auch nach Eintragung der SE der vereinbarten Mitbestimmungslösung nur zustimmen oder sie ablehnen, nicht jedoch an ihrer inhaltlichen Ausgestaltung mitwirken.

5. Schriftformerfordernis

Eine Vereinbarung über die Arbeitnehmerbeteiligung muss gemäß § 21 Abs. 1 SEBG schriftlich niedergelegt werden, so dass mündliche Absprachen nicht genügen. Nach § 126 BGB, der für alle Schriftformerfordernisse des Privatrechts gilt[480], bedarf es daher einer schriftlich abgefassten einheitlichen Urkunde, die durch die Vereinbarungsparteien eigenhändig unterzeichnet ist, wobei die Unterschriften den Urkundentext räumlich abschließen müssen. Auf Seiten des Besonderen Verhandlungsgremiums kann die Unterzeichnung durch dessen Vorsitzenden, seinen Stell-

---

476 *Schwarz*, SE-VO, Einl. Rn. 282.
477 *Schwarz*, SE-VO, Einl. Rn. 282.
478 *Schwarz*, SE-VO, Einl. Rn. 282.
479 *Schwarz*, SE-VO, Einl. Rn. 282.
480 MünchKommBGB/*Einsele*, § 126 Rn. 3.

vertreter oder eine andere bevollmächtigte Person vorgenommen werden[481]. Möglich ist auch eine Unterzeichnung durch sämtliche Mitglieder des Besonderen Verhandlungsgremiums. Auf Seiten der an der Gründung der SE beteiligten Gesellschaften können entweder alle Leitungen oder eine von diesen hierzu bevollmächtigte Person die Vereinbarung unterzeichnen.

Die Anwendbarkeit des § 126 BGB auf die Vereinbarung nach § 21 SEBG ist jedoch insoweit teleologisch zu reduzieren, als entgegen § 126 Abs. 2 S. 2 BGB zur Wahrung der Schriftform von Verträgen der Austausch einseitig unterzeichneter Urkunden nicht ausreicht. Aufgrund der Auswirkungen der Vereinbarung auf die Organisationsstruktur der SE, die Rechtspositionen der Arbeitnehmer und schließlich das Gründungsverfahren der SE, bedarf es einer Klarstellung für Dritte, ob eine Vereinbarung vorliegt. Die Unterschrift muss daher gemäß § 126 Abs. 2 S. 1 BGB handschriftlich von beiden Parteien auf derselben Urkunde erfolgen[482].

Da sich aus dem Gesetz nichts anderes ergibt, kann gemäß § 126 Abs. 3 BGB die gesetzlich vorgeschrieben Schriftform durch die elektronische Form (§ 126 a BGB) ersetzt werden. Bei der elektronischen Form muss der Aussteller einem elektronischen Dokument seinen Namen hinzufügen und es zusätzlich mit einer qualifizierten elektronischen Signatur nach dem SigG[483] versehen. Entgegen der Ansicht Oetkers[484] stehen der Anwendung des § 126 a BGB der spezifische Charakter und die rechtliche Bedeutung der Beteiligungsvereinbarung nicht entgegen. Mit der Einführung der elektronischen Form durch das FormVAnpG vom 13.07.2001 will der Gesetzgeber in Umsetzung der EG-Richtlinie über die gemeinschaftlichen Rahmenbedingungen für elektronische Signaturen vom 13.12.1999 (1999/93/EG) und über den elektronischen Geschäftsverkehr vom 08.06.2000 (2000/31/EG) den Entwicklungen im modernen Rechtsgeschäftsverkehr Rechnung tragen. Moderne Informations- und Kommunikationstechnik sollen auch in das Privatrecht einfließen, sofern dies nicht durch spezielle Regelungen ausdrücklich ausgeschlossen ist. Die Nutzung der elektronischen Form wird gesetzlich insbesondere bei solchen Formvorschriften ausgeschlossen, deren Zweck hauptsächlich im Übereilungsschutz (Warnfunktion) besteht[485]. Der Zweck der Schriftform des § 21 SEBG besteht jedoch vornehmlich in der Fixierung und Klarstellung des Ver-

---

481 *Oetker* in FS Konzen, S. 635, 640; MünchKommAktG/*Jacobs*, SEBG, § 21 Rn. 4.

482 Ebenso MünchKommAktG/*Jacobs*, SEBG, § 21 Rn. 4; *Kuffner*, S. 151; *Oetker* in FS Konzen, S. 635, 640; a. A. *Köklü*, S. 186

483 Signaturgesetz vom 16.05.2001 (BGBl. I S. 876), zuletzt geändert durch Gesetz vom 07.07.2005 (BGBl. I S. 1970).

484 *Oetker* in FS Konzen, S. 635, 640; *ders.* in Lutter/Hommelhoff, SE-Kommentar, § 21 SEBG Rn. 11, der die § 126 BGB analog anwenden will und hinsichtlich der Anwendung des § 126 a BGB die für den Analogieschluss erforderliche teleologische Vergleichbarkeit nicht für gegeben hält.

485 MünchKommBGB/*Einsele*, § 126 Rn. 23; beispielsweise §§ 623, 780 S. 2, 761, 766 S. 2 BGB.

einbarungsinhaltes sowohl zugunsten der Vertragsparteien als auch zugunsten Dritter sowie darin, den Beweis für diesen Inhalt zu erleichtern und die Eintragung der SE in das Register und damit die Gründung der SE zu ermöglichen. Eine Warnfunktion vor den weit reichenden Folgen der Vereinbarung kommt ihr hingegen nicht zu. Eine solche wird bereits dadurch erzielt, dass der Inhalt von Beschlüssen des Besonderen Verhandlungsgremiums über den Abschluss einer Vereinbarung, die Nichtaufnahme oder den vorzeitigen Abbruch von Verhandlungen schriftlich niederzulegen ist[486]. Der die Beteiligungsvereinbarung betreffende Formzweck des § 21 SEBG wird daher auch mit der elektronischen Form erfüllt.

Der Verwendung der elektronischen Form stehen auch keine praktischen Erwägungen der Art entgegen, dass die insbesondere durch die Beteiligungsvereinbarung betroffenen Arbeitnehmer bei weitem nicht alle so weit ausgerüstet sind, um die Vereinbarung in elektronischer Form lesen und verifizieren zu können. Bereits die Tatsache, dass das SEBG keine Anforderungen an die Publizität der Vereinbarung stellt, bringt zum Ausdruck, dass der Gesetzgeber eine Kenntnisnahme durch die Arbeitnehmer nicht für zwingend erforderlich hält.

Da es sich bei der Form nach § 126 a BGB lediglich um eine Substitut der Schriftform handelt, ist es aus den bereits genannten Gründen nicht ausreichend, wenn die Parteien gemäß § 126 Abs. 2 S. 2 BGB allein das jeweils für die andere Partei bestimmte Dokument mit ihrer elektronischen Signatur versehen. Ebenso wie bei der Schriftform müssen die Parteien ein den gesamten Vertragsinhalt enthaltendes Dokument erstellen und dieses jeweils mit ihrer elektronischen Signatur versehen.

Die Schriftform des § 21 SEBG hat konstitutive Bedeutung, so dass die Wirksamkeit der Vereinbarung von der Beachtung dieses Formerfordernisses abhängt. Eines Rückgriffs auf § 125 S. 1 BGB bedarf es bei Nichteinhaltung der Formvorschrift daher nicht[487].

6. Sprache

Unabhängig vom Sitz der künftigen SE und der Sprache, welche für die Führung der Vereinbarungsverhandlungen gewählt wurde[488], können die Parteien frei darüber entscheiden, in welcher Sprache die Vereinbarung verfasst werden soll. Diese freie Wahl ergibt sich aus dem Prinzip der Vertragsfreiheit, dem die Mitbestim-

---

486 BR-Drucks. 438/04 S. 126.
487 So auch *Oetker* in FS Konzen, S. 635, 640; *ders.* in Lutter/Hommelhoff, SE-Kommentar, § 21 SEBG Rn. 12.
488 Zur Verhandlungssprache siehe B.II.3.b)

mungsvereinbarung als schuldrechtlicher Vertrag unterliegt[489]. Aus praktischen Erwägungen, insbesondere hinsichtlich der Umsetzung des Verhandlungsergebnisses in die schriftliche Vereinbarung, ist es jedoch sinnvoll, sich auf eine gemeinsame Sprache für Verhandlungen und Vereinbarung festzulegen. Auch ist es vorzugswürdig bei einer SE mit Sitz in Deutschland, die Vereinbarung in deutscher Sprache abzufassen. Zum einen überprüft das Registergericht bei einer SE mit Sitz in Deutschland die Vereinbarung vor Eintragung, so dass bei einer in einer anderen Sprache verfassten Vereinbarung zunächst die Übersetzung in die deutsche Sprache erforderlich ist[490]. Zum anderen ist die Gerichtssprache gemäß § 184 GVG Deutsch, so dass im Falle des Auftretens von gerichtlich zu klärenden Streitigkeiten betreffend den Inhalt der Mitbestimmungsvereinbarung auch hier eine Übersetzung der Vereinbarung ins Deutsche erforderlich wäre. Derartige Übersetzungen führen jedoch häufig zu Streitigkeiten hinsichtlich der Interpretation der Vereinbarung. Um solche Interpretationsschwierigkeiten zu vermeiden, ist darüber hinaus davon abzuraten, zwei Sprachfassungen einer Vereinbarung als verbindlich zu erklären. Des Weiteren ist das für die SE mit Sitz in Deutschland geltenden SEBG in deutscher Sprache abgefasst. Enthält die Mitbestimmungsvereinbarung eine planwidrige Regelungslücke und soll diese im Wege der ergänzenden Vertragsauslegung durch Rückgriff auf die dispositiven Vorschriften der gesetzlichen Auffangregelung (§§ 34 ff. SEBG) geschlossen werden, würde die Ergänzung einer in einer anderen Sprache verfassten Vereinbarung erhebliche praktische Schwierigkeiten bereiten[491].

7. Publizität

Während die SE erst mit Eintragung in das Handelsregister ihre Rechtsfähigkeit erlangt (Art. 16 Abs. 1, Art. 12 SE-VO), bedarf es für die Wirksamkeit der Vereinbarung einer solchen Publizierung nicht[492]. Zwar kann eine SE erst dann eingetragen werden, wenn das Besondere Verhandlungsgremium mit den Leitungen der Gesellschaft eine schriftliche Vereinbarung über die Arbeitnehmermitbestimmung abgeschlossen hat[493], jedoch resultiert daraus keine gesetzliche Pflicht, dem Registerge-

---

489 Zur Einordnung der Mitbestimmungsvereinbarung als Organisationsvertrag mit schuldrechtlicher Wirkung zugunsten Dritter siehe ausführlich B.I.2.e).

490 *Freis* in Nagel/Freis/Kleinsorge, § 13 Rn. 4; *Henssler* in Ulmer/Habersack/Henssler, Einl. SEBG Rn. 186.

491 Zur Auslegung der Mitbestimmungsvereinbarung siehe B.II.8.

492 *Oetker* in FS Konzen, S. 635, 641; *ders.* in Lutter/Hommelhoff, SE-Kommentar, § 21 SEBG Rn. 13.

493 Ist eine Vereinbarung nicht abgeschlossen worden, so ist gemäß Art. 12 Abs. 2 SE-VO für die Eintragung der SE entweder ein Beschluss des Besonderen Verhandlungsgremiums erforderlich, keine Verhandlungen zur Mitbestimmung aufzunehmen oder bereits begonnene Verhand-

richt die Vereinbarung vorzulegen[494]. Bereits durch die Vorlage der Vereinbarung lässt sich ihr erfolgter Abschluss leicht nachweisen[495]. Die Vereinbarung ist nicht eintragungspflichtig und wird somit nicht Bestandteil der Registerunterlagen[496]. Auch eine Veröffentlichung anderer Art, wie z.B. ein Aushängen der Vereinbarung in den beteiligten Gesellschaften oder eine sonstige Möglichkeit der Kenntnisnahme durch die Arbeitnehmer ist weder von der SE-RL noch vom SEBG als Wirksamkeitsvoraussetzung der Vereinbarung festgelegt[497]

8. Auslegung

Mit der Einordnung der Vereinbarung als schuldrechtlicher Vertrag finden auf deren Auslegung die Grundsätze über die Auslegung von Verträgen (§§ 133, 157 BGB) Anwendung[498].

Soll der Inhalt der Vereinbarung festgestellt werden, ist im Weg der erläuternden Auslegung der mutmaßliche Wille der Erklärenden zu ermitteln, wobei auf die Sicht eines objektiven Empfängers abzustellen ist (Auslegung vom Empfängerhorizont)[499]. Hierbei ist jedoch der Auslegungsgrundsatz des § 1 Abs. 3 SEBG zu berücksichtigen, wonach die Vereinbarung so auszulegen ist, dass die Ziele der Europäischen Gemeinschaft, die Beteiligung der Arbeitnehmer in der SE sicherzustellen, gefördert werden. Läuft der ermittelte mutmaßliche Wille dieser Zielrichtung entgegen, wird er durch das Fördergebot des § 1 Abs. 3 SEBG verdrängt[500].

Im Fall einer planwidrigen Regelungslücke in der Vereinbarung kommt die ergänzende Vertragsauslegung zur Anwendung[501]. Hierbei ist unter Berücksichtigung von Sinn und Zweck des zugrunde liegenden Vertrages darauf abzustellen, was die

---

lungen abzubrechen und die Beteiligungsvorschriften der Mitgliedstaaten anzuwenden, in denen die SE Arbeitnehmer beschäftigt (Art. 3 Abs. 6 SE-RL), oder aber die Verhandlungsfrist nach Art. 5 SE-RL muss erfolglos abgelaufen sein.

494 *Kleindiek* in Lutter/Hommelhoff, S. 95, 103.
495 *Kleindiek* in Lutter/Hommelhoff, S. 95, 103.
496 *Oetker* in FS Konzen, S. 635, 641.
497 *Oetker* in FS Konzen, S. 635, 641.
498 Ebenso MünchKommAktG/*Jacobs*, SEBG, § 21 Rn. 6; sieht man dagegen in der Vereinbarung entgegen der hier vertretenen Auffassung einen Kollektivvertrag sui generis mit normativer Wirkung, erfolgt die Auslegung ebenso wie nach der herrschenden Meinung bei Betriebsvereinbarung und Tarifvertrag nach den Grundsätzen über die Auslegung von Gesetzen, *Scheibe*, S. 102; *Kuffner*, S. 151; *Seibt*, AG 2005, 413, 428; wohl auch *Oetker* in FS Konzen, S. 635, 643 f.; *ders.* in Lutter/Hommelhoff, SE-Kommentar, § 21 SEBG Rn. 18.
499 *Bork*, BGB AT, Rn. 511, 525 ff.
500 Bezogen auf die ergänzende Vertragsauslegung ebenso *Oetker* in FS Konzen, S. 635, 644; *ders.* in Lutter/Hommelhoff, SE-Kommentar, § 1 SEBG Rn. 19.
501 Eine ergänzende Vertragsauslegung scheidet dann aus, wenn die getroffene Vereinbarung nach dem Willen der Parteien bewusst abschließend ist. In diesem Fall liegt keine zu ergänzende planwidrige Regelungslücke vor.

Parteien bei einer Abwägung der Interessen nach Treu und Glauben vereinbart hätten, wenn sie den nicht geregelten Fall bedacht hätten[502]. Entscheidend ist damit nicht der wirkliche, sondern der mutmaßliche Wille der Parteien, wobei hier wiederum die Auslegungsmaxime des § 1 Abs. 3 SEBG zu beachten ist. Da es sich bei der Vereinbarung nach § 21 SEBG um ein formbedürftiges Rechtsgeschäft handelt, ist nach der von der Rechtssprechung vertretenen sog. „Andeutungstheorie" erforderlich, dass die wesentlichen Teile der Erklärung in der Urkunde wenigstens angedeutet sind, da sonst der Inhalt von der urkundlichen Form nicht gedeckt ist[503]. Eine ergänzende Vertragsauslegung scheidet dann aus, wenn die Regelungslücke durch dispositives Gesetzesrecht geschlossen werden kann. Das dispositive Gesetzesrecht geht in diesem Fall der ergänzenden Vertragsauslegung vor[504]. Eine Ausnahme hiervon gilt jedoch dann, wenn die Heranziehung des dispositiven Rechts dem ausdrücklichen oder mutmaßlichen Willen der Parteien widerspricht[505] bzw. die dem dispositiven Gesetzesrecht zugrunde liegende Interessenlage der des konkret zu entscheidenden Falls zuwiderläuft[506]. In diesem Fall ist ein Rückgriff auf Gesetzesrecht ausgeschlossen, so dass die Lücke nach den Grundsätzen der ergänzenden Vertragsauslegung zu schließen ist. Bei den Bestimmungen der gesetzlichen Auffangregelung zur Mitbestimmung handelt es sich um dispositives Gesetzesrecht. Bestehende Regelungslücken können daher durch einen Rückgriff auf die §§ 34 ff. SEBG geschlossen werden[507]. Dies entspricht auch § 1 Abs. 3 SEBG. Da der Gesetzgeber mit der Auffangregelung ein Grundmodell für die Sicherung dieser Ziele aufgestellt hat, wird der Auslegungsregelung des § 1 Abs. 3 SEBG mit einem Rückgriff auf die Auffangregelung am ehesten Rechnung getragen[508]. Da die Parteien die Vereinbarungsverhandlungen jedoch vor dem Hintergrund des Eingreifens der gesetzlichen Auffangregelung führen und sich damit gerade gegen deren Eingreifen entscheiden, ist genau zu untersuchen, ob die Anwendung dieses dispositiven Gesetzesrechts nicht im Widerspruch zum mutmaßlichen Willen der Parteien steht, so dass eine Ausnahme vom Anwendungsvorrang dispositiven Gesetzesrechts vorliegt und auf die Regelungen zur ergänzenden Vertragsauslegung zurückgegriffen werden muss. Auch dürfen die gesetzlichen Auffangregelungen nicht das in der Vereinbarung individuell festgelegte Mitbestimmungsmodell aus-

---

502 *Bork*, BGB AT, Rn. 534; *Larenz/Canaris*, Methodenlehre, S. 121; *Larenz/Wolf*, BGB AT, § 28 Rn. 113.
503 BGHZ 80, 242, 245; 80, 246, 250; BGH NJW, 1999, 2591, 2592; 1989, 1484, 1486.
504 *Bork*, BGB AT, Rn. 534; *Brox*, BGB AT, Rn. 138; BGHZ 90, 69, 75; BGHZ 137, 153, 157.
505 BGH NJW 75, 1116, 1116; BGHZ 135, 92, 98.
506 BGH NJW 1988, 2099, 2100; BGH NJW 1998, 1480, 1480.
507 MünchKommAktG/*Jacobs*, SEBG, § 21 Rn. 8; *Freis* in Nagel/Freis/Kleinsorge, § 21 Rn. 41; *Scheibe*, S. 100, 102; *Oetker* in FS Konzen, S. 635, 644 f.; *ders* .in Lutter/Hommelhoff, SE-Kommentar, § 21 SEBG Rn. 18.
508 *Scheibe*, S. 100; *Kienast* in Jannott/Frodermann, 13 Rn. 405.

hebeln bzw. den dortigen Regelungen zuwider laufen[509]. Dem steht auch nicht die Auslegungsregel des § 1 Abs. 3 SEBG entgegen, da diese weder die allgemein geltenden Auslegungsrundsätze noch den Willen der Verhandlungsparteien verdrängt[510]. Andernfalls stände § 1 Abs. 3 SEBG im Widerspruch zum vorrangigen Grundsatz der Verhandlungslösung[511].

III. Inhalt der Mitbestimmungsvereinbarung

Im Einklang mit dem der SE-RL zugrunde liegenden Prinzip, vorrangig im Wege freier Verhandlungen eine maßgeschneiderte Arbeitnehmervertretungsstruktur für die zukünftige SE zu schaffen, enthält das SEBG lediglich in § 21 SEBG Angaben zum Inhalt der Vereinbarung, überlässt ihre nähere Ausgestaltung aber den Vereinbarungsparteien. Nach einer Darstellung des den Inhalt der Vereinbarung beeinflussenden Prinzips der Gestaltungsfreiheit und seiner Schranken (1.), soll in einem zweiten Schritt auf die für die betriebliche und unternehmerische Arbeitnehmerbeteiligung gleichermaßen geltenden inhaltlichen Vorgaben des § 21 SEBG eingegangen werden (2.). In einem letzten Schritt sind solche Vereinbarungsinhalte zu behandeln, die die Ausgestaltung der Unternehmensmitbestimmung in der SE betreffen, wobei insbesondere auf die diesbezüglich bestehenden Grenzen der Gestaltungsfreiheit eingegangen werden soll (3.).

1. Gestaltungsfreiheit als Grundprinzip des Inhalts der Vereinbarung und ihre Schranken

a) Gestaltungsfreiheit und Freiwilligkeit der Mitbestimmung

Die in § 21 Abs. 1 SEBG festgelegte Autonomie der Verhandlungsparteien erlaubt, den Inhalt der Beteiligungsvereinbarung weitestgehend frei zu gestalten. Die Gestaltungsfreiheit hinsichtlich der Unternehmensmitbestimmung reicht zumindest so weit, dass die Parteien wählen können, ob sie überhaupt eine Vereinbarung zur Mitbestimmung treffen oder nicht[512]. Hierfür spricht zum einen der Wortlaut des § 21 Abs. 3 SEBG, der inhaltliche Vorschläge *„Für den Fall, dass die Parteien*

---

509 So auch *Oetker* in FS Konzen, S. 635, 645.
510 *Oetker* in FS Konzen, S. 635, 645; *ders.* in Lutter/Hommelhoff, SE-Kommentar, § 1 SEBG Rn. 19, anders dagegen wohl *Krause*, BB 2005, 1221, 1223.
511 *Oetker* in FS Konzen, S. 635, 645.
512 *Steinberg*, S. 181 f.; *Herfs-Röttgen*, NZA 2002, 358, 363; *Kienast* in Jannott/Frodermann, 13 Rn. 376; *Köklü* in Drinhausen/Van Hulle/Maul, 6 Rn. 150; *Reichert/Brandes*, ZGR 2003, 767, 774; *Maraslis*, S. 74; *Blanke* in Blanke, Teil A Rn. 109, 118; *Kiem*, ZHR 171 (2007), 713, 716; *Wlotzke/Wissmann/Koberski/Kleinsorge/Kleinsorge*, Mitbestimmungsrecht, EG-Recht Rn. 37 und 39; *Joost* in EAS Teil B 8200 Rn. 115 und 121.

eine Vereinbarung über die Mitbestimmung treffen..." enthält. Zum anderen weisen die Gesetzesmaterialien zum SEBG eindeutig auf eine solche Entscheidungsfreiheit hin[513]. Ein Verzicht auf die Regelung der Arbeitnehmermitbestimmung durch Vereinbarung kommt zudem einem Beschluss des Besonderen Verhandlungsgremiums nach § 16 Ab. 1 S. 1 SEBG gleich, die Verhandlungen über die Mitbestimmung in der SE vorzeitig abzubrechen oder gar nicht erst aufzunehmen mit der Folge, dass zwar die Vorschriften der Mitgliedstaaten über die betriebliche Anhörung und Unterrichtung von Arbeitnehmern Anwendung finden (§ 16 Abs. 1 S. 3 SEBG), die SE im Übrigen aber mitbestimmungsfrei bleibt[514]. Diese Wahlfreiheit steht den Parteien bezüglich der Vereinbarung über die Unterrichtungs- und Anhörungsrechte nicht zu[515]. Wollen die Parteien auf die Einführung einer Unternehmensmitbestimmung verzichten, die SE also mitbestimmungsfrei gestalten, muss dies ausdrücklich in der Vereinbarung geregelt werden[516]. Fehlt es an einer solchen Regelung, so ist eine Vereinbarung im Sinne von § 21 SEBG über die Mitbestimmung nicht getroffen mit der Folge, dass hinsichtlich der unternehmerischen Mitbestimmung die gesetzlichen Auffangregeln der §§ 34 ff. SEBG Anwendung finden[517].

Nach der Ansicht *Herfs-Röttgens* und *Steinbergs* erfordere die Wirksamkeit einer solchen Verzichtsvereinbarung jedoch auf Seiten des Besonderen Verhandlungsgremiums eine Stimmenmehrheit von 2/3 der Stimmen im Besonderen Verhandlungsgremium, wobei hierdurch mindestens 2/3 der Arbeitnehmer aus mindestens 2 Mitgliedstaaten vertreten sein müssten[518]. Dieses Erfordernis einer qualifizierten Mehrheit ergebe sich aus der Vergleichbarkeit mit den in § 16 Abs. 1 SEBG festgelegten Tatbeständen, welche eine Beschlussfassung des Besonderen Verhandlungsgremiums mit qualifizierter Mehrheit voraussetzten. Vereinbarten die Parteien auf die Unternehmensmitbestimmung zu verzichten, so habe dies die gleichen Folgen wie ein Beschluss des Besonderen Verhandlungsgremiums über die Nichtaufnahme oder den vorzeitigen Abbruch von Verhandlungen. Die SE bleibe mitbestimmungsfrei.

Das Erfordernis einer qualifizierten doppelten Mehrheit seitens des Beschlusses des Besonderen Verhandlungsgremiums bei einem Verzicht auf die Unternehmensmitbestimmung ergibt sich jedoch direkt aus § 15 Abs. 4 SEBG[519]. Wenn nach § 15

513 BR-Drucks. 438/04, S. 129; BT-Drucks. 15/3405, S. 51.
514 Ebenso *Reichert/Brandes*, ZGR 2003, 767, 774; MünchKommAktG/*Jacobs*, SEBG, § 21 Rn. 13; *Köklü*, S. 185; *ders.* in Drinhausen/Van Hulle/Maul, 6 Rn. 150; *Steinberg*, S. 181.
515 So die h.M. *Schwarz*, SE-VO, Einl. Rn. 286; *Thüsing*, ZIP 2006, 1469, 1471; *Steinberg*, S. 180; *Grobys*, NZA 2005, 84, 88; *Freis* in Nagel/Freis/Kleinsorge, § 1 Rn. 19; *Kienast* in Jannott/Frodermann, 13 Rn. 375 Fn. 340; MünchKommAktG/*Jacobs*, SEBG, § 21 Rn. 12; a. A. *Herfs-Röttgen*, NZA 2002, 358, 361 f.
516 *Kienast* in Jannott/Frodermann, 13 Rn. 376.
517 *Kienast* in Jannott/Frodermann, 13 Rn. 404.
518 *Steinberg*, S. 181 f.; *Herfs-Röttgen*, NZA 2002, 358, 363.
519 *Oetker* in FS Konzen, S. 635, 648.

Abs. 3 S. 1, Abs. 4 SEBG eine den bisherigen in den Gründungsgesellschaften bestehenden Mitbestimmungsstandard mindernde Vereinbarung eine qualifizierte Mehrheit voraussetzt, ist dies erst recht für einen vollständigen Verzicht auf die Unternehmensmitbestimmung zu fordern.

Eine sowohl für die Arbeitnehmerbeteiligung auf Betriebs- als auch auf Unternehmensebene geltende Ausnahme vom Grundsatz der Gestaltungsfreiheit enthält § 21 Abs. 6 SEBG, wonach im Falle einer durch Umwandlung gegründeten SE in Bezug auf alle Komponenten der Arbeitnehmerbeteiligung der bisherige Standard in der umzuwandelnden Gesellschaft aufrechterhalten werden muss[520].

b) Schranken der Gestaltungsfreiheit

Die Gestaltungsfreiheit besteht jedoch nicht unbegrenzt, sondern findet ihre Schranken sowohl in den Vorgaben der SE-RL und des SEBG (Innenschranken) als auch in den Vorgaben der SE-VO, des SEAG, des AktG und sonstigem zwingenden nationalen Recht (Außenschranken)[521].

aa) Innenschranken

(1) Gesetzlich vorgegebene und zwingende Regelungsinhalte der Vereinbarung, § 21 Abs. 1-3 SEBG

Zu den Innenschranken der inhaltlichen Autonomie zählen die in § 21 Abs. 1-3 SEBG vorgegebenen Regelungsinhalte. Diese Regelungsinhalte erfassen neben allgemeinen Bestimmungen zu Geltungsbereich, Zeitpunkt des Inkrafttretens und Laufzeit der Vereinbarung (§ 21 Abs. 1 Nrn. 1 und 6 SEBG; § 21 Abs. 4 SEBG) auch solche Bestimmungen, die sich allein auf die Unterrichtung und Anhörung (§ 21 Abs. 1 Nrn. 2-5, Abs. 2 SEBG) oder auf die Mitbestimmung der Arbeitnehmer (§ 21 Abs. 3 SEBG) in der SE als solche beziehen. Während es sich bei den allgemeinen Vorgaben und den Regelungen zur betrieblichen Mitbestimmung um zwingende Anforderungen handelt[522], sind die Vorgaben für den Abschluss einer Vereinbarung über die Unternehmensmitbestimmung dem Wortlaut nach als Soll-Vorschriften ausgestaltet.

Nach einer Ansicht in der Literatur handelt es sich bei den Regelungsinhalten des § 21 Abs. 3 S. 2 SEBG entgegen dem Wortlaut („*soll Folgendes vereinbart werden*") um zwingende Vorgaben, deren Nichtbeachtung zur Unwirksamkeit der

---

520 Nähere Ausführungen zu § 21 Abs. 6 SEBG siehe B.III.4.
521 Für die Unterteilung in Innen- und Außenschranken *Oetker* in FS Konzen, S. 635, 649.
522 BT-Drucks. 15/3405, S. 51.

Vereinbarung führt[523]. Gestützt wird diese Ansicht auf den dem § 21 Abs. 3 S. 2 SEBG zugrunde liegenden Art. 4 Abs. 2 lit. g SE-RL, der nicht von einem „*sollen*" spricht, sondern die Formulierung „*wird ... festgelegt*" wählt. Nach anderer Ansicht hingegen handele es sich ausweislich des Wortlautes „*soll*" bei der Aufzählung um eine Orientierungshilfe des Gesetzgebers, führe also bei Nichtbeachtung nicht zur Unwirksamkeit oder sonstigen Rechtswidrigkeit der Vereinbarung[524]. Die Mitbestimmung zähle nicht zu den zwingenden Bestandteilen der Beteiligungsvereinbarung[525]. Wenn die Parteien schon frei entscheiden könnten, ob und welche Form der Mitbestimmung sie einführen wollten, dann müssten sie erst Recht deren Inhalt frei ausgestalten können[526]. Dem lässt sich entgegenhalten, dass hinsichtlich der Wirksamkeit der Vereinbarung zwischen dem „Ob" der Mitbestimmungsregelung, also der Frage, ob die Mitbestimmung in der SE überhaupt geregelt wird oder die SE mitbestimmungsfrei bleibt, und dem „Wie" der Mitbestimmungsregelung, also ihrer inhaltlichen Ausgestaltung unterschieden werden muss. Aus der Tatsache, dass der Gesetzgeber den Vereinbarungsparteien freistellt, eine Vereinbarung über die Mitbestimmung zu treffen oder nicht, folgt nicht automatisch die Erlaubnis, auch den Inhalt der Vereinbarung völlig frei zu gestalten. Zudem handelt es sich mit Ausnahme des § 21 Abs. 3 S. 2 Nr. 3 SEBG (Rechte der Mitglieder) um die Essentialen einer Regelung der Unternehmensmitbestimmung, die erhebliche Auswirkungen auf die Mitbestimmungsstruktur der jeweiligen SE haben. Werden diese Kernbestandteile der Mitbestimmung der SE nicht geregelt, erfüllt die Vereinbarungslösung ihren gesetzlich vorgesehenen Zweck nicht, eine maßgeschneiderte und individuell an die jeweilige SE angepasste Regelung der Arbeitnehmermitbestimmung zu ermöglichen. Folglich handelt es sich bei § 21 Abs. 3 S. 2 SEBG um zwingende Vorgaben.

Enthält die Vereinbarung diese zwingenden Regelungsinhalte nicht, kann diesbezüglich auf die gesetzliche Auffangregelung zurückgegriffen werden. Zu beachten sind in diesem Fall jedoch die Besonderheiten, die bei der Schließung von Regelungslücken für die Mitbestimmungsvereinbarung gelten[527]. Insbesondere darf der Rückgriff auf die gesetzliche Auffangregelung weder dem vereinbarten und

---

523 *Seibt*, AG 2005, 413, 422; *Schwarz*, SE-VO, Einl. Rn. 286 Fn. 775; wohl auch *Freis* in Nagel/Freis/Kleinsorge, 3 § 21 Rn. 20 ff.; *Kleinsorge*, RdA 2002, 343, 350; wohl auch *Köstler*, DStR 2005, 745, 747 „*...was die Vereinbarung enthalten muss...*"; wohl auch *Raiser/Veil*, § 59 Rn. 11.

524 MünchKommAktG/*Jacobs*, SEBG, § 21 Rn. 18; *Kienast* in Jannott/Frodermann, 13 Rn. 383; *Oetker* in FS Konzen, S. 635, 649, 650; *ders.* in Lutter/Hommelhoff, SE-Kommentar, § 21 SEBG Rn. 20; Münch.Hdb.GesR/*Austmann* § 85 Rn. 37; *Joost* in EAS Teil B 8200 Rn. 125; wohl auch *Steinberg*, S. 185; *Rößler* in Binder/Jünemann/Merz/Sinewe, § 2 Rn. 737.

525 *Oetker* in FS Konzen, S. 635, 649; *Steinberg*, S. 185.

526 *Kienast* in Jannott/Frodermann, 13 Rn. 383.

527 Zu den Anforderungen der ergänzenden Auslegung einer Mitbestimmungsvereinbarung siehe die Ausführungen unter B.II.8.

vorgesehenen Regelungsgefüge der Vereinbarung noch dem Willen der Parteien zuwiderlaufen, die die Vereinbarungsverhandlungen gerade vor dem Hintergrund der gesetzlichen Auffangregelung geführt haben. Scheidet aus diesen Gründen ein Rückgriff auf die gesetzlichen Bestimmungen aus und fehlen darüber hinaus auch für eine ergänzende Vertragsauslegung die notwendigen Anhaltspunkte für einen mutmaßlichen Parteiwillen, ist der mitbestimmungsrechtliche Teil der Beteiligungsvereinbarung aufgrund Fehlens der zwingenden Vorgaben des § 21 Abs. 3 S. 2 SEBG unwirksam[528].

(2) „Mitbestimmung der Arbeitnehmer", § 21 Abs. 3 S. 1 SEBG

Die wesentliche Innenschranke der Vereinbarungsautonomie bildet die *„Mitbestimmung der Arbeitnehmer"* nach § 21 Abs. 3 S. 1 SEBG. Gemäß § 21 Abs. 3 S. 1 SEBG muss die Vereinbarung auf die *„Mitbestimmung der Arbeitnehmer"* gerichtet sein[529]. Dabei legitimiert die Vereinbarungsautonomie nicht jegliche Bestimmung, die die Mitbestimmung der Arbeitnehmer in irgendeiner Weise betrifft. Der Begriff der *„Mitbestimmung"* ist vielmehr im Sinne der Legaldefinition des § 2 Abs. 12 SEBG zu verstehen[530]. Danach muss die Vereinbarung die *„Einflussnahme der Arbeitnehmer auf die Angelegenheiten einer Gesellschaft"* bezwecken. Als Mittel zur Erreichung dieses Zwecks benennt § 2 Abs. 12 SEBG die Wahl oder Bestellung eines Teiles der Mitglieder des Aufsichts- oder Verwaltungsorgans der Gesellschaft oder die Empfehlung oder Ablehnung der Bestellung eines Teiles oder aller Mitglieder des mitbestimmten Organs. Die Einflussnahme der Arbeitnehmer auf die Unternehmensentscheidungen erfolgt jedoch nicht allein durch ihre Repräsentanz im mitbestimmten Organ und ihr proportionales Verhältnis zu den Anteilseignern, sondern maßgeblich auch durch ihre Mitwirkung an Beschlüssen dieser Organe durch die Ausübung von Teilnahme- und Stimmrechten[531]. Auch wenn § 2 Abs. 12 SEBG diese Partizipation nicht ausdrücklich benennt, so ergibt sie sich zum einen aus der zwingenden Vorschrift des § 21 Abs. 3 S. 2 Nr. 3 SEBG, die in Zusammenhang mit §§ 21 Abs. 3 S. 1, 2 Abs. 12 SEBG zu sehen ist, und die Rechte der Arbeitnehmervertreter im mitbestimmten Organs als Gegenstand der Mitbestimmung ausdrücklich benennt. Zum anderen befindet sich der die Vereinbarung regelnde § 21 SEBG innerhalb des Kapitels des SEBG mit der Überschrift *„Kapitel 1: Beteiligung der Arbeitnehmer kraft Vereinbarung"*. Unter Beteiligung ist im

---

528 Zu den Rechtsfolgen einer fehlerhaften Beteiligungsvereinbarung siehe die Ausführungen unter B.IV.

529 So auch *Hennings* in Manz/Mayer/Schröder, Art. 4 SE-RL Rn. 6; *Schwarz*, SE-VO, Einl. Rn. 291; *Habersack*, ZHR 171 (2007), 613, 630 f.; *Kiem*, ZHR 171 (2007), 713, 717.

530 *Oetker*, ZIP 2006, 1113, 1116; *ders.* in FS Konzen, S. 650 f.; *ders.* in Lutter/Hommelhoff, SE-Kommentar, § 21 SEBG Rn. 33; *Habersack*, ZHR 171 (2007), 613, 630 f.

531 So auch *Habersack*, AG 2006, 345, 353; *Teichmann*, Der Konzern 2007, 89, 95.

Sinne des SEBG gemäß § 2 Abs. 8 SEBG *„jedes Verfahren (...) durch das die Arbeitnehmervertreter auf die Beschlussfassung in der Gesellschaft Einfluss nehmen können"* zu verstehen[532]

Das Verhandlungsmandat der SE-RL und damit die Gestaltungsfreiheit ist folglich allein auf solche Regelungsgegenstände beschränkt, die der Ausgestaltung der Arbeitnehmermitbestimmung in der SE im Sinne von § 21 Abs. 3 S. 1 i.V.m. § 2 Abs. 12 SEBG dienen. Die Regelungsgegenstände der Mitbestimmungsvereinbarung müssen die Beteiligungsrechte der Arbeitnehmer direkt betreffen[533].

bb) Außenschranken

Die Vereinbarungsautonomie unterliegt hinsichtlich ihrer Reichweite und ihren Schranken zwingendem nationalen Recht, insbesondere zwingendem Gesellschaftsrecht[534].

(1) Satzungsautonomie

Die Mitbestimmungsautonomie muss sich im Rahmen der Satzungsautonomie bewegen, d.h. Gegenstand einer Mitbestimmungsvereinbarung kann nur sein, was zugleich auch Regelungsgegenstand einer Satzung sein kann[535]. Dabei kann dieses Abhängigkeitsverhältnis nicht daraus abgeleitet werden, dass die Satzung gemäß Art. 12 Abs. 4 S. 1, 2 SE-VO bei bestehenden Widersprüchlichkeiten zum Inhalt der Mitbestimmungsvereinbarung an diese anzupassen ist. Zwar setzt eine solche Anpassung denknotwendig voraus, dass der betroffene Inhalt Regelungsgegenstand einer Satzung sein kann, da andernfalls eine Anpassung oder Übernahme der betroffenen Vereinbarungsinhalte in die Satzung nicht erfolgen kann. Doch legt Art. 12 Abs. 4 SE-VO fest, dass ein zwischen Satzung und Vereinbarung auftretender Widerspruch durch eine Anpassung der Satzung an die Vereinbarung aufzulösen ist. Ein solcher Widerspruch setzt jedoch voraus, dass Satzung und Mitbestimmungsvereinbarung wirksam sind, die kollidierenden Inhalte also bereits zulässige Regelungsgegenstände einer Satzung bzw. Vereinbarung sein können. Andernfalls tritt eine Kollision gar nicht erst ein. Aus Art. 12 Abs. 4 SE-VO lassen

532 So auch *Teichmann*, Der Konzern 2007, 89, 95.
533 Ebenso *Hennings* in Manz/Mayer/Schröder, Art. 4 SE-RL Rn. 8.
534 So auch *Hennings* in Manz/Mayer/Schröder, Art. 4 SE-RL Rn. 7, 28; *Oetker* in Lutter/Hommelhoff, SE-Kommentar, § 21 SEBG Rn. 33.
535 *Habersack*, AG 2006, 345, 346, 348; *ders.* ZHR 171 (2007), 613, 629 f.; *Oetker* in FS Konzen, S. 635, 656; *Hommelhoff* in Lutter/Hommelhoff, S. 5, 16; *Windbichler* in FS Canaris, S. 1423, 1431; a. A. *Teichmann*, Der Konzern 2007, 89, 94.

sich damit keine Rückschlüsse auf die inhaltliche Reichweite der Mitbestimmungsvereinbarung ziehen[536].

Das Erfordernis der Satzungsautonomie als Schranke der Mitbestimmungsautonomie ergibt sich jedoch aus der Rechtsnatur der Mitbestimmungsvereinbarung als schuldrechtlicher Vertrag zugunsten Dritter[537]. Die durch diesen schuldrechtlichen Vertrag begründete Pflicht zur Gestaltung der Satzung entsprechend den Vorgaben der Vereinbarung setzt voraus, dass der Satzungsgeber den Vereinbarungsinhalt in die Satzung inkorporieren kann. Der Inhalt der Mitbestimmungsvereinbarung muss daher Gegenstand einer Satzungsregelung sein können, um in die Satzung überführt werden zu können, und setzt daher Satzungsautonomie voraus[538]. Selbst wenn man entgegen der hier vertretenen Ansicht keine Umsetzung der Vereinbarung durch die Satzung fordert, sondern eine normative Wirkung der Vereinbarung annimmt, kann die Vereinbarungsautonomie schon deshalb nicht weiterreichen als die Satzungsautonomie, da andernfalls der auch für die SE geltende Grundsatz der Satzungsstrenge und dessen Zwecksetzung unterlaufen werden könnte[539]. Das Prinzip der Satzungsstrenge bezweckt den Schutz der Gesellschaftsgläubiger und der Aktionäre[540]. Der Aktionär soll in seiner Eigenschaft als Kapitalanleger durch zwingendes, der Satzungsgestaltung entzogenes Aktienrecht geschützt werden, indem er vor Erwerb der Aktie auf das Vorliegen bestimmter Verhältnisse und Regelungen vertrauen kann und somit in gewissem Maße Rechtsklarheit und Rechtssicherheit genießt[541]. Der Erwerber von Aktien erwartet eine bestimmte Gesellschaftsverfassung und bestimmte Mitgliedschaftsrechte. Da der Umfang der Mitgliedschaftsrechte der Aktionäre maßgeblich davon abhängt, ob und inwieweit dem Aufsichtsrat mitbestimmte Mitglieder angehören, gilt dies insbesondere für die Zusammensetzung des Aufsichtsrates. Der Grundsatz der Satzungsstrenge schützt den Erwerber vor Überraschungen. Ein zeit- und kostenaufwändiges Prüfen der Satzung der Gesellschaft vor Erwerb der Aktie ist damit nicht erforderlich, was zugleich die Handelbarkeit der Aktie begünstigt. Könnte ein der Satzungsautonomie entzogener Regelungsgegenstand Inhalt einer Mitbestimmungsvereinbarung sein, liefe der Schutzzweck der Satzungsstrenge leer.

Mit dem Abhängigkeitsverhältnis zwischen Satzungs- und Vereinbarungsautonomie einher geht damit das Prinzip der Satzungsstrenge, das der Satzungsautono-

---

536 *Oetker*, ZIP 2006, 1113, 1116; MünchKommAktG/*Reichert Brandes*, SE-VO, Art. 40 Rn. 70; *Teichmann*, Der Konzern 2007, 89, 94, der aus diesem Grund eine Einordnung der Satzungsautonomie als Schranke der Gestaltungsfreiheit ablehnt.

537 Siehe hierzu B.I.2.e).

538 Ebenso *Habersack*, AG 2006, 345, 348.

539 Zum Prinzip der Satzungsstrenge und seiner Geltung in der SE, *Hommelhoff* in FS Ulmer, S. 267.

540 *Spindler*, AG 1998, 53, 59.

541 *Bartsch*, S. 159 f.; Spindler, AG 1998, 53, 59.

mie und damit auch der Mitbestimmungsautonomie Grenzen setzt. Der Grundsatz der Satzungsstrenge gilt für eine in Deutschland sitzende SE dabei in doppelter Hinsicht[542]. Zum einen unterliegt die SE neben den Vorgaben der SE-VO den Bestimmungen der Satzung nur, wenn die SE-VO dies ausdrücklich erlaubt (Art. 9 Abs. 1 lit. b SE-VO). Zum anderen unterliegt sie in Bezug auf die nicht oder nur teilweise durch die SE-VO geregelten Aspekte den Rechtsvorschriften des deutschen AktG und damit auch dem in § 23 Abs. 5 AktG verankerten Gebot der Satzungsstrenge (Art. 9 Abs. 1 lit. c ii SE-VO) sowie ihrer Satzung unter den Voraussetzungen wie im Falle einer nach deutschem Recht gegründeten SE (Art. 9 Abs. 1 lit. c iii SE-VO)[543]. Satzungsbestimmungen bedürfen daher einer ausdrücklichen Zulassung durch die SE-VO, so dass die SE-VO ergänzende Satzungsbestimmungen nicht zulässig sind[544]. Nicht oder nicht abschließend von der SE-VO geregelte Bereiche können dann zum Gegenstand der Satzung werden, wenn das nationale Aktienrecht dies nach den Vorgaben des § 23 Abs. 5 S. 1, 2 AktG zulässt. Nach dem in § 23 Abs. 5 AktG niedergelegten Grundsatz der Satzungsstrenge des deutschen Aktienrechts sind die Abweichungen von Vorschriften des AktG in der Satzung grundsätzlich unzulässig, sofern das Gesetz sie nicht ausdrücklich zulässt (§ 23 Abs. 5 S. 1 AktG). Ergänzungen der Vorschriften des AktG durch die Satzung hingegen sind grundsätzlich zulässig, es sei denn, das Gesetz enthält eine abschließende Regelung (§ 23 Abs. 5 S. 2 AktG). Enthält weder die SE-VO noch das AktG für einen bestimmten Bereich eine abschließende Regelung, besteht diesbezüglich Gestaltungsfreiheit für ergänzende Satzungsbestimmungen[545]. Ob die vorhandenen gesetzlichen Regelungen des AktG als abschließend zu verstehen sind oder nicht, kann sich entweder ausdrücklich aus dem Gesetz ergeben, indem es ergänzende Satzungsregelungen ausdrücklich für zulässig erklärt, oder muss in den übrigen Fällen durch Auslegung des Gesetzes ermittelt werden[546]. Dabei bilden abschließende Regelungen grundsätzlich einen Ausnahmefall, so dass die Bejahung einer solchen der besonderen Begründung bedarf[547]. Im Rahmen dieser Arbeit wird daher nur dann auf das Vorliegen der Satzungsautonomie näher eingegangen, wenn sich dieses als problematisch erweist[548].

---

542 *Seibt* in Lutter/Hommelhoff, S. 67, 68; *Hommelhoff* in FS Ulmer, S. 267, 276 f.; *Habersack*, AG 2006, 345, 348; *Maul* in Drinhausen/Van Hulle/Maul, 2 Rn. 7.

543 *Brandt*, S. 164; *Seibt* in Lutter/Hommelhoff, S. 67, 68; *Kallmeyer*, AG 2003, 197, 198.

544 *Maul* in Drinhausen/Van Hulle/Maul, 2 Rn. 7; *Brandt* S. 162; *Hommelhoff* in FS Ulmer, S. 267, 272; *Wagner*, NZG 2002, 985, 988.

545 *Seibt* in Lutter/Hommelhoff, S. 67, 69.

546 *Röhricht* in GroßKommAktG, § 23 Rn. 188 f.; MünchKommAktG/*Pentz*, § 23 Rn. 157 f.

547 MünchKommAktG/*Pentz*, § 23 Rn. 157; *Röhricht* in GroßKommAktG, § 23 Rn. 189.

548 Einen Überblick über notwendige und fakultative Satzungsregelungen der SE bietet *Maul* in Drinhausen/Van Hulle/Maul, 2 Rn. 8 ff.

Auch wenn die Mitbestimmungsautonomie die Satzungsautonomie voraussetzt, ist die Reichweite der Mitbestimmungsautonomie nicht deckungsgleich mit derjenigen der Satzungsautonomie[549]. Andernfalls würde die Grenze des durch die SE-RL bestimmten Verhandlungsmandats erheblich überschritten[550].

(2) Gleichberechtigungsgrundsatz

Fraglich ist, ob der im nationalen Aktienrecht zwingend geltende Grundsatz der Gleichberechtigung aller Aufsichtsratsmitglieder auch für die SE zwingende Geltung beansprucht und damit der Gestaltungsfreiheit der Vereinbarungsparteien Schranken setzt. Nach dem aktienrechtlichen Gleichbehandlungsgrundsatz haben alle Mitglieder eines deutschen Aufsichtsrats die gleichen Rechte und Pflichten sowie die gleiche Verantwortung für das Unternehmen. Dieser zwingende der Disposition des Satzungsgebers entzogene Grundsatz findet seinen gesetzlichen Niederschlag in § 4 Abs. 3 MontanMitbestG und § 5 Abs. 4 MontanMitbestErgG. Aber auch vom Schrifttum[551] und der Rechtsprechung[552] wird ihm allgemeine Geltung zuerkannt.

Hinsichtlich der SE normiert der Gesetzgeber die Geltung des Gleichberechtigungsgrundsatzes allein für den Fall des Eingreifens der gesetzlichen Auffangregelung und damit für die Mitbestimmung im Aufsichts- oder Verwaltungsorgan kraft Gesetzes (§ 38 Abs. 1 SEBG), nicht jedoch für die Mitbestimmung kraft Vereinbarung. Auch SE-VO und SE-RL enthalten keine Angaben über die Gleichberechtigung der Organmitglieder. Die ausdrückliche gesonderte Erwähnung des Gleichbehandlungsprinzips im Rahmen der gesetzlichen Auffangregelung lässt den Schluss zu, dass dieser Grundsatz für die SE anders als für die nationale Aktiengesellschaft gerade keine allgemein zwingende und unabdingbare Geltung beansprucht und damit die Mitbestimmungsautonomie nicht beschränkt[553]. Andernfalls hätte es einer solchen gesonderten Normierung ausschließlich für die Mitbestimmung kraft Gesetzes nicht bedurft bzw. § 38 Abs. 1 SEBG käme allein deklaratorische Bedeutung zu.

Für die allgemeine Geltung des Gleichbehandlungsgrundsatzes in der SE spricht nach der Ansicht *Oetkers* jedoch die Rechtsanwendungshierarchie des Art. 9

---

549 *Oetker*, ZIP 2006, 1113, 1116; *ders.* in FS Konzen, S. 635, 649; *Habersack*, AG 2006, 345, 351, *ders.* ZHR 171 (2007), 613, 630.
550 *Habersack*, AG 2006, 345, 351.
551 *Köstler/Kittner/Zachert*, Aufsichtsratspraxis, Rn. 592; *Ulmer/Habersack* in Ulmer/Habersack/ Henssler, § 25 Rn. 76; *Raiser*, MitbestG, § 25 Rn. 119.
552 BGHZ 83, 106, 112 f.; BGHZ 83, 144, 147; BGHZ 83, 151, 154; BGHZ 99, 211, 216; BGHZ 122, 342, 342.
553 Ebenso *Scheibe*, S. 132; so im Ergebnis auch *Köklü* in Drinhausen/Van Hulle/Maul, 6 Rn. 242.

Abs. 2 lit. c SE-VO[554]. Gemäß Art. 9 Abs. 1 lit. c ii) SE-VO findet für die nicht oder nicht abschließend durch die SE-VO geregelten Bereiche das Recht der nationalen Aktiengesellschaften des Sitzstaates Anwendung und damit neben den gesetzlichen Vorschriften auch Richterrecht und Gewohnheitsrecht[555]. Folglich könne auch der im nationalen Aktienrecht allgemein anerkannte Gleichbehandlungsgrundsatz für die SE gelten und zwar sowohl für die Mitbestimmung kraft Gesetzes als auch für diejenige kraft Vereinbarung. Gegen einen Rückgriff auf die Generalverweisung des Art. 9 Abs. 1 lit. c ii) SE-VO und damit gegen eine Übertragung des aktienrechtlichen Gleichbehandlungsgrundsatzes auf die SE wendet *Scheibe* zu Recht ein, dass § 20 SEAG gerade die Anwendbarkeit der §§ 76-116 AktG und des davon konsequenterweise umfassten Gleichbehandlungsgrundsatzes für das monistische System als unzulässig erklärt[556]. Indem der Gesetzgeber mit den §§ 20 ff. SEAG von seinem Recht Gebrauch gemacht hat, detaillierte und umfassende Vorschriften für das monistische System zu erlassen, hat er sich zugleich gegen die Option entschieden, die Ausgestaltung der deutschen monistischen SE soweit wie möglich dem SE-Satzungsgeber zu überlassen. Aufgrund dieser umfassenden Regelungen zum monistischen System ist anzunehmen, dass der Gesetzgeber den ihm aus dem nationalen Aktienrecht bekannten Gleichbehandlungsgrundsatz im SEAG normiert hätte, wenn er für die SE uneingeschränkt hätte gelten sollen. Auch wenn eine derartige den Rückgriff auf das nationale Aktienrecht ausschließende Regelung im Sinne von § 20 SEAG für das dualistische System nicht besteht, ergibt sich ein Verbot für die Übertragung des Gleichbehandlungsgrundsatzes auf die SE insbesondere aus dem die SE prägenden Prinzip der Verhandlungslösung, welches eine individuell an das jeweilige Unternehmen angepasste Gestaltung der Arbeitnehmerbeteiligung bezweckt. Dabei sind die Vereinbarungsparteien bei der Gestaltung der Arbeitnehmermitbestimmung mit Ausnahme der die SE-RL umsetzenden Normen gerade nicht an nationale Vorschriften über die Mitbestimmung in den Unternehmensorganen gebunden (Art. 13 Abs. 2 SE-RL). Wie *Scheibe* zutreffend feststellt, ist daher auch der im Schrifttum für die nationalen Mitbestimmungsgesetze außerhalb des SEBG aufgestellte Gedanke, wonach die Mitbestimmung auf Integration und Kooperation angelegt ist und demzufolge eine Gleichstellung unumgänglich ist, der SE-Mitbestimmung nicht zugrunde zu legen und kann daher auch nicht als Begründung für den Gleichbehandlungsgrundsatz herangezogen werden, da es sich hierbei um ein *„typisch deutsches Phänomen"* handelt[557].

---

554 *Oetker* in FS Konzen, S. 635, 654; für eine Geltung des Gleichbehandlungsgrundsatzes in der SE ebenfalls *Seibt*, AG 2005, 413, 423; *Habersack*, ZHR 171 (2007), 613, 633.
555 *Hommelhoff* in Lutter/Hommelhoff, S. 5, 20 f.; *Teichmann*, ZGR 2002, 383, 398 f.; *Scheibe*, S. 132.
556 *Scheibe*, S. 133.
557 *Scheibe*, S. 133 mit Literaturhinweisen und rechtsvergleichender Untersuchung, S. 136 f.

Eine Gleichstellung aller Mitglieder des mitbestimmten Organs gebietet auch nicht dessen ungestörte Funktionsfähigkeit. Zwar kann eine Ungleichbehandlung das Arbeitsklima innerhalb des Organs beeinträchtigen, zu Konfrontationen führen und damit die Zusammenarbeit der Mitglieder und die Funktionsfähigkeit des Organs behindern. Dies steht einer Ungleichbehandlung an sich nicht entgegen, schränkt jedoch das Ausmaß und die Qualität der Ungleichbehandlung ein. Zudem kann eine Ungleichbehandlung der Mitglieder der Funktionsfähigkeit des mitbestimmten Organs sogar dienlich sein, indem sie die Erfüllung von Pflichten und Funktionen des Aufsichts- bzw. Verwaltungsorgans optimiert.

(3) Eigentumsschutz, Art. 14 Abs. 1 GG

Eine weitere materiell-rechtliche Schranke der Regelungsbefugnis der Vereinbarungsparteien besteht nach der Ansicht *Seibts* in dem in Art. 14 Abs. 1 GG verankerten Eigentumsschutz[558]. Eine Vereinbarung, die eine Überparität zugunsten der Arbeitnehmervertreter im Aufsichtsrat festlege, sei wegen Verstoßes gegen den verfassungsrechtlich gewährleisteten Eigentumsschutz der Anteilseigner unzulässig.

Das Grundrecht der Anteilseigner von Kapitalgesellschaften auf Eigentumsgewährleistung gemäß Art. 14 Abs. 1 GG beinhaltet neben einem vermögensrechtlichen auch ein mitgliedschaftliches Element[559]. In seinem ersten Mitbestimmungsurteil von 1976 anerkennt das BVerfG, dass die dem Eigentumsrecht innewohnenden Mitgliedschaftsrechte durch Mitbestimmungsregelungen beeinträchtigt würden, aber durch die Sozialbindung des Eigentums legitimiert seien[560]. Eine Legitimation dieser Beeinträchtigung des Anteilseignereigentums sei solange gegeben, wie über das investierte Kapital nicht gegen den Willen der Anteilseigner entschieden werden könne, die Anteilseigner weiterhin die Kontrolle über die Führungsauswahl behielten und das Letztentscheidungsrecht bei ihnen verbleibe[561]. Besteht eine Mehrheit der Arbeitnehmervertreter gegenüber den Anteilseignervertretern im mitbestimmten Organ, werden die mitgliedschaftsrechtliche Position der Anteilseigner und die damit einhergehenden Entscheidungsrechte (Einfluss auf Planung, Organisation und Leitung) derart geschwächt, dass der mit der Sozialbindung des Eigentums verfolgte Zweck außer Verhältnis zur Einschränkung der Anteilseignerrechte steht und Letztere als Eigentumsverletzung zu qualifizieren ist. Dies gilt insbesondere für eine Parität oder Überparität von Arbeitnehmervertretern im Verwal-

---

558 *Seibt*, AG 2005, 413, 416, 422; für die Regelungsbefugnis der Vereinbarungsparteien betreffend die Beteiligungsrechte über die Unterrichtung und Anhörung auch *Thüsing*, ZIP 2006, 1469, 1472.
559 *Kämmerer/Veil*, ZIP 2005, 369, 371.
560 BVerfGE 50, 290, 342, 347 ff.
561 BVerfGE 50, 290, 350.

tungsrat einer monistischen SE, da den Arbeitnehmervertretern dort nicht nur Überwachungs- und Kontrollaufgaben, sondern auch Leitungsfunktionen zukommen[562]. Die Arbeitnehmervertreter besitzen in dieser Konstellation einen hälftigen Anteil an der Dispositionsbefugnis über das Eigentum der Anteilseigner[563].

Es stellt sich daher die Frage, ob der verfassungsrechtlich gewährleistete Eigentumsschutz der Anteilseigner die Gestaltungsfreiheit der Vereinbarungsparteien und damit die Mitbestimmungsautonomie beschränkt und somit als Inhaltsbeschränkung der privatautonomen Mitbestimmungsvereinbarung herangezogen werden kann. Abzustellen ist dabei nicht auf die europarechtliche Eigentumsgarantie des Art. 17 Abs. 1 EuGRC, sondern auf den Eigentumsschutz des GG nach Art. 14 Abs. 1 GG[564]. Zwar unterliegt die SE neben nationalen auch europäischen Vorgaben, doch schreibt das Gemeinschaftsrecht Deutschland lediglich die Einführung einer Vereinbarungslösung vor, erlässt jedoch keine weiteren Vorgaben bezüglich des Inhalts und der Ausgestaltung der Mitbestimmungsvereinbarung. Der Ausgestaltungsspielraum der Mitbestimmungslösung in der SE ist dem nationalen Gesetzgeber überlassen. Die Rechtmäßigkeit der Mitbestimmungsvereinbarung richtet sich nach deutschem Recht, so dass auch der grundrechtliche Prüfungsmaßstab kein europäischer, sondern ein nationaler ist[565].

Erforderlich für eine Anerkennung des Art. 14 Abs. 1 GG als Schranke der Gestaltungsfreiheit ist eine Bindung der Vereinbarungsparteien an die Grundrechte. Eine unmittelbare Bindung der Parteien an die Grundrechte scheidet aus. Nach der Lüth-Entscheidung des BVerfG ist eine unmittelbare Grundrechtsbindung auf dem Gebiet des Privatrechts ausgeschlossen[566]. Unmittelbarer Adressat der grundgesetzlichen Grenzen der Vertragsfreiheit ist ausschließlich der Staat. Die Mitbestimmungsvereinbarung ist als schuldrechtlicher Vertrag dem Privatrecht zuzuordnen und stellt damit keinen Akt der öffentlichen Gewalt dar. Dies gilt auch dann, wenn man entgegen der hier vertretenen Auffassung eine normative Wirkung der Vereinbarung annimmt, da allein der Rechtsnormcharakter die Vereinbarung nicht als einen Akt der öffentlichen Gewalt qualifiziert[567]. Auf die Vereinbarung anwendbar

---

562 *Kämmerer/Veil*, ZIP 2005, 369, 372.

563 Zur Verfassungswidrigkeit der gesetzlichen Auffangregelung im monistischen System siehe ausführlich MünchKommAktG/*Jacobs*, SEBG, § 35 Rn. 16 ff.; *Kämmerer/Veil*, ZIP 2005, 369 ff.; ebenfalls mit verfassungsrechtlichen Bedenken, *Gruber/Weller*, NZG 2003, 297, 299 ff.; *Kallmeyer*, ZIP 2003, 1531, 1534; *Roth*, ZfA 2004, 431, 444 f., 452 f.

564 *Kämmerer/Veil*, ZIP 2005, 369, 371, für den grundrechtlichen Prüfungsmaßstab betreffend die Auffangregelungen des SEBG.

565 Zur auf die Mitbestimmungsvereinbarung anwendbaren Rechtsordnung siehe B.I.1.

566 BVerfGE 7, 198, 205.

567 Zur gleichgelagerten Streitfrage der unmittelbaren oder mittelbaren Grundrechtsbindung von Tarifvertragsparteien im Hinblick auf die normative Wirkung des Tarifvertrages vgl. *Kempen* in Zachert/Kempen, TVG, Grundlagen Rn. 141 ff. und 188 ff.; Däubler/*Däubler*, TVG, Einleitung Rn. 124 a ff. und 168 ff.; *Wiedemann* in Wiedemann, TVG, Einleitung Rn. 182 ff.

sind jedoch die Grundsätze zur mittelbaren Drittwirkung der Grundrechte und die Grundsätze über die grundrechtsbezogenen Schutzpflichten des Staates. Nach der Lehre von der mittelbaren Drittwirkung, welche vom BVerfG in der Lüth-Entscheidung anerkannt wurde, sind die Grundrechte zwar in privaten Rechtsbeziehungen nicht direkt anwendbar, strahlen aber als Wertmaßstäbe über die Generalklauseln des Privatrechts (z.B. §§ 138 Abs. 1, 242, 315 Abs. 1 BGB) auf die Privatrechtsbeziehungen ein[568]. Die Grundrechte bilden eine objektive Werteordnung, die als verfassungsrechtliche Grundentscheidung für alle Bereiche des Rechts Geltung beansprucht und insoweit auch auf das Privatrecht einwirkt. Eine Erweiterung hat die Lehre von der mittelbaren Drittwirkung der Grundrechte durch die Lehre von den grundrechtsbezogenen staatlichen Schutzpflichten im Privatrecht erfahren[569]. Hiernach begründen die Grundrechte in ihrer Funktion als Abwehrrechte nicht nur eine staatliche Schutzpflicht zugunsten der Grundrechte einzelner Grundrechtsträger gegenüber dem Staat, sondern eine entsprechende Schutzpflicht auch vor Grundrechtseingriffen durch andere Private. Wird dem Schutz grundrechtlicher Interessen einer Privatperson durch gesetzliche Regelungen nicht hinreichend genüge getan, ist es die Pflicht der Gerichte, den betroffenen Grundrechtsträgern vor Eingriffen privater Dritter in seine grundrechtlich geschützte Position zu schützen[570]. Dabei wird eine derartige Schutzpflicht der Judikative nur dann ausgelöst, wenn die als Grundrechtsträger betroffene Partei der anderen Partei strukturell unterlegen ist und aufgrund eines grundrechtlich bedenklichen Ungleichgewichts eine staatliche Korrektur erforderlich ist[571]. Eine derartige Korrektur durch Auflösung der strukturellen Unterlegenheit führt jedoch zwangsläufig dazu, dass zugleich in grundrechtlich geschützte Interessen der überlegenen Privatperson eingegriffen wird. Die Kollision der grundrechtlich geschützten Interessen beider Privatpersonen gilt es auf die schonendste Weise durch eine Interessenabwägung zu lösen[572]. Diese kann rechtstechnisch einer Abwägung innerhalb der zivilrechtlichen Generalklauseln zugeordnet werden. Liegt ein strukturelles Ungleichgewicht zwischen den privaten Vertragsparteien vor, hat die Rechtssprechung nach erfolgter Interessenabwägung die Vertragsfreiheit über die zivilrechtlichen Generalklauseln zur Wahrung der grundrechtlich geschützten Interessen der unterlegenen Partei einzuschränken.

---

568 BVerfGE 7, 198, 206; daran anschließend BGHZ 13, 334, 338; BGHZ 34, 269, 280; *Canaris*, AcP 184 (1984), 201, 208 ff.

569 BVerfGE 39, 1, 42; BVerfGE 53, 30, 57; BVerfGE 56, 54, 73; BVerfGE 79, 174, 201 f.; *Callies*, JZ 2006, 321, 322.

570 ErfKom/*Dieterich*, Einl. GG Rn. 10; *Canaris*, AcP 184 (1984), 201, 225 ff.; *Preis*, Grundfragen der Vertragsgestaltung, S. 44.

571 BVerfGE 89, 214, 232; *Preis*, Grundfragen der Vertragsgestaltung, S. 46 f.; *Wiedemann*, JZ 1990, 695, 697.

572 *Canaris*, AcP 184 (1984), 201, 223.

Bei Abschluss der Mitbestimmungsvereinbarung besteht kein strukturelles Ungleichgewicht zu Lasten der Anteilseignerseite. Zwar sind die Anteilseigner als solche an den Vereinbarungsverhandlungen nicht unmittelbar beteiligt, da Verhandlungspartei auf Arbeitgeberseite die Leitungen der beteiligten Gesellschaften bzw. der SE sind. Aufgrund des Zustimmungserfordernisses der Hauptversammlung zur Vereinbarung bzw. aufgrund des Genehmigungsvorbehaltes als Wirksamkeitsvoraussetzung für die Mitbestimmungsvereinbarung wird jedoch sichergestellt, dass die Vereinbarung nicht gegen den Willen und die Interessen der Anteilseignervertreter abgeschlossen wird[573]. Ebenso wenig ergibt sich eine strukturelle Unterlegenheit aus der vielfach im Schrifttum kritisierten Konstruktion der Arbeitnehmermitbestimmung in der SE, wonach bei einem Scheitern der Verhandlungen nach §§ 34 ff. SEBG die gesetzlichen Auffangregelungen in Kraft treten, die die Fortführung der höchsten in den beteiligten Gründungsgesellschaften anzutreffenden Mitbestimmungsstandards bewirken und deshalb dem Besonderen Verhandlungsgremium nur wenig Anlass für den Abschluss einer andersartigen den Mitbestimmungsstandard verringernden Mitbestimmungsvereinbarung geben[574]. Die Verhandlungsrechte sind zwischen Besonderem Verhandlungsgremium und Leitungen zwar unterschiedlich verteilt, doch sind sie so aufeinander abgestimmt, dass sie zu einem Verhandlungsgleichgewicht der Parteien führen. Beispielsweise kann das Besondere Verhandlungsgremium jederzeit beschließen, Verhandlungen gar nicht erst aufzunehmen oder diese vorzeitig abzubrechen mit der Folge, dass die SE mitbestimmungsfrei bleibt. Eine solche Möglichkeit steht nach der hier vertretenen Auffassung zwar auch den Leitungen zu[575], doch hat ein solcher Verzichts- bzw. Abbruchsbeschluss nicht die Mitbestimmungsfreiheit der SE zur Folge, sondern führt zu einem Eingreifen der gesetzlichen Auffangregelung, da die Leitungen andernfalls durch einfaches Verweigern der Verhandlungen eine für die Anteilseignerseite vorteilhafte mitbestimmungsfreie SE schaffen könnten und so die Konzeption der Arbeitnehmerbeteiligung in der SE unterlaufen würde. Die Leitungen sind aber gegenüber dem Besonderen Verhandlungsgremium durch die gesetzlich festgelegte Maximaldauer der Verhandlungen von insgesamt einem Jahr geschützt, welche bei erfolglosem Ablauf und damit auch bei einer Verweigerung der Einigung durch das Besondere Verhandlungsgremium ebenfalls zu einem Eingreifen der gesetzlichen Auffangregelung der §§ 34 ff. SEBG führt und damit das Gründungsvorhaben vorantreibt[576]. Zu berücksichtigen ist darüber hinaus, dass

---

573 Zum Wirksamkeitserfordernis der Zustimmung durch die Hauptversammlung sowie zum Genehmigungsvorbehalt siehe B.II.4.

574 *Fleischer*, AcP 204 (2004), 503, 535; *Reichert/Brandes*, ZGR 2003, 767, 780; *Habersack*, AG 2006, 345, 345; *Henssler* in Ulmer/Habersack/Henssler, Vor § 34 SEBG Rn. 193; *Kämmerer/Veil*, ZIP 2005, 369, 370.

575 Siehe hierzu B.II.3.i)bb).

576 *Rieble*, BB 2006, 2018, 2020.

beide Parteien keinem Einigungszwang unterliegen[577]. So ist weder ein Schlichtungsorgan wie die betriebliche Einigungsstelle zuständig noch dürfen die Arbeitnehmer den Abschluss einer Vereinbarung durch Streik erzwingen[578]. Das Besondere Verhandlungsgremium kann als Vereinbarungspartei nicht mit Hilfe von Arbeitskampfmaßnahmen Druck auf die Leitungen zum Abschluss einer bestimmten Mitbestimmungsvereinbarung ausüben und die Verhandlungsparität zu Lasten der Arbeitgeberseite beeinträchtigen. Arbeitskampfmaßnahmen sind im Rahmen des Abschlusses der Vereinbarung nach § 21 SEBG unzulässig[579]. Ein strukturelles Ungleichgewicht, welches eine Einschränkung der Vertragsfreiheit durch den Einfluss des Eigentumsgrundsatzes nach Art. 14 Abs. 1 GG über die zivilrechtlichen Generalklauseln rechtfertigen könnte, liegt somit nicht vor.

Die Vereinbarungsparteien können daher im Rahmen ihrer Vertragsfreiheit eine Mehrheit der Arbeitnehmervertreter im Aufsichtsrat vereinbaren, was in der Praxis freilich nicht vorkommen wird. Sofern die Anteilseigner einer derartigen Vereinbarung durch Hauptversammlungsbeschluss zugestimmt haben, ist dies im Hinblick auf Art. 14 Abs. 1 GG unbedenklich. Eine wesentliche Form des Grundrechtsgebrauchs und damit der personalen Selbstbestimmung besteht in der Verfügung über eigene Grundrechtspositionen und damit auch in der Einwilligung in Eingriffe und Beeinträchtigungen[580]. Die Vereinbarung einer Minderheit der Anteilseigner stellt damit eine zulässige vertragliche Beschränkung des grundrechtlich gewährleisteten Eigentumsschutzes des Art. 14 Abs. 1 GG dar. Die Vertrags- und Gestaltungsfreiheit der Vereinbarungsparteien wird folglich nicht durch den in Art. 14 Abs. 1 GG verankerten Eigentumsschutz der Anteilseignerseite beschränkt.

(4) Tendenzschutz

Fraglich ist, ob die Mitbestimmungsautonomie durch den verfassungsrechtlich gewährleisteten Tendenzschutz (Art. 4, 140, Art. 5 Abs. 1 S. 2, Art. 5 Abs. 2, Art. 21, Art. 9 Abs. 3 GG) eingeschränkt wird[581]. Mit § 39 Abs. 2 SEBG hat der deutsche Gesetzgeber von der in Art. 8 Abs. 3 SE-RL eingeräumten Möglichkeit Gebrauch gemacht, für Tendenzunternehmen Sonderregelungen aufzustellen, sofern das nationale Recht solche Bestimmungen zum Zeitpunkt der Annahme der SE-RL bereits enthielt[582]. Gemäß § 39 Abs. 1 SEBG sind die gesetzlichen Auffangregelungen für

---

577 *Rieble*, BB 2006, 2018, 2020; *Oetker* in Lutter/Hommelhoff, SE-Kommentar, § 16 SEBG Rn. 8.
578 *Rieble*, BB 2006, 2018, 2020.
579 Siehe hierzu B.II.3.d).
580 ErfK/*Dieterich*, Einl. GG 10 Rn. 62 f.
581 *Seibt*, AG 2005, 413, 422, 416.
582 Zur Frage der Richtlinienkonformität des § 39 Abs. 1 SEBG, der dem Wortlaut nach über die von der Richtlinie erteilte Befugnis hinausgeht, MünchKommAktG/*Jacobs*, SEBG, § 39 Rn. 2;

die Mitbestimmung (§§ 34 ff. SEBG) nicht anwendbar, wenn die SE unmittelbar und überwiegend den genannten geistig-ideellen Tendenzzwecken (§ 39 Abs. 1 Nr. 1 SEBG) oder dem Zweck der Berichterstattung und Meinungsäußerung (§ 39 Abs. 1 Nr. 2 SEBG) dient.

Aufgrund seiner systematischen Stellung im Rahmen der gesetzlichen Auffangregelungen und seines eindeutigen Wortlauts findet der Tendenzschutz auf die Mitbestimmung kraft Vereinbarung jedoch keine Anwendung[583]. Hierfür spricht auch der Zweck des Tendenzschutzes, der den eine Tendenzrichtung verfolgenden Gesellschaften Vorrechte zur Erreichung dieser Zwecke einräumt, indem im Falle einer gesetzlich vorgesehenen Mitbestimmung der Einfluss der Arbeitnehmer beschränkt bzw. ganz ausgeschlossen wird. Entscheiden die Leitungen als Repräsentanten der Arbeitgeber bzw. Anteilseigner und damit der Träger des Tendenzschutzes sich für die Einführung einer Mitbestimmung kraft Vereinbarung, so sind sie nicht mehr schutzbedürftig. Für eine zwingende Geltung des Tendenzschutzes fehlt es in diesem Fall an einer sachlichen Rechtfertigung.

(5) Nationale Unternehmensmitbestimmungsgesetze

Die zugunsten der Arbeitnehmer zwingend geltenden Vorschriften der nationalen Unternehmensmitbestimmungsgesetze (MitbestG, MitbestErgG, MontanMitbestG, DrittelbeteilG) setzen der Mitbestimmungsautonomie keine Schranken. Gemäß Art. 13 Abs. 2 SE-RL, § 47 SEBG sind die Regelungen auf die SE nicht anwendbar. Das SEBG enthält abschließende Regelungen über die Mitbestimmung der Arbeitnehmer in der SE, so dass die Mitbestimmung kraft Vereinbarung oder kraft Gesetzes Vorrang hat.

2. Allgemeine Regelungen der Vereinbarung

a) Regelungen zum territorialen Geltungsbereich der Mitbestimmungsvereinbarung, § 21 Abs. 1 Nr. 1 SEBG

Nach § 21 Abs. 1 Nr. 1 SEBG ist in der Mitbestimmungsvereinbarung zwingend („*wird ... festgelegt*") ihr territorialer Geltungsbereich festzulegen. Der Gesetzgeber eröffnet den Parteien darüber hinaus die Möglichkeit, Unternehmen und Betriebe mit Sitz außerhalb des Territoriums der Mitgliedstaaten im Sinne des

---

Hennings in Manz/Mayer/Schröder, Art. 9 Rn. 20; *Henssler* in Ulmer/Habersack/Henssler, Einl. SEBG Rn. 198.

583 Ebenso MünchKommAktG/*Jacobs*, SEBG, § 39 Rn. 9; *Henssler* in Ulmer/Habersack/ Henssler, Einl. SEBG, Rn. 198.

SEBG[584] in den Geltungsbereich der Vereinbarung mit einzubeziehen. Mit dieser Möglichkeit soll dem Gesetzgeber zufolge „internationalen Konzernstrukturen" Rechnung getragen werden[585].

Soll die Vereinbarung auch für außerhalb des Hoheitsgebietes der Mitgliedstaaten liegende Unternehmen und Betriebe gelten, sollte anstelle einer detaillierten abschließenden Aufzählung der erfassten Betriebe und Unternehmen eine flexible Formulierung gewählt werden, damit die Vereinbarung unabhängig von Veränderungen für alle Arbeitnehmer gilt.

b) Regelungen zum zeitlichen Geltungsbereich der Mitbestimmungsvereinbarung, § 21 Abs. 1 Nr. 6 Halbsatz 1 SEBG

Neben dem territorialen Geltungsbereich müssen die Parteien auch den zeitlichen Geltungsbereich (Zeitpunkt des Inkrafttretens und Laufzeit) der Vereinbarung festsetzen.

aa) Zeitpunkt des Inkrafttretens der Vereinbarung

Der Zeitpunkt des Inkrafttretens der Vereinbarung ist zwingend in der Vereinbarung zu bestimmen. Hierzu kann z.B. ein kalendermäßig bestimmter Stichtag festgelegt werden oder aber das Inkrafttreten der Vereinbarung vom Eintritt einer festgelegten Bedingung abhängig gemacht werden[586].

bb) Laufzeit der Vereinbarung

Die Regelung der Geltungsdauer (Laufzeit) kann mittels einer Befristung der Vereinbarung und damit mittels einer Beendigung durch Zeitablauf erfolgen. Zulässig ist auch der Abschluss einer unbefristeten Vereinbarung, für die eine ordentliche Kündigung sowohl zugelassen als auch ausgeschlossen werden kann. Ist eine Kündigungsmöglichkeit vorgesehen, sind deren Voraussetzungen sowie die Kündigungsberechtigten in der Vereinbarung festzulegen. Enthält eine Vereinbarung sowohl Regelungen zur betrieblichen als auch zur unternehmerischen Arbeitnehmerbeteiligung kann vereinbart werden, dass eine Kündigung nur des Teiles über die betriebliche oder nur des Teiles über die unternehmerische Mitbestimmung zulässig ist (Teilkündigung).

---

584 Mitgliedstaaten im Sinne des SEBG sind gemäß § 3 Abs. 2 SEBG alle Mitgliedstaaten der Europäischen Union sowie die Vertragsstaaten des Abkommens über den Europäischen Wirtschaftsraum.

585 BT-Drucks. 15/3405, S. 51; BR-Drucks. 438/04, S. 129.

586 Als Beispiele für eine solche Bedingung nennt *Oetker* die Eintragung der SE in das Handelsregister oder die Genehmigung der Vereinbarung durch die Hauptversammlung, *Oetker* in FS Konzen, S. 635, 646; *ders.* in Lutter/Hommelhoff, SE-Kommentar, § 21 SEBG Rn. 24.

(1) Befristete Vereinbarung

Eine befristete Vereinbarung schließt eine vorzeitige Beendigung durch eine ordentliche Kündigung aus und gewährt daher die Möglichkeit, die Vereinbarung für einen gewissen Zeitraum auf ihre Praxistauglichkeit zu testen.

(2) Unbefristete Vereinbarung mit Kündigungsmöglichkeit

Wird die Vereinbarung unbefristet abgeschlossen, sollte ein ordentliches Kündigungsrecht festgelegt werden. Hierbei sollten neben den Kündigungsvoraussetzungen ebenso die Kündigungsfrist geregelt werden. Möglich ist es auch, den Parteien einer unbefristeten Vereinbarung eine Kündigungsmöglichkeit erst nach Ablauf einer gewissen Mindestlaufzeit nach Inkrafttreten der Vereinbarung zuzusprechen (beispielsweise Kündbarkeit der Vereinbarung mit einer Frist von einem Jahr, erstmals fünf Jahre nach ihrem Inkrafttreten). Erforderlich ist jedoch in beiden Fällen die Einhaltung einer Kündigungsfrist, da eine fristlose Kündigung mit dem organisationsrechtlichen Charakter der Vereinbarung nicht vereinbar ist. Sie widerspräche der Zielsetzung der SE-RL und des SEBG nach einer effektiven Arbeitnehmerbeteiligung in der SE.

(3) Unbefristete Vereinbarung ohne Kündigungsmöglichkeit

Sieht eine unbefristet abgeschlossene Vereinbarung die Möglichkeit einer ordentlichen Kündigung nicht ausdrücklich vor, ist diese dennoch als zulässig zu erachten, sofern die Parteien die Zulässigkeit nicht ausdrücklich ausgeschlossen haben. Nach herrschender Meinung sind Dauerschuldverhältnisse grundsätzlich von jeder Partei ordentlich kündbar, sofern nichts Gegenteiliges vereinbart wird[587]. Das Dauerschuldverhältnis begründet die Pflicht zu einem dauernden Verhalten oder wiederkehrenden Leistungen, die in ihrem Gesamtumfang von der Dauer der Rechtsbeziehung abhängen[588]. Kennzeichnend für das Dauerschuldverhältnis im Gegensatz zu den auf eine einmalige Leistung gerichteten Schuldverhältnissen ist, dass aus ihm während seiner Laufzeit ständig neue Leistungs-, Neben- und Schutzpflichten entstehen[589]. Durch die Beteiligungsvereinbarung im Sinne von § 21 SEBG werden die Parteien zur Einhaltung und Umsetzung der geregelten Inhalte verpflichtet. Diese Verpflichtung reicht von der Umsetzung der Vereinbarung durch die Satzung, über die Satzungsänderung bis zur Erfüllung der Rechte und Pflichten der Arbeitnehmervertreter. Darüber hinaus bildet die Vereinbarung während der Dauer ihrer Wirksamkeit die Grundlage für die Ausgestaltung der Arbeitnehmerbeteili-

---

587 Statt aller MünchKommBGB/*Kramer*, Einl. Rn. 100.
588 MünchKommBGB/*Gaier*, § 314 Rn. 5; MünchKommBGB/*Kramer*, Einl. Rn. 97.
589 MünchKommBGB/*Gaier*, § 314 Rn. 5; MünchKommBGB/*Kramer*, Einl. Rn. 97.

gung in der SE. In ihren Rechtswirkungen ist die Mitbestimmungsvereinbarung daher einem Dauerschuldverhältnis vergleichbar. Zudem entspricht eine unkündbare Vereinbarung – ungeachtet des Rechts einer außerordentlichen Kündigung, da an diese erhöhte Anforderungen zu stellen sind[590] – nicht der Intention des Gesetzgebers. Mit den im SEBG vorgesehenen Anpassungsmöglichkeiten der Vereinbarung an strukturelle Änderung der SE durch eine Wiederaufnahme der Verhandlungen (§§ 21 Abs. 4, 18 Abs. 3 S. 1 SEBG) sowie der Möglichkeit der Aufnahme von Neuverhandlungen nach einem Beschluss nach § 16 Abs. 1 SEBG gemäß § 18 Abs. 1 S. 1 SEBG oder gemäß § 26 Abs. 1 SEBG bringt der Gesetzgeber zum Ausdruck, dass er zwar eine dauerhaft bindende Regelung der Arbeitnehmerbeteiligung verfolgt, die Vereinbarungsparteien aber nicht für immer bis zur Auflösung der SE an eine einmal getroffene Regelung der Arbeitnehmerbeteiligung binden will.

(4) Außerordentliche Kündigung

Gemäß § 314 Abs. 1 BGB sind Dauerschuldverhältnisse bei Vorliegen eines wichtigen Grundes außerordentlich kündbar, sofern dem Kündigenden unter Beachtung der Umstände des Einzelfalles und der Abwägung der beiderseitigen Interessen ein Festhalten am Vertrag bis zur Möglichkeit einer ordentlichen Kündigung oder einer sonstigen vereinbarten Beendigung nicht zumutbar ist[591]. Aufgrund der Vergleichbarkeit der Wirkungen der Mitbestimmungsvereinbarung mit denen von Dauerschuldverhältnissen[592], sind sowohl die befristete als auch die unbefristete Vereinbarung aus wichtigem Grund außerordentlich kündbar[593]. Ein wichtiger Grund kann z.B. in einer schwerwiegenden Missachtung und Verletzung der in der Vereinbarung getroffenen Regelungen und Pflichten bestehen. Keinen wichtigen Grund stellen dagegen geplante Strukturänderungen in der SE dar, die geeignet sind, Beteiligungsrechte der Arbeitnehmer zu mindern. Für diesen Fall sieht der Gesetzgeber die Aufnahme von Verhandlungen vor (§ 21 Abs. 4 SEBG), die, sofern sie erfolglos bleiben, zu einer Anwendung der gesetzlichen Auffangregelung führen.

---

590 Siehe hierzu sogleich B.III.2.b)bb)(4).
591 MünchKommBGB/*Kramer*, Einl. Rn. 101; zu § 314 BGB siehe MünchKommBGB/*Gaier*, § 314 Rn. 1 ff.
592 Siehe bereits B.III.2.b)bb)(3).
593 *Hennings* in Manz/Mayer/Schröder, Art. 4 SE-RL Rn. 29; MünchKommAktG/*Jacobs*, SEBG, § 21 Rn. 16.

(5) Kündigungsberechtigte

Berechtigt zur Ausübung des Kündigungsrechts auf Arbeitgeberseite ist die zentrale Leitung der SE. Auf Seiten der Arbeitnehmerschaft müsste eigentlich das Besondere Verhandlungsgremium als Vertragspartei der Vereinbarung kündigungsberechtigt sein. Da dieses sich jedoch mit Abschluss der Vereinbarung auflöst, das Kündigungsrecht aber nicht nur einseitig der Arbeitgeberseite zustehen darf, indem die Arbeitnehmer mangels Berechtigtem hiervon keinen Gebrauch machen können, ist in der Vereinbarung die Kündigungsberechtigung der Arbeitnehmerseite dem bestehenden SE-Betriebsrat oder einer festgelegten Mehrheit der Arbeitnehmervertreter des Aufsichts- oder Verwaltungsorgans zuzuschreiben. Im letzteren Fall sollten zudem die erforderlichen Mehrheitsverhältnisse für einen Beschluss seitens der Arbeitnehmervertreter über die Kündigung geregelt werden.

(6) Aufhebungsvereinbarung

Die Vereinbarungsparteien können bestimmen, dass die Vereinbarung wie gewöhnliche zivilrechtliche Verträge jederzeit einvernehmlich durch eine Aufhebungsvereinbarung beendet werden kann. Sofern sich ein Vertragsteil einseitig durch Kündigung von der Vereinbarung lösen kann, muss es ebenfalls möglich sein, dass die Vertragsparteien einvernehmlich die Vereinbarung beenden und damit die Aushandlung einer neuen Vereinbarung ermöglichen. Eine solche Aufhebungsvereinbarung bedarf aus Gründen der Klarstellung und Rechtsicherheit der Schriftform.

(7) Nachwirkungen

Eine Nachwirkung der Vereinbarung von Gesetzes wegen, wie das EBRG es vorschreibt, besteht für die Vereinbarung nach § 21 SEBG nicht. Es steht den Parteien jedoch frei, eine solche Nachwirkung zu vereinbaren. Dies bietet sich insbesondere für den Zeitraum zwischen Beendigung der Vereinbarung und Zustandekommen einer neuen Vereinbarung bzw. dem Ende des Verhandlungsverfahrens an.

(8) Folgen bei Beendigung der Laufzeit

Sowohl bei einer befristeten als auch bei einer unbefristeten Vereinbarung sollten die Parteien festlegen, ob nach Ablauf der Frist bzw. nach Wirksamwerden der Kündigung neue Verhandlungen stattfinden sollen oder ob die gesetzlichen Auffangregelungen Anwendung finden[594]. Gleiches gilt für eine Beendigung durch Aufhebungsvereinbarung. Sind Neuverhandlungen vorgesehen, sollte neben der

---

594 *Hennings* in Manz/Mayer/Schröder, Art. 4 SE-RL Rn. 29.

Verhandlungsdauer ebenso die Frage geklärt werden, ob die bisherige Vereinbarung während der Dauer der Verhandlungen im Wege einer Nachwirkung bis zum Abschluss der Verhandlungen fortwirkt und welche Folgen bei einem Scheitern der Verhandlungen eintreten.

c) Fälle, die zu einem erneuten Aushandeln der Vereinbarung führen sowie das dabei anzuwendende Verfahren, § 21 Abs. 1 Nr. 6 Halbsatz 2 SEBG

In der Vereinbarung sind zwingend die Fälle zu benennen, in denen die Vereinbarung neu ausgehandelt werden soll sowie das dabei anzuwendende Verfahren. Es ist erneut darüber entscheiden, ob die bisher vereinbarte Form der Mitbestimmung fortgesetzt, geändert oder aufgehoben werden soll. Auf diese Weise wird vermieden, dass die vereinbarte Mitbestimmung auf Dauer unabänderlich ist und damit zementiert wird.

Da der Gesetzgeber den Begriff „*Fälle*" nicht näher konkretisiert, können die Vereinbarungsparteien die hierunter fallenden Sachverhalte frei bestimmen.

Insbesondere die Fallgruppen, die nicht unter den Tatbestand des § 18 Abs. 3 SEBG fallen[595], können von den Vereinbarungsparteien als Auslöser für eine Wiederaufnahme von Verhandlungen bestimmt werden. Hierzu zählen beispielsweise die grenzüberschreitende Sitzverlegung der SE, das Anwachsen der Arbeitnehmerzahl, der Erwerb von wesentlichen Unternehmensanteilen durch die SE sowie strukturelle Änderungen, die zu einer Ausweitung der Beteiligungsrechte der Arbeitnehmer führen. Sehen die Verhandlungsparteien letzteren Fall in ihrer Vereinbarung vor, um auf diese Weise das bis hierhin geltende Mitbestimmungsniveau abzusenken, ist folgendes zu beachten. Führt die Aufnahme der Neuverhandlungen zu einer den bisherigen Mitbestimmungsstandard absenkenden Vereinbarung, bedarf es für deren Wirksamkeit einer qualifizierten doppelten Mehrheit im Sinne von § 15 Abs. 3 SEBG, da es sich aufgrund des geltenden Mitbestimmungsbesitzstandes in der SE um eine mitbestimmungsmindernde Vereinbarung handelt[596]. Neuverhandlungen können auch dann vorgesehen werden, wenn die Zahl der in der SE beschäftigten Arbeitnehmer ab- bzw. zunimmt, so dass bei einer hypothetischen Neubildung der SE, die für das Eingreifen der gesetzlichen Auffangregelung zur Mitbestimmung maßgeblichen Schwellenwerte unter- bzw. überschritten würden[597]. Beispielsweise können Schwellenwerte für die Anpassung des Mitbestimmungsniveaus vereinbart werden. Als „*Fälle*" im Sinne des § 21 Abs. 1 Nr. 6 SEBG können ebenso strukturelle Änderungen i.S.v. § 18 Abs. 3 SEBG festgelegt werden[598]. Auch wenn die Wiederaufnahme von Verhandlungen bei strukturellen

---

595 Zu diesen Fallgruppen siehe die Ausführungen unter B.II.1.d).
596 *Rieble*, BB 2006, 2018, 2021 f.
597 *Oetker* in FS Konzen, S. 635, 646.
598 Diese Beispiele anführend *Hennings* in Manz/Mayer/Schröder, Art. 4 SE-RL Rn. 30.

Änderungen bereits durch den Gesetzgeber in § 18 Abs. 3 S. 1 SEBG vorgeschrieben ist, hat eine Regelung dieser Fälle in der Vereinbarung dennoch eine eigenständige Bedeutung. Zum einen kommt es im Rahmen des § 21 Abs. 1 Nr. 6 SEBG auf die Eignung der strukturellen Änderung, Beteiligungsrechte der Arbeitnehmer zu mindern, nicht an, sofern die Parteien nichts anderes vorsehen. Werden zum anderen strukturelle Änderungen vom Tatbestand des § 21 Abs. 1 Nr. 6 SEBG erfasst, bewirkt dies, dass die Verhandlungsparteien sich frühzeitig mit diesen Fallkonstellationen auseinandersetzen[599].

Die Angaben über das im Rahmen der Neuverhandlungen anzuwendende Verfahren müssen insbesondere die Frage beantworten, ob bei erfolglosem Ablauf der Verhandlungen die bisherige Vereinbarung weiter gelten soll oder aber die gesetzliche Auffangregelung greifen soll. Bleibt diese Frage in der Vereinbarung unbeantwortet, sollen nach *Hennings* die gesetzlichen Auffangregelungen Anwendung finden, da die bisherige Vereinbarung ihre Wirksamkeit mit Abschluss der Neuverhandlungen verliere[600]. Zwar sieht der Gesetzgeber im Falle des § 18 Abs. 3 SEBG bei einem Scheitern der Verhandlungen ein Eingreifen der Auffangregelung vor, doch ergeben sich hieraus keine Anhaltspunkte für eine Übertragung auf die Fälle des § 21 Abs. 1 Nr. 6 SEBG. Mit dem Eingreifen der Auffangregel bezweckt der Gesetzgeber dem Grundsatz der Sicherung erworbener Beteiligungsrechte der Arbeitnehmer mittels des Vorher-Nachher-Prinzips verwirklichten auch bei strukturellen Änderungen einer bereits bestehenden SE Geltung zu verleihen, was bei einem bloßen Weitergelten der bisherigen Vereinbarung nicht gewährleistet wäre. Im Gegensatz zu § 18 Abs. 3 SEBG kommt es im Falle des § 21 Abs. 1 Nr. 6 SEBG auf eine solche Minderung aber nicht an, so dass der Schutzzweck des § 18 Abs. 3 SEBG hier nicht berührt wird. Aufgrund des Grundsatzes des Vorrangs der Vereinbarungslösung und damit des Prinzips einer individuell an die jeweilige SE angepasste Lösung der Arbeitnehmerbeteiligung gilt die bisherige Vereinbarung bei einem Scheitern der Verhandlungen fort, sofern die Parteien nichts anderes vereinbart haben. Hierfür sprechen auch der Rechtsgedanke des § 26 Abs. 2 S. 2 SEBG sowie die Tatsache, dass eine SE nach Art. 12 SE-VO nur unter besonderen Voraussetzungen ohne eine Beteiligungsvereinbarung bestehen soll[601].

In der Vereinbarung sind ferner die zuständigen Parteien einer Neuverhandlung zu benennen. Auf Seiten des Arbeitgebers wird dies in der Regel die zentrale Leitung der SE sein. Um das zeitaufwändige und umfangreiche Verfahren der Bildung eines neuen Besondere Verhandlungsgremiums zu vermeiden bietet es sich an, an

---

Zu den Fallgruppen der strukturellen Änderungen siehe ausführlich die Ausführungen unter B.II.1.d)aa)(1).
599 *Freis* in Nagel/Freis/Kleinsorge, § 18 Rn. 22.
600 *Hennings* in Manz/Mayer/Schröder, Art. 4 SE-RL Rn. 31.
601 *Oetker* in FS Konzen, S. 635, 647.

dessen Stelle in Anlehnung an §§ 18 Abs. 3 S. 2, 26 Abs. 2 SEBG den SE-Betriebsrat oder ein anderes weniger aufwändig zu bildendes Gremium von Arbeitnehmervertretern zu setzen.

d) Aufnahme von Verhandlungen bei strukturellen Änderungen und das dabei anzuwendende Verfahren, § 21 Abs. 4 SEBG

Eine Anregung zur inhaltlichen Ausgestaltung der Mitbestimmungsvereinbarung in Form einer Soll-Bestimmung enthält § 21 Abs. 4 SEBG. Mit der Soll-Vorschrift des § 21 Abs. 4 SEBG geht der deutsche Gesetzgeber über die Vorgaben der SE-RL hinaus. SE-VO und SE-RL beziehen sich nur auf die Gründung der SE, gehen auf spätere strukturelle Änderungen – mit Ausnahme des Erwägungsgrundes 18 der SE-RL, wonach der Grundsatz der Sicherung erworbener Beteiligungsrechte der Arbeitnehmer auch für strukturelle Änderungen einer bereits bestehenden SE gelten soll – jedoch nicht ein. Nach *Wisskirchen/Prinz* könne nach richtlinienkonformer Auslegung des SEBG die Vereinbarung daher auch ohne die Regelungen über Neuverhandlungen wirksam abgeschlossen werden[602]. In Übereinstimmung mit der Ansicht von *Bartone/Klapdor* ist *Wisskirchen/Prinz* insofern zuzustimmen, als eine fehlende Regelung im Sinne von § 21 Abs. 4 SEBG die Wirksamkeit der Vereinbarung nicht berührt[603]. Zurückzuführen ist dies jedoch nicht auf eine richtlinienkonforme Auslegung. Dass der Richtliniengeber eine Vorschrift mit dem Inhalt des § 21 Abs. 4 SEBG nicht vorsehe, erlaube nicht die Auslegung, er habe eine solche Regelung durch die nationalen Gesetzgeber auch nicht gewollt. Die rein deklaratorische Wirkung des § 21 Abs. 4 SEBG ist vielmehr auf die Konstruktion als Sollvorschrift zurückzuführen sowie auf die Tatsache, dass der Gesetzgeber für den Fall der Nichteinigung keine Sanktionen vorsieht[604].

Nach § 21 Abs. 4 SEBG sollen die Verhandlungsparteien vereinbaren, dass Vereinbarungsverhandlungen auch vor strukturellen Änderungen in der SE aufzunehmen sind (§ 21 Abs. 4 S. 1 SEBG). Angeregt wird zudem, das bei solchen Verhandlungen anzuwendende Verfahren zu regeln (§ 21 Abs. 4 S. 2 SEBG). Sind die strukturellen Änderungen geeignet, Beteiligungsrechte der Arbeitnehmer zu mindern, steht die Wiederaufnahme von Verhandlungen nicht mehr zur Disposition der Vereinbarungsparteien. Die durch § 18 Abs. 3 SEBG vorgeschriebene Neuverhandlungspflicht gilt zwingend und kann daher nicht abbedungen werden. Diese zwingende Wirkung führt jedoch nicht dazu, dass die Parteien für derartige Fälle Regelungen über Neuverhandlungen in der Vereinbarung festlegen müssen[605]. Zweck des § 21 Abs. 4 SEBG ist es, die Verhandlungsparteien bereits im Grün-

---

602 *Wisskirchen/Prinz*, DB 2004, 2638, 2640.
603 *Bartone/Klapdor*, S. 102.
604 *Rieble*, BB 2006, 2018, 2021.
605 *Kienast* in Jannott/Frodermann, 13 Rn. 394; MünchKommAktG/*Jacobs*, SEBG, § 1 Rn. 25.

dungsstadium der SE dazu anzuhalten, sich Gedanken über mögliche strukturelle Änderungen der SE zu machen sowie die Modalitäten eines solchen Verhandlungsverfahrens auszugestalten. Auf diese Weise kann späteren Rechtsunsicherheiten vorgebeugt und eine zügige Lösung der Frage der Arbeitnehmer-beteiligung im Falle von strukturellen Änderungen ermöglicht werden. Dadurch dass der Gesetzgeber ebenso wie bei § 18 Abs. 3 SEBG auch im Falle des § 21 Abs. 4 SEBG den Begriff der strukturellen Änderung nicht näher bestimmt, ist es den Parteien dringend anzuraten, eine solche Konkretisierung in der Vereinbarung vorzunehmen[606]. So lassen sich Streitigkeiten und Unklarheiten hinsichtlich der Bestimmung dieses Begriffs, wie sie bei § 18 Abs. 3 SEBG in der Literatur geführt werden, von vornherein vermeiden[607]. Aus demselben Grunde sollten neben der Dauer des Neuverhandlungsverfahrens auch die Rechtsfolgen bei Nichtzustandekommen einer Einigung festgesetzt werden. Fehlt es an einer solchen Bestimmung gilt die ursprüngliche Vereinbarung fort[608].

3. Regelungen zur Mitbestimmung, § 21 Abs. 3 SEBG

a) Allgemeines

§ 21 Abs. 3 S. 1 SEBG enthält einen Katalog von Regelungsgegenständen für den Fall, dass die Parteien eine Vereinbarung über die Mitbestimmung schließen.

b) Zahl der Mitglieder des Aufsichts- oder Verwaltungsorgans der SE, § 21 Abs. 3 S. 2 Nr. 1 SEBG

Nach § 21 Abs. 3 S. 2 Nr. 1 SEBG müssen die Vereinbarungsparteien die Zahl der Mitglieder des Aufsichts- oder Verwaltungsorgans der SE festlegen, die durch die Arbeitnehmer gewählt oder bestellt werden können oder von diesen zur Bestellung empfohlen oder abgelehnt werden.

Umstritten ist, ob die Parteien auch die Gesamtzahl der Mitglieder des Aufsichts- oder Verwaltungsorgans und damit dessen Größe festlegen können.

aa) Extensive Auslegung des § 21 Abs. 3 S. 2 Nr. 1 SEBG

Eine Ansicht in der Literatur spricht sich für ein extensives Verständnis aus und hält die Regelung der Größe des Aufsichts- bzw. Verwaltungsorgans durch die

---

606 *Oetker* in FS Konzen, S. 635, 647; *ders.* in Lutter/Hommelhoff, SE-Kommentar, § 21 SEBG Rn. 28.
607 Siehe hierzu die Ausführungen unter B.II.1.d).
608 Es gelten die gleichen Argumente, die in der gleich gelagerten Diskussion im Rahmen des § 21 Abs. 1 Nr. 6 SEBG genannt werden, siehe hierzu B.II.1.e).

Mitbestimmungsvereinbarung für zulässig[609]. Die Begründungen für diese extensive Auslegung fallen mit Ausnahme der Abhandlung *Oetkers* knapp aus[610].

Vielfach wird als Argument der Grundsatz der Vereinbarungsautonomie herangezogen und damit das Prinzip der inhaltlich frei ausgestaltbaren Mitbestimmungsvereinbarung. So begründet *Kienast* die Zulässigkeit von Regelungen über die Gesamtzahl der Aufsichtsratsmitglieder mit den fehlenden Vorgaben des Gesetzgebers hinsichtlich der inhaltlichen Ausgestaltung der Mitbestimmungsvereinbarung[611]. Der zwingende Katalog von Mindestinhalten für die Mitbestimmungsvereinbarung (§ 21 Abs. 3 S. 2 Nrn. 1-3 SEBG) unterstreiche nach *Seibt* die im Übrigen geltende und sich aus dem Vorrang der Verhandlungslösung ergebende Gestaltungsfreiheit der Verhandlungsparteien[612]. Mithin könne auch die Größe des Aufsichts- bzw. Verwaltungsrates innerhalb der Grenzen der §§ 17 Abs. 1, 23 Abs. 1 SEAG frei bestimmt werden. Nach *Hennings* hänge die Zahl der Arbeitnehmervertreter unmittelbar mit der Gesamtzahl der Mitglieder des mitbestimmten Organs zusammen. Die Parteien könnten daher die Größe dieses Organs abweichend von den Vorgaben der Satzung vereinbaren, seien dabei aber an vom Sitzstaat festgelegte gesetzliche Höchst- oder Mindestzahlen gebunden[613]. Aus dem in Art. 12 Abs. 4 SE-VO verankerten Vorrang der Vereinbarung gegenüber der Satzungsautonomie der Artt. 40 Abs. 3, 43 Abs. 2 SE-VO sowie aus einem Vergleich mit § 35 Abs. 2 SEBG, der den Arbeitnehmern lediglich den relativen Anteil, nicht aber die Anzahl und damit die absolute Größe des mitbestimmten Organs gewähre, folgert *Krause* die Zulässigkeit einer die Gesamtzahl der Mitglieder festlegenden Vereinbarung[614].

Nach der Ansicht *Oetkers* richtet sich die Reichweite der Vereinbarungsautonomie und damit die Zulässigkeit der Festlegung der Aufsichtsratsgröße sowohl nach der in §§ 21 Abs. 3, 2 Abs. 12 SEBG niedergelegten Regelungskompetenz (Innenschranke) als auch nach den zwingenden gesellschaftsrechtlichen Rahmenvorgaben der SE-VO und des SEAG (Außenschranken)[615].

---

609 *Oetker*, ZIP 2006, 1113, 1121; *ders.* in Lutter/Hommelhoff, SE-Kommentar, § 21 SEBG Rn. 36; *Seibt*, AG 2005, 413, 422 f.; *Schwarz*, SE-VO, Art. 40 Rn. 82 und Einl. SEBG, Rn. 288; *Kienast* in Jannott/Frodermann, 13 Rn. 386; *Kallmeyer*, AG 2003, 197, 199; *Krause*, BB 2005, 1221, 1226; *Neye/Teichmann*, AG 2003, 169, 176; *Hennings* in Manz/Mayer/Schröder, Art. 4 SE-RL Rn. 28; *Wlotzke/Wissmann/Koberski/Kleinsorge/Kleinsorge,* Mitbestimmungsrecht, EG-Recht Rn. 39; *Drygala* in Lutter/Hommelhoff, SE-Kommentar, Art. 40 SE-VO Rn. 20 ff.
610 *Oetker*, ZIP 2006, 1113 ff.
611 *Kienast* in Jannott/Frodermann, 13 Rn. 385 f.
612 *Seibt*, AG 2005, 413, 422 f..
613 *Hennings* in Manz/Mayer/Schröder, Art. 4 SE-RL Rn. 28.
614 *Krause*, BB 2005, 1221, 1226.
615 *Oetker* in FS Konzen, S. 635, 650; *ders.* ZIP 2006, 1113, 1114.

Die Innenschranken des SEBG stünden einer Vereinbarung über die Größe des Aufsichtsrates nicht entgegen. So könne gemäß § 21 Abs. 3 S. 2 Nr. 1 SEBG nicht nur die Anzahl der Arbeitnehmervertreter im mitbestimmten Organ festgelegt werden, während ihr proportionaler Anteil und die Gesamtzahl der Mitglieder durch die Satzung bestimmt werde. Vielmehr könnten die Parteien neben der Anzahl der Arbeitnehmervertreter zugleich den verhältnismäßigen Anteil zu den übrigen Mitgliedern bestimmen mit der Folge, dass sie auf diese Weise indirekt die Gesamtmitgliederzahl des Aufsichts- bzw. Verwaltungsorgans für die Satzung verbindlich festlegten (Art. 12 SE-VO)[616]. Zwar sehe § 21 Abs. 3 S. 2 Nr. 1 SEBG dem Wortlaut nach lediglich eine Festlegung der Anzahl der Arbeitnehmervertreter vor. Gegen ein ausschließlich numerisches Verständnis spreche jedoch der im SEBG ansonsten bezüglich der Arbeitnehmervertreter gebräuchliche Maßstab des *„Anteils"* (§§ 15 Abs. 4 Nr. 1; 35 Abs. 2 S. 2 SEBG), so dass die Vereinbarungsautonomie auch die Festlegung des Anteils an Arbeitnehmervertretern im mitbestimmten Organ erfasse[617]. Gestützt werde dies zudem durch die Möglichkeit, die gesetzliche Auffangregel gemäß § 21 Abs. 5 SEBG zum Inhalt der Vereinbarung zu machen, so dass die dortigen Regelungen — damit auch der Anteil der Arbeitnehmervertreter im mitbestimmten Organ — vereinbart werden könnten[618]. Neben der indirekten Festlegung der Gesamtzahl der Organmitglieder durch die Bestimmung von Anzahl und Anteil der Arbeitnehmervertreter könnten die Vereinbarungsparteien zusammen mit der Anzahl der Arbeitnehmervertreter auch direkt die Organgröße festlegen, sofern Letztere für die Bestimmung des Ausmaß der Mitbestimmung in der SE erforderlich sei[619]. Andernfalls fehle es an einer Bezugsgröße für den Umfang der Arbeitnehmermitbestimmung[620]. Zudem könnten die Satzungsgeber das in der Vereinbarung vorgesehene Mitbestimmungsniveau durch eine entsprechende Ausgestaltung der Gesamtzahl der Organmitglieder unterlaufen[621]. Schließlich erfordere auch die Beurteilung, ob es aufgrund einer Minderung von Beteiligungsrechten durch die Vereinbarung für die Beschlussfassung gemäß § 15 Abs. 4 Nr. 1 SEBG einer qualifizierten doppelten 2/3 Mehrheit bedürfe, neben der Anzahl der Arbeitnehmervertreter Kenntnis von der Gesamtzahl der Mitglieder. Maßgeblich für die Einordnung als Minderung sei nämlich nicht die Arbeitnehmerzahl, sondern ihr Anteil im Mitbestimmungsgremium[622]. Gleiches gelte für die Umsetzung der zwingenden Vorgabe des § 21 Abs. 6 SEBG im Falle der Gründung einer SE durch Umwandlung, die hinsichtlich der Fixierung des bestehenden Mit-

616 *Oetker*, ZIP 2006, 1113, 1117.
617 *Oetker*, ZIP 2006, 1113, 1115.
618 *Oetker*, ZIP 2006, 1113, 1115.
619 *Oetker*. ZIP 2006, 1113, 1116 f.
620 *Oetker*, ZIP 2006, 1113, 1115.
621 *Oetker*, ZIP 2006, 1113, 1115.
622 *Oetker*, ZIP 2006, 1113, 1115.

bestimmungsstandards ebenfalls auf den Anteil der Arbeitnehmervertreter abstelle[623]. Nach *Oetker* stehe der Festlegung der Größe des Aufsichts- oder Verwaltungsorgans – sei es direkt oder indirekt – auch nicht die Innenschranke „Mitbestimmung der Arbeitnehmer" im Sinne von § 2 Abs. 3 S. 1, § 2 Abs. 12 SEBG entgegen, wonach der Inhalt der Vereinbarung die Regelung der „Mitbestimmung der Arbeitnehmer" (§ 2 Abs. 3 S. 1 SEBG) und damit die Einflussnahme der Arbeitnehmer auf die Angelegenheiten einer Gesellschaft mittels durch sie gewählte, bestellte, empfohlene oder abzulehnende Arbeitnehmervertreter zu bezwecken habe[624]. Etwas anderes gelte jedoch für den Fall, dass die Parteien ausschließlich die Größe des mitbestimmten Organs festlegt, ohne auf die Arbeitnehmervertreter einzugehen[625].

Ebenso wenig wie die Innenschranken schließen nach Ansicht *Oetkers* die Außenschranken eine Vereinbarung hinsichtlich der Größe und Zusammensetzung des Aufsichts- oder Verwaltungsorgans aus. Die SE-VO enthalte in Art. 40 Abs. 3 S. 1 SE-VO lediglich die zwingende Vorgabe, dass die Zahl der Aufsichtsratmitglieder in der Satzung niedergelegt sein müsse. Daraus ergebe sich jedoch keine Ausschlusswirkung bezüglich eines derartigen Regelungsinhaltes in der Beteiligungsvereinbarung. Einer solchen Exklusivität stehe schon Art. 12 Abs. 4 SE-VO entgegen, der eine Kollision der Satzung mit den Inhalten der Beteiligungsvereinbarung voraussetze. Auch aus den gesetzlichen Vorgaben des SEAG zur Größe des Aufsichts- oder Verwaltungsorgans (§§ 17 Abs. 1, 23 Abs. 1 SEAG), mit welchem der deutsche Gesetzgeber von der Ausgestaltungsermächtigung der Artt. 40 Abs. 3 S. 2, 43 Abs. 2 SE-VO Gebrauch mache, ergebe sich keine Sperre für eine die Größe der mitbestimmten Organe regelnden Beteiligungsvereinbarung. Vielmehr bewirke der Vorbehalt in den §§ 17 Abs. 2, 23 Abs. 2 SEAG, dass die Vorgaben der §§ 17 Abs. 1, 23 Abs. 2 SEAG zur Größe des Aufsichts- oder Verwaltungsorgans sich auf den Inhalt der Vereinbarung nicht auswirkten[626]. Eine sich innerhalb der Schranken des § 21 Abs. 3 SEBG bewegende Beteiligungsvereinbarung, die die Gesamtzahl der Mitglieder des mitbestimmten Organs abweichend zu den Vorgaben der §§ 17 Abs. 1, 23 Abs. 1 SEAG oder zur Satzung festlege, habe damit Vorrang[627]. Begründet wird dieser Vorrang zum einen mit dem vom Gesetzgeber vorgesehenen Gleichlauf der §§ 17 Abs. 2, 23 Abs. 2 SEAG zu § 95 S. 5 AktG[628]. Die in § 95 S. 5 AktG genannten Mitbestimmungsgesetze ermöglichten hinsicht-

---

623 *Oetker*, ZIP 2006, 1113, 1115.
624 *Oetker*, ZIP 2006, 1113, 1116.
625 *Oetker*, ZIP 2006, 1113, 1116 f.
626 *Oetker*, ZIP 2006, 1113, 1120; ebenso *Schwarz*, SE-VO, Art. 40 Rn. 82 und Einl. SEBG, Rn. 288.
627 *Oetker*, ZIP 2006, 1113, 1120 f.; ebenso *Schwarz*, SE-VO, Art. 40 Rn. 82 und Einl. SEBG, Rn. 288.
628 BT-Drucks. 15/3405, S. 36.

lich der Größe und Zusammensetzung des mitbestimmten Aufsichtsrates eine vom Gesetz abweichende Ausgestaltung der Satzung[629]. Zum anderen müsse sich der Vorbehalt der §§ 17 Abs. 2, 23 Abs. 2 SEAG zu Gunsten der Beteiligungsvereinbarung auch auf die Satzung erstrecken, da nur auf diese Weise der Pflicht aus Art. 12 Abs. 4 SE-VO die Satzung an die Beteiligungsvereinbarung anzupassen, nachgekommen werden könne[630]. Eine Ausnahme vom Vorrang der Beteiligungsvereinbarung gegenüber den Vorgaben der §§ 17 Abs. 1, 23 Abs. 1 SEAG ließe sich allenfalls für die durch §§ 17 Abs. 1 S. 4, 23 Abs. 1 SEAG festgelegten Höchstzahlen begründen[631]. Mit ihnen solle eine effiziente Ausübung der Aufgaben des mitbestimmten Organs bezweckt werden, so dass die §§ 17 Abs. 1, 23 Abs. 1 SEAG gegenüber der Vereinbarung diesbezüglich möglicherweise einschränkend wirken könnten[632].

bb) Restriktive Auslegung des § 21 Abs. 3 S. 2 Nr. 1 SEBG

Eine andere Ansicht im Schrifttum hält dagegen die Regelung der Größe des Aufsichts- oder Verwaltungsorgans durch die Beteiligungsvereinbarung für unzulässig[633]. Nach *Kallmeyer* richte sich die Größe des mitbestimmten Organs gemäß Artt. 40 Abs. 3, 43 Abs. 2 SE-VO nach der Satzung und könne daher nicht Gegenstand der Vereinbarung sein[634]. Hingewiesen wird zudem auf einen Vergleich von Art. 40 Abs. 3 S. 1 SE-VO mit Art. 40 Abs. 2 S. 3 SE-VO sowie von Art. 43 Abs. 2 SE-VO mit Art. 43 Abs. 3 SE-VO. Während Artt. 40 Abs. 2 S. 3, 43 Abs. 3 SE-VO mit dem Hinweis auf die Mitbestimmung in der SE-RL die Beteiligungsvereinbarung benennen würden, bleibe dies in Artt. 43 Abs. 2, 40 Abs. 3 S. 1 SE-VO gänzlich unerwähnt. Hieraus ergebe sich, dass die Zahl der Mitglieder des mitbestimmten Organs nicht Gegenstand der Vereinbarung sein könne, da sie zwingend in die Satzungsautonomie falle[635]. Ferner beziehe sich die Regelung des Art. 4 Abs. 2 lit.

---

629 *Oetker*, ZIP 2006, 1113, 1120.
630 *Oetker*, ZIP 2006, 1113, 1121.
631 So insbesondere auch *Hennings* in Manz/Mayer/Schröder, Art. 4 SE-RL Rn. 28; *Seibt*, AG 2005, 413, 422 f.; *Schwarz*, SE-VO, Art. 40 Rn. 81 f.
632 Offen lassend *Oetker*, ZIP 2006, 1113, 1120.
633 *Kallmeyer*, AG 2003, 197, 199; *Scheibe*, S. 125; *Steinberg*, S. 213 f.; Münch KommAktG/ *Reichert Brandes*, SE-VO, Art. 40 SE-VO Rn. 70, Art. 43 Rn. 67; *Habersack*, AG 2006, 345, 354; *ders.* Der Konzern 2006, 105, 107; *ders.* ZHR 171 (2007), 613, 632 ff.; *Reichert* in Happ, Aktienrecht, 19.01 Rn. 29, 19.02 Rn. 4; *ders.* Der Konzern 2006, S. 821, 824; Münch.Hdb. GesR/*Austmann* § 85 Rn. 37; *Rößler/Zeppenfeld* in Binder/Jünemann/Merz/Sinewe, § 3 Rn. 361; *Rieble*, BB 2006, 2018, 2021; *Kiem*, ZHR 171 (2007), 713, 729; *Windbichler* in FS Canaris, S. 1423, 1428 ff.
634 *Kallmeyer*, AG 2003, 197 (199).
635 *Scheibe*, S. 123; *Krause*, BB 2005, 1221, 1226, der dieses Argument jedoch sogleich wieder mit Hinweis auf Art. 12 Abs. 4 SE-VO entkräftet; MünchKommAktG/*Reichert/Brandes*, SE-VO, Art. 40 Rn. 70, Art. 43 Rn. 67; *Habersack*, AG 2006, 345, 350.

g SE-RL nicht auf die absolute Größe des Organs, sondern allein auf den Arbeitnehmeranteil[636]. Nach *Steinberg* handele es sich bei der Größe des mitbestimmten
Organs nicht um einen Gegenstand der Mitbestimmung, sondern um eine unternehmerische Planungsentscheidung, die nach Artt. 40 Abs. 3, 43 Abs. 2 SE-VO
durch die Hauptversammlung in der Satzung festgelegt werde[637]. Auch *Habersack*
stellt die Größe des Aufsichtsorgans nicht zur Disposition der Mitbestimmungsvereinbarung. Zwar umfasse die Satzungsautonomie als zwingende Voraussetzung der
Vereinbarungsautonomie auch die Festlegung der Größe der mitbestimmten Organe gemäß Artt. 40 Abs. 3, 43 Abs. 2 SE-VO unter Beachtung der Vorgaben der
§§ 17 Abs. 1, 23 Abs. 1 SEAG, dennoch könne die Satzungsautonomie nicht mit
der Mitbestimmungsautonomie gleichgesetzt werden[638]. Die Vereinbarungsautonomie müsse zusätzlich die Regelungen der Mitbestimmung im Sinne von Art. 2
lit. k. SE-RL zum Zweck haben[639]. Da die Vereinbarung nur Fragen der Mitbestimmung im Sinne des Art. 2 lit. k SE-RL, § 2 Abs. 12 SEBG regeln dürfe, könne
sie zwar die Anzahl der Arbeitnehmervertreter im mitbestimmten Organ festsetzen,
dies jedoch nur in Bezug zu der durch den Satzungsgeber festgelegten Gesamtgröße[640]. *Habersack* begründet dies mit dem Wortlaut der für den Begriff der „Mitbestimmung" maßgeblichen Art. 2 lit. k) SE-RL und § 2 Abs. 12 SEBG, der ausdrücklich auf die Wahl eines „*Teils der Mitglieder*" des mitbestimmten Organs
abstelle, nicht jedoch die Gesamtgröße erwähne[641]. Dem stehe auch nicht der Wortlaut des Art. 4 Abs. 2 lit. g) SE-RL entgegen, wonach die „*Zahl der Arbeitnehmervertreter*" in der Vereinbarung festgelegt werden solle. Art. 4 Abs. 2 lit. g) SE-RL
konkretisiere lediglich die Vorgaben des Art. 2 lit. k. SE-RL und ermögliche nach
Maßgabe des Art. 2 lit. k) SE-RL mangels entgegenstehender Vorgaben lediglich
die Festlegung der Zahl von Arbeitnehmervertretern, wobei sie an die durch die
Satzung vorgegebene Größe des mitbestimmten Organs gebunden sei[642]. Weder
aus den Gesetzesmaterialien noch aus dem Wortlaut des § 21 Abs. 3 S. 2 Nr. 1
SEBG ergebe sich zudem eine eindeutige Vereinbarungsautonomie bezüglich der
Gesamtgröße des mitbestimmten Organs[643]. Ebenfalls am Begriff der Mitbestimmung im Sinne von § 2 Abs. 12 SEBG, der die Größe des Aufsichtsorgans nicht
erfasse, auszurichten sei die Tragweite des § 17 Abs. 2 SEAG. Demnach ermögliche § 17 Abs. 2 SEAG die satzungsmäßig festgelegte Größe des mitbestimmten
Organs an das in der Vereinbarung bestimmte Stimmenverhältnis zwischen Arbeit-

---

636 MünchKommAktG/*Reichert/Brandes*, SE-VO, Art. 40 Rn. 70, Art. 43 Rn. 67.
637 *Steinberg*, S. 213.
638 *Habersack*, AG 2006, 345, 351; *ders.* ZHR 171 (2007). 613, 632.
639 *Habersack*, AG 2006, 345, 351; MünchKommAktG/*Reichert/Brandes*, SE-VO, Art. 40 Rn. 70.
640 *Habersack*, AG 2006, 345, 354.
641 *Habersack*, AG 2006, 345, 351 f.
642 *Habersack*, AG 2006, 345, 352.
643 *Habersack*, AG 2006, 345, 352 f.; *ders.* ZHR 171 (2007), 613, 632 ff.

nehmer- und Anteilseignerseite anzupassen. Nicht erfasst werde jedoch die Anpassung an eine Vereinbarung, die die Gesamtzahl der Aufsichtsratsmitglieder abweichend von den Vorgaben des § 17 Abs. 1 SEAG festlege, ohne das Stimmenverhältnis zwischen Anteilseigner- und Arbeitnehmervertreterseite zu verschieben[644]. Gestützt werde dieses Verständnis durch die gesetzlichen Vorgaben bezüglich des Eingreifens der Auffangregelung (§§ 34 ff. SEBG), wonach ebenfalls allein das Stimmverhältnis von Anteilseigner- und Arbeitnehmervertreterseite geschützt werde[645]. Würden die Verhandlungsparteien eine paritätische Beteiligung der Arbeitnehmer vereinbaren, so träten die Vorgaben des § 17 Abs. 1 SEAG aufgrund von § 17 Abs. 2 SEAG insoweit zurück, als in der Satzung nunmehr eine durch zwei und drei teilbare Zahl an Mitgliedern festzusetzen sei[646].

cc) Auslegung unter Berücksichtigung der Innen- und Außenschranken der Gestaltungsfreiheit

Die in Frage stehende Zulässigkeit der Festlegung der Gesamtgröße des Aufsichts- bzw. Verwaltungsorgans beurteilt sich nach den Innen- und Außenschranken der Vereinbarungsautonomie.

(1) Innenschranken

Dem eindeutigen Wortlaut des § 21 Abs. 3 S. 2 Nr. 1 SEBG zufolge erstreckt sich die Pflicht der Vereinbarungsparteien zur Festlegung einer absoluten Größe an Mitgliedern des Aufsichts- bzw. Verwaltungsorgans allein auf die Arbeitnehmervertreter, nicht aber auch auf die Vertreter der Anteilseignerseite und damit nicht auf die Gesamtzahl der Mitglieder[647]. Auch wenn es sich nach der hier vertretenen Auffassung bei § 21 Abs. 3 S. 2 Nrn. 1-3 SEBG um zwingende Mindestinhalte der Vereinbarung handelt, kann aus der Pflicht zur Festlegung der Anzahl der Arbeitnehmervertreter nicht auf das Verbot geschlossen werden, die Gesamtzahl der Mitglieder zu vereinbaren. *Oetker* ist insoweit zuzustimmen, als die Vereinbarungsparteien trotz des Wortlauts des § 21 Abs. 3 S. 2 Nr. 1 SEBG („*Anzahl*") auch den Anteil an Arbeitnehmervertretern im mitbestimmten Organ vereinbaren können, da es sich hierbei um einen gebräuchlichen Maßstab hinsichtlich Fragen der Arbeitnehmermitbestimmung im SEBG handelt (§§ 15 Abs. 4 Nr. 1; 35 Abs. 2 S. 2 SEBG). Setzen die Parteien in der Vereinbarung den Anteil der Arbeitnehmervertreter fest, so lässt sich unter Heranziehung der in der Satzung festgelegten Ge-

---

644 *Habersack*, AG 2006, 345, 353; *ders.* ZHR 171 (2007), 613, 632 ff.
645 *Habersack*, AG 2006, 345, 353; *ders.* ZHR 171 (2007), 613, 632 ff.
646 *Habersack*, AG 2006, 345, 354 f.; *ders.* ZHR 171 (2007), 613, 632 ff.
647 Ebenso *Scheibe*, die jedoch die Vorgaben des § 21 Abs. 3 S. 2 Nrn. 1-3 SEBG nicht für zwingend hält, S. 123.

samtzahl der Mitglieder die Anzahl der Arbeitnehmervertreter bestimmen. Folglich erfüllen die Parteien die Pflicht zur Festlegung der Arbeitnehmervertreteranzahl gemäß § 21 Abs. 3 S. 2 Nr. 1 SEBG auch dann, wenn sie lediglich ihren Anteil vereinbaren[648]. Dies setzt jedoch voraus, dass in der Vereinbarung eine ausdrückliche Bezugnahme auf die in der Satzung festgelegte Gesamtgröße des mitbestimmten Organs genommen wird. Nicht zulässig ist entgegen der Ansicht *Oetkers* eine kumulative Festlegung von Anteil und Anzahl der Arbeitnehmervertreter, da auf diese Weise indirekt die Gesamtgröße des mitbestimmten Organs vorgegeben wird. Die Vereinbarung der Gesamtgröße — sei es direkt oder indirekt — überschreitet die Innenschranke des § 21 Abs. 3 S. 1 SEBG, wonach die Vereinbarungsautonomie nur solche Regelungsgegenstände erfasst, die die Ausgestaltung und Durchführung der Mitbestimmung betreffen. Einer Regelung zur Größe des Aufsichts- oder Verwaltungsorgans ist für die „*Einflussnahme der Arbeitnehmer auf die Angelegenheiten einer Gesellschaft*" im Sinne von § 2 Abs. 12 SEBG jedoch nicht erforderlich. Vielmehr wird auf diese Weise das allgemeine Verständnis hinsichtlich des Begriffs der Mitbestimmung und dessen Reichweite überdehnt. Dem Einwand, es bedürfe zusätzlich zur Zahl der Arbeitnehmervertreter auch der Festlegung der Organgröße, um den Umfang der Arbeitnehmermitbestimmung in der SE bestimmen zu können ist entgegenzuhalten, dass die Vereinbarungsverhandlungen nicht ungeachtet der übrigen Gründungsvorgänge der SE abgehalten werden. Der Gründungsplan der SE muss die Satzung bereits beinhalten (Art. 20 Abs. 1 S. 2 lit. h; Art. 32 Abs. 2 S. 3 SE-VO), so dass die Vereinbarungsparteien Kenntnis von der vorgesehenen Größe des Aufsichts- oder Verwaltungsorgans haben bzw. haben können. Gestützt wird dies durch den Grundsatz der vertrauensvollen Zusammenarbeit zwischen den Leitungen und dem Besonderen Verhandlungsgremium (§ 13 Abs. 1 S. 2, Abs. 2 S. 1, 2 SEBG), nach dem die Leitungen dem Besonderen Verhandlungsgremium die für die Regelung der Arbeitnehmerbeteiligung erforderlichen Auskünfte und Unterlagen zur Verfügung zu stellen haben. Die Vereinbarungsparteien können die Verhandlungen daher in Kenntnis und unter Zugrundelegung der vom Satzungsgeber vorgesehenen Größe des mitbestimmten Organs führen.

Mit Art. 12 Abs. 4 SE-VO wird der Gefahr begegnet, dass die Hauptversammlung die Satzung nach Zustandekommen der Vereinbarung abändert. Ebenso wenig erfordert auch die Beurteilung, ob es aufgrund einer Minderung der Beteiligungsrechte durch die Vereinbarung gemäß § 15 Abs. 4 Nr. 1 SEBG einer qualifizierten doppelten 2/3 Mehrheit bedarf, einer Festlegung der Gesamtgröße durch die Vereinbarung zusätzlich zur Arbeitnehmerzahl. Gleiches gilt für die Umsetzung des § 21 Abs. 6 SEBG.

---

648 So auch *Oetker* in FS Konzen, S. 635, 650, der jedoch § 21 Abs. 3 S. 2 Nr. 1 SEBG nicht als zwingende Vorgabe, sondern als Soll-Vorschrift einordnet.

Die von *Oetker* dargelegte Gefahr, dass der Satzungsgeber im Falle einer bloßen Vereinbarung der Anzahl der Arbeitnehmervertreter das von den Vereinbarungsparteien vorgesehene Mitbestimmungsniveau durch eine entsprechende Ausgestaltung der Gesamtzahl der Organmitglieder unterlaufen könnte, können die Parteien durch eine Festlegung des Anteils anstelle der Anzahl der Arbeitnehmervertretern abwehren.

(2) Außenschranken

Ebenso wie die Innenschranken stehen auch die Außenschranken einer Regelung der Gesamtgröße des mitbestimmten Organs entgegen.

Dem Argument, in Art. 40 Abs. 3 SE-VO werde im Gegensatz zu Art. 40 Abs. 2 SE-VO die Beteiligungsvereinbarung nicht benannt, so dass die Größe des Verwaltungs- bzw. Aufsichtsorgans nicht Inhalt der Vereinbarung sein könne, hält *Oetker* zu Recht entgegen, dass § 40 Abs. 2 S. 3 SE-VO den Sonderfall der Mitglieder des ersten Aufsichtsrates betreffe, deren Bestellung grundsätzlich ohne Beteiligung der Arbeitnehmer erfolge. Der Vorbehalt zugunsten der Vereinbarung stellt folglich eine Ausnahme von diesem Grundsatz dar[649]. Während die Bestellung der Aufsichtsratsmitglieder durch die Vereinbarung anstelle der grundsätzlich hierfür zuständigen Hauptversammlung eine Ausnahmeregelung darstellt, die einer besonderen gesetzlichen Hervorhebung bedarf, ist dies im Rahmen der Festlegung der Zahl der Mitglieder des Aufsichtsrates nach Art. 40 Abs. 3 S. 1 SEVO nicht nötig, da die Beteiligung der Arbeitnehmer an den Regelungen zur Mitbestimmung mittels Vereinbarung keine solche Ausnahme darstellt. Gleiches gilt im Ergebnis für den wortgleichen Art. 43 Abs. 2 S. 3 SE-VO betreffend den Verwaltungsrat im monistischen System[650].

Auch aus den §§ 17 Abs. 2, 23 Abs. 2 SEAG lässt sich keine Regelungskompetenz für die Gesamtgröße des mitbestimmten Organs ableiten. Zwar bleibt nach §§ 17 Abs. 2, 23 Abs. 2 SEAG die Beteiligung der Arbeitnehmer nach dem SEBG und damit auch die Mitbestimmungsvereinbarung von der gesetzlichen bzw. durch die Satzung festgelegten Zahl der Mitglieder des mitbestimmten Organs unberührt, doch folgt daraus kein absoluter Vorrang der Beteiligungsvereinbarung gegenüber den gesamten Regelungen der Satzung. Im Einklang mit dem Regelungsgehalt des Art. 12 Abs. 4 SE-VO sind die gesetzlich oder satzungsmäßig festgelegten Mindest- bzw. Höchstzahlen bei Unvereinbarkeit mit den Vorgaben der Mitbestimmungsvereinbarung an Letztere anzupassen[651]. Es sind lediglich die zur Verwirklichung des SEBG oder der Vereinbarung erforderlichen Anpassungen durchzufüh-

---

649 *Oetker*, ZIP 2006, 1113, 1117.
650 *Oetker*, ZIP 2006, 1113, 1118.
651 So auch *Ihrig/Wagner*, BB 2004, 1749, 1756; *Scheibe*, S. 124.

ren. Soll das Aufsichtsorgan nach der Satzung beispielsweise aus 9 Mitgliedern bestehen, erfüllt sie damit die Vorgaben des § 17 Abs. 1 SEAG, sieht die Mitbestimmungsvereinbarung aber eine paritätische Mitbestimmung vor, so ist die Satzung gemäß § 17 Abs. 2 SEAG dahingehend anzupassen, dass die Gesamtzahl der Mitglieder nunmehr sowohl durch drei als auch durch zwei teilbar ist. Dem Hinweis *Oetkers* auf den vom Gesetzgeber gewollten Gleichlauf von §§ 17 Abs. 2, 23 Abs. 2 SEAG mit § 95 S. 5 AktG hält *Habersack* zu Recht entgegen, dass diese Vorschrift das hier in Frage stehende Verhältnis zwischen Satzungs- und Vereinbarungsautonomie ungeklärt lasse[652].

Auch aus Art. 12 Abs. 4 S. 1 SE-VO ergibt sich nichts anderes. Wie *Scheibe* richtig bemerkt, handelt es sich bei Art. 12 Abs. 4 S. 1 SE-VO nicht um eine Kompetenznorm zugunsten der Vereinbarungsparteien[653]. Vielmehr sollen bestehende Widersprüche zwischen Satzung und Mitbestimmungsvereinbarung zugunsten Letzterer beseitigt werden, indem die Satzung angeglichen wird, wobei die Kompetenz für eine solche Satzungsänderung bei der Hauptversammlung liegt[654].

Gemäß Artt. 40 Abs. 3, 43 Abs. 2 SE-VO und Artt. 17 Abs. 1 S. 2, 23 Abs. 1 S. 2 SEAG wird die Zahl der Mitglieder des mitbestimmten Organs durch die Satzung bestimmt. Die Satzung fällt in den Kompetenzbereich der Hauptversammlung. Verdeutlicht wird diese Kernkompetenz der Hauptversammlung durch Art. 12 Abs. 4 S. 3 SE-VO. Hiernach ist eine Ausnahme von dieser Kompetenzzuweisung nur für den Fall vorgesehen, dass der nationale Gesetzgeber eine Anpassung der Satzung an eine nach SE-Gründung getroffene Vereinbarung allein durch die Leitungsorgane ohne Zustimmung der Hauptversammlung ermöglicht[655]. Eine Ausnahme von dieser Satzungskompetenz der Hauptversammlung lässt sich auch nicht mit dem Zweck von SE-RL und SEBG rechtfertigen, da es für die Sicherung der Beteiligungsrechte der Arbeitnehmer einer Festlegung der Gesamtgröße des mitbestimmten Organs nicht bedarf. Nach dem hier vertretenem Verständnis der §§ 17 Abs. 2, 23 Abs. 2 SEAG, Art. 12 Abs. 4 SEVO wird der Erreichung dieses Zweckes genüge getan.

Die Größe des mitbestimmten Organs fällt daher nicht in die Mitbestimmungsautonomie der Vereinbarungsparteien. Damit kann in der Vereinbarung die Gesamtgröße des mitbestimmten Organs weder indirekt durch die kumulative Festlegung von Anzahl und Anteil der Arbeitnehmervertreter vorgegeben noch direkt festgelegt werden. Allein zulässig ist die alternative Vereinbarung von Anzahl oder Anteil der Arbeitnehmervertreter im Aufsichts- oder Verwaltungsorgan der SE. Legen die Vereinbarungsparteien anstelle der Anzahl den Anteil der Arbeitneh-

---

652 *Habersack*, AG 2006, 345, 353; *ders.* ZHR 171 (2007), 613, 632 ff.
653 *Scheibe*, S. 123 f.; ebenso *Habersack*, AG 2006, 345, 350; *ders.* ZHR 171 (2007), 613, 632 ff.
654 *Scheibe*, S. 105, 123 f.
655 Der deutsche Gesetzgeber hat von dieser Ermächtigung jedoch keinen Gebrauch gemacht.

mervertreter im mitbestimmten Organ fest, so können sie anstelle der nach deutschem Mitbestimmungsrecht üblichen Besetzung von 1/2 oder 1/3 der Organmitglieder auch einen Anteil von 1/4, 1/5, 1/6 oder 5/12 an Arbeitnehmervertretern vorsehen.

c) Verfahren zur Festlegung der Arbeitnehmervertreter, § 21 Abs. 3 S. 2 Nr. 2 SEBG

Treffen die Parteien eine Vereinbarung über die Mitbestimmung, müssen sie das Verfahren regeln, nach dem die Arbeitnehmer die Mitglieder des Aufsichts- oder Verwaltungsorgans wählen oder bestellen oder deren Bestellung empfehlen oder ablehnen können (§ 21 Abs. 3 S. 2 Nr. 2 SEBG). Das Verfahren zur Festlegung der Arbeitnehmervertreter umfasst insbesondere die Aufteilung der Sitze der mitbestimmten Mitglieder des Aufsichts- oder Verwaltungsorgans auf die Mitgliedstaaten, die Einzelheiten zur Wahl der Arbeitnehmervertreter (Wahlverfahren) sowie das aktive und passive Wahlrecht.

aa) Aufteilung der mitbestimmten Mitglieder des Aufsichts- oder Verwaltungsorgans auf die Mitgliedstaaten

Die Verteilung der Zahl der Sitze der Arbeitnehmervertreter auf die Mitgliedstaaten kann sich entsprechend der gesetzlichen Auffangregelung (§ 36 Abs. 1 SEBG) nach dem jeweiligen Anteil der in den einzelnen Mitgliedstaaten beschäftigten Arbeitnehmern der SE, ihrer Betriebe und Tochtergesellschaften richten. Ein solches Repräsentationsprinzip spiegelt den grenzüberschreitenden Charakter der SE in der Besetzung der Arbeitnehmervertreter im mitbestimmten Organ wieder[656]. Vereinbart werden kann aber auch eine Verteilung der Sitze, die sich nach Sparten, Geschäftsbereichen oder geographischen Regionen richtet[657]. Zulässig ist eine Regelung, nach der nur solche Betriebe einen Arbeitnehmervertreter in das mitbestimmte Organ entsenden dürfen, die eine bestimmte Mindestgröße erfüllen.

bb) Wahlverfahren

Neben der Verteilung der Sitze auf die verschiedenen Mitgliedstaaten muss die Vereinbarung festlegen, wie die Ermittlung der einzelnen Arbeitnehmer zu erfolgen hat, die die jeweiligen Sitze besetzen werden (Wahlverfahren). Dabei gibt § 21 Abs. 3 S. 2 Nr. 2 i.V.m. § 2 Abs. 12 SEBG vor, dass die Ermittlung durch die Arbeitnehmer erfolgen muss. Unzulässig ist daher eine Vereinbarung, die hinsichtlich

---

656 BR-Drucks. 438 /04 S. 138.
657 *Seibt*, AG 2005, 413, 423; *Oetker* in FS Konzen, S. 635, 651; *ders.* in Lutter/Hommelhoff, SE-Kommentar, § 21 SEBG Rn. 37; *Habersack*, ZHR 171 (2007), 613, 634.

der Ermittlung der Arbeitnehmervertreter Entsendungs- bzw. Ernennungsrechte zugunsten außenstehender Dritter festlegt[658]. Wie *Oetker* zutreffend feststellt bedeutet diese Beschränkung jedoch nicht, dass die Arbeitnehmer die Auswahl selber unmittelbar ausüben müssen[659]. Vielmehr können sie die Erfüllung dieser Aufgabe auch auf durch sie legitimierte Vertreter übertragen[660]. Beispielsweise können sie in Anlehnung an die gesetzlichen Auffangregelung (§ 36 Abs. 3 SEBG) zur Bestimmung der Arbeitnehmervertreter ein Wahlgremium bilden. Dieses Wahlgremium kann sich entsprechend der komplizierten Vorgaben des § 36 Abs. 3 SEBG ebenso wie das Besondere Verhandlungsgremium aus den Arbeitnehmervertretungen der SE, ihrer Tochtergesellschaften oder Betriebe zusammensetzen. Möglich ist auch eine andere Zusammensetzung, sofern gewährleistet ist, dass die Mitglieder von den Arbeitnehmern legitimierte Repräsentanten sind. Um die durch die Bildung und Einberufung eines Wahlgremiums verursachte aufwändige Ermittlung der Arbeitnehmervertreter zu vermeiden, können die Parteien vereinbaren, diese Aufgabe dem SE-Betriebsrat zu übertragen[661]. Zu dem durch die Vereinbarung zu regelnden Wahlverfahren gehören auch Einzelheiten wie Bestimmungen zu geltenden Wahlgrundsätzen, zu Formerfordernissen und zum Wahlsystem (Mehrheits- oder Verhältniswahl).

Anstelle eines direkten Wahlrechts kann in der Vereinbarung entsprechend § 2 Abs. 12 Nr. 2 SEBG auch ein bloßes Empfehlungsrecht festgelegt werden[662]. Beispielsweise ließe sich vereinbaren, dass die nationalen Arbeitnehmervertretungen hinsichtlich eines bestimmten Anteils der Mitglieder des mitbestimmten Organs eine Empfehlung abgeben, welcher die für die Wahl der Mitglieder zuständige Hauptversammlung jedoch nicht nachkommen muss, sondern diese mit einer bestimmten Mehrheit durch Beschluss ablehnen kann[663].

Die Abberufung der Arbeitnehmervertreter gehört aufgrund des eindeutigen auf die Festlegung der Arbeitnehmervertreter bezogenen Wortlautes des § 21 Abs. 3 S. 2 Nr. 2 SEBG nicht zu den zwingenden Mindestinhalten der Mitbestimmungsvereinbarung[664]. Die Vereinbarungsparteien können aber freiwillig in die Vereinba-

---

658 *Thüsing*, ZIP 2006, 1469, 1473; *Oetker* in FS Konzen, S. 635, 651 f.; *Scheibe*, S. 128; für die Zulässigkeit einer solchen Regelung ohne nähere Begründung wohl *Seibt*, AG 2005, 413, 423; MünchKommAktG/*Reichert/Brandes*, SE-VO, Art. 40 Rn. 29.
659 *Oetker* in FS Konzen, S. 635, 652.
660 *Oetker* in FS Konzen, S. 635, 652.
661 Für eine derartige Regelung *Heinze/Seifert/Teichmann*, BB 2005, 2524, 2525 ff.; 2528 f.; *Reichert* in Happ, Aktienrecht, 19.01 Rn. 93.
662 *Scheibe*, S. 128.
663 *Scheibe*, S. 128.
664 Nach der Ansicht *Oetkers* erfasst das Verfahren zur Festlegung der Arbeitnehmervertreter im Sinne von § 21 Abs. 3 S. 2 Nr. 2 SEBG auch deren Abberufung, *Oetker* in FS Konzen, S. 635, 651. Allerdings qualifiziert *Oetker* im Gegensatz zu der hier vertretenen Ansicht die Vorgaben

rung Bestimmungen aufnehmen, die ähnlich der gesetzlichen Auffangregelung des § 37 Abs. 1 SEBG beispielsweise die Voraussetzungen für die konstitutive Abberufung der Arbeitnehmervertreter durch die Hauptversammlung beinhalten, die Antragsberechtigung regeln oder etwaige Beschlusserfordernisse festsetzen. Abzugrenzen ist eine derartige Bestimmung aber von der unzulässigen Regelung der Abberufungskompetenz[665]. Zulässig, aber aufgrund des Wortlauts des § 21 Abs. 3 S. 2 Nr. 2 SEBG nicht zwingend sind zudem Regelungen über die Anfechtung der Wahl eines Mitglieds der Arbeitnehmer im Aufsichts- oder Verwaltungsorgan[666]. Eine solche Wahlanfechtung kann eröffnet werden, wenn beispielsweise gegen wesentliche Vorschriften über das Wahlverfahren oder die Wählbarkeit verstoßen wurde und dieser Verstoß zu einer Änderung des Wahlergebnisses geführt hat. Festgelegt werden sollten dabei insbesondere die Anfechtungsberechtigte und die Anfechtungsfristen.

cc) Aktives und passives Wahlrecht

In der Vereinbarung sind darüber hinaus Bestimmungen zum aktiven und passiven Wahlrecht festzulegen[667]. Dabei sind als Außenschranken nach Art. 47 Abs. 2 SE-VO die zwingenden Vorgaben des § 100 Abs. 1 und 2 AktG für den Aufsichtsrat und des § 27 Abs. 1 und 3 SEAG für den Verwaltungsrat zu beachten, die die persönlichen Voraussetzungen der Mitglieder des mitbestimmten Organs festsetzen. Da der deutsche Gesetzgeber von der Ermächtigung des Art. 47 Abs. 1 S. 1 SE-VO keinen Gebrauch gemacht hat, können gemäß §§ 76 Abs. 3 S. 1, 100 Abs. 1 S. 1 AktG, § 27 Abs. 3 SEAG nur natürliche und unbeschränkt geschäftsfähige Personen Mitglied werden, nicht jedoch juristische Personen.

In der Vereinbarung können über die gesetzlichen Vorgaben hinausgehende weitere persönliche Voraussetzungen festgelegt werden[668]. Für die Arbeitnehmervertreter im Verwaltungsorgan ist diesbezüglich eine Vereinbarungsautonomie in § 27 Abs. 2 SEAG ausdrücklich vorgesehen. Eine solche ausdrückliche Vereinbarungsautonomie besteht für die persönlichen Voraussetzungen der Arbeitnehmervertreter des Aufsichtsrats nicht. Ursache hierfür ist, dass sich die persönlichen Voraussetzungen der Organmitglieder der SE gemäß Art. 47 Abs. 2 SE-VO nach mitgliedstaatlichem Recht richten. Mangels bestehender nationaler Regelungen für das monistische System hat der deutsche Gesetzgeber entsprechend Art. 43 Abs. 4

---

des § 21 Abs. 3 S. 2 Nrn. 1-3 SEBG lediglich als Soll-Vorschriften, *Oetker* in FS Konzen, S. 635, 649.

665 Siehe hierzu die folgenden Ausführungen unter B.III.3.c)dd).

666 Im Rahmen der Auffangregelung ist die Wahlanfechtung in § 37 Abs. 2 SEBG normiert.

667 Dafür, dass das Wahlverfahren auch das aktive und passive Wahlrecht erfasst *Hennings* in Manz/Mayer/Schröder, Art. 4 Rn. 27; *Oetker* in FS Konzen, S. 635, 651.

668 MünchKommAktG/*Jacobs*, SEBG, § 21 Rn. 29.

SE-VO mit § 27 SEAG eine Regelung über die persönlichen Voraussetzungen der Verwaltungsratsmitglieder geschaffen, welche mit § 27 Abs. 2 SEAG das System der Arbeitnehmerbeteiligung in der SE berücksichtigen. Hinsichtlich des dualistischen Systems bedurfte es der Schaffung solchen Rechts hingegen nicht, da das nationale Aktienrecht mit § 100 AktG bereits eine Vorschrift über die persönlichen Voraussetzungen der Mitglieder des Aufsichtsrates enthält. Wie so häufig im Rahmen der Verweisung auf mitgliedstaatliches Aktienrecht sind dessen Regelungen jedoch nicht immer an die Systematik der SE und insbesondere deren Mitbestimmungssystem angepasst. Die Autonomie zur Festlegung weiterer persönlicher Voraussetzungen der Arbeitnehmervertreter im Aufsichtsrat, die über die zwingenden gesetzlichen Vorgaben des § 100 AktG hinausgehen, ergibt sich jedoch zum einen aus § 21 Abs. 3 S. 2 Nr. 2 SEBG. Zum anderen spricht der Rechtsgedanke des § 100 Abs. 3 AktG für die Möglichkeit einer derartigen Vereinbarung. § 100 Abs. 3 AktG stellt klar, dass die für die Arbeitnehmervertreter im Aufsichtsorgan geltenden Sondervorschriften des MitbestG, des MontanMitbestG, des MitbestErgG und des DrittelbG unberührt bleiben, so dass die übrigen nicht von § 100 Abs. 1 AktG erfassten Voraussetzungen sich nach diesen Gesetzen bestimmen. Diese in § 100 Abs. 3 AktG genannten nationalen Mitbestimmungsgesetze finden auf die SE jedoch keine Anwendung[669]. An ihre Stelle tritt bei einer Europäischen Aktiengesellschaft das SEBG und damit auch die Vereinbarung nach § 21 SEBG. § 100 Abs. 3 AktG ist bei Anwendung auf die SE daher so zu lesen, dass die anderen persönlichen Voraussetzungen der Aufsichtsratsmitglieder der Arbeitnehmer sich nach dem SEBG und damit auch nach der Vereinbarung gemäß § 21 SEBG richten. Die erforderliche Mitbestimmungsautonomie ergibt sich daher aus dieser an die Besonderheiten der SE angepassten Auslegung des § 100 Abs. 3 AktG. Zusätzlich zu der vorliegenden Vereinbarungsautonomie muss sich die Festlegung der persönlichen Voraussetzungen der Arbeitnehmervertreter auch im Rahmen der Satzungsautonomie bewegen. Art. 47 Abs. 3 SE-VO und § 100 Abs. 4 AktG sehen eine solche Satzungsautonomie ausschließlich für die Anteilseignervertreter vor. Nach h.M. ist die Festlegung der persönlichen Voraussetzungen der Arbeitnehmervertreter durch die Satzung nach § 100 Abs. 4 AktG unzulässig[670]. Ließe man eine derartige Satzungsregelung zu, stünde dies in Widerspruch zu § 100 Abs. 3 AktG, da die dort genannten Sondervorschriften auf diese Weise einfach umgangen werden könnten. Diese Gefahr besteht jedoch gerade nicht, wenn die persönlichen Voraussetzungen durch eine Mitbestimmungsvereinbarung festgelegt werden, für deren Umsetzung es einer entsprechenden Satzungsgestaltung bedarf. Daraus, dass

---

669 Siehe hierzu B.III.1.b)bb)(5).
670 *Hopt/Roth* in GroßKomAktG, § 100 Rn. 100; *Hüffer*, AktG, § 100 Rn. 9 f.; MünchKomm-AktG/*Semler*, § 100 Rn. 58; *Breuer/Fraune* in Heidel, Aktienrecht, § 100 Rn. 17; *Drygala* in K. Schmidt/Lutter, AktG, § 100 Rn. 21.

Art. 47 Abs. 3 SE-VO und § 100 Abs. 4 AktG lediglich die satzungsmäßige Festlegung der Voraussetzungen der Anteilseignervertreter benennen, darf daher nicht der Schluss gezogen werden, dass es betreffend die persönlichen Voraussetzungen der Arbeitnehmervertreter an der erforderlichen Satzungsautonomie fehlt.

Das passive Wahlrecht kann beispielsweise von einer Mindestbeschäftigungsdauer der Arbeitnehmervertreter in den Gründungsgesellschaften bzw. der SE abhängig gemacht werden oder deren Volljährigkeit voraussetzen. Möglich ist auch, die passive Wahlberechtigung an bestimmte Qualifikationen der Arbeitnehmervertreter zu knüpfen. Ebenso können in der Vereinbarung Wahlvorschlagsrechte zugunsten leitender Angestellter, Arbeitnehmern aus Drittstaaten oder Gewerkschaftsvertretern festgelegt werden[671]. Haben die Parteien sich bezüglich des Wahlverfahrens der Arbeitnehmervertreter auf die teilweise Geltung (§ 21 Abs. 5 SEBG „oder in Teilen") der gesetzlichen Auffangregelung des § 36 SEBG geeinigt, können sie in der Vereinbarung die gemäß § 36 Abs. 3 S. 2, 6 Abs. 3 bis 4 SEBG vorgesehene Zwangsrepräsentation von Gewerkschaften und leitenden Angestellten ausschließen[672].

dd) Bestellung und Abberufung der mitbestimmten Mitglieder

Abzugrenzen ist die Ermittlung bzw. Wahl der einzelnen Arbeitnehmervertreter von deren Bestellung, durch welche erst der rechtliche Status als Mitglied des mitbestimmten Organs begründet wird[673]. Gemäß Artt. 40 Abs. 2 S. 1, 43 Abs. 3 S. 1 SE-VO erfolgt diese konstitutive Bestellung der Aufsichts- bzw. Verwaltungsratsmitglieder durch die Hauptversammlung. Fraglich ist, ob die Verhandlungsparteien von dieser Bestellungskompetenz der Hauptversammlung in der Vereinbarung abweichen können. Nach einer Ansicht im Schrifttum richtet sich die Bestellung der Arbeitnehmervertreter primär nach der Mitbestimmungsvereinbarung[674]. Im Gegensatz zu den Anteilseignervertretern könne hinsichtlich der Arbeitnehmervertreter von den gesetzlichen Regelungen des Art. 40 Abs. 2 S. 1 SE-VO in der Mitbestimmungsvereinbarung abgewichen werden und der Hauptversammlung die Bestellungskompetenz entzogen werden[675]. Zulässig sei daher eine Vereinbarung,

---

671 *Seibt*, AG 2005, 413, 423; *Oetker* in FS Konzen, S. 635, 651; MünchKommAktG/*Jacobs*, SEBG, § 21 Rn. 19; *Heinze/Seifert/Teichmann*, BB 2005, 2524, 2528 f.

672 Umstritten ist, ob die gemäß § 6 Abs. 3 SEBG vorgesehene Mindestvertretung zugunsten der Gewerkschaften und leitenden Angestellten europarechtskonform ist, siehe hierzu ausführlich, MünchKommAktG/*Jacobs*, SEBG, § 6 Rn. 3 ff.; *Scheibe*, S. 45 ff.; *Henssler* in Ulmer/Habersack/Henssler, Einl. SEBG Rn. 174 ff.

673 BT-Drucks. 15/3405, S. 55 betreffend die Auffangregelung.

674 MünchKommAktG/*Reichert/Brandes*, SE-VO, Art. 40 Rn. 5, 26, 29, Art. 43 Rn. 26, 29; *Kolster* in Jannott/Frodermann, 4 Rn. 63; *Drygala* in Lutter/Hommelhoff, SE-Kommentar, Art. 40 SE-VO Rn. 7 f.

675 MünchKommAktG/*Reichert/Brandes*, SE-VO, Art. 40 Rn. 26, 29, Art. 43 Rn. 26, 29.

nach der die konstitutive Bestellung der Arbeitnehmervertreter beispielsweise unmittelbar durch die Arbeitnehmerschaft erfolge oder durch den SE-Betriebsrat[676]. Als Begründung werden Artt. 40 Abs. 2 S. 3, 43 Abs. 3 S. 3 SE-VO herangezogen, die der Mitbestimmungsvereinbarung einen Vorrang gegenüber der gesetzlichen Kompetenzzuweisung an die Hauptversammlung einräume[677]. Zudem ergebe sich aus Artt. 42 S. 2, 45 S. 2 SE-VO, dass die Arbeitnehmervertreter von den Arbeitnehmern auch direkt bestellt werden könnten[678].

Dieser Ansicht ist entgegenzuhalten, dass eine die Bestellungskompetenz regelnde Mitbestimmungsvereinbarung gegen die Innen- und Außenschranken der Vereinbarungsautonomie verstößt. Dem Wortlaut der Artt. 40 Abs. 2 S. 3, 43 Abs. 3 S. 3 SE-VO („*hiervon*") kann nicht eindeutig entnommen werden, ob sich die Öffnungsklausel zugunsten der Beteiligungsvereinbarung allein auf den ersten Verwaltungs- oder Aufsichtsrat erstreckt (S. 2) oder generell die Bestellung der Mitglieder des mitbestimmten Organs betrifft (S. 1). Entsprechend der Ansicht von *Oetker* und *Scheibe* spricht jedoch die Gesetzessystematik für eine eingeschränkte Geltung der Öffnungsklausel[679]. Der Vorbehalt der Artt. 40 Abs. 2 S. 3, 43 Abs. 3 S. 3 SE-VO erfasst sowohl die Mitbestimmungsvereinbarung als auch die Vorschrift des Art. 47 Abs. 4 SE-VO. Letztere gilt entsprechend ihrer Stellung im Abschnitt 3 sowohl für das monistische als auch für das dualistische System und erfasst damit zugleich die Bestellung der Mitglieder des mitbestimmten Organs, ohne dass es hierfür einer gesetzlichen Anordnung im Sinne von Artt. 40 Abs. 2 S. 3, 43 Abs. 3 S. 3 SE-VO bedarf. Folglich erfordert lediglich die Bestellung der Mitglieder des ersten Aufsichts- oder Verwaltungsorgans eine klarstellende Regelung, nach der die Bestellungskompetenz des Satzungsgebers abweichende nationale Bestimmungen unberührt lässt. Die Öffnungsklausel bezieht sich daher sinnvollerweise allein auf die Mitglieder des ersten Organs. Zwar ließe sich aus dem Wortlaut der Artt. 42 S. 2, 45 S. 2 SE-VO folgern, dass die Bestellung auch durch die Arbeitnehmer selber vorgenommen werden könne. Die maßgebliche Vorschrift für die Bestellung der Mitglieder des mitbestimmten Organs ist jedoch die Regelung der Artt. 40 Abs. 2 S. 1, 43 Abs. 3 S. 1 SE-VO, wohingegen Artt. 42 S. 2, 45 S. 2 SE-VO die innere Ordnung des mitbestimmten Organs betreffen, indem sie sicherstellen, dass das Recht des Vorsitzenden zum Stichentscheid gem. Art. 50 Abs. 2 S. 2 SE-VO in einem paritätisch mitbestimmten Organ ausschließlich zugunsten der Anteilseignerseite besteht. Gemäß Artt. 40 Abs. 2 S. 1, 43 Abs. 3 S. 1

676 *Reichert* in Happ, Aktienrecht, 19.01 Rn. 61, 19.02 Rn. 4; MünchKommAktG/*Reichert/ Brandes*, SE-VO, Art. 40 Rn. 26, 19; Art. 43 Rn. 26, 29.
677 *Reichert* in Happ, Aktienrecht, 19.01 Rn. 61, 19.02 Rn. 4; MünchKommAktG/*Reichert/ Brandes*, SE-VO, Art. 40 Rn. 26.
678 MünchKommAktG/*Reichert/Brandes*, SE-VO, Art. 40 Rn. 26; *Drygala* in Lutter/Hommelhoff, SE-Kommentar, Art. 40 SE-VO Rn. 7 f.
679 *Oetker* in FS Konzen, S. 635, 652 f.; dem folgend *Scheibe*, S. 129.

SE-VO erfolgt die Bestellung der Arbeitnehmervertreter durch die Hauptversammlung. Eine Abweichung von dieser Kompetenz lässt der Gesetzgeber im Falle des ersten Aufsichts- oder Verwaltungsrates zu, indem er eine Bestellung der Mitglieder durch die Satzung ermöglicht. Die auch für das Vorliegen der Mitbestimmungsautonomie erforderliche Satzungskompetenz erteilt der Verordnungsgeber damit ausdrücklich und allein für die Mitglieder des ersten mitbestimmten Organs, nicht aber für alle weiteren Bestellungen. Da nach der hier vertretenen Auffassung notwendige Voraussetzung der Vereinbarungsautonomie die Satzungsautonomie ist, kann sich auch der durch Artt. 40 Abs. 2 S. 3, 43 Abs. 3 S. 3 SE-VO gewährte Vorbehalt zugunsten der Mitbestimmungsvereinbarung allein auf Regelungen zum ersten Aufsichts- oder Verwaltungsorgan beziehen, nicht jedoch auf anderweitige Regelungen zur Bestellungskompetenz in der Beteiligungsvereinbarung. Zudem sprechen, der Argumentation *Scheibes* folgend, auch Sinn und Zweck der Öffnungsklausel für eine restriktive Auslegung[680]. Da die grundsätzlich für die Bestellung zuständige Hauptversammlung erst mit der Eintragung der SE entsteht, wird der erste Aufsichts- bzw. Verwaltungsrat durch die Satzung bestellt und damit konsequenterweise entsprechend der satzungsmäßigen Vorgaben ausschließlich mit Anteilseignervertretern besetzt. Um ein derartiges arbeitnehmerfreies Organ zu verhindern, können die Vereinbarungsparteien in der Mitbestimmungsvereinbarung anderweitige Regelungen treffen, die gemäß Artt. 40 Abs. 2 S. 3, 43 Abs. 3 S. 3 SE-VO Vorrang gegenüber den Satzungsregelungen genießen. In den übrigen Fällen der Bestellung der Mitglieder des mitbestimmten Organs bedarf es einer solchen die Arbeitnehmerbeteiligung sichernden Regelung in der Mitbestimmungsvereinbarung nicht, da in diesen Konstellationen die nunmehr bestehende Hauptversammlung an die Vorschläge der Arbeitnehmer gebunden ist.

Hinsichtlich der Innenschranken der Vereinbarungsautonomie fehlt es an einer die Bestellungskompetenz regelnden Bestimmung an der erforderlichen Mitbestimmungsrelevanz. Zwar ist sowohl in § 21 Abs. 3 S. 2 SEBG als auch in § 2 Abs. 12 SEBG davon die Rede, dass die Einflussnahme der Arbeitnehmer auf die Angelegenheiten der Gesellschaft durch die Wahrnehmung des Rechts, Mitglieder „*zu bestellen*" oder deren „*Bestellung*" zu empfehlen oder abzulehnen erfolgen könne. Der Begriff des Bestellens bezeichnet nach der ausdrücklichen Begründung zum Regierungsentwurf jedoch gerade nicht den Beschluss der Hauptversammlung nach § 36 Abs. 4 SEBG[681]. Regelungen zur konstituierenden Bestellung der Mitglieder des mitbestimmten Organs im Sinn von § 36 Abs. 4 SEBG unterfallen daher nicht mehr der hier maßgeblichen Mitbestimmungsdefinition i.S.v. § 2 Abs. 12 SEBG.

---

680 *Scheibe*, S. 129 f.
681 BR-Drucks. 438 /04 S. 112; *Nagel* in Nagel/Freis/Kleinsorge, § 2 Rn. 27.

Die Vereinbarungsparteien können in der Beteiligungsvereinbarung aufgrund Verstoßes gegen die Innen- und Außenschranken der Vereinbarungsautonomie keine Regelungen zur Bestellungskompetenz der mitbestimmten Mitglieder des Aufsichts- oder Verwaltungsrates treffen, sondern sind auf die Ausgestaltung von für die Hauptversammlung bindenden Vorschlagsrechten beschränkt. Eine Ausnahme hiervon besteht allein für den ersten Aufsichts- oder Verwaltungsrat. So kann nach Artt. 40 Abs. 2 S. 3, 43 Abs. 3 S. 3 SE-VO die konstitutive Bestellung der Mitglieder des ersten Aufsichts- oder Verwaltungsrates in der Mitbestimmungsvereinbarung geregelt werden[682]. Möglich ist beispielsweise eine Regelung, die eine gerichtliche Bestellung der in der Vereinbarung namentlich genannten Arbeitnehmervertreter festlegt.

Ebenso wie die Bestellungskompetenz kann auch die Abberufungskompetenz als Gegenstück nicht Gegenstand einer Mitbestimmungsvereinbarung sein[683]. Zum einen fehlt es bereits an der erforderlichen Satzungsautonomie für eine derartige Regelung. Der enge Wortlaut der Artt. 40 Abs. 2 S. 3, 43 Abs. 3 S. 3 SE-VO bezieht sich ausschließlich auf die Bestellung der Arbeitnehmervertreter, nicht aber auf deren Abberufung. Zudem ist eine die Abberufung betreffende Regelung auch nicht vom Sinn und Zweck dieser Öffnungsklausel erfasst. Zum anderen fehlt es einer Regelung betreffend die Abberufung der Mitglieder des mitbestimmten Organs an der erforderlichen Mitbestimmungsrelevanz. Wenn die konstitutive Bestellung der Mitglieder nicht Gegenstand einer Mitbestimmungsvereinbarung sein kann, muss dies ebenso für die konstitutive Abberufung gelten.

d) Rechte der mitbestimmten Mitglieder des Aufsichts- oder Verwaltungsorgans, § 21 Abs. 3 S. 2 Nr. 3 SEBG

Schließen die Parteien eine Vereinbarung über die Mitbestimmung, müssen sie nach § 21 Abs. 3 S. 2 Nr. 3 SEBG auch die Rechte der Arbeitnehmervertreter im Aufsichts- bzw. Verwaltungsorgan festlegen. Nähere Vorgaben macht der Gesetzgeber diesbezüglich jedoch nicht, so dass sich die Zulässigkeit von Regelungen, die die Rechte der Arbeitnehmervertreter betreffen, nach den Innen- und Außenschranken der Beteiligungsvereinbarung richtet.

---

682 *Freis* in Nagel/Freis/Kleinsorge, § 21 Rn. 23; BT-Drucks. 15/3405, S. 51; *Kienast* in Jannott/ Frodermann, 13 Rn. 387 mit Beispielen; *Reichert* in Happ, Aktienrecht, 19.01 Rn. 61, 79; MünchKommAktG/*Jacobs*, SEBG, § 21 Rn. 19; *Henssler* in Ulmer/Habersack/Henssler, Einl. SEBG, Rn. 187.
683 A. A. MünchKommAktG/*Reichert/Brandes*, SE-VO, Art. 40 Rn. 62 f.

aa) Gestaltungsmöglichkeiten

Die Rechte der Arbeitnehmervertreter beeinflussen Umfang und Grenzen ihrer Einwirkungsmöglichkeiten erheblich. Im Rahmen des § 21 Abs. 3 S. 2 Nr. 3 SEBG sind Regelungen über die Vergütung der Arbeitnehmervertreter denkbar[684]. Da die Vereinbarungsautonomie nicht durch den Gleichbehandlungsgrundsatz beschränkt wird[685], können die Parteien eine unterschiedliche Vergütung von Anteilseigner- und Arbeitnehmervertretern vorsehen. Innerhalb des Verwaltungsorgans ist aufgrund des größeren Arbeitsumfangs eine höhere Vergütung der geschäftsführenden Direktoren gegenüber den nicht geschäftsführenden Direktoren denkbar. Zu beachten ist jedoch, dass eine unterschiedliche Vergütung der Organmitglieder bei gleichem Arbeitsaufwand für das Arbeitsklima nicht förderlich sein wird und damit einer effizienten Aufgabenerfüllung entgegensteht.

In Anlehnung an das deutsche Mitbestimmungsrecht (§ 4 Abs. 3 S. 1 Montan-MitbestG, § 5 Abs. 4 MitbestErgG) sowie die gesetzliche Auffangregelung (§ 38 Abs. 1 SEBG) kann eine Gleichstellung aller Mitglieder des Verwaltungs- oder Aufsichtsorgans hinsichtlich bestehender Rechte wie z.B. Teilnahme-, Mitwirkungs-, Informations- und Stimmrechten festgesetzt werden[686].

Um ihre Aufgaben und Pflichten als Mitglieder des mitbestimmten Organs ordnungsgemäß erfüllen zu könne, benötigen die Arbeitnehmervertreter ausreichende Informationen über die Vorkommnisse in der SE. Zu den in der Vereinbarung zu regelnden Rechten der Arbeitnehmervertreter gehört daher auch das Recht, Informationen zu erlangen und weiterzugeben. Zusätzlich zu dem in Artt. 41 Abs. 5, 44 Abs. 2 SE-VO festgelegten Recht der Mitglieder des mitbestimmten Organs, Kenntnis von allen diesem Organ übermittelten Informationen zu nehmen, können in der Vereinbarung Ergänzungen festgelegt werden. Möglich ist beispielsweise eine Regelung, die die Weitergabe von Informationen an die übrigen Arbeitnehmervertretungen innerhalb der SE (bspw. SE-Betriebsrat) vorsieht. Abzugrenzen ist eine Regelung über die Informationsrechte der Arbeitnehmervertreter von solchen Regelungen, die die Informationsrechte und –pflichten festlegen, die zwischen den einzelnen Organen der SE bestehen, wie beispielsweise zwischen Verwaltungsorgan und Hauptversammlung oder Aufsichtsrat und Vorstand. Derartige Regelungen betreffen die Rechtsverhältnisse zwischen den Organen der SE und können auf-

---

684 Bestimmt sich die Mitbestimmung der Arbeitnehmer nach der gesetzlichen Auffangregelung, verweist § 38 Abs. 1 SEAG für die Vergütung der Verwaltungsratsmitglieder auf die Vorschrift des § 113 AktG. Die Vergütung der Aufsichtsratsmitglieder der SE richtet sich ebenfalls über Art. 9 Abs. 1 lit. c ii) SE-VO nach § 113 AktG.

685 Siehe hierzu B.III.1.b)bb)(2).

686 So auch *Reichert* in Happ, Aktienrecht, 19.01 Rn. 94; *Heinze/Seifert/Teichmann*, BB 2005, 2524, 2528; zur Geltung des Gleichbehandlungsgrundsatzes bei einer vereinbarten Mitbestimmung in der SE siehe B.III.1.b)bb)(2).

grund fehlender Mitbestimmungsrelevanz nicht Gegenstand der Vereinbarung sein[687].

Vereinbart werden kann ferner eine Bestimmung, nach der die Arbeitnehmervertreter in ihrer Tätigkeit im mitbestimmten Organ weder behindert und gestört (§ 44 Nr. 2 SEBG) noch aufgrund dieser Tätigkeit benachteiligt oder begünstigt (§ 44 Nr. 3 SEBG) werden dürfen. Einer derartigen Regelung kommt jedoch allein deklaratorische Bedeutung zu, da die sowohl für die Mitbestimmung kraft Gesetzes als auch für die Mitbestimmung kraft Vereinbarung geltenden Schutzbestimmungen des § 44 SEBG unabdingbar sind[688]. Dennoch kann ihr eine gewisse Symbolkraft für das Verhältnis zwischen Arbeitnehmer- und Anteilseignervertretern nicht abgesprochen werden. Gleiches gilt für eine Vereinbarungsregelung, die entsprechend § 42 S. 1 Nr. 4, S. 2 SEBG einen Tätigkeitsschutz der Arbeitnehmervertreter festlegt, der die Teilnahme an Sitzungen sowie die Entgeltfortzahlung betrifft[689]. Möglich ist die Festlegung von zusätzlichen, über die gesetzlichen Vorgaben hinausgehenden Schutzbestimmungen[690]. Beispielsweise kann den Arbeitnehmervertretern ein Recht auf Freistellung zur Erfüllung ihrer Aufsichts- oder Verwaltungsratstätigkeit zugesprochen werden, das entgegen den nationalen Gepflogenheiten nicht nur bei einer zeitlichen Unvereinbarkeit von Aufsichts- bzw. Verwaltungsratstätigkeit und Arbeitszeit besteht[691], sondern einen generellen Anspruch auf Freistellung begründet. Ebenso können die Vereinbarungsparteien festlegen, dass der Anspruch der Arbeitnehmervertreter auf Zahlung des Arbeitsentgeltes während der Aufsichts- bzw. Verwaltungsratstätigkeit fortbesteht. Das Recht auf Entgeltfortzahlung der Arbeitnehmervertreter richtet sich gemäß §§ 42 S. 1 Nr. 4 i.V.m. S. 2 Nr. 3 SEBG nach den Gepflogenheiten des Mitgliedstaates, in dem die Arbeitnehmer beschäftigt sind. Im nationalen Recht ist jedoch umstritten, ob dieser Anspruch während der Tätigkeit im mitbestimmten Organ fortbesteht oder nicht. Um Rechtsklarheit hinsichtlich dieses sich damit auch auf die SE erstreckenden Meinungsstreits zu schaffen[692], ist eine Regelung in der Vereinbarung über die Entgeltfortzahlung sinnvoll. Dadurch dass § 42 S. 1 SEBG hinsichtlich des Schutzniveaus auf die Gesetze und Gepflogenheiten des Mitgliedstaates verweist, in dem die Arbeitnehmer beschäftigt sind, folglich die Arbeitnehmervertreter desselben Organs unterschiedlichen Regelungen und Schutzniveaus unterliegen, bietet es sich an, in der Mitbestimmungsvereinbarung eine einheitliche Geltung von Schutzbe-

---

687 Siehe hierzu B.III.3.e)ff).

688 MünchKommAktG/*Jacobs*, SEBG, § 44 Rn. 1.

689 Für die Unabdingbarkeit des § 42 SEBG MünchKommAktG/*Jacobs*, SEBG, § 42 Rn. 1.

690 *Nagel* in Nagel/Freis/Kleinsorge, § 42 Rn. 3.

691 *Raiser*, MitbestG, § 26 Rn. 6; *Hanau* in Hanau/Ulmer, MitbestG, § 26 Rn. 5; *Oetker* in ErfK, § 26 Rn. 3 f.

692 Für eine Ausdehnung dieses Meinungsstreit auf die SE auch MünchKommAktG/*Jacobs*, SEBG, § 42 Rn. 9.

stimmungen für alle Arbeitnehmer vorzusehen. Aufgrund des Grundsatzes der Unabdingbarkeit muss die Vereinheitlichung jedoch auf der Regelung des Mitgliedstaates beruhen, die das höchste Schutzniveau aufweist[693]. Durch eine derartige Vereinheitlichung lassen sich durch ungleiches Schutzniveau hervorgerufene Störungen in der Zusammenarbeit der Arbeitnehmervertreter innerhalb des mitbestimmten Organs vermeiden.

Nicht lediglich deklaratorische, sondern konstitutive Bedeutung hat eine Bestimmung, die einen Kündigungsschutz der Arbeitnehmervertreter im mitbestimmten Organ festsetzt, da diese nach den deutschen Gesetzen und Gepflogenheiten anders als Betriebsratsmitglieder keinen Kündigungsschutz genießen[694]. Vereinbart werden kann ferner, dass die Arbeitnehmervertreter von ihrer beruflichen Tätigkeit in der SE zu befreien sind, sofern dies zur ordnungsgemäßen Erfüllung ihrer Aufgabe als Aufsichts- oder Verwaltungsratsmitglied erforderlich ist.

Darüber hinaus kann den Arbeitnehmervertretern ein Anspruch auf Teilnahme an Schulungs- und Weiterbildungsveranstaltungen gewährt werden, soweit diese einen konkreten Bezug zu ihrer Tätigkeit haben und die erforderlichen Kenntnisse vermitteln. Gleiches gilt für die Erstattung notwendiger Auslagen[695].

bb) Stimmrecht

Fraglich ist, ob im Rahmen der Festlegung der Rechte der Arbeitnehmervertreter auch eine Vereinbarung zulässig ist, welche das Stimmrecht der Arbeitnehmervertreter gegenüber dem der Anteilseignervertreter einschränkt oder gar ausschließt. Auf diese Weise ließe sich der Einfluss der Arbeitnehmervertreter im monistischen System auf die Überwachungs- und Kontrollaufgaben begrenzen und so das monistische System an das dualistische annähern[696]. Ebenso könnte hierdurch der die Funktionsfähigkeit des Verwaltungsorgans beeinträchtigende Interessenkonflikt der Arbeitnehmervertreter eingeschränkt werden, der daraus resultiert, dass die Arbeitnehmervertreter im Verwaltungsorgan zum einen als Mitglieder des Leitungsorgans dem Unternehmensinteresse verpflichtet sind und zum anderen als Mitglieder des Aufsichtsorgans die Interessen der Arbeitnehmervertreter wahrzu-

---

693 Für eine Vereinheitlichung auf der höchsten Ebene MünchKommAktG/*Jacobs*, SEBG, § 42 Rn. 1.

694 *Kienast* in Jannott/Frodermann, 13 Rn. 420; MünchKommAktG/*Jacobs*, SEBG, § 42 Rn. 6; *Hanau* in Hanau/Ulmer, § 26 Rn. 14; *Oetker* in ErfK, § 26 Rn. 7; *Raiser*, MitbestG, § 26 Rn. 8.

695 *Oetker* in FS Konzen, S. 635, 653.

696 Für eine derartige Einschränkung des Stimmrechts bei einer kraft gesetzlicher Auffangregelung paritätischen Mitbestimmung im monistischen System *Kallmeyer*, ZIP 2003, 1531, 1535; dagegen MünchKommAktG/*Reichert/Brandes*, SE-VO, Art. 20 SE-VO Rn. 49 f.; *Teichmann*, BB 2004, 53, 57; *Kämmerer/Veil*, ZIP 2005, 369, 375; MünchKommAktG/*Jacobs*, SEBG, § 35 Rn. 22; *Schwarz*, SE-VO, Art. 43 Rn. 90; *Heinze*, ZGR 2002, 66, 91; Münch.Hdb. GesR/*Austmann* § 85 Rn. 122; *Weiss/Wöhlert*, NZG 2006, 121, 125; *Schönborn*, S. 106 f.

nehmen haben. Beispielsweise könnte den Arbeitnehmervertretern unter den nicht geschäftsführenden Direktoren das Stimmrecht für solche Angelegenheiten entzogen werden, die der Verwaltungsrat in zulässiger Weise anstelle der geschäftsführenden Direktoren wahrnimmt und die die Unternehmensleitung oder die Geschäftsführung betreffen.

Von Teilen der Literatur wird eine derartige Vereinbarungsregelung für unzulässig gehalten. Begründet wird dies zum einen damit, dass eine Differenzierung zwischen den Anteilseigner- und Arbeitnehmervertretern im mitbestimmten Organ im Hinblick auf das Stimmrecht gegen den auch für die SE geltenden Gleichbehandlungsgrundsatz der Organmitglieder verstoße[697]. Zum anderen sei nach der Ansicht *Teichmanns* die mit der Einführung einer Stimmrechtsbeschränkung einhergehende Begrenzung des Verantwortungsbereichs der Arbeitnehmervertreter gegenüber der SE unzulässig[698]. Das Verwaltungsorgan könne sich nach keiner Rechtsordnung durch privatautonome Gestaltung seiner Leitungsverantwortung entziehen. Differenzierungen des Stimmrechts seien mit dem monistischen System unvereinbar und zudem nach der Auffangregelung der SE-RL ausdrücklich ausgeschlossen. Andere Stimmen der Literatur halten dagegen die Einführung eines Stimmverbots durch die Mitbestimmungsvereinbarung für zulässig[699]. Zu klären ist daher, ob sich eine Regelung über das Stimmrecht innerhalb der Innen- und Außenschranken der Vereinbarungsautonomie bewegt.

Teichmann ist insofern zuzustimmen, als eine Begrenzung des Verantwortungsbereichs der Verwaltungsratsmitglieder durch eine Minderung ihrer Einflussmöglichkeiten mit der gesellschaftsrechtlichen Gestaltung des monistischen Systems nicht vereinbar ist, da sich das Leitungsorgan seiner Verantwortung für die Unternehmensleitung nicht entziehen kann. Dies gilt jedoch nicht uneingeschränkt. Wie *Scheibe* zutreffend darlegt, wird dies insbesondere durch die Plenarvorbehalte der § 107 Abs. 3 S. 2 AktG, § 34 Abs. 4 S. 2 SEAG bestätigt, wonach bestimmte Aufgaben, darunter auch die Leitungsfunktion des Verwaltungsrates (§ 22 SEAG), einem Ausschuss nicht anstelle des Verwaltungs- oder Aufsichtsorgan zur Beschlussfassung überwiesen werden dürfen, der Verwaltungs- bzw. Aufsichtsrat diese vielmehr eigenständig wahrnehmen muss[700]. Gleiches gelte nach *Scheibe* für § 40 Abs. 2 S. 3 SEAG, der eine Übertragung der Leitungsaufgaben auf die geschäftsführenden Direktoren für unzulässig erkläre. Durch diese Beschränkung der Organisationsautonomie werde sichergestellt, dass dessen Mitgliedern ein den Kern der Unternehmensleitung und Unternehmensüberwachung umfassender Auf-

---

697 *Oetker* in FS Konzen, S. 635, 653 f.; *Seibt*, AG 2005, 413, 423; *ders.* in Lutter/Hommelhoff, S. 67, 82.
698 *Teichmann*, BB 2004, 53, 57.
699 *Kallmeyer*, ZIP 2004, 1442, 1444; *Scheibe*, S. 138; *Minuth*, S. 208, 222; *Steinberg*, S. 236, wohl auch *Schönborn*, S. 107.
700 *Scheibe*, S. 134.

gaben- und Verantwortungsbereich für zentrale Bereiche und Grundlagengeschäfte verbleibe, dem sie sich nicht durch Delegation auf Ausschüsse oder geschäftsführende Direktoren entziehen könnten[701]. Wenn eine Beschränkung dieser Verantwortungsbereiche durch interne Arbeitsteilung und Organisation ausgeschlossen sei, könne dies ebenso wenig durch eine Mitbestimmungsvereinbarung erfolgen. Gleichzeitig ergebe sich hieraus, dass eine Einschränkung der Verantwortungsbereiche nicht bezüglich aller Aufgabenbereiche des Aufsichts- oder Verwaltungsorgans ausgeschlossen sei[702]. Während ein vollständiges Stimmverbot mit der Folge eines Status der Arbeitnehmervertreter als reine Gäste unzulässig sei, könne beispielsweise eine Einschränkung der Stimmrechte der Arbeitnehmervertreter bei Geschäftsführungsmaßnahmen vereinbart werden, da diese nicht zu den der Delegationsautonomie entzogenen Grundlagengeschäften gehörten.

Da nach der hier vertretenen Auffassung der Grundsatz der Gleichberechtigung aller Aufsichts- oder Verwaltungsratsmitglieder in der SE im Rahmen der gesetzlichen Auffangregelung zwingend Geltung beansprucht, nicht aber der Vereinbarungsautonomie Grenzen setzt, kann die Unzulässigkeit einer das Stimmrecht einschränkenden Vereinbarung nicht mit einem Verstoß gegen das Gleichbehandlungsprinzip begründet werden.

Eine das Stimmrecht einschränkende Mitbestimmungsvereinbarung verstößt daher weder gegen den allgemeinen Gleichbehandlungsgrundsatz noch gegen das Wesen des monistischen Systems. Die Festlegung von Differenzierungen des Stimmrechts der Organmitglieder kann zudem Gegenstand einer Satzung sein und bewegt sich damit im Rahmen der erforderlichen Satzungsautonomie. Die Festlegung von Stimmrechten ist den Regelungen über die Beschlussfassung im Aufsichts- oder Verwaltungsorgan zuzuordnen, die gemäß Art. 50 Abs. 1 SE-VO durch Satzung regelbar sind. Hierfür spricht der im Kontext der Beschlussfassung stehende Art. 50 Abs. 2 SE-VO, der das Doppelstimmrecht des Vorsitzenden regelt.

Der Wortlaut des § 21 Abs. 3 S. 2 Nr. 3 SEBG *„Rechte dieser Mitglieder"* steht einer die Stimmrechte der Arbeitnehmervertreter einschränkenden Regelung nicht entgegen[703]. Auch besitzt eine derartige Regelung die erforderliche Mitbestimmungsrelevanz im Sinne von § 2 Abs. 12, § 21 Abs. 3 S. 1 SEBG, da gerade die Ausgestaltung der Stimmrechte die Einflussnahme der Arbeitnehmervertreter auf die Angelegenheiten der Gesellschaft maßgeblich beeinflusst und die Rechtsstellung jedes einzelnen Mitglieds unmittelbar und nicht nur reflexartig betrifft.

Im Ergebnis ist die Vereinbarung von Stimmverboten der Arbeitnehmervertreter grundsätzlich zulässig. Dies gilt jedoch nicht für die Aufgabenbereiche und Zuständigkeiten, denen sich der Verwaltungsrat bzw. der Aufsichtsrat nach dem Wil-

---

701 *Scheibe*, S. 134.
702 *Scheibe*, S. 134.
703 Ebenso *Scheibe*, S. 131.

len des Gesetzgebers nicht entziehen darf. Hierzu gehören insbesondere die in § 107 Abs. 3 S. 2 AktG, § 34 Abs. 4 S. 2 SEAG genannten Plenarvorbehalte.

e) Weitere Regelungen zur Mitbestimmung, § 21 Abs. 3 S. 2 SEBG

Sowohl aus dem Wortlaut des § 21 Abs. 3 S. 2 SEBG („*insbesondere*") als auch aus der in § 21 Abs. 1 SEBG ausdrücklich herausgestellten Autonomie der Vereinbarungsparteien ergibt sich, dass der Katalog des § 21 Abs. 3 S. 2 Nrn. 1-3 SEBG nicht abschließend ist. Die Parteien können neben diesen zwingenden Vorgaben weitere ungeschriebene Regelungsgegenstände zum Inhalt der Vereinbarung machen.

aa) Regelungen zur inneren Ordnung des Aufsichts- oder Verwaltungsorgans

Fraglich ist, inwieweit durch die Mitbestimmungsvereinbarung Fragen der inneren Ordnung des Aufsichts- oder Verwaltungsorgans geregelt werden können. Zu den Regelungsgegenständen der inneren Ordnung zählen beispielsweise Bestimmungen zur Beschlussfassung und Beschlussfähigkeit des mitbestimmten Organs, zur Wahl von Funktionsträgern, zur Bildung und Zusammensetzung von Ausschüssen und zu Sitzungsmodalitäten sowie Vorgaben zu Ladungsfristen, Arbeitssprache, Geschäftsordnung und zur Festsetzung von Zustimmungsvorbehalten. Im Rahmen dieser Arbeit soll nicht jeder mögliche die innere Ordnung betreffende Regelungsgegenstand angeführt werden, vielmehr sind insbesondere diejenigen näher zu untersuchen, die im – wenn auch spärlich vorhandenen – Schrifttum als Inhalt der Mitbestimmungsvereinbarung genannt werden. Zu untersuchen ist, inwiefern diesbezüglich die Vereinbarungsautonomie der Verhandlungsparteien durch die Innen- und Außenschranken begrenzt wird.

(1) Aufsichtsorgan

(a) Außenschranken

Die Kompetenz der Verhandlungsparteien, Fragen der inneren Ordnung des Aufsichtsorgans in der Vereinbarung zu regeln setzt voraus, dass die innere Ordnung Gegenstand einer Satzungsregelung sein kann[704].

Gemäß Art. 9 Abs. 1 lit. b SE-VO besteht Satzungsautonomie bezüglich der in der SE-VO geregelten Bereiche nur, sofern die SE-VO ausdrücklich eine Regelung durch die Satzung zulässt. Hinsichtlich des Aufsichtsorgans beinhaltet die SE-VO Vorgaben über die Aufgabe, Wahl und Anzahl der Mitglieder des mitbestimmten

---

704 Zum Erfordernis der Satzungsautonomie siehe die Ausführungen unter B.III.1.b)bb)(1); *Oetker* in FS Konzen, S. 635, 656.

Organs (Art. 40 SE-VO), über seine Rechte gegenüber dem Leitungsorgan (Art. 41 SE-VO) und über die Amtszeit und Wiederbestellung der Aufsichtsratsmitglieder (Art. 46 SE-VO) sowie über ihre Geheimhaltungspflicht (Art. 49 SE-VO). Bezüglich der hier interessierenden Frage der inneren Ordnung regelt die SE-VO lediglich die Wahl des Aufsichtsratsvorsitzenden (Art. 42 SE-VO), die Festsetzung von Zustimmungsvorbehalten (Art. 48 SE-VO) sowie die Beschlussfähigkeit und Beschlussfassung im Aufsichtsorgan (Art. 50 SE-VO). Allein für die beiden letztgenannten Aspekte lässt die SE-VO jedoch ausdrücklich eine Satzungsregelung zu.

So kann die Wahl des Aufsichtsratsvorsitzenden nicht Gegenstand der Satzung sein. Zum einen regelt die SE-VO die Wahl des Vorsitzenden in Art. 42 SE-VO selber, enthält aber nicht die erforderliche ausdrückliche Satzungsermächtigung. Zum anderen fällt die Wahl von Funktionsträgern des mitbestimmten Organs und damit auch des Vorsitzenden ausschließlich in die Organisationsautonomie des Aufsichtsorgans[705]. Vorbehaltlich dieses Selbstorganisationsrechts des Aufsichtsrates können in der Vereinbarung jedoch unverbindliche Empfehlungen festgelegt werden, wonach beispielsweise die Wahl eines der Stellvertreter des Aufsichtsratsvorsitzenden auf Vorschlag der Arbeitnehmervertreter zu erfolgen hat.

In der Satzung können Bestimmungen vorgesehen werden, die die Beschlussfähigkeit und Beschlussfassung im Aufsichtsorgan festlegen[706]. Möglich ist es beispielsweise, die Beschlussfähigkeit von der Anwesenheit einer bestimmten Anzahl von Arbeitnehmer- und Anteilseignervertretern abhängig zu machen. Ebenso ist eine Vorschrift über die einmalige Vertagung von Aufsichtssitzungen oder die Behandlung von Stimmenthaltungen zulässig. Beschränkt wird die Satzungsautonomie durch die zwingende Vorgabe des Art. 50 Abs. 2 S. 2 SE-VO, wonach bei einem paritätisch besetzten Aufsichtsrat die Stimme des Aufsichtsratsvorsitzenden bei Pattsituationen den Ausschlag gibt.

Gemäß Art. 48 Abs. 1 S. 1 SE-VO sind in der Satzung die Arten von Geschäften anzuführen, die im dualistischen System der Zustimmung des Aufsichtsrates gegenüber den Leitungen bedürfen und im monistischen System einen ausdrücklichen Beschluss des Verwaltungsorgans erfordern. Alternativ zur Festlegung der Zustimmungsvorbehalte durch die Satzung kann der Aufsichtsrat gemäß Art. 48 Abs. 1 S. 2 SE-VO, § 19 SEAG selbst bestimmte Arten von Geschäften festlegen, die von seiner Zustimmung abhängig sind[707]. Sofern der Aufsichtsrat von diesem

---

705 MünchKommAktG/*Semler*, § 107 Rn. 21 f.; *Habersack*, AG 2006, 345, 349; *ders.* ZHR 171 (2007), 613, 631; *Seibt*, AG 2005, 413, 416 f.; *Münch.Hdb.GesR/Austmann* § 85 Rn. 73; a. A. *Heinze/Seifert/Teichmann*, BB 2005, 2524, 2528.

706 So auch *Windbichler* in FS Canaris, S. 1423, 1431.

707 *Seibt* in Lutter/Hommelhoff, S. 67, 79; *Hoffmann-Becking*, ZGR 2004, 355, 365 f.; a. A. *Habersack*, AG 2006, 345, 354, der zusätzlich zu den durch die Satzung festgelegten Zustimmungsvorbehalten die ergänzende Festlegung von zustimmungsbedürftigen Geschäften durch den Aufsichtsrat für zulässig hält.

Recht keinen Gebrauch macht, unterliegt die Festlegung von Zustimmungsvorbehalten der Satzungsautonomie der Hauptversammlung.

Mangels weiterer Regelungen der SE-VO zur inneren Organisation ist gemäß Art. 9 Abs. 1 lit. c ii SE-VO auf die Vorgaben des AktG zurückzugreifen. Die innere Ordnung des Aufsichtsrats ist in den §§ 107 ff. AktG festgelegt. Geregelt werden insbesondere die Wahl eines Aufsichtsratsvorsitzenden und seines Stellvertreters (§ 107 Abs. 1 AktG), die Beschlussfassung und Beschlussfähigkeit des Aufsichtsrates (§ 108 AktG), die Teilnahme an Sitzungen des Aufsichtsrates und seiner Ausschüsse (§ 109 AktG) sowie die Einberufung des Aufsichtsrates einschließlich der Sitzungsfrequenz (§ 110 AktG). Die Zulässigkeit von Satzungsregelungen bezüglich der inneren Ordnung unterliegt gemäß Art. 9 Abs. 1 lit. c iii SE-VO dem Grundsatz der Satzungsstrenge (§ 23 Abs. 5 AktG). Zu klären bleibt daher, in welchem Verhältnis die Satzungsautonomie der Aktionäre zur Organisationsautonomie des Aufsichtsorgans steht. In die Organisationsautonomie des Aufsichtsrates darf die Hauptversammlung nicht durch Satzungsregelungen eingreifen. Das Organisationsrecht des Aufsichtsrates ist der Regelungskompetenz des Satzungsgebers und damit der Mitbestimmungsvereinbarung entzogen[708].

Die Wahl des Aufsichtsratsvorsitzenden unterliegt, wie bereits dargestellt, gemäß Art. 42 SE-VO ausschließlich der Organisationsautonomie des Aufsichtsrates. Ebenso der Organisationsautonomie zuzuordnen und damit der Satzungsautonomie entzogen ist die Wahl seines Stellvertreters (Art. 9 Abs. 1 lit. c. ii SE-VO, § 107 Abs. 1 S. 1 AktG)[709]. Etwas anderes gilt aufgrund fehlender Regelungen in der SE-VO hinsichtlich der Modalitäten für das Wahlverfahren, so dass gemäß Art. 9 Abs. 1 lit. c ii SE-VO, § 107 Abs. 1 AktG diesbezüglich eine Satzungsregelung möglich ist[710].

Die Bildung, Größe, Zusammensetzung und Auflösung von Ausschüssen unterliegt nach h.M. der Organisationsautonomie des Aufsichtsrats, kann daher von der Hauptversammlung mangels Satzungsautonomie nicht geregelt werden[711]. Der BGH begründet diese umfassende Gestaltungsfreiheit des Aufsichtsrates damit, dass allein der Aufsichtsrat beurteilen könne, wie er seine Aufgaben und Funktionen am Besten erfülle und inwieweit er dafür die Einsetzung eines Ausschusses für

---

708 MünchKommAktG/*Semler*, § 107 Rn. 234; *Seibt*, AG 2005, 413, 416.

709 *Frodermann* in Jannott/Frodermann, 5 Rn. 117, 121; MünchKommAktG/*Semler*, § 107 Rn. 21.

710 So wohl auch *Frodermann* in Jannott/Frodermann, 5 Rn. 116 ff.; MünchKommAktG/*Reichert/Brandes*, SE-VO, Art. 42 Rn. 3 ff.

711 BGHZ 122, 342, 355; BGHZ 83, 106, 107; Münch.Hdb.AG/*Hoffmann-Becking* § 32 Rn. 14; MünchKommAKtG/*Semler*, § 107 Rn. 227 f., 234, 286; *Hopt/Roth* in GroßKomAktG, § 107 Rn. 243 ff.; *Raiser/Veil*, § 15 Rn. 83; gegen die Zulässigkeit von Regelungen über Ausschüsse in der Mitbestimmungsvereinbarung auch *Reichert/Brandes*, ZGR 2003, 767, 796 f.; *Seibt* in Lutter/Hommelhoff, S. 67, 85 f., *ders.* AG 2005, 413, 423; *Oetker* in FS Konzen, S. 635, 656; *Reichert* in Happ, 19.01 Rn. 95; Münch.Hdb.GesR/*Austmann* § 85 Rn. 37; *Habersack*, ZHR 171 (2007), 613, 631; *Kiem*, ZHR 171 (2007), 713, 729.

notwendig halte[712]. Eine Satzungsautonomie und damit eine Mitbestimmungsautonomie für die Ausschussbesetzung lässt sich auch nicht damit begründen, dass die Ausschussbesetzung sich auf die Einflussmöglichkeiten der Arbeitnehmervertreter auswirken kann, insbesondere dann, wenn Entscheidungskompetenzen auf überwiegend oder ausschließlich mit Anteilseignervertretern besetzte Ausschüsse übertragen werden. Wie *Habersack* zutreffend herausstellt, folgt aus dem die Gestaltungsfreiheit des Aufsichtsrates einschränkenden Grundsatz der Gleichberechtigung aller Aufsichtsratsmitglieder nicht zugleich eine Satzungsautonomie der Hauptversammlung und damit eine mögliche Mitbestimmungsautonomie[713]. Allein zulässig ist die Satzungsregelung von Verfahrensfragen zur Ausschussarbeit, nicht jedoch die Regelung von Fragen der Ausschussorganisation[714]. Damit kann in der Satzung beispielsweise nicht die Wahl eines Ausschussvorsitzenden und seines Stellevertreters geregelt werden[715]. Gleiches gilt für die Zuweisung von Aufgaben an die Ausschüsse und deren Besetzung insbesondere betreffend das Verhältnis von Anteilseignerseite und Arbeitnehmervertretern[716]. Zu den Verfahrensfragen der Ausschussarbeit, die durch die Satzung regelbar sind, zählen Einberufungsregelungen für die Ausschusssitzungen, Anforderungen an die Sitzungsvorbereitung sowie Vorgaben zu Beschlussfassung und Beschlussfähigkeit insbesondere hinsichtlich Form und Mehrheitserfordernissen[717].

Die Geschäftsordnung des Aufsichtsrates kann von der Hauptversammlung durch die Satzung festgelegt werden[718]. Da die Geschäftsordnung jedoch ein bedeutsames Mittel der Selbstorganisation des Aufsichtsrates ist[719], darf der Satzungsgeber nicht in die Organisationsautonomie des Aufsichtsrates eingreifen[720]. Die Organisationsautonomie betreffende Regelungsgegenstände[721] unterfallen damit nicht der Satzungsautonomie. Im Übrigen kann der Aufsichtsrat bestehende Satzungsregelungen zur Geschäftsordnung durch eigene Geschäftsordnungsregelungen ergänzen[722].

Darüber hinaus könne in der Satzung die Einberufungsvoraussetzungen, die Ladungsform, die Sitzungsfrequenzen und die Sitzungszahlen des Aufsichtsrates

---

712 BGHZ 83, 106, 115.
713 *Habersack*, AG 2006, 345, 349.
714 MünchKommAktG/*Semler*, § 107 Rn. 291, 848; so auch *Seibt* in Lutter/Hommelhoff, S. 6, 85 f.; *Hopt/Roth*, GroßKommAktG, § 107 Rn. 243; a. A. *Heinze/Seifert/Teichmann*, BB 2005, 2524, 2528 f., die beides für zulässige Inhalte der Mitbestimmungsvereinbarung halten.
715 MünchKommAktG/*Semler*, § 107 Rn. 291.
716 *Hopt/Roth*, GroßKommAktG, § 107, Rn. 250 ff.; MünchKommAktG/*Semler*, § 107 Rn. 295.
717 Münch.Hdb.AG/*Hoffmann-Becking* § 32 Rn. 120; *Habersack*, AG 2006, 345, 350.
718 *Kienast* in Jannott/Frodermann, 13 Rn. 386.
719 MünchKommAktG/*Semler*, § 107 Rn. 407.
720 Münch.Hdb.AG/*Hoffmann-Becking* § 31 Rn. 2.
721 Siehe die soeben genannten Beispiele.
722 MünchKommAktG/*Semler*, § 107 Rn. 411.

festgelegt werden, wobei die in § 110 Abs. 3 AktG vorgeschriebenen Mindestvorgaben nicht unterschritten werden dürfen[723].

Nicht von der Organisationsautonomie des Aufsichtsrates erfasst und damit der Satzungsautonomie der Hauptversammlung unterfallen nach alledem Festsetzungen von Zustimmungsvorbehalten (Art. 48 SE-VO), Bestimmungen über die Modalitäten zum Wahlverfahren des Aufsichtsratsvorsitzenden, Vorgaben über die Beschlussfassung und Beschlussfähigkeit des Aufsichtsorgans (Art. 50 Abs. 1 SE-VO), Regelungen über die Verfahrensfragen der Ausschussarbeit (Einberufung, Sitzungsvorbereitung, Beschlussfassung, Beschlussfähigkeit), Sitzungsmodalitäten des Aufsichtrates sowie die Geschäftsordnung des Aufsichtsrates, sofern sie die Organisationsautonomie des Aufsichtsrates nicht berührt. Auch wenn diese Regelungsgegenstände zur inneren Ordnung des Aufsichtsorgans sich damit innerhalb der Außenschranke der Mitbestimmungsvereinbarung bewegen, bleibt zu klären, inwieweit dies hinsichtlich der Innenschranken gilt.

(b) Innenschranken

Die genannten, die innere Ordnung des Aufsichtsorgans betreffenden Regelungsgegenstände müssen sich auf Fragen der Mitbestimmung im Sinne von §§ 2 Abs. 12, 21 Abs. 3 S. 1 SEBG, also die Einflussnahme der Arbeitnehmer auf die Angelegenheiten einer Gesellschaft durch die Wahrnehmung des Rechts, einen Teil der Mitglieder des Aufsichtsrats der Gesellschaft zu wählen oder zu bestellen bzw. zu empfehlen oder abzulehnen, beziehen[724].

Werden in der Satzung Zustimmungsvorbehalte zugunsten des Aufsichtrates festgelegt, führt dies indirekt zu einer Stärkung der Arbeitnehmerbeteiligungsrechte, indem der Einfluss der Arbeitnehmerrechte auf die Geschäfte der Hauptversammlung über ihre Mitbestimmung im Aufsichtsrat erweitert wird. Dennoch besitzt eine derartige Satzungsregelung nicht die erforderliche Mitbestimmungsrelevanz[725]. Anstatt gezielt die Beteiligungsrechte der Arbeitnehmer zu regeln, sind diese nur reflexartig betroffen, da die satzungsmäßigen Zustimmungsvorbehalte die Kompetenz des Aufsichtsrates als Gesamtorgan regeln[726]. Geregelt wird in diesem Fall nicht das Verhältnis des Aufsichtsorgans zu den Arbeitnehmervertretern, sondern zum Leitungsorgan und damit im Ergebnis die Organisation der SE als solche.

Ebenso kann den Regelungen über die Beschlussfassung und Beschlussfähigkeit des Aufsichtsorgans (Art. 50 Abs. 1 SEVO) sowie über Verfahrensfragen zur Ausschussarbeit trotz eines mittelbaren Einflusses auf die Arbeitnehmermitbestim-

---

723 *Habersack*, AG 2006, 345, 350.
724 Zur Mitbestimmung im Sinne von § 2 Abs. 12, 21 Abs. 3 S. 1 SEBG siehe B.III.1.b)aa)(2).
725 Münch.Hdb.GesR/*Austmann* § 85 Rn. 37; für die Festlegung von Zustimmungsvorbehalten in der Mitbestimmungsvereinbarung wohl aber *Freis* in Nagel/Freis/Kleinsorge, § 21 Rn. 23.
726 *Habersack*, AG 2006, 345, 354; *ders.* ZHR 171 (2007), 613, 635.

mung keine Mitbestimmungsrelevanz zuerkannt werden, da die Rechte und Pflichten der Arbeitnehmer im Aufsichtsorgan hierdurch nicht spezifisch geregelt werden, sondern vielmehr die Organisation und das Verfahren im Aufsichtsrat als Organ der SE betroffen ist[727]. Die Einflussnahme der Arbeitnehmer auf die Angelegenheiten der Gesellschaft durch die Regelung von organisationsrechtlichen Fragen wird in dem hier maßgeblichen § 2 Abs. 12 SEBG jedoch nicht genannt. Der Vereinbarungsinhalt ist in diesem Fall nicht funktional auf die Mitbestimmung der Arbeitnehmer gerichtet.

Gleiches gilt für Bestimmungen, die die Modalitäten des Wahlverfahrens zum Aufsichtsratsvorsitzenden betreffen. Aufgrund der fehlenden Mitbestimmungsautonomie ist damit auch der Vorschlag von *Reichert/Brandes* von vornherein als unzulässig zu bewerten, der vorsieht, dass zur Vermeidung von Pattsituationen im Rahmen der Wahl des Aufsichtsratsvorsitzenden[728] in der Vereinbarung festgelegt werden könne, dass in Anlehnung an § 27 Abs. 2 S. 1 MitbestG in einem zweiten Wahlgang ausschließlich die Anteilseignervertreter im Aufsichtsrat wahlberechtigt seien[729].

Auch Sitzungsmodalitäten, Ladungsfristen und Arbeitssprache betreffen die Organisation und das Verfahren im Aufsichtsrat generell[730]. Sie dienen jedoch nicht gezielt und unmittelbar der Einflussnahme der Arbeitnehmervertreter auf die Angelegenheiten der Gesellschaft im Sinne von § 2 Abs. 12 SEBG.

(2) Verwaltungsrat

(a) Außenschranken

Hinsichtlich der inneren Ordnung des Verwaltungsrates stattet die SEVO den Satzungsgeber mit der erforderlichen Satzungsautonomie bezüglich der Festlegung der Sitzungsfrequenzen des Verwaltungsorgans (Art. 44 Abs. 1 SEVO), den Geschäften, die einen ausdrücklichen Beschluss des Verwaltungsorgans erfordern (Art. 48 Abs. 1 S. 1 SEVO, Plenarvorbehalt) sowie den Vorgaben zur Beschlussfähigkeit und Beschlussfassung des Verwaltungsorgans (Art. 50 SEVO) aus. Die Wahl des Vorsitzenden unterfällt mangels ausdrücklicher Satzungsermächtigung allein der

---

727 Ebenso *Habersack*, AG 2006, 345, 354; a. A. *Windbichler* in FS Canaris, S. 1423, 1432, die die Zulässigkeit einer Regelung über die Beschlussfähigkeit allein auf das Bestehen der Satzungsautonomie stützt; *Heinze/Seifert/Teichmann*, BB 2005, 2524, 2528 f., die in ihrer Mustervereinbarung auch Regelungen über die Beschlussfassung und Beschlussfähigkeit im Aufsichtsrat und im Verwaltungsrat vorsehen.

728 Siehe zu dieser Problematik ausführlich MünchKommAktG/*Reichert/Brandes*, SE-VO, Art. 42 Rn. 4 ff.

729 MünchKommAktG/*Reichert/Brandes*, SE-VO, Art. 42 Rn. 13.

730 *Habersack*, AG 2006, 345, 354; *ders.* ZHR 171 (2007), 613, 635; Münch.Hdb.GesR/*Austmann* § 85 Rn. 37.

Organisationsautonomie des Verwaltungsorgans (Art. 45 S. 1 SEVO), kann daher nicht Gegenstand der Mitbestimmungsvereinbarung sein[731]. Im Übrigen sind die Fragen der inneren Organisation des Verwaltungsrates vornehmlich im SEAG geregelt. Ein Rückgriff auf die Vorschriften des nationalen Aktienrechts ist diesbezüglich anders als beim Aufsichtsrat für den Verwaltungsrat nicht möglich, da im deutschen Aktienrecht das monistische System nicht geregelt ist. Die Vorgaben des SEAG zur inneren Ordnung des Verwaltungsorgans sind jedoch eng an die des AktG zum Aufsichtsrat angelehnt.

Die Satzung kann das Verwaltungsorgan zur Wahl eines stellvertretenden Vorsitzenden verpflichten (§ 34 Abs. 1 S. 1 SEAG). Trotz fehlender ausdrücklicher Erwähnung erfasst diese Ermächtigung auch den Erlass von Bestimmungen zum Wahlverfahren kraft Sachzusammenhang. Die Wahl sowohl des Vorsitzenden als auch seines Stellevertreters unterfällt dagegen der Organisationsautonomie des Verwaltungsrates (Art. 45 S. 1 SEVO, § 34 Abs. 1 S. 1 SEAG).

Der Satzungsgeber kann Einzelfragen der Geschäftsordnung des Verwaltungsorgans bindend festlegen (§ 34 Abs. 2 S. 2 SEAG), Formvorgaben für die Beschlussfassung im Verwaltungsorgan und seinen Ausschüssen aufstellen (§ 35 Abs. 2 SEAG) und die Teilnahme an Sitzungen des Verwaltungsrates und seiner Ausschüsse anstelle verhinderter Mitglieder für Personen eröffnen, die nicht dem Verwaltungsrat angehören (§ 36 Abs. 3 SEAG).

(b) Innenschranken

Auch wenn SEVO und SEAG einige Aspekte der inneren Ordnung des Verwaltungsorgans der Autonomie des Satzungsgebers unterstellen, bewegt sich eine Beteiligungsvereinbarung mit den genannten Inhalten zwar innerhalb der Außenschranken, überschreitet aber die Innenschranken, da sie primär die Organisationsverfassung der SE und nur reflexartig die Mitbestimmung der Arbeitnehmer im Verwaltungsorgan betrifft. Die Ausführungen zu den Innenschranken bezüglich der inneren Ordnung des Aufsichtsrates gelten entsprechend[732].

(c) Ausschüsse

Um die aufgrund der Doppelfunktion des Verwaltungsrats als Leitungs- und Kontrollorgan bestehende qualitativ weit reichende Einflussnahme der Arbeitnehmervertreter im monistischen System zu beschränken, wird im Schrifttum vielfach der Vorschlag gemacht, die Leitungsaufgaben von den Kontrollaufgaben durch die Bildung von Ausschüssen sowie deren Besetzung und Aufgabenzuweisung zu trennen. So schlagen *Gruber/Weller* die Bildung eines arbeitnehmerfreien Pla-

---

731 Anders in ihrer Mustervereinbarung *Heinze/Seifert/Teichmann*, BB 2005, 2524, 2529.
732 Siehe B.III.3.e)aa)(1)(b).

nungsausschusses für die strategische Unternehmensplanung und eines Exekutiv-
ausschusses für die laufenden Geschäftsführungsaufgaben vor[733]. *Reichert/Brandes*
erwägen in Anlehnung an *Gruber/Weller* neben einem ausschließlich mit Anteilseignervertretern besetzen Unternehmensplanungsausschuss die Bildung eines ausschließlich aus Arbeitnehmervertretern zusammengesetzten Kontrollausschusses,
der überwiegend mit der Überwachung der Unternehmensleitung befasst ist[734].
Auch *Heinze, Seifert* und *Teichmann* sehen in ihrer Mustervereinbarung zur
Arbeitnehmerbeteiligung in der SE für das monistische System die Bildung von
Ausschüssen durch den Verwaltungsrat vor, denen ausschließlich nicht geschäftsführende Direktoren angehören dürfen[735].

Fraglich ist, ob die Bildung von Ausschüssen im monistischen System Gegenstand einer Mitbestimmungsvereinbarung sein kann oder ob eine solche Regelung
die Innen- oder Außenschranken der Mitbestimmungsautonomie verletzt[736].

Weder die SEVO noch das SEAG erhalten eine ausdrückliche Ermächtigung,
die Einsetzung und Besetzung von Ausschüssen durch die Satzung festzulegen.
Vielmehr weist § 34 Abs. 5 S. 1 SEAG dem Verwaltungsrat das Recht zur Aus-
schussbestellung zu. In Anlehnung an den Grundsatz der Organisationsautonomie
des Aufsichtsrats hält daher eine Ansicht im Schrifttum die Einsetzung von Ausschüssen durch den Satzungsgeber für unzulässig, da diese ausschließlich in die
Organisationsautonomie des Verwaltungsrates falle[737]. Zulässig seien lediglich die
Vorgabe zu Verfahrensfragen und Beschlussfassung in den Ausschüssen, sofern
das Verwaltungsorgan deren Einsetzung vorsehe[738].

Beim Erlass der Vorgaben zur monistisch verfassten Gesellschaft im SEAG
(§§ 20 ff. SEAG) war der Gesetzgeber bemüht, einen Gleichlauf mit dem nationalen Aktienrecht herzustellen[739]. Dies zeigt auch § 34 Abs. 4 S. 1 SEAG, der dem

---

733 *Gruber/Weller*, NZG 2003, 297, 300 f.; ebenso *Frodermann* in Jannott/Frodermann, 5 Rn. 224;
   Steinberg, S. 239 f.; *Lange*, S. 86; *Scherer*, S. 154 ff.; *Schönborn*, S. 110 ff., der allein vorbe-
   reitende Ausschüsse für zulässig hält.
734 *Reichert/Brandes*, ZGR 2003, 767, 774 f., 793 f.; MünchKommAktG/*Reichert/Brandes*,
   SE-VO, Art. 44 Rn. 48, 52, 57; *Reichert* in Happ, Aktienrecht, 19.02 Rn. 1; ebenso Münch-
   KommAktG/*Jacobs*, SEBG, § 21 Rn. 19.
735 *Heinze/Seifert/Teichmann*, BB 2005, 2524, 2529.
736 Für die Zulässigkeit einer solchen Regelung MünchKommAktG/*Jacobs*, SEBG, § 21 Rn. 19;
   Heinze/Seifert/Teichmann, BB 2005, 2524, 2529; wohl auch *Reichert/Brandes*, ZGR 2003,
   769, 774 f.; wie bereits dargestellt, fehlt es bei der Bestellung von Ausschüssen für den Aufsichtsrat im dualistischen System an der erforderlichen Satzungsautonomie, siehe hierzu
   B.III.3.e)aa)(1)(a).
737 *Seibt*, AG 2005, 413, 426 f.; *ders.* in Lutter/Hommelhoff, S. 67, 73, 86; *Habersack*, AG 2006,
   345, 346, 349; *ders.* ZHR 171 (2007), 613, 631; *Oetker* in FS Konzen, S. 635, 656; *Scheibe*,
   S. 140; *Reichert* in Happ, Aktienrecht, 19.02 Rn. 17; *Schwarz*, SE-VO, Art. 43 Rn. 93;
   Münch.Hdb.GesR/*Austmann* § 85 Rn. 37.
738 *Seibt*, AG 2005, 413, 426 f.; *ders.* in Lutter/Hommelhoff, S. 67, 86; *Scheibe*, S. 140 f.
739 *Kolster* in Jannott/Frodermann, 4 Rn. 5; *Neye/Teichmann*, AG 2003, 169, 176; BT-Drucks.
   15/3405, S. 31.

Wortlaut nach an § 107 Abs. 3 AktG angelehnt ist. Diese Übereinstimmung von § 34 Abs. 4 SEAG und § 107 Abs. 3 AktG lässt vermuten, dass der deutsche Gesetzgeber im Sinne des Gleichlaufs mit dem deutschen Aktiengesetz ebenso die Grundsätze der Organisationsautonomie des Aufsichtsrates auf den Verwaltungsrat entsprechend übertragen wollte[740]. Die Bildung von Ausschüssen dient vor allem, insbesondere bei einer Besetzung mit fachlich qualifizierten Mitgliedern, der Steigerung der Effizienz der Aufsichtsratsarbeit durch Arbeitsteilung sowie der Behandlung komplexer Sachverhalte[741]. Ob und wie der Aufsichtsrat seine Aufgaben und Funktionen am Besten erfüllt, sei es durch die Vornahme im Plenum oder durch die Übertragung an Ausschüsse, hat er aufgrund seines Selbstbestimmungsrechts hinsichtlich der Erfüllung der ihm gesetzlich zugewiesenen Aufgaben eigenständig zu beurteilen und zu entscheiden[742]. Die Einsetzung und Besetzung von Ausschüssen fällt daher in die Organisationsautonomie des Aufsichtsrats. Gleiches muss für den Verwaltungsrat gelten[743]. Dem lässt sich auch nicht entgegenhalten, dass eine Vergleichbarkeit von monistischem und dualistischem System aufgrund der unterschiedlichen Aufgabenverteilung und damit eine Übertragbarkeit der Grundsätze zur Aufsichtsratsautonomie auf den Verwaltungsrat nicht möglich ist. Die Ausschussbildung im monistischen System dient insbesondere dazu, die Leitungsfunktion von der Kontrollfunktion im Verwaltungsorgan abzugrenzen ohne dabei die Stellung des Verwaltungsrates als einheitliches Verwaltungs- und Kontrollorgan in Frage zu stellen, um so neben der Einschränkung der Arbeitnehmermitbestimmung insbesondere die Effektivität der Verwaltungsratstätigkeit zu steigern. Aus § 34 Abs. 4 S. 2 SEAG ergibt sich, dass die Ausschüsse im monistischen System ebenso wie im dualistischen System keine eigenständigen Organe neben dem Verwaltungsrat bilden, sondern diesem lediglich als Hilfsmittel zur Erfüllung seiner Aufgaben dienen[744]. Die Übertragung von Aufgaben und Befugnissen an den Ausschuss ist damit auch im monistischen System nicht ausschließlich oder endgültig, sondern kann vom Verwaltungsorgan jederzeit wieder rückgängig gemacht werden. Ebenso kann der Verwaltungsrat einen Ausschuss jederzeit wieder auflösen. Eine in der Mitbestimmungsvereinbarung festgelegte Pflicht zur Bestellung bestimmter Ausschüsse würde diese Freiheit des Verwaltungsrates durchkreuzen. Sachliche Gründe, die eine Beschneidung dieser Autonomie und damit zugleich eine Änderung des Verhältnisses von Verwaltungsrat und Ausschüssen mit sich bringen, sind nicht ersichtlich.

---

740 So wohl auch *Windbichler* in FS Canaris, S. 1423, 1433.
741 *Raiser/Veil*, § 15 Rn. 81.
742 BGHZ 83, 106, 115, BGHZ 122, 342, 355; *Hüffer*, AktG, § 107 Rn. 16.
743 Ebenso *Reichert* in Happ, Aktienrecht, 19.02 Rn. 17; *Schönborn*, S. 113.
744 *Scheibe*, S. 140.

Zusätzlich zu den Außenschranken verletzt eine die Bildung von Ausschüssen festlegende Vereinbarung auch die Innenschranken der Vereinbarungsautonomie. Bei der Einsetzung von Ausschüssen handelt es sich um Maßnahmen, welche nicht vom Begriff der Mitbestimmung im Sinne von § 2 Abs. 12 SEBG erfasst werden, da sie primär die innere Organisation des Verwaltungsorgans betreffen.

Weder die Bestellung noch die Besetzung von Ausschüssen können daher bei einer monistichen SE Gegenstand der Vereinbarung sein.

(d) Plenarvorbehalte, Art. 48 Abs. 1 SE-VO

Während der Aufsichtsrat selbst festlegen kann, welche Arten von Geschäften des Leitungsorgans von seiner Zustimmung abhängig sein sollen (Art. 48 Abs. 1 S. 2 SEVO), ist dies für den Verwaltungsrat nicht vorgesehen[745]. Die Befugnis, für bestimmte Arten von Geschäften einen ausdrücklichen Beschluss des Verwaltungsrates festzusetzen (Plenarvorbehalt), steht gemäß Art. 48 Abs. 1 S. 1 SEVO ausdrücklich dem Satzungsgeber zu. Trotz der damit gegebenen erforderlichen Satzungsautonomie ist die Festlegung solcher Plenarvorbehalte durch die Vereinbarungsparteien unzulässig[746]. *Scheibe* führt als Begründung hierfür den Wortlaut des § 40 Abs. 2 S. 3 SEAG an, wonach *„Gesetzlich dem Verwaltungsrat zugewiesene Aufgaben (...) nicht auf die geschäftsführenden Direktoren übertragen werden"* können. Der Bezug auf die *„gesetzlich"* zugewiesenen Aufgaben weise daraufhin, dass der Gesetzgeber eine Festsetzung von Plenarvorbehalten und damit eine Beschränkung der Delegationsbefugnis durch die Mitbestimmungsvereinbarung nicht vorsehe[747]. Dieser Argumentation überzeugt jedoch nicht, andernfalls müsste aufgrund der fehlenden Bezugnahme auf die Satzung auch die Einschränkung der Delegationsbefugnis durch die Satzungsgeber ausgeschlossen sein, dem Art. 48 Abs. 1 SEVO aber ausdrücklich entgegensteht. Die Regelung von Plenarvorbehalten in der Beteiligungsvereinbarung scheitert vielmehr bereits an der erforderlichen Mitbestimmungsrelevanz. Zwar beschränkt die Festsetzung solcher Vorbehalte den Verwaltungsrat in seiner Befugnis, bestimmte Maßnahmen an geschäftsführende Direktoren zu delegieren und führt damit zu einer Ausweitung des Einflusses der Arbeitnehmer auf derartige Maßnahmen. Dennoch betreffen Plenarvorbehalte unmittelbar die Rechtsbeziehungen zwischen Verwaltungsorgan und geschäftsführenden Direktoren und damit ebenso wie Zustimmungsvorbehalte im Aufsichtsrat die der Mitbestimmungsautonomie entzogene Organisationsverfassung der SE[748].

---

745 *Schwarz*, SE-VO, Art. 48 Rn. 33; *ders.* ZIP 2001, 1847, 1856.
746 So auch *Oetker* in FS Konzen, S. 635, 665 f.; *ders.* in Lutter/Hommelhoff, SE-Kommentar, § 21 SEBG Rn. 42; *Scheibe*, S. 144.
747 *Scheibe*, S. 144.
748 *Oetker* in FS Konzen, S. 635, 655 f.; *ders.* in Lutter/Hommelhoff, SE-Kommentar, § 21 SEBG Rn. 41.

bb) Bildung eines gesonderten Arbeitnehmervertretungsorgans außerhalb des Verwaltungsrates

Um den Einfluss der Arbeitnehmervertreter im monistischen System auf die Kontrollaufgaben zu begrenzen, wird von einem Teil des Schrifttums eine Vereinbarung für zulässig gehalten, die vorsieht, dass die Arbeitnehmervertreter ausschließlich einem außerhalb des Verwaltungsorgans befindlichen Vertretungsorgan angehören sollen mit der Folge, dass der Verwaltungsrat mitbestimmungsfrei bleibt[749]. Die Unternehmensmitbestimmung wird auf diese Weise aus dem Verwaltungsrat in ein gesondertes Gremium verlagert.

Weder die SEVO noch das SEAG enthalten jedoch eine ausdrückliche Ermächtigung zur Errichtung eines derartigen gesonderten Arbeitnehmervertretungsorgans durch die Satzung. Auch ein Rückgriff auf die Vorschriften des AktG gemäß Art. 9 Abs. 1 lit. c ii) und iii) SE-VO führt zu keinem anderen Ergebnis, da diese keine Regelungen zum monistischen System und damit zum Verwaltungsrat enthalten. Zudem verstößt die Bildung weiterer Organe gegen die zwingenden Vorgaben der SEVO, die gemäß Art. 38 SEVO als Organe des monistischen Systems allein die Hauptversammlung und das Verwaltungsorgan benennt[750].

Selbst wenn man davon ausgeht, dass die Bildung eines gesonderten Arbeitnehmervertretungsorgans Gegenstand einer Satzungsregelung sein kann, befindet sie sich dennoch außerhalb der Reichweite der Mitbestimmungsautonomie[751]. Zwar betrifft eine derartige Regelung speziell die Arbeitnehmervertreter und ihren Einfluss auf die Angelegenheiten der Gesellschaft, jedoch ist unter der für die Reichweite der Vereinbarungsautonomie maßgeblichen Mitbestimmung im Sinne von Art. 2 lit. k) SE-RL, § 2 Abs. 12 SEBG ausschließlich die Einflussnahme der Arbeitnehmer auf die Angelegenheiten der Gesellschaft durch die Wahrnehmung des Rechts, einen Teil der Mitglieder des Verwaltungsrates zu wählen oder zu bestellen bzw. zu empfehlen oder abzulehnen zu verstehen. Ausschließlich vorgesehen ist die Arbeitnehmermitbestimmung im Aufsichts- oder Verwaltungsrat, nicht dagegen die Repräsentation der Arbeitnehmervertreter in einem außerhalb des Verwaltungsrates stehenden gesonderten Organ. Hiergegen lässt sich auch nicht einwenden, dass der Kommissionsentwurf zur SE-RL aus dem Jahre 1989 die Bildung eines gesonderten Arbeitnehmervertretungsorgans vorsah, da dieser Vor-

---

749 MünchKommAktG/*Jacobs*, SEBG, § 21 Rn. 19; *Teichmann*, BB 2004, 53, 57; *Müller-Bonanni/Melot de Beauregard*, GmbHR 2005, 195, 199; *Roth*, ZfA 2004, 431, 459 ff.; *Seibt*, AG 2005, 413, 423, 426, *Scheibe*, S. 145 ff.; *Schwarz*, SE-VO, Einl. Rn. 291; Art. 43 Rn. 79 Fn. 78.

750 Ebenso *Hoffmann-Becking*, ZGR 2003, 355, 381; Stellungnahme des DAV, NZG 2004, 75, 82.

751 Gegen die Zulässigkeit einer solchen Regelung durch die Vereinbarung ebenfalls *Köstler* in Theisen/Wenz, S. 349.

schlag letztendlich weder in der nunmehr geltenden SE-RL noch im SEBG aufgenommen wurde[752].

Darüber hinaus steht einer Auslagerung der Arbeitnehmermitbestimmung aus dem Verwaltungsrat der zwingende gesetzlich vorgesehene Mindestinhalt einer Mitbestimmungsvereinbarung aus § 21 Abs. 3 S. 2 Nr. 1 SEBG entgegen[753]. Gemäß Art. 21 Abs. 3 S. 2 Nr. 1 SEBG müssen die Vereinbarungsparteien, wollen sie eine Vereinbarung über die Mitbestimmung treffen, zwingend die Zahl der Arbeitnehmervertreter im Verwaltungs- oder Aufsichtsorgan festlegen. Der Gesetzgeber geht daher ausschließlich von einer Beteiligung der Arbeitnehmervertreter im Verwaltungs- bzw. Aufsichtsorgan aus. Eine Ersetzung dieser nach § 21 Abs. 3 S. 2 Nr. 1 SEBG zwingend vorgesehenen Arbeitnehmervertretung im Verwaltungsorgan durch die Bildung eines ausgelagerten Vertretungsorgans ist durch die Mitbestimmungsvereinbarung nicht möglich. Sie würde mit den zwingenden Mindestvorgaben kollidieren. Hierfür spricht ferner die Tatsache, dass der Gesetzgeber für die betriebliche Mitbestimmung an Stelle eines SE-Betriebsrates auch die Vereinbarung von anderen Verfahren zur Unterrichtung und Anhörung zulässt, eine solche Möglichkeit für die Ausgestaltung der unternehmerischen Mitbestimmung jedoch nicht vorsieht[754]. Dem lässt sich auch nicht entgegenhalten, dass die Vereinbarungsparteien unter Heranziehung des argumentum a majore ad minus anstatt des möglichen gänzlichen Verzichts auf die Mitbestimmung erst Recht eine solche Vereinbarung abschließen können, die immerhin eine Arbeitnehmermitbestimmung in einem gesonderten Vertretungsorgan vorsieht[755]. Zwar können die Vereinbarungsparteien mit Ausnahme der SE-Gründung durch Umwandlung frei darüber entscheiden, ob sie eine Vereinbarung über die Mitbestimmung treffen wollen oder nicht, dies gilt jedoch nicht für deren Inhalt[756].

Die Verlagerung der Mitbestimmung aus dem Verwaltungsrat in ein gesondertes Arbeitnehmervertretungsorgan kann aufgrund Verstoßes gegen die Außen- und Innenschranken der Vereinbarungsautonomie nicht Gegenstand einer Mitbestimmungsvereinbarung sein.

---

752 So auch *Schönborn*, S. 153; a. A. *Scheibe*, S. 147.
753 Zum zwingenden Charakter der Vorgaben des § 21 Abs. 3 S. 2 SEBG siehe B.III.1.b)aa)(1).
754 A. A. *Scheibe*, S. 146.
755 Mit dieser Begründung aber *Scheibe*, S. 146.
756 Siehe hierzu bereits B.III.1.b)aa)(1).

cc) Regelungen über die Bestellung eines für Arbeits- und Sozialangelegenheiten zuständigen Mitglieds des Leitungsorgans bzw. der geschäftsführenden Direktoren

Nach der Ansicht von *Seibt* kann in der Vereinbarung in Anlehnung an die Vorgaben der gesetzlichen Auffangregelung (§ 38 Abs. 2 S. 2 SEBG[757]) festgelegt werden, dass den geschäftsführenden Direktoren ein für Arbeits- und Sozialangelegenheiten zuständiges Mitglied angehören soll[758]. Es ist jedoch fraglich, ob die Benennung von speziell für diesen Aufgabenbereich zuständigen Mitgliedern Gegenstand einer Mitbestimmungsvereinbarung sein kann.

Gemäß § 40 Abs. 1 S. 1 SEAG erfolgt die Bestellung der geschäftsführenden Direktoren durch den Verwaltungsrat, wobei die Satzung Regelungen über deren Bestellung treffen kann (§ 40 Abs. 1 S. 5 SEAG). Die inhaltliche Ausgestaltung der Art und Weise der Geschäftsführung und damit auch die Zuweisung von bestimmten Ressortzuständigkeiten, wie der hier interessierenden Zuständigkeit für Arbeit und Soziales, ist grundsätzlich Gegenstand der Geschäftsordnung der geschäftsführenden Direktoren bzw. des Vorstandes, kann aber auch durch die Satzung bindend geregelt werden (§ 40 Abs. 4 S. 2 SEAG; § 77 Abs. 2 S. 2 AktG)[759]. Die für die Mitbestimmungsautonomie erforderliche Satzungsautonomie ist damit für die Zuweisung des Bereichs Arbeit- und Soziales auf einen geschäftsführenden Direktor gegeben. Während der Arbeitsdirektor im Sinne der §§ 33 MitbestG, 13 Montan-MitbestG als zusätzliches Mitglied zu bestellen ist, wird im Falle des § 38 Abs. 2 S. 2 SEBG einem der Vorstandsmitglieder oder der geschäftsführenden Direktoren die Ressortzuständigkeit für den „Bereich Arbeit und Soziales" lediglich übertragen[760]. Zwar kommt diesem für den Bereich Arbeit und Soziales zuständigen Mitglied die Funktion eines Bindegliedes zwischen der Unternehmensleitung und den Arbeitnehmern zu, so dass ihm ein gewisser Bezug zur Mitbestimmung der Arbeitnehmer in der SE nicht abgesprochen werden kann[761]. Dennoch handelt es sich bei ihm hinsichtlich seiner rechtlichen Stellung um ein Mitglied des Leitungsorgans bzw. der geschäftsführenden Direktoren und nicht um ein Organ der Mitbestimmung. Die Übertragung eines Ressorts auf ein Mitglied des Leitungsorgans bzw. der geschäftsführenden Direktoren betrifft unmittelbar deren Geschäftsverteilung und damit deren innere Organisationsstruktur, nicht oder nur mittelbar aber die von den Arbeitnehmern zu wählenden oder zu bestellenden Mitglieder des mit-

757 Zu den europarechtlichen Bedenken betreffend § 38 Abs. 2 SEBG, der über die Vorgaben der SE-RL hinausgeht siehe, *Schönborn*, S. 125 f.; *Grobys*, NZA 2004, 779, 780.
758 *Seibt*, AG 2005, 413 425, 427; *ders.* in Lutter/Hommelhoff, S. 67, 72.
759 BT-Drucks. 15/3405, S. 39; *Kolster* in Jannott/Frodermann, 4 Rn. 79.
760 MünchKommAktG/*Jacobs*, SEBG, § 38 Rn. 3.
761 So *Scheibe*, S. 147 f.; *Schwarz* sieht in der Einrichtung eines Arbeitsdirektors gemäß § 40 Abs. 1 S. 6 SEAG i.V.m. § 38 Abs. 2 SEBG keine Frage der Geschäftsverteilung, sondern einen Teil der Mitbestimmung, *Schwarz*, SE-VO, Art. 43 Rn. 99.

bestimmten Organs und damit nicht die Mitbestimmung im Sinne von § 2 Abs. 12 SEBG[762].

Eine Regelung über die Bestellung eines für Arbeits- und Sozialangelegenheiten zuständigen Mitglieds des Leitungsorgans bzw. der geschäftsführenden Direktoren überschreitet die Grenzen der Vereinbarungsautonomie und kann daher nicht Inhalt einer Mitbestimmungsvereinbarung sein. Zulässig ist jedoch eine Bestimmung, die die Benennung eines solchen Mitglieds des Vorstandes lediglich unverbindlich empfiehlt.

dd) Regelung über die Beschränkung des Paritätserfordernisses auf die nicht geschäftsführenden Direktoren

Teilweise wird eine Vereinbarung vorgeschlagen, nach der ein vereinbartes oder gesetzlich vorgesehenes Paritätserfordernis im Verwaltungsrat auf die nicht ge-schäftsführenden Direktoren zu beschränken ist, das Verhältnis von Anteilseigner- und Arbeitnehmervertretern sich also allein auf die nicht geschäftsführenden Direk-toren bezieht[763]. Durch eine Vereinbarung mit diesem Inhalt soll der qualitative Machtzuwachs der Arbeitnehmervertreter in Form einer Überparität verhindert werden, der im Falle eines paritätischen Mitbestimmungsniveaus entsteht, wenn die geschäftsführenden Direktoren aus dem Kreis der Verwaltungsratsmitglieder bestellt werden, so dass die Mehrheit der nicht geschäftsführenden Verwaltungs-ratsmitglieder aus Arbeitnehmervertretern besteht[764]. Eine Vereinbarung, die das Paritätserfordernis auf die nicht geschäftsführenden Direktoren beschränkt, betrifft direkt die von den Arbeitnehmern zu wählenden Mitglieder des Verwaltungsorgans und ihre Einflussnahme auf die Angelegenheiten der Gesellschaft, indem sie bei Entscheidungen des Verwaltungsrates betreffend die Kontrolle der Unternehmens-leitung ein Übergewicht der Arbeitnehmervertreter verhindert. Eine derartige den

---

762 *Oetker* in FS Konzen, S. 635, 655 f.; *ders.* in Lutter/Hommelhoff, SE-Kommentar, § 21 SEBG Rn. 42; a. A. *Scheibe*, S. 148, nach der Regelungen über den für Arbeit und Soziales zuständi-gen geschäftsführenden Direktor Gegenstand einer Mitbestimmungsvereinbarung sein können.

763 *Seibt*, AG 2005, 413, 425; *Henssler* in Ulmer/Habersack/Henssler, SEBG Einl. Rn. 187; *Reichert* in Happ, Aktienrecht, 19.02 Rn. 1, 16. Für eine derartige Auslegung der gesetzlichen Auffangregelung des § 35: MünchKommAktG/*Jacobs*, SEBG, § 35 Rn. 23; *Reichert/Brandes*, ZGR 2003, 767, 790; *Scherer*, S. 140 f.; *Teichmann*, BB 2004, 53, 56 f.; *ders.* in Lut-ter/Hommelhoff, S. 195, 215; *Brandt*, BB Special 3/2005, 1, 3; *Ihrig/Wagner*, BB 2004, 1749, 1757; wohl auch *Schönborn*, S. 155 ff.; a. A. *Köstler*, ZGR 2003, 800, 804 f.; *Kienast* in Jannott/Frodermann, 13 Rn. 280; *Kämmerer/Veil*, ZIP 2005, 369, 376; *Fleischer*, AcP 204 (2004) 502, 522; *Henssler* in Ulmer/Habersack/Henssler, Einl. SEBG Rn. 204; *ders.* in FS Ulmer, S. 193, 208; *Weiss/Wöhler*, NZG 2006, 121, 126; *Schwarz*, SE-VO, Art. 43 Rn. 81 ff.; *Hoffmann-Becking*, ZGR 2004, 355, 381 f.; *Wisskirchen/Prinz*, DB 2004, 2638, 2641; *Köklü* in Drinhausen/Van Hulle/Maul, 6 Rn. 206; *Köstler*, ZGR 2003, 800, 804 f.; *Steinberg*, S. 238.

764 *Seibt*, AG 2005, 413, 425; *Reichert* in Happ, Aktienrecht, 19.02 Rn. 1.

Anwendungsbereich der Mitbestimmung definierende Regelung ist damit von der Vereinbarungsautonomie erfasst.

Zu beachten ist jedoch, dass eine Vereinbarung, welche als Bezugspunkt für die anteilsmäßige Arbeitnehmervertretung auf die nicht geschäftsführenden Direktoren abstellt, dazu führt, dass sich mit der Bestellung und Abberufung der geschäftsführenden Direktoren die absolute Zahl der Arbeitnehmervertretersitze zu Lasten der Arbeitnehmer ändern kann[765]. Eine solche Änderung der absoluten Anzahl der Arbeitnehmersitze im Verwaltungsrat lässt sich auch nicht mit einer Regelung in der Vereinbarung verhindern, wonach zusätzlich zum Arbeitnehmeranteil im Verwaltungsrat die Anzahl der nicht geschäftsführenden Direktoren festgelegt wird[766]. Einer derartigen Regelung stehen sowohl die Außen- als auch die Innenschranken der Vereinbarungsautonomie entgegen. Die Bestellung und Abberufung der geschäftsführenden Direktoren erfolgt durch den Verwaltungsrat (§ 40 Abs. 1 S. 1 SEAG) und unterfällt dessen Organisationsautonomie. Letzteres ergibt sich insbesondere daraus, dass der Verwaltungsrat diese Kompetenz nicht an Ausschüsse delegieren darf (§ 40 Abs. 2 S. 3, 34 Abs. 4 S. 2 SEAG)[767]. Dieser die Vereinbarungsautonomie einschränkenden Organisationsautonomie steht auch nicht die in § 40 Abs. 1 S. 4 SEAG ausdrücklich vorgegebene Satzungsautonomie der Hauptversammlung entgegen, wonach die Satzung Regelungen über die Bestellung der geschäftsführenden Direktoren festschreiben kann. Von der Satzungsautonomie des § 40 Abs. 1 S. 4 SEAG erfasst sind lediglich Vorgaben betreffend die Modalitäten des Bestellungsverfahrens, nicht jedoch Festlegungen der Anzahl der geschäftsführenden Direktoren[768]. Aber selbst wenn man eine Satzungskompetenz der Hauptversammlung bezüglich der Festlegung der Anzahl annehmen würde und damit die für die Vereinbarungsautonomie erforderliche Satzungsautonomie für gegeben hielte, verstieße ein derartiger Vereinbarungsinhalt gegen die Innenschranken der Gestaltungsfreiheit. Die Mitbestimmungsautonomie erstreckt sich gemäß § 21 Abs. 3 Nr. 1 SEBG auf die Festlegung der Anzahl der Mitglieder des Aufsichts- oder Verwaltungsorgans der SE, welche die Arbeitnehmer wählen oder bestellen bzw. empfehlen oder ablehnen, nicht aber auf die Anzahl der geschäftsführenden Direktoren.

ee) Regelung über die Wahl der Organisationsverfassung der SE

Die Organisationsverfassung der SE kann durch die Vereinbarung nicht geregelt werden. Gemäß Art. 38 lit. b SEVO wird in der Satzung festgelegt, ob die SE nach dem dualistischen oder dem monistischen System organisiert ist. Die Wahl der

---

765 *Scheibe*, S. 126.
766 So auch *Scheibe*, S. 126.
767 *Scheibe*, S. 127.
768 A. A. *Scheibe*, S. 127.

Organisationsverfassung der SE fällt daher in die Autonomie des Satzungsgebers. Dennoch betrifft diese Wahl die Arbeitnehmervertreter nur reflexartig und überschreitet daher das durch den Begriff der Mitbestimmung nach § 2 Abs. 12 SEBG begrenzte Verhandlungsmandat der Vereinbarungsparteien. Die Gestaltungsfreiheit ist insoweit eingeschränkt, als die Satzung die Organisationsverfassung der SE bereits bindend vorgibt[769]. Die Wahl der Organisationsverfassung ergibt sich nicht aus dem Grundsatz der freien Verhandlung[770]. Die Verhandlungsparteien haben daher bei der Ausgestaltung der Mitbestimmungsvereinbarung die durch die Satzung festgelegte Systemwahl zugrunde zu legen.

ff) Sonstige Regelungsgegenstände

Aufgrund fehlender Mitbestimmungsrelevanz im Sinne von § 2 Abs. 12 SEBG können die Rechtsverhältnisse zwischen dem Leitungsorgan und dem Aufsichtsrat bzw. dem Verwaltungsrat und den geschäftsführenden Direktoren nicht Inhalt der Vereinbarung sein[771]. Entgegen der Ansicht von *Seibt*[772] können in der Vereinbarung daher nicht die Berichtspflichten der geschäftsführenden Direktoren gegenüber dem Verwaltungsrat sowie sonstige Rechtsbeziehungen zwischen ihnen festgelegt werden. Unzulässig ist ferner eine Bestimmung, die unbeschadet bestehender Zustimmungsvorbehalte des Aufsichtrates und der Berichtspflicht im Sinne von Art. 41 SEVO eine Berichtspflicht des Vorstandes gegenüber dem Aufsichtsrat über bestimmte festgelegte geschäftliche Angelegenheiten mit grundlegender Bedeutung vorschreibt. Eine derartige Regelung betrifft unmittelbar die der Mitbestimmungsautonomie entzogenen Rechtsbeziehungen zwischen den einzelnen Organen der SE.

In Ergänzung und als Kehrseite zu § 21 Abs. 3 S. 2 Nr. 3 SEBG können in der Vereinbarung die Pflichten der Arbeitnehmervertreter im mitbestimmten Organ festgelegt werden[773]. Hierzu zählen beispielsweise die Pflicht zur Vorbereitung und Teilnahme an Sitzungen, die Mitwirkung an den Aufgaben des mitbestimmten Organs sowie die Pflicht, das Handeln am Wohl des Unternehmens auszurichten, wobei die Arbeitnehmervertreter nicht die spezifischen Arbeitnehmerinteressen außer Acht lassen müssen, da diese bei der Bildung des Unternehmensinteresses ebenfalls zu berücksichtigen sind.

---

769 *Hennings* in Manz/Mayer/Schröder, Art. 4 SE-RL Rn. 8, 28; *Habersack*, AG 2006, 345, 351; *Köklü*, S. 182; *ders.* in Drinhausen/Van Hulle/Maul, 6 Rn. 146.

770 *Schwarz*, SE-VO, Einl. Rn. 290; *Oetker* in Lutter/Hommelhoff, SE-Kommentar, § 21 SEBG Rn. 41.

771 Ebenso *Oetker* in FS Konzen, S. 635, 655.

772 *Seibt*, AG 2005, 413, 426.

773 *Oetker* in FS Konzen, S. 635, 654.

In der Vereinbarung können ferner Begriffsbestimmungen, Regelungen zum Gerichtsstand[774], zum auf die Vereinbarung anwendbaren Recht[775] sowie Regelungen zur Vertragssprache festgelegt werden. Auch wenn diese Regelungen keine direkte Mitbestimmungsrelevanz im Sinne von § 2 Abs. 12 SEBG aufweisen, können sie dennoch Gegenstand der Mitbestimmungsvereinbarung sein, da sie ebenso wie die gesetzlich vorgesehenen Bestimmungen zum territorialen und zeitlichen Geltungsbereich (§ 21 Abs. 1 Nr. 1, 6 Halbsatz 1 SEBG) und zur Wiederaufnahme der Verhandlungen (§ 21 Abs. 1 Nr. 6 Halbsatz 2 SEBG) zwar nicht die inhaltliche Ausgestaltung der Mitbestimmung in der SE als solche betreffen, aber allgemeine Grundsätze für die Anwendung der Vereinbarung aufstellen. Gleiches gilt für Regelungen, nach denen die Unternehmensleitungen und der SE-Betriebsrat bei bestehenden Meinungsverschiedenheiten über Inhalt, Auslegung und Anwendung der Vereinbarung mit dem ernsthaften Willen zur Streitbeilegung noch einmal beratend zusammentreten oder die ein Schlichtungsverfahren festlegen, das einer gerichtlichen Klärung von Streitigkeiten betreffend die Vereinbarung vorgeschaltet wird. Ein solches Schlichtungsverfahren hat den Vorteil, dass die Streitparteien bestehende Streitigkeiten vor der Herbeiführung einer gerichtlichen Entscheidung zunächst im Geiste eines sozialen Dialoges zu klären haben, um so eine gütliche Streitbeilegung zu erreichen. Dabei sollte in der Vereinbarung festgelegt werden, wie sich das Schlichtungsgremium zusammensetzt, von wem es angerufen werden kann und wer die Kosten zu tragen hat.

Schließlich kann eine salvatorische Klausel aufgenommen werden, sofern eine Gesamtunwirksamkeit bei Teilunwirksamkeit einer Regelung der Vereinbarung nicht gewollt ist[776]. Hinsichtlich der unwirksamen Bestimmung kann vereinbart werden, dass diese durch gesetzliche Bestimmungen oder bei Fehlen solcher durch eine ergänzende Vereinbarung ersetzt wird.

f) Vereinbarung der Auffangregelung, § 21 Abs. 5 SEBG

Die Verhandlungsparteien können in der Vereinbarung festlegen, dass die gesetzlichen Auffangregelungen über die Arbeitnehmerbeteiligung (§§ 22 ff, 34 ff. SEBG) ganz oder teilweise in der SE gelten sollen (§§ 21 Abs. 5, 22 Abs. 1 Nr. 1 SEBG). Dabei besteht entgegen des Wortlauts des § 21 Abs. 5 SEBG die Möglichkeit, sowohl die betriebliche und die unternehmerische Mitbestimmung kraft Gesetzes zu vereinbaren als auch nur hinsichtlich der Unternehmensmitbestimmung die gesetzliche Auffangregelung zum Inhalt der Vereinbarung zu machen und bezüglich

---

774 *Heinze/Seifert/Teichmann*, BB 2005, 2524, 2526; *Seibt*, AG 2005, 413, 428.
775 *Heinze/Seifert/Teichmann*, BB 2005, 2524, 2526.
776 *Reichert* in Happ, Aktienrecht, 19.01 Rn. 102; *Seibt*, AG 2005, 413, 428; *Heinze/Seifert/Teichmann*, BB 2005, 2524, 2530.

der Unterrichtung und Anhörung eine eigene Lösung zu finden und umgekehrt[777]. Nicht aus § 21 Abs. 5 SEBG, aber aus der Gestaltungsfreiheit der Vereinbarungsparteien ergibt sich die Möglichkeit, auch die Auffangregelung eines anderen Mitgliedstaates zum Inhalt der Vereinbarung zu machen[778].

Die Parteien können in der Vereinbarung die gesetzliche Auffangregelung für anwendbar erklären und zugleich solche Rechts- und Sachfragen betreffend die gesetzlichen Regelungen klären, bezüglich denen in der Literatur Unstimmigkeit herrscht, und auf diese Weise bestehende Rechtsunsicherheiten vermeiden. Zulässig ist auch eine Vereinbarung, die eine Mitbestimmung kraft Gesetzes vorsieht, die gesetzlichen Auffangregelungen jedoch unter Beachtung der Innen- und Außenschranken abändert, vereinfacht oder ergänzt, um sie so an die Besonderheiten der SE individuell anzupassen.

Vereinbaren die Parteien im Falle einer SE-Gründung durch Umwandlung einer paritätisch mitbestimmten dualistische verfassten Gesellschaft in eine monistische SE das Eingreifen der gesetzlichen Auffangregelung (§ 35 Abs. 1 SEBG) stellt sich die Frage, ob und wie es sich auf die Wirksamkeit einer solchen Mitbestimmungsvereinbarung auswirkt, dass der überwiegende Teil des Schrifttums die vereinbarte gesetzliche Auffangregelung des § 35 Abs. 1 SEBG in diesem Fall für verfassungswidrig hält[779]. Die Regelung des § 35 Abs. 1 SEBG, die in dieser Fallkonstellation eine Übertragung der paritätischen Mitbestimmung auf eine monistisch strukturierte SEBG vorschreibt, wird von einem Großteil der Literatur als verfassungswidrig eingestuft, da sie gegen Art. 14 GG verstoße. Die Arbeitnehmervertreter erfahren bei einer solchen Umwandlung einen wesentlichen qualitativen Machtzuwachs[780]. Während sich der Paritätsgedanke des deutschen Mitbestimmungsrechts im dualistischen System auf den Aufsichtsrat bezieht und damit auf die Unternehmenskontrolle, betrifft er im monistischen System den Verwaltungsrat und damit neben der Unternehmenskontrolle zugleich mit der Unternehmensplanung und –leitung die gesamte operative Führung. Die Übertragung des deutschen

777 MünchKommAktG/*Jacobs*, SEBG, § 21 Rn. 10; *Kienast* in Jannott/Frodermann, 13 Rn. 360; *Wisskirchen/Prinz*, DB 2004, 2638, 2640; *Braun*, Jura 2005, 150, 153; BR-Drucks. 438/04, S. 129; BT-Drucks. 15/3405, S. 51.

778 *Kienast* in Jannott/Frodermann, 13 Rn. 361, 388; *Kienast* in Jannott/Frodermann, 13 Rn. 388; MünchKommAktG/*Jacobs*, SEBG, § 21 Rn. 19.

779 Zur Verfassungswidrigkeit der paritätischen Arbeitnehmermitbestimmung in der monistischen SE, MünchKommAktG/*Jacobs*, SEBG, § 35 Rn. 16 ff.; *Henssler* in GS Heinze, S. 333, 338 f.; *ders.* in Ulmer/Habersack/Henssler, Einl. SEBG Rn. 202 f.; *Gruber/Weller*, NZG 2003, 297, 299; *Roth*, ZfA 2004, 431, 452 f.; sehr ausführlich *Kämmerer/Veil*, ZIP 2005, 369 ff.; mit verfassungsrechtlichen Bedenken auch *Weiss/Wöhlert*, NZG 2006, 121, 125.

780 MünchKommAktG/*Jacobs*, SEBG, § 35 Rn. 18; *Horn*, DB 2005, 147, 152; *Kämmerer/Veil*, ZIP 2005, 369, 370; *Junker*, ZfA 2005, 29 f.; *Teichmann*, BB 2004, 53, 57; *Weiss/Wöhlert*, NZG 2006, 121, 125; *Ihrig/Wagner*, BB 2004, 1749, 1757; *Henssler* in Ulmer/Habersack/Henssler, Einl. SEBG Rn. 201; *Gruber/Weller*, NZG 2003, 297, 299.

Mitbestimmungsrechts auf eine monistische Unternehmensstruktur und die daraus resultierende qualitative Ausweitung der Arbeitnehmermitbestimmung, die mit einer Einschränkung der Dispositionsbefugnis der Anteilseigner über ihren Eigentumsgegenstand einhergeht, ist wegen Verletzung des mitgliedschaftsrechtlichen Elements des Eigentumsrechts der Anteilseigner aus Art. 14 GG verfassungswidrig[781]. Die paritätische Mitbestimmung in der Leitung führt zu einer faktischen Einsetzung der Arbeitnehmervertreter in die Eigentümerrechte[782]. Dies resultiert u.a. daraus, dass den Anteilseignervertretern im Verwaltungsorgan nicht zugemutet werden kann, einheitlich abzustimmen, um zusammen mit der Stimme des von ihnen bestimmten Vorsitzenden eine Mehrheit zu erreichen und sich auf diese Weise gegen die Arbeitnehmervertreter durchzusetzen[783]. Während das BVerfG ein derartiges einheitliches Abstimmungsverhalten im Aufsichtsrat bezüglich der Kontrollaufgaben für erträglich hält, kann dies für das Verwaltungsorgan nicht gelten. Das Verwaltungsorgan nimmt zusätzlich Leitungsaufgaben wahr. Da die einzelnen Anteilseigner durchaus unterschiedliche individuelle Interessen verfolgen, werden sie sich in Führungsaufgaben und Fragen des Unternehmenskurses nicht immer einig sein. Das Konfliktpotential innerhalb der Anteilseignerseite ist anders als im Aufsichtsrat dadurch nicht unerheblich erhöht[784]. Anders als der Aufsichtsrat ist der Verwaltungsrat nicht allein für die Beaufsichtigung und Kontrolle der Unternehmensentscheidung zuständig, sondern zugleich auch für die Unternehmensleitung[785]. Hierdurch wird die dem Anteilseigentum von Kapitalgesellschaften innewohnende mitgliedsschaftsrechtliche Position der Anteilseigner erheblich beschränkt. Die Anteilseigner müssen sich die Dispositionsbefugnis über ihren Eigentumsgegenstand in diesem Fall mit den Arbeitnehmern teilen. Gerade in diesem für individuellen Interessen der Anteilseignerseite entscheidenden Bereich der Unternehmensleitung kann es diesen jedoch nicht zugemutet werden, ihre eigenen Interessen zurückzustellen, nur um ein einheitliches Abstimmungsverhalten zu erreichen und sich auf diese Weise gegenüber einer einstimmigen Position der Arbeitnehmervertreter durchsetzen zu können und damit eine Leitungsentscheidung von Arbeitnehmerseite zu verhindern. Den Anteilseignervertretern kann ein derartiges einheitliches Abstimmungsverhalten neben den Kontrollaufgaben nicht auch noch für die Leitungsaufgaben aufgebürdet werden. Eine derartige Einschränkung der

---

781 MünchKommAktG/*Jacobs*, SEBG, § 35 Rn. 18; *Kämmerer/Veil*, ZIP 2005, 369 ff.; *Gruber/ Weller*, NZG 2003, 297, 299; *Henssler* in Ulmer/Habersack/Henssler, Einl. SEBG Rn. 202 f.; *Kienast* in Jannott/Frodermann, 13 Rn. 282; a. A: *Köstler*, ZGR 2003, 804 f.; *Niklas*, NZA 2004, 1200, 1203 f.; *Reichert/Brandes*, ZGR 2003, 767, 790 mit Zweifeln.
782 MünchKommAktG/*Jacobs*, SEBG, § 35 Rn. 20 f.; *Henssler* in Ulmer/Habersack/Henssler, Einl. SEBG Rn. 203; *Kämmerer/Veil*, ZIP 2005, 369.
783 MünchKommAktG/*Jacobs*, SEBG, § 35 Rn. 20; *Kämmerer/Veil*, ZIP 2005, 369, 372.
784 *Kämmerer/Veil*, ZIP 2005, 369, 372; MünchKommAktG/*Jacobs*, SEBG, § 35 Rn. 20.
785 Siehe hierzu bereits die Ausführungen unter A.III.3 und A.V.

Eigentümerrechte lässt sich weder mit der Sozialbindung des Eigentums legitimieren noch erfordert der Schutzzweck der Mitbestimmung eine derartige Beschränkung[786]. Die Sozialbindung des Eigentums reicht nicht soweit, dass sie eine dem Mehrheitswillen der Anteilseignerseite zuwiderlaufende Unternehmensleitung rechtfertigt[787]. Der Grundgedanke der Mitbestimmung, die Arbeitnehmer an der Entscheidungsfindung im Unternehmen in bestimmtem Maße teilhaben zu lassen, wird auf diese Weise überdehnt.

Um diese Problematik zu umgehen, ist die Regelung des § 35 Abs. 1 SEBG dahingehend verfassungskonform auszulegen, dass sich eine paritätische Mitbestimmung in einem mit internen geschäftsführenden Direktoren besetzten Verwaltungsrat ausschließlich auf die nicht geschäftsführenden Direktoren bezieht[788]. Auf diese Weise wird erreicht, dass die Anteilseignerseite ein verfassungsrechtlich akzeptables Übergewicht erhält. Eine derartige verfassungskonforme Auslegung ist bei einer SE mit externen geschäftsführenden Direktoren jedoch ausgeschlossen, da Letztere nicht Mitglied des Verwaltungsrats sind, ein Übergewicht zugunsten der Anteilseigner auf diese Weise daher nicht erreicht werden kann[789]. In dieser Konstellation ist § 35 Abs. 1 SEBG wegen Verstoßes gegen Art. 14 GG als verfassungswidrig einzuordnen[790].

Einigen sich die Parteien in der Mitbestimmungsvereinbarung gemäß § 21 Abs. 5 SEBG im Falle einer SE-Gründung durch Umwandlung einer paritätisch mitbestimmten dualistische verfassten Gesellschaft in eine monistische SE auf das Eingreifen der in dieser Konstellation verfassungswidrigen gesetzlichen Regelung des § 35 Abs. 1 SEBG, wirkt sich die Verfassungswidrigkeit der gesetzlichen Regelung auf die Wirksamkeit der Mitbestimmungsvereinbarung jedoch nicht aus. Nach der hier vertretenen Auffassung wird die Gestaltungsfreiheit der Vereinbarungsparteien durch den Eigentumsschutz des Art. 14 Abs. 1 GG nicht eingeschränkt[791]. Eine Vereinbarung diesen Inhalts bedarf daher weder einer verfas-

---

786 *Henssler* in Ulmer/Habersack/Henssler, Einl. SEBG, Rn. 203; MünchKommAktG/*Jacobs*, SEBG, § 35 Rn. 20 f.; *Kämmerer/Veil*, ZIP 2005, 369, 372 ff.

787 *Kämmerer/Veil*, ZIP 2005, 369, 373.

788 *Henssler* in FS Ulmer, S. 209 f.; *ders.* in Ulmer/Habersack/Henssler, Einl. SEBG Rn. 204; *Teichmann*, BB 2004, 53, 56 f.; a. A: *Weiss/Wöhlert*, NZG 2006, 121, 126; auf die weiteren im Schrifttum vorgeschlagenen Möglichkeiten zu einer verfassungskonformen Auslegung des § 35 soll im Rahmen dieser Arbeit nicht näher eingegangen werden, siehe hierzu Münch-KommAktG/*Jacobs*, SEBG, § 35 Rn. 22; *Weiss/Wöhlert*, NZG 2006, 121, 125 f.; *Gruber/ Weller*, NZG 2003, 297, 300 f.; Münch.HdB.GesR/*Austmann* § 85 Rn. 18 ff.; *Köklü* in Drinhausen/Van Hulle/Maul, 6 Rn. 206 ff.; *Scheibe*, S. 173 ff.; *Reichert/Brandes*, ZGR 2003, 767, 790 ff.

789 MünchKommAktG/*Jacobs*, SEBG, § 35 Rn. 23; *Kämmerer/Veil*, ZIP 2005, 369, 376.

790 MünchKommAktG/*Jacobs*, SEBG, § 35 Rn. 25.

791 Zum Eigentumsschutz des Art. 14 Abs. 1 GG und seinen Auswirkungen auf die Gestaltungsfreiheit der Vereinbarungsparteien siehe ausführlich die Ausführungen unter B.III.1.b)bb)(3).

sungskonformen Auslegung noch ist sie wegen Verstoßes gegen die Eigentums-
rechte der Anteilseigner unwirksam.

4. Schranken der Beteiligungsvereinbarung bei der Gründung der SE durch Umwandlung, § 21 Abs. 6 SEBG

a) SE-Gründung durch Umwandlung einer Gesellschaft mit Arbeitnehmerbeteiligung, § 21 Abs. 6 S. 1 SEBG

Wird eine SE durch Umwandlung gegründet, unterliegt die Gestaltungsfreiheit der
Vereinbarungsparteien besonderen Schranken. Gemäß § 21 Abs. 6 S. 1 SEBG
muss durch die Vereinbarung in Bezug auf alle Komponenten der Arbeitnehmerbeteiligung das gleiche Ausmaß gewährleistet werden, das in der umzuwandelnden
Gesellschaft besteht. Eine Minderung der Mitbestimmungsrechte oder gar ein Verzicht hierauf ist damit im Falle einer Umwandlung ausgeschlossen. Zulässig ist
jedoch eine die bestehenden Mitbestimmungsrechte erweiternde Vereinbarung[792].

Fraglich ist, was unter den in gleichem Ausmaß zu gewährleistenden Komponenten der Arbeitnehmerbeteiligung zu verstehen ist. Wird die Gestaltungsfreiheit
soweit begrenzt, dass die Vereinbarungsparteien die in der umzuwandelnden Gesellschaft bisher geltenden gesetzlichen Mitbestimmungsvorschriften inhaltsgleich
übernehmen müssen, so dass beispielsweise neben Anzahl und Anteil der Arbeitnehmervertreter auch die Größe des Aufsichtsorgans, das Wahlverfahren oder die
Repräsentation bestimmter Arbeitnehmergruppen unverändert anzuwenden sind[793]?
Oder genügt es, wenn die Arbeitnehmermitbestimmung lediglich hinsichtlich Umfang und Qualität übernommen wird, sonstige Abweichungen in der Vereinbarung
aber zulässig sind[794]? Für Letztere Interpretation spricht der Wortlaut des § 21
Abs. 6 S. 1 SEBG. Mit der Formulierung „*das gleiche Ausmaß*" macht der Gesetzgeber deutlich, dass er eine deckungsgleiche Weitergeltung nicht verlangt, sondern
eine Übereinstimmung bezüglich Umfang und Qualität genügen lässt[795]. Hierfür
streitet insbesondere Erwägungsgrund Nr. 18 der SE-RL, der festlegt, dass zur Erreichung des Richtlinienziels, der Sicherung erworbener Beteiligungsrechte der
Arbeitnehmer, die vor der Gründung der SE bestehenden Rechte der Arbeitneh-

---

792 MünchKommAktG/*Jacobs*, SEBG, § 21 Rn. 21; *Grobys*, NZA 2005, 84, 88; *Schwarz*, SE-VO,
   Einl. Rn. 287; *Freis* in Nagel/Freis/Kleinsorge, § 21 Rn. 32.

793 Hierfür wohl *Krause*, BB 2005, 1221, 1226; *Henssler* in Ulmer/Habersack/Henssler,
   Einl. SEBG Rn. 192; wohl auch *Köklü* in Drinhausen/Van Hulle/Maul, 6 Rn. 149; *Freis* in
   Nagel/Freis /Kleinsorge, § 21 Rn. 32.

794 Hierfür *Grobys*, NZA 2005, 84, 88; *Hennings* in Manz/Mayer/Schröder, Art. 4 SE-RL Rn. 38;
   MünchKommAktG/*Jacobs*, SEBG, § 21 Rn. 21; *Schwarz*, SE-VO, Einl. Rn. 287; *Scheibe*,
   S. 148 f.; *Oetker* in FS Konzen, S. 635, 656 f.; *Kienast* in Jannott/Frodermann, 13 Rn. 395 ff.;
   Nagel, AuR 2007, 329, 332.

795 *Scheibe*, S. 148 f.; *Hennings* in Manz/Mayer/Schröder, Art. 4 Rn. 38.

mervertreter den Ausgangspunkt für die Gestaltung der Beteiligungsrechte in der SE sein sollen. Indem der Richtliniengeber die vor der Gründung bestehenden Rechte der Arbeitnehmervertreter als „*Ausgangspunkt*" bezeichnet, macht er deutlich, dass er eine deckungsgleiche Übernahme der Mitbestimmungsregelungen gerade nicht verlangt. Darüber hinaus kann auf den zu Beginn des § 21 Abs. 6 S. 1 SEBG genannten Vorbehalt („*Unbeschadet des Verhältnisses dieses Gesetzes zu anderen Regelungen der Mitbestimmung der Arbeitnehmer im Unternehmen ...*") verwiesen werden, wonach das in § 47 Abs. 1 Nr. 1 SEBG normierte Verhältnis des SEBG zu inländischen Beteiligungsrechten unberührt bleibt, die Mitbestimmung in den Unternehmensorganen der SE daher abschließend im SEBG geregelt wird mit der Folge, dass die deutschen Mitbestimmungsgesetze in der SE keine Anwendung finden[796]. Hätte der Gesetzgeber mit § 21 Abs. 6 SEBG eine vollständige inhaltsgleiche Übernahme der bisher in der umzuwandelnden Gesellschaft geltenden gesetzlichen Mitbestimmungsvorschriften gewollt, hätte es einer derartigen Formulierung gerade nicht bedurft. Ginge man davon aus, dass bei einer SE-Gründung durch Umwandlung zwingend eine inhaltsgleiche Übernahme des Status quo der Mitbestimmung zu erfolgen hat, wäre § 21 Abs. 6 SEBG funktionslos, sieht man von der in der Praxis wohl kaum vorkommenden Möglichkeit der Erweiterung des geltenden Mitbestimmungsstandards ab, da dieses Ergebnis auch ohne die vorherige Aufnahme von Verhandlungen durch Eingreifen der Auffangregelung erreicht werden könnte[797]. § 21 Abs. 6 SEBG setzt jedoch gerade die Vornahme von Verhandlungen voraus und eröffnet damit die Möglichkeit, unter bestimmten Voraussetzungen vom Status quo der Mitbestimmung nicht nur durch weitergehende, sondern auch durch einschränkende Regelungen abzuweichen.

Eine restriktive Auslegung des § 21 Abs. 6 SEBG hinsichtlich der Reichweite der inhaltlichen Schranken ergibt sich zudem aus einer systematischen Betrachtung der Norm. Zum einen steht § 21 Abs. 6 SEBG in Zusammenhang mit der Legaldefinition des § 2 Abs. 12 SEBG, nach der die Mitbestimmung sich durch die Einflussnahme der Arbeitnehmervertreter auf die Angelegenheiten der Gesellschaft durch die Wahl, Bestellung, Empfehlung oder Ablehnung eines bestimmten Teiles von Mitgliedern auszeichnet[798]. Zum anderen zeigt dies ein Vergleich mit der Vorschrift des § 15 Abs. 5 SEBG, der eine Minderung von Mitbestimmungsrechten im Sinne von § 15 Abs. 3 SEBG bei einer durch Umwandlung gegründeten SE ausschließt und damit in Zusammenhang mit § 21 Abs. 6 SEBG steht[799]. Eine Minderung der Mitbestimmungsrechte bedeutet gemäß § 15 Abs. 4 SEBG, dass der An-

---

796 Ebenso *Scheibe*, S. 148.
797 Mit Zweifeln, ob Verhandlungen im Falle einer Umwandlung überhaupt Sinn ergeben, *Reichert/Brandes*, ZGR 2003, 767, 775 f.
798 *Oetker* in FS Konzen, S. 635, 657; MünchKommAktG/*Jacobs*, SEBG, § 21 Rn. 21.
799 *Scheibe*, S. 149.

teil der Arbeitnehmervertreter im mitbestimmten Organ der SE geringer ist als in den beteiligten Gründungsgesellschaften (Nr. 1) oder dass das Recht zur Wahl, Bestellung, Empfehlung oder Ablehnung der mitbestimmten Aufsichtsrats- oder Verwaltungsratsmitglieder beseitigt oder eingeschränkt wird (Nr. 2). Bezugspunkt für die Minderung der Mitbestimmungsrechte ist hier also der Anteil der Arbeitnehmervertreter im mitbestimmten Organ sowie das Verfahren bezüglich deren Wahl. Sinn und Zweck des § 21 Abs. 6 SEBG bestehen ebenso wie bei § 15 Abs. 5 SEBG darin zu verhindern, dass die Umwandlung in eine SE mit dem Ziel gewählt wird, in der Gründungsgesellschaft bestehende Arbeitnehmerrechte zu beschränken und damit als Instrument zur Flucht aus der Mitbestimmung zu dienen[800]. Folglich umfasst der durch § 21 Abs. 6 SEBG gewährte, in Zusammenhang mit § 15 Abs. 5 SEBG stehende Schutz der Arbeitnehmermitbestimmung neben dem Anteil der Arbeitnehmervertreter auch das Wahlverfahren. Gestützt wird dieses Ergebnis dadurch, dass der Richtliniengeber, wenn auch in Bezug auf die gesetzliche Auffangregelung, in Anhang Teil 3 lit. a SE-RL die Formulierung *„Komponenten der Mitbestimmung"* verwendet und diese mit Verweis auf die *„diesbezüglich sinngemäße"* Geltung von Anhang Teil 3 lit. b SE-RL auf den Anteil der zu bestellenden Arbeitnehmervertreter, das Wahlverfahren und die Gleichbehandlung mit den Anteilseignervertretern bezieht, nicht jedoch auf darüber hinausgehende Komponenten wie z.B. der Repräsentation bestimmter Arbeitnehmergruppen, der Größe des mitbestimmten Organs oder bestehenden Vorschlagsrechten[801].

Umfang und Qualität der Mitbestimmung müssen gemäß § 21 Abs. 6 SEBG daher betreffend des Anteils, des Wahlverfahrens sowie der Rechte der mitbestimmten Arbeitnehmervertreter (bspw. Gleichberechtigungsgrundsatz)[802] erhalten bleiben, was zugleich den zwingenden Mindestinhalten der Vereinbarung nach § 21 Abs. 3 S. 2 Nrn. 1-3 SEBG entspricht. Nach zutreffender Ansicht von *Scheibe* ist hinsichtlich des Wahlverfahrens zu beachten, dass es den Vereinbarungsparteien aufgrund der zwingenden Vorschrift des Art. 43 Abs. 3 S. 1 SEVO, die eine Bestellung der Mitglieder des Verwaltungsorgans durch die Hauptversammlung vorsieht, versagt ist, die von diesem Grundsatz abweichenden Wahlvorgaben der nationalen Mitbestimmungsgesetze zu übernehmen[803]. Nicht möglich ist es, eine Minderung von Mitbestimmungsrechten durch eine Erweiterung der Beteiligungskomponenten an anderer Stelle auszugleichen, da die Beurteilung, ob das Mitbestimmungsniveau der umzuwandelnden Gesellschaft mit dem der SE übereinstimmt, so nicht objektiv

---

800 *Oetker* in FS Konzen, S. 635, 657; MünchKommAktG/*Jacobs*, SEBG, § 21 Rn. 21; *Kienast* in Jannott/Frodermann, 13 Rn. 396; *Schwarz*, SE-VO, Einl. Rn. 227; *Henssler* in FS Ulmer, S. 193, 197.
801 Ebenso MünchKommAktG/*Jacobs*, SEBG, § 21 Rn. 21, der jedoch allein auf die Zahl der Arbeitnehmervertreter abstellt.
802 BR-Drucks. 438/04 S. 130.
803 *Scheibe*, S. 149.

vorgenommen werden kann und daher zu erheblichen Rechtsunsicherheiten führt[804]. Im Ergebnis ist daher beispielsweise eine Vereinbarung zulässig, welche eine zahlenmäßige Verkleinerung des mitbestimmten Organs vorsieht, sofern der Anteil der Arbeitnehmervertreter im Verhältnis zu den Anteilseignervertretern gewahrt bleibt.

Der durch § 21 Abs. 6 S. 1 SEBG gewährte Bestandsschutz erstreckt sich nicht auf die Funktion eines in der umzuwandelnden Gesellschaft bestehenden Arbeitsdirektors (§§ 33 MitbestG, 13 MontanMitbestG, 13 MitbestErgG), indem in der zukünftigen SE ein Mitglied des Leitungsorgans oder der geschäftsführenden Direktoren entsprechend § 38 Abs. 2 S. 2 SEBG für den Bereich Arbeit und Soziales bestellt wird[805]. Zwar darf die Gründung einer SE nach Erwägungsgrund 3 SE-RL nicht zur Beseitigung oder zur Einschränkung der Gepflogenheiten der Arbeitnehmerbeteiligung führen, die in den an der Gründung einer SE beteiligten Gesellschaften herrschen[806]. Wie soeben dargestellt setzt § 21 Abs. 6 SEBG jedoch keine inhaltsgleiche Übernahme der gesetzlichen Mitbestimmungsvorschriften voraus, sondern gewährt einen Bestandsschutz unter Zugrundelegung des Begriffs der Mitbestimmung im Sinne von § 2 Abs. 12 SEBG und der Elemente des § 21 Abs. 3 S. 2 Nrn. 1-3 SEBG lediglich für den zahlenmäßigen Anteil der Arbeitnehmervertreter im mitbestimmten Organ, das Wahlverfahren sowie die Rechte der Arbeitnehmervertreter. Auch wenn der deutsche Gesetzgeber in der gesetzlichen Auffangregelungen (§ 38 Abs. 2 S. 2 SEBG) die Zuständigkeit eines Mitglieds des Leitungsorgans oder der geschäftsführenden Direktoren für den Bereich Arbeit und Soziales vorsieht und damit eine Art „Arbeitsdirektor" aus dem deutschen Mitbestimmungsrecht in die SE einführt, lässt sich der Arbeitsdirektor dennoch keiner dieser vom Bestandsschutz erfassten Komponenten zuordnen[807]. Trotz seiner Funktion als Bindeglied zwischen Unternehmensleitung und Arbeitnehmerschaft handelt es sich beim Arbeitsdirektor nicht um ein Organ der Mitbestimmung, sondern um ein für ein bestimmtes Ressort zuständiges Mitglied des Leitungsorgans oder der geschäftsführenden Direktoren[808]. Mit der Erfassung der genannten Mitbestimmungskomponenten ist dem vom Richtliniengeber vorgesehenen Bestandsschutz in ausreichender Weise genüge getan, so dass kein Grund ersichtlich ist, die Gestaltungsfreiheit der Vereinbarungsparteien weiter einzuschränken.

804 *Hennings* in Manz/Mayer/Schröder, Art. 4 SE-RL Rn. 38.
805 Dafür *Scheibe*, S. 149 f.
806 Mit dieser Begründung, *Scheibe*, S. 150.
807 So aber *Scheibe*, S. 150.
808 Siehe hierzu bereits B.III.3.e)cc).

b) SE-Gründung mit Wechsel der Organisationsverfassung durch Umwandlung einer Gesellschaft mit Arbeitnehmerbeteiligung, § 21 Abs. 6 S. 2 SEBG

Der in § 21 Abs. 6 S. 1 SEBG normierte Bestandsschutz gilt gemäß § 21 Abs. 6 S. 2 SEBG auch bei einem Wechsel der Gesellschaft von einer dualistischen Verfassung zu einer monistischen Verfassung und umgekehrt. Trotz des nicht eindeutigen Wortlauts bezieht sich S. 2 entgegen der Ansicht von *Kienast*[809] nicht auf den Systemwechsel in einer bereits bestehenden SE, sondern ebenfalls wie S. 1 auf die SE-Gründung durch Umwandlung und damit auf den Fall, dass eine dualistisch verfasste Gesellschaft durch SE-Gründung in eine monistisch verfasste umgewandelt wird und umgekehrt. Der Gleichstellung einer Umwandlung mit einer Änderung der Organisationsverfassung in einer bestehenden SE stehen die Vorschriften der §§ 18 Abs. 3, 21 Abs. 4 SEBG entgegen. Der Wechsel der Organisationsverfassung in einer bestehenden SE stellt eine strukturelle Änderung im Sinne von §§ 18 Abs. 3, 21 Abs. 4 SEBG dar[810]. Derartige strukturelle Änderungen führen gemäß §§ 18 Abs. 3, 21 Abs. 4 SEBG zur Wiederaufnahme von Verhandlungen und können damit zu einer Änderung des Status quo der Mitbestimmung durch den Abschluss einer neuen Vereinbarung führen.

Gemäß § 21 Abs. 6 S. 2 SEBG muss bei der Umwandlung einer paritätisch mitbestimmten dualistisch verfassten Gesellschaft in eine monistisch verfasste SE die Arbeitnehmermitbestimmung in Umfang und Qualität übernommen werden. Dies hat zur Folge, dass die Arbeitnehmervertreter bei einem solchen Wechsel einen wesentlichen qualitativen Machtzuwachs erfahren. § 21 Abs. 6 S. 2 SEBG weist daher die gleichen Probleme auf, die bei Eingreifen der gesetzlichen Auffangregelung (§ 35 Abs. 1 SEBG) im Falle einer SE-Gründung durch Umwandlung einer paritätisch mitbestimmten dualistisch verfassten Gesellschaft in eine monistische SE bestehen[811]. Folglich ist die vom Schrifttum entwickelte verfassungskonforme Auslegung des § 35 Abs. 1 SEBG auch auf § 21 Abs. 6 S. 2 SEBG zu übertragen. Hiernach ist eine paritätische Mitbestimmung in einem mit internen geschäftsführenden Direktoren besetzten Verwaltungsrat ausschließlich auf die nicht geschäftsführenden Direktoren zu beziehen[812]. Auf diese Weise wird erreicht, dass die

---

809 *Kienast* in Jannott/Frodermann, 13 Rn. 398 Fn. 358.
810 Siehe hierzu die Ausführungen unter B.II.1.d)aa)(1).
811 Hinsichtlich der Einzelheiten dieser Problematik wird auf die diesbezüglich übertragbaren Ausführungen zu § 35 SEBG unter B.III.3.f) verwiesen.
812 MünchKommAktG/*Jacobs*, SEBG, § 21 Rn. 23; bezogen auf § 35 SEBG *Henssler* in FS Ulmer, S. 209 f.; *ders.* in Ulmer/Habersack/Henssler, Einl. SEBG Rn. 204; *Teichmann*, BB 2004, 53, 56 f.; a. A: *Weiss/Wöhlert*, NZG 2006, 121, 126; auf die weiteren im Schrifttum vorgeschlagenen Möglichkeiten zu einer verfassungskonformen Auslegung des § 35 soll im Rahmen dieser Arbeit nicht näher eingegangen werden, siehe hierzu MünchKommAktG/*Jacobs*, SEBG, § 35 Rn. 22; *Weiss/Wöhlert*, NZG 2006, 121, 125 f.; *Gruber/Weller*, NZG 2003, 297, 300 f.; Münch.HdB.GesR/*Austmann* § 85 Rn. 18 ff.; *Köklü* in Drinhausen/Van Hulle/Maul, 6 Rn. 206 ff.; *Scheibe*, S. 173 ff.; *Reichert/Brandes*, ZGR 2003, 767, 790 ff.

Anteilseignerseite ein verfassungsrechtlich akzeptables Übergewicht erhält[813]. Eine derartige verfassungskonforme Auslegung ist bei einer SE mit externen geschäftsführenden Direktoren jedoch ausgeschlossen, da Letztere nicht Mitglied des Verwaltungsrats sind, ein Übergewicht zugunsten der Anteilseigner auf diese Weise daher nicht erreicht werden kann[814]. In dieser Konstellation ist § 21 Abs. 6 S. 2 SEBG wegen Verstoßes gegen Art. 14 GG als verfassungswidrig einzuordnen[815].

Liegen die Voraussetzungen des § 21 Abs. 6 S. 2 SEBG nicht vor, vereinbaren die Parteien aber unabhängig hiervon, dass der Verwaltungsrat einer SE paritätisch mit Arbeitnehmervertretern besetzt sein soll, steht dies der Wirksamkeit der Vereinbarung nicht entgegen. Nach der hier vertretenen Auffassung setzt der Eigentumsschutz des Art. 14 Abs. 1 GG der Gestaltungsfreiheit der Vereinbarungsparteien keine Grenzen[816]. Eine Vereinbarung mit diesem Inhalt bedarf daher keiner verfassungskonformen Auslegung, wie sie im Falle des Eingreifens des § 21 Abs. 6 S. 2 SEBG erforderlich ist.

IV. Rechtsfolgen fehlerhafter Beteiligungsvereinbarungen

Für die Mitbestimmungsvereinbarung als privatrechtlicher Vertrag gelten die Vorschriften des BGB über Willenserklärungen und Rechtsgeschäfte. Damit unterliegt sie auch den allgemeinen Vorschriften über die Wirksamkeit und Unwirksamkeit von Rechtsgeschäften. Die einem Rechtsgeschäft anhaftenden Mängel können von unterschiedlicher Art und Schwere sein, weswegen zwischen verschiedenen Arten der Fehlerhaftigkeit des Rechtsgeschäfts zu unterscheiden ist. Aufgrund der Besonderheiten hinsichtlich der Wirkung der Vereinbarung, z.B. als Voraussetzung für die Eintragung der SE in das Handelsregister oder als Grundlage für die Zusammensetzung des mitbestimmten Organs, sind jedoch Modifizierungen erforderlich.

1. Nichtigkeit

Die Mitbestimmungsvereinbarung ist nichtig, wenn sie von anderen als den gesetzlich vorgesehenen Vereinbarungsparteien abgeschlossen wird. Schwebend unwirksam und damit einer die Wirksamkeit herbeiführenden Genehmigung zugänglich ist eine Vereinbarung, die auf Seiten des Leitungsorgans oder des Besonderen Ver-

---

813 MünchKommAktG/Jacobs, SEBG, § 21 Rn. 23.
814 MünchKommAktG/Jacobs, SEBG, § 35 Rn. 23; *Kämmerer/Veil*, ZIP 2005, 369, 376.
815 Bzgl. § 35 so auch MünchKommAktG/*Jacobs*, SEBG, § 35 Rn. 25.
816 Zum Eigentumsschutz des Art. 14 Abs. 1 GG und seinen Auswirkungen auf die Gestaltungsfreiheit der Vereinbarungsparteien siehe ausführlich B.III.1.b)bb)(3).

handlungsgremiums durch einen Vertreter ohne Vertretungsmacht vorgenommen wurde.

Fraglich ist, wie sich eine fehlerhafte Zusammensetzung des Besonderen Verhandlungsgremiums auf die Wirksamkeit einer Mitbestimmungsvereinbarung auswirkt. Fehler bei der Bildung des Besonderen Verhandlungsgremiums berechtigen zur Anfechtung der Wahl der Mitglieder des Besonderen Verhandlungsgremiums. Zwar enthält weder die SE-RL noch das SEBG Regelungen über die Anfechtung der Wahl der Mitglieder des Besonderen Verhandlungsgremiums, doch kann entsprechend auf die Wahlanfechtungsregelungen von Arbeitnehmern des Betriebsrats (§ 19 BetrVG) und des Aufsichts- bzw. Verwaltungsrates (§§ 22 MitbestG, 11 DrittelbG, 10 l MontanMitbestErgG, 37 Abs. 2 SEBG) zurückgegriffen werden[817]. Hierfür spricht, dass die Wahl der Arbeitnehmervertreter des Aufsichts- oder Verwaltungsorgans gemäß § 36 Abs. 3 S. 2 SEBG nach den Vorschriften über die Wahl der Mitglieder des Besonderen Verhandlungsgremiums erfolgt, so dass umgekehrt die für die Anfechtung der Wahl der Arbeitnehmervertreter im mitbestimmten Organ geltenden Vorschriften des § 37 Abs. 2 SEBG auch für das Besondere Verhandlungsgremium gelten müssen[818]. Rechtsfolge einer solchen Anfechtung ist, dass die Mitglieder ihr Amt ex nunc verlieren, so dass die vor Anfechtung gefassten Beschlüsse und damit auch die Vereinbarung wirksam bleiben[819]. Eine Ex-tunc-Nichtigkeit der Beschlüsse tritt allein dann ein, wenn die Nichtigkeit der Wahl von einem Gericht festgestellt wird[820]. In einem solchen Fall gilt das gewählte Arbeitnehmervertretungsgremium als von Anfang an nicht existent. Eine solche Nichtigkeit der Wahl liegt jedoch nur in Ausnahmefällen vor, nämlich wenn in so hohem Maße gegen die Grundsätze einer ordnungsgemäßen Wahl verstoßen wurde, dass selbst der Anschein einer Wahl nicht mehr gegeben ist[821]. Dies ist beispielsweise der Fall, wenn die Bildung und Zusammensetzung des Besonderen Verhandlungsgremiums spontan durch Zuruf erfolgt ist oder Arbeitnehmer einzelner Mitgliedstaaten überhaupt nicht vertreten sind. Die fehlerhaf-

---

817 Hierfür *Kienast* in Jannott/Frodermann, 13 Rn. 167 f.; *Scheibe*, S. 82 f.; *Wissmann* in FS Richardi, S. 841, 846 f.

818 *Henssler* in Ulmer/Henssler/Habersack, Einl. SEBG Rn. 179; *Grobys*, NZA 2005, 84, 87; *Kienast* in Jannott/Frodermann, 13 Rn. 168 Fn. 142; *Scheibe*, S. 83.

819 Für die Wirkung der Wahlanfechtung nach § 19 BetrVG *Kreutz* in GKBetrVG, § 19 Rn. 17 ff.; *Thüsing* in Richardi, BetrVG, § 19 Rn. 5; *Schneider* in Däubler/Kittner/Klebe, BetrVG, § 19 Rn. 34.

820 *Kienast* in Jannott/Frodermann, 13 Rn. 170; dem folgend *Scheibe*, S. 82.

821 MünchKommAktG/*Jacobs*, SEBG, § 10 Rn. 7; in Anlehnung an die Grundsätze zur Nichtigkeit von Betriebswahlen *Kienast* in Jannott/Frodermann, 13 Rn. 171; siehe hierzu BAGE 1, 317, 319; BAGE 15, 235 ff.; BAGE 16, 1, 6 ff.; BAGE 29, 392 ff.; BAGE 44, 57 ff.; BAGE 94, 144 ff.; *Müller*, EBRG, § 11 Rn. 13; *Thüsing* in Richardi, BetrVG, § 19 Rn. 3, 75; *Raiser*, MitbestG, § 22 Rn. 20; Wlotzke/Wissman/Koberski/Kleinsorge/*Wissmann*, Mitbestimmungsrecht, § 22 Rn. 6.

te Zusammensetzung des Besonderen Verhandlungsgremiums führt daher in der Regel nicht zur Nichtigkeit seiner Wahl, sondern berechtigt allenfalls zur Wahlanfechtung mit der Folge, dass die vorher gefassten Beschlüsse des Besonderen Verhandlungsgremiums und damit auch die Vereinbarung wirksam bleiben[822].

Beruht die Mitbestimmungsvereinbarung auf einem nicht ordnungsgemäß gefassten Beschluss des Besonderen Verhandlungsgremiums, richtet sich die Wirksamkeit oder Unwirksamkeit der Mitbestimmungsvereinbarung nach der Art des Fehlers in der Beschlussfassung bzw. nach Sinn und Zweck der Norm, gegen die verstoßen wurde. Nicht jeder Beschlussmangel führt zu einer Unwirksamkeit des Beschlusses. In Anlehnung an die Grundsätze zu Beschlussmängeln des Betriebsrates führt ein Verfahrensmangel dann zur Unwirksamkeit des Beschlusses und damit der Mitbestimmungsvereinbarung, wenn die Verfahrensvorschrift für das Zustandekommen und den Schutz der Mitglieder des Gremiums als wesentlich anzusehen ist, was der Fall ist, wenn es sich bei der verletzen Norm nicht lediglich um eine Ordnungsvorschrift, sondern um eine Wirksamkeitsvoraussetzung handelt[823]. Zu den Verfahrensvorschriften, bei denen von ihrem Sinn und Zweck her das Schutzinteresse an ihrer Einhaltung höher zu gewichten ist als die Aufrechterhaltung des Beschlusses und die damit für das Zustandekommen eines Beschlusses als wesentlich zu bezeichnen sind, gehört die Einhaltung des qualifizierten Mehrheitsquorums in § 15 Abs. 3 SEBG, das der Sicherung der erworbenen Rechte der Arbeitnehmerbeteiligung dient[824]. Ebenso als wesentliche Verfahrensvorschrift anzusehen ist das Erfordernis einer Niederschrift über einen Beschluss des Besonderen Verhandlungsgremiums über den Abschluss einer Vereinbarung nach § 13 Abs. 1 SEBG gemäß § 17 S. 1 Nr. 1 SEBG. Die Niederschrift erfüllt nicht nur eine Dokumentations- oder Beweisfunktion, sondern im Hinblick auf die Mitbestimmungsrechte der Arbeitnehmer auch eine Warnfunktion[825].

Eine Nichtigkeit der Vereinbarung tritt ferner ein, wenn die gesetzlich vorgeschriebenen Schriftform nicht eingehalten wurde (§ 125 BGB).

---

822 *Kienast* in Jannott/Frodermann, 13 Rn. 172; MünchKommAktG/*Jacobs*, SEBG, § 10 Rn. 6; anders *Wissmann* in FS Richardi, S. 841, 848, der von einer Ex-tunc-Nichtigkeit einer erfolgreichen Wahlanfechtung ausgeht, da die Erfordernisse der Rechtssicherheit, die gegen eine Ex-tunc-Wirkung der Anfechtungsentscheidung streiten könnten, aufgrund der Qualifikation des Besonderen Verhandlungsgremiums als Ad-hoc-Gremium nur gering ins Gewicht fielen.

823 Für eine analoge Anwendung der für die Betriebsvereinbarung anerkannten Grundsätze, *Oetker* in FS Konzen, S. 635, 658; *Scheibe*, S. 84; zu den Rechtsfolgen von Beschlussmängeln des Betriebsrates nach dem BetrVG, *Thüsing* in Richardi, BetrVG, § 33 Rn. 42 ff.; *Joost* in MünchArbR, § 307 Rn. 51 ff.

824 Für eine Bewertung dieser Verfahrensvorschrift als wesentlich auch *Oetker* in FS Konzen, S. 635, 658; *Scheibe*, S. 84; *Kienast* in Jannott/Frodermann, 13 Rn. 351.

825 MünchKommAktG/*Jacobs*, SEBG, § 17 Rn. 1.

Nichtig ist eine Vereinbarung insbesondere dann, wenn inhaltliche Mängel vorliegen, d.h. wenn gegen die Innen- und Außenschranken der Vereinbarungsautonomie verstoßen wird.

Schließlich ist eine Vereinbarung nichtig, die gegen das Gesetz oder die guten Sitten verstößt (§§ 134, 138 BGB). Die §§ 116, 117, 118 BGB haben für die Mitbestimmungsvereinbarung hingegen keine praktische Relevanz.

Die Ausführungen zur Nichtigkeit der Mitbestimmungsvereinbarungen gelten unabhängig davon, ob man dieser eine normative oder schuldrechtliche Wirkung zumisst, da insofern keine durch die Rechtsnatur bedingten Abweichungen bestehen.

2. Teilnichtigkeit

Ist nur ein Teil der Bestimmungen einer Mitbestimmungsvereinbarung unwirksam, stellt sich die Frage, ob die Vereinbarung im Übrigen wirksam bleibt oder ob der Unwirksamkeitsgrund zu einer Nichtigkeit der gesamten Vereinbarung führt. Die Beantwortung dieser Frage hängt maßgeblich davon ab, ob man der Vereinbarung eine normative oder eine schuldrechtliche Wirkung zuspricht.

Nach der Ansicht *Oetkers* sind die für die Teilnichtigkeit von Betriebsvereinbarungen entwickelten Grundsätze heranzuziehen[826]. Hiernach bleibt der wirksame Teil der Betriebsvereinbarung von einzelnen rechtsunwirksamen Bestimmungen unberührt und damit wirksam, sofern er auch ohne die nichtigen Regelungen eine sinnvolle und in sich geschlossene Regelung enthält[827]. Anders als es § 139 BGB vorsieht, kommt es dabei auf den mutmaßlichen Willen der Vereinbarungsparteien nicht an. Begründet wird dies mit der normativen Wirkung der Betriebsvereinbarung. Aufgrund der Vergleichbarkeit zu Gesetzen und Tarifverträgen könne der hypothetische Parteiwille nicht maßgeblich sein, sondern eine gesetzte Ordnung müsse im Sinne des Rechtsschutzes und der Rechtsbeständigkeit soweit aufrechterhalten bleiben, wie sie ihre Funktion auch ohne den unwirksamen Teil erfüllen könne.

Nach der hier vertretenen Auffassung kommt der Mitbestimmungsvereinbarung jedoch keine normative Wirkung zu, so dass es entgegen der Ansicht *Oetkers* keines Rückgriffs auf die Grundsätze zur Teilnichtigkeit von Betriebsvereinbarungen bedarf. Da es sich bei der Mitbestimmungsvereinbarung um einen schuldrechtlichen Vertrag zugunsten Dritter handelt, ist die Auslegungsregelung des § 139 BGB direkt auf die Mitbestimmungsvereinbarung anwendbar. Gemäß § 139 BGB ist der hypothetische Wille der Parteien maßgeblich. Entscheidend ist, ob die Parteien die

---

826 *Oetker* in FS Konzen, S. 635, 658.
827 Zur Teilnichtigkeit von Betriebsvereinbarungen *Richardi* in Richardi, BetrVG, § 77 Rn. 48; *Kreutz* GK-BetrVG, § 77 Rn. 61; *Fitting*, BetrVG, § 77 Rn. 32.

Vereinbarung auch ohne den unwirksamen Teil vorgenommen hätten, wobei § 139 BGB die Vermutung aufstellt, dass die Parteien das Rechtsgeschäft ohne den unwirksamen Teil nicht vorgenommen hätten, so dass bei Zweifeln eine Gesamtnichtigkeit der Mitbestimmungsvereinbarung gilt. Wollen die Vereinbarungsparteien hingegen eine Vermutung gelten lassen, nach der die vom Nichtigkeitsgrund nicht erfassten Teile im Zweifel wirksam bleiben, können sie dies in der Mitbestimmungsvereinbarung durch eine salvatorische Klausel festlegen. Zu beachten ist jedoch, dass es trotz einer salvatorischen Klausel zu einer Gesamtnichtigkeit der Vereinbarung kommen kann, wenn die Unwirksamkeit eine wesentliche Vertragsregelung betrifft, ohne die sich der Gesamtcharakter der Vereinbarung entscheidend verändert. Dies ist beispielsweise der Fall, wenn die Parteien unzulässigerweise die Bildung eines gesonderten Arbeitnehmervertretungsorgans außerhalb des Verwaltungsrates vorsehen[828]. Keine Änderung des Gesamtcharakters und damit eine Teilnichtigkeit der Vereinbarung tritt ein, wenn einzelne Regelungen zu den Rechten der Arbeitnehmervertreter, zur Bildung von Ausschüssen oder zur Errichtung von Plenarvorbehalten unwirksam sind[829].

3. Anfechtbarkeit

Aufgrund der Anwendbarkeit der Vorschriften des BGB über Willenserklärungen und Rechtsgeschäfte[830] kann die Mitbestimmungsvereinbarung wegen eines Willensmangels gemäß §§ 119, 123 BGB angefochten werden. Entgegen den Rechtsfolgen des § 142 Abs. 1 BGB wirkt eine solche berechtigte Anfechtung jedoch nicht ex tunc, sondern nur ex nunc. Grund hierfür ist, dass die bereits tatsächlich praktizierte und umgesetzte Mitbestimmungsvereinbarung, ebenso wie Dauerschuldverhältnisse auch[831], aufgrund erheblicher praktisch kaum überwindbarer Schwierigkeiten nicht rückwirkend vernichtet werden kann. Dies wird insbesondere bei einer angefochtenen Vereinbarung deutlich, die die Anzahl der von den Arbeitnehmervertretern zu wählenden Mitglieder des Aufsichtsorgans festlegt. Die anhand dieser Vereinbarung ausgestaltete Satzung der SE und die ebenso daran ausgerichtete Zusammensetzung des Aufsichtsorgan wäre im Falle einer ex tunc wirkenden Anfechtung ebenfalls unwirksam mit der Folge, dass die von dem Aufsichtsrat bis zur Anfechtung gefassten Beschlüsse und sonstigen vorgenommenen

---

828 Für eine Gesamtnichtigkeit einer Vereinbarung, die eine solche Regelung enthält auch *Oetker* in FS Konzen, S. 635, 658; zur Unzulässigkeit einer derartigen Regelung als Inhalt der Mitbestimmungsvereinbarung siehe B.III.3.e)bb).

829 Für eine Teilnichtigkeit der Vereinbarung bei unwirksamen Regelungen betreffend die Rechte der Arbeitnehmervertreter ebenso, *Oetker* in FS Konzen, S. 635, 658.

830 Siehe hierzu B.IV.

831 Zur Vergleichbarkeit der Mitbestimmungsvereinbarung mit Dauerschuldverhältnissen vergleiche bereits B.III.2.b)bb)(3).

Handlungen von einem nicht existenten Aufsichtsrat geschlossen wurden und damit unwirksam wären und rückabgewickelt werden müssten. Die gleich gelagerte Problematik ergibt sich bei Anfechtung einer bereits umgesetzten Vereinbarung, die die Wahlrechte der Arbeitnehmervertreter festlegt oder das Wahlverfahren regelt, nach dem die Arbeitnehmer die Mitglieder des mitbestimmten Organs wählen. Eine Anfechtung mit Ex-tunc-Wirkung ist jedoch dann möglich, wenn die Mitbestimmungsvereinbarung im Zeitpunkt der Anfechtung noch nicht in Vollzug gesetzt wurde. Geht man entgegen der hier vertretenen Auffassung von einer normativen Wirkung der Mitbestimmungsvereinbarung aus, wirkt die Anfechtung ebenfalls lediglich ex nunc, da bei einer für Dritte verbindlichen Normsetzung aus Gründen des Vertrauensschutzes eine Rückwirkung ausgeschlossen ist und deren Normcharakter widerspricht.

Bezieht sich der Willensmangel nur auf bestimmte Regelungen der Mitbestimmungsvereinbarung, ist auch eine ex-nunc-wirkende Teilanfechtung möglich.

4. Rechtswirkungen nichtiger Mitbestimmungsvereinbarungen

Von einem nichtigen Rechtsgeschäft gehen grundsätzlich von Anfang an keinerlei Rechtswirkungen aus. Fraglich ist jedoch, ob und inwieweit die Besonderheiten der Wirkung der Mitbestimmungsvereinbarung, beispielsweise als Voraussetzung für die Eintragung der SE in das Handelsregister oder als Grundlage für die Zusammensetzung des mitbestimmten Organs, eine Modifizierung dieses Grundsatzes erfordern.

a) Auswirkungen einer nichtigen Mitbestimmungsvereinbarung auf die Bestandskraft der Eintragung der SE in das Handelsregister

Gemäß Art. 12 Abs. 2 SEVO setzt die Eintragung der SE in das Handelsregister und damit das Zustandekommen ihrer Rechtspersönlichkeit das Vorliegen einer wirksamen Beteiligungsvereinbarung voraus. Liegt eine abgeschlossene Vereinbarung nicht vor, ist eine Eintragung möglich, wenn das Besondere Verhandlungsgremium gemäß § 16 SEBG beschlossen hat, keine Verhandlungen aufzunehmen oder bereits begonnene Verhandlungen abzubrechen oder die in § 20 SEBG festgelegte Verhandlungsfrist erfolglos abgelaufen ist. Dabei kommt dem zuständigen Registergericht die Prüfungspflicht zu, ob die Vereinbarung wirksam abgeschlossen wurde oder ob einer der anderen Tatbestände vorliegt[832]. Das Vorliegen einer Mitbestimmungsvereinbarung lässt sich aufgrund des Schriftformerfordernisses einfach nachweisen. Der Nachweis über die Einhaltung des für die Beschlussfas-

---

832 Münch.Hdb.GesR/*Austmann* § 85 Rn. 26; *Oetker* in Lutter/Hommelhoff, S. 277, 288; *Kleindiek* in Lutter/Hommelhoff, S. 95, 105; dem folgend *Scheibe*, S. 80 f.

sung des Besonderen Verhandlungsgremiums erforderlichen Quorums kann über die nach § 17 S. 1 SEBG anzufertigende Niederschrift erbracht werden. Liegen die Voraussetzungen einer wirksamen Vereinbarung nicht vor und sind auch keine Ausnahmetatbestände gegeben, muss das Registergericht die Eintragung der SE ablehnen[833].

Fraglich ist, wie es sich auf die Bestandskraft der Eintragung der SE in das Handelsregister auswirkt, wenn die SE trotz einer nichtigen Mitbestimmungsvereinbarung eingetragen wurde. Dabei enthalten weder SE-VO, SEAG noch SEBG eine diesen Fall regelnde Bestimmung.

Nach dem nationalen Aktienrecht werden fehlerhafte Satzungsregelungen mit der Eintragung grundsätzlich geheilt[834]. Einzelne nichtige Satzungsbestandteile werden analog § 242 Abs. 2 AktG geheilt, wenn seit der Eintragung der AG drei Jahre verstrichen sind[835]. Dies kann für Mängel der Beteiligungsvereinbarung jedoch nicht gelten[836]. Andernfalls wäre der mit der SE-RL verfolgte Zweck, die Beteiligung der Arbeitnehmervertreter in der SE sicherzustellen und zu schützen, wobei insbesondere der Mitbestimmungsvereinbarung eine zentrale Bedeutung zukommt, leicht zu umgehen und in seiner Durchsetzung erheblich geschwächt. Dafür, dass der Richtliniengeber derartiges vermeiden will, spricht die Verpflichtung der Mitgliedstaaten in Art. 12 Abs. 2 SE-RL, geeignete Maßnahmen für den Fall der Nichteinhaltung der Richtlinie vorzusehen und insbesondere die Durchsetzung der sich aus der SE-RL ergebenden Pflichten durch die Schaffung von Verwaltungs- oder Gerichtsverfahren sicherzustellen.

Auch wenn diese Mängel der Vereinbarung mit der Eintragung oder durch Zeitablauf nicht geheilt werden, die Vereinbarung also weiterhin nichtig ist, bleibt die Bestandskraft der Eintragung und die dadurch erlangte Rechtsfähigkeit der SE bestehen[837]. Hierfür spricht ein Vergleich mit den Auswirkungen fehlerhafter Satzungsbestimmungen auf die Bestandskraft der Eintragung einer Aktiengesellschaft[838]. Gründungs-, Verfahrens- und Errichtungsmängel werden mit der Eintragung der Aktiengesellschaft in das Handelsregister grundsätzlich geheilt und können daher ab Eintragung der Aktiengesellschaft grundsätzlich nicht mehr geltend

---

833 *Oetker* in Lutter/Hommelhoff, S. 277, 288; *ders.* BB-Special 1/2005, 2, 5; *Scheibe*, S. 81.

834 *Hüffer*, AktG, § 23 Rn. 43; *Braunfels* in Heidel, Aktienrecht, § 23 Rn. 50; zu den Auswirkungen der Eintragung auf Satzungsmängel ausführlich *Braunfels* in Heidel, Aktienrecht, § 23 Rn. 49 ff.

835 *Raiser*, Recht der Kapitalgesellschaften, 3. Auflage 2001, § 11 Rn. 40; *Hüffer*, AktG, § 23 Rn. 43; *Braunfels* in Heidel, Aktienrecht, § 23 Rn. 51; GroßKommAktG/*Röhricht*, § 23 Rn. 204.

836 So auch *Oetker* in Lutter/Hommelhoff, S. 277, 289.

837 *Oetker* in Lutter/Hommelhoff, S. 277, 288 f.

838 *Oetker* in FS Konzen, S. 635, 658 f.

gemacht werden[839]. Einzelne nichtige Satzungsbestandteile werden analog § 242 Abs. 2 AktG geheilt, wenn seit der Eintragung der AG drei Jahre verstrichen sind[840]. Dass eine Gesellschaft trotz grundlegender Satzungsmängel fortbesteht, hat seinen Grund im Verkehrs- und Bestandsschutz, den eine eingetragene Gesellschaft genießt[841]. Der Bestands- und Verkehrsschutz dient dem Schutz der Aktionäre vor rückwirkender Nichtigkeit[842]. Das Bestehen der Gesellschaft trotz Gründungsmangel rechtfertigt sich aus der Eintragung in das Handelsregister sowie der ihr vorausgehenden Prüfung durch das Registergericht[843]. Eine Ausnahme von diesem Grundsatz ist nur im Falle schwerwiegender Mängel vorgesehen, welche in § 275 AktG abschließend genannt sind und nur im Wege einer Nichtigkeitsklage gemäß § 275 Abs. 2-4 AktG geltend gemacht werden können bzw. ein Amtslöschungsverfahren nach § 144 FGG begründen können. Andere als die in § 275 Abs. 1 S. 1 AktG genannten Gründe rechtfertigen eine Nichtigkeitsklage wegen Mängeln der Satzung nicht[844], sondern ermöglichen allein die Amtsauflösung gemäß § 262 Abs. 1 Nr. 5 i.V.m. § 144 a FGG oder die Amtslöschung gemäß §§ 142, 144 FGG. Um die in § 277 Abs. 1 AktG genannten Abwicklungsfolgen einer Nichtigkeitsklage zu verhindern und damit zugleich der Sicherung des Bestands- und Verkehrsschutzes der eingetragenen AG Rechnung zu tragen, eröffnet § 276 AktG die Möglichkeit, einen Mangel zu heilen mit der Folge, dass sich niemand mehr auf diesen berufen kann. Diese Heilungsmöglichkeit besteht jedoch ausschließlich für Mängel, die Bestimmungen über den Gegenstand des Unternehmens betreffen.

Zwar gelten Mängel der Satzung im Gegensatz zur fehlerhaften Mitbestimmungsvereinbarung mit der Eintragung als geheilt, so dass im Prinzip die Bestandskraft der Eintragung aufgrund der Heilung der Mängel und damit mangels fehlerhafter Satzung gar nicht gefährdet ist. Doch auch wenn die Tatbestände nicht vollkommen identisch sind, ergibt sich die Übertragung des Grundsatzes über die Auswirkung fehlerhafter Satzungsbestimmungen auf die Eintragung aus dem soeben dargestellten Sinn und Zweck dieses Grundsatzes. Der Satzung einer Gesellschaft kommt in ihrer Doppelfunktion als Schuld- und Organisationsvertrag entscheidende Bedeutung zu, indem sie zum einen die Vereinbarung der Gründer über die Errichtung der Aktiengesellschaft und der daraus resultierenden Rechten und Pflichten beinhaltet und zum anderen den inneren Aufbau der Aktiengesell-

---

839 *Terbach* in Heidel, Aktienrecht, § 39 Rn. 9; GroßKommAktG/*Röhricht*, § 39 Rn. 8; Münch-KommAktG/*Pentz*, § 39 Rn. 22; RGZ 82, 375, 377; RGZ 26, 68, 73.
840 *Raiser*, Recht der Kapitalgesellschaften, 3. Auflage 2001, § 11 Rn. 40; *Hüffer*, AktG, § 23 Rn. 43; *Braunfels* in Heidel, Aktienrecht, § 23 Rn. 51; GroßKommAktG/*Röhricht*, § 23 Rn. 204.
841 *Wermeckes* in Heidel, Aktienrecht, § 275 Rn. 1.
842 *Hüffer*, AktG, § 275 Rn. 4.
843 *Hüffer*, AktG, § 275 Rn. 4.
844 *Wermeckes* in Heidel, Aktienrecht, § 275 Rn. 9.

schaft festlegt. Zwar ist auch die Mitbestimmungsvereinbarung insbesondere im Hinblick auf ihre Stellung als Eintragungsvoraussetzung im Sinne von Art. 12 Abs. 2 SE-VO für das Gründungsverfahren nicht unbedeutend, doch bildet sie anders als die Satzung nicht das „Grundgeschäft" für die Entstehung der Gesellschaft. Diesen Unterschied in der Bedeutung von Satzung und Vereinbarung verdeutlicht Art. 12 Abs. 2 SE-VO, wonach eine SE auch bei Nichtbestehen einer Mitbestimmungsvereinbarung eingetragen werden kann, sofern das Verhandlungsverfahren durch Beschluss gemäß § 16 SEBG oder durch fruchtlosen Ablauf der Verhandlungsfrist gem. § 20 SEBG abgeschlossen worden ist. Wenn daher schon eine mangelhafte Satzung aus Gründen des Verkehrs- und Bestandsschutzes die Eintragung und damit die Bestandskraft der Gesellschaft grundsätzlich unberührt lässt und nur unter engen gesetzlich festgelegten Voraussetzungen zu einer Nichtigkeit der Gesellschaft führt, muss dies erst recht für eine fehlerhafte oder nichtige Mitbestimmungsvereinbarung gelten[845].

Eine nichtige Vereinbarung wirkt sich daher auf die Bestandskraft der Eintragung und damit auf die Rechtsfähigkeit der SE nicht aus.

b) Auswirkungen einer nichtigen Mitbestimmungsvereinbarung auf die Zusammensetzung des Aufsichts- oder Verwaltungsorgans

Beruht die Zusammensetzung eines Aufsichts- oder Verwaltungsorgans auf einer Mitbestimmungsvereinbarung, erweist sich diese aber als nichtig, wirkt sich dies auf die aktuelle Zusammensetzung des mitbestimmten Organs nicht aus[846]. Diese Wahrung des Status quo des mitbestimmten Organs trotz nichtiger Mitbestimmungsvereinbarung ergibt sich aus der Systematik der gesellschaftsrechtlichen Regelungen. Bestehen in einer eingetragenen SE Zweifel oder Unstimmigkeiten hinsichtlich der Zusammensetzung des Aufsicht- oder Verwaltungsorgans, findet das bereits aus dem nationalen Aktienrecht bekannte Statusverfahren Anwendung. Zweifel und Streitigkeiten betreffend die Zusammensetzung des mitbestimmten Organs können ausschließlich im Statusverfahren nach §§ 97, 98 ff. AktG, §§ 25, 26 ff. SEAG geklärt werden[847]. Allein das Statusverfahren ermöglicht eine Änderung der Zusammensetzung des mitbestimmten Organs. Dies gilt selbst dann, wenn die neue Zusammensetzung der materiellen Rechtslage entspricht oder sich alle Beteiligten über die Änderung der rechtlichen Grundlage der Zusammensetzung einig sind[848]. Aus Gründen der Rechtssicherheit bleibt das mitbestimmte Organ bis zum

---

845 *Oetker* in FS Konzen, S. 635, 658 f.
846 So auch *Oetker* in FS Konzen, S. 635, 659.
847 BT-Drucks. 15/3405, S. 37; *Schwarz*, SE-VO, Anh. Art. 43 Rn. 89; *Manz* in Manz/Mayer/ Schröder, Art. 43 SE-VO Rn. 75.
848 *Schwarz*, SE-VO, Anh. Art. 43 Rn. 89; *Hüffer*, AktG, § 96 Rn. 13; MünchKommAktG/*Semler*, § 96 Rn. 75.

Abschluss des Statusverfahrens und der daraus resultierenden Änderung seiner Zusammensetzung geschützt (§ 24 Abs. 2 SEAG) und genießt bis dahin Bestandsschutz. Auch die Gültigkeit seiner Beschlüsse bleibt unberührt.

Für die Zusammensetzung des Aufsichtsrates der SE ist auf die §§ 97, 98 AktG zurückzugreifen, während der Gesetzgeber für den Verwaltungsrat mit den §§ 25 f. SEAG eine Parallelnormierung geschaffen hat. Dem Umstand, dass sich die Mitbestimmung in der SE und damit auch die Zusammensetzung des Verwaltungsrates nicht nur nach den gesetzlichen Regelungen, sondern auch nach der gem. § 21 SEBG getroffene Vereinbarung richten kann, trägt der Gesetzgeber in den §§ 25 f. SEAG insofern Rechnung, als er eine Abweichung nicht nur von gesetzlichen Vorschriften, sondern auch von vertraglichen Vorschriften als Voraussetzungen für die Aufnahme eines Statusverfahrens benennt[849]. Da sich neben dem Verwaltungsrat auch die Zusammensetzung des Aufsichtsrates nach den Vorgaben einer Mitbestimmungsvereinbarung richten kann, muss das Statusverfahren gem. §§ 97, 98 AktG, das im Zeitpunkt seiner Konzeption noch allein auf die Zusammensetzung nach den nationalen Mitbestimmungsgesetzen ausgerichtet war, bei einer Abweichung von den maßgeblichen Vorgaben der Vereinbarung ebenfalls anwendbar sein. §§ 97, 98 ff. AktG sind entsprechend extensiv auszulegen.

Die aktuelle Zusammensetzung des mitbestimmten Organs bleibt daher auch dann bestehen, wenn sie auf einer nichtigen Vereinbarung beruht. Eine Änderung des Status quo kann nur über die Durchführung eines Statusverfahrens erreicht werden.

c) Rechtsbehelfe zur Durchsetzung der Mitbestimmungsrechte der Arbeitnehmer in der bereits eingetragenen SE

Da in den vorliegenden Fallkonstellationen die SE weiterhin eingetragen und damit rechtsfähig bleibt und sich möglicherweise zudem die Zusammensetzung des Aufsichts- oder Verwaltungsorgans nach dieser fehlerhaften Vereinbarung richtet, stellt sich die Frage, mit Hilfe welcher Rechtsbehelfe die Beteiligungsrechte der Arbeitnehmer in der bereits eingetragenen SE durchgesetzt werden können.

Da weder die SE-VO, SE-RL noch das SEBG hierauf bezogene Regelungen enthalten, wird im Schrifttum auf die bestehenden nationalen Rechtsbehelfe zurückgegriffen.

---

849 MünchKommAktG/*Reichert/Brandes*, SE-VO, Art. 43 Rn. 74.

aa) Löschung der Gesellschaft von Amts wegen durch das Registergericht gemäß § 275 AktG i. V. m. § 144 FGG

Scheibe stellt einen Rückgriff auf das Verfahren nach § 275 AktG i.V.m. § 144 FGG zur Diskussion, welches bei schwerwiegenden Satzungsmängeln, die die Erhebung einer Nichtigkeitsklage ermöglichen können (§ 275 Abs. 1 AktG), die Löschung der Aktiengesellschaft von Amts wegen durch das Registergericht vorsieht[850]. Doch verwirft sie die Heranziehung dieser Vorschrift als Mittel zur Durchsetzung der Beteiligungsrechte der Arbeitnehmer mit dem Hinweis darauf, dass die Mitbestimmungsvereinbarung keinen der drei in § 275 Abs. 1 S. 1 AktG genannten Tatbestände betreffe. Zwar wirke sich die Vereinbarung aufgrund von Art. 12 Abs. 4 SE-VO mittelbar auf die Satzungsbestimmungen aus und damit auf die materielle Richtigkeit der Satzung, doch betreffe sie weder die Höhe des Grundkapitals noch den Gegenstand des Unternehmens, wie es § 275 Abs. 1 S. 1 AktG aber voraussetze. Da die Tatbestandsvoraussetzungen des § 275 Abs. 1 S. 1 AktG durch eine die Arbeitnehmermitbestimmung regelnde Mitbestimmungsvereinbarung nicht erfüllt würden, scheide ein Rückgriff auf das Verfahren zur Löschung nichtiger Gesellschaften nach § 144 FGG i.V.m. § 275 AktG aus. Gleiches gelte für eine analoge Anwendung, da § 275 Abs. 1 S. 2 AktG ein ausdrückliches Analogieverbot normiere.

bb) Auflösung der Gesellschaft durch das Registergericht gemäß § 144 a FGG analog

Kleindiek spricht sich für eine analoge Anwendung des § 144 a FGG als Rechtsbehelf für die Durchsetzung der Arbeitnehmerbeteiligungsrechte für den Fall aus, dass eine Vereinbarung nicht vorliegt, da ein Verhandlungsverfahren gar nicht stattgefunden hat[851]. Analog § 144 a Abs. 1 S. 1 FGG sei die SE aufzufordern, den bestehenden Mangel innerhalb einer festgelegten Frist zu beheben, indem sie das Verhandlungsgremium einsetze und die Vorgaben des Art. 12 Abs. 2 SE-VO erfülle[852]. Werde ein derartiger Mangel trotz Aufforderung nicht behoben, begründe dies bei rechtskräftiger Feststellungsverfügung des Registergerichts einen Auflösungstatbestand (§ 262 Abs. 1 Nr. 5 AktG), § 144 a Abs. 1 S. 2 FGG[853]. Zwar erfasse der Auflösungstatbestand des § 144 a FGG ausschließlich Mängel der Satzung, nicht aber der Vereinbarung oder des Verhandlungsverfahrens, doch könne das Registergericht die Auflösung der Gesellschaft analog § 144 a FGG bewirken, da ein Verstoß gegen das Gebot des Art. 12 Abs. 2 SE-VO einem Mangel im Sinne

---

850 *Scheibe*, S. 86.
851 *Kleindiek* in Lutter/Hommelhoff, S. 95, 104 ff.
852 *Kleindiek* in Lutter/Hommelhoff, S. 95, 106.
853 *Kleindiek* in Lutter/Hommelhoff, S. 95, 106 f.

von § 144 a FGG gleichgestellt werden könne[854]. Als Begründung führt *Kleindiek* den hohen Stellenwert der Arbeitnehmerbeteiligung an sowie die Bedeutung der für die Vereinbarung vorgesehenen Regelungsgegenstände des Art. 4 Abs. 2 SE-RL bzw. § 21 SEBG[855]. Ferner hätten die Mitgliedstaaten gemäß Art. 12 Abs. 2 SE-RL geeignete Maßnahmen, insbesondere in Form von Verwaltungs- oder Gerichtsverfahren zu treffen, die im Falle der Nichteinhaltung der Richtlinienvorgaben deren Durchsetzung ermöglichten[856]. Darüber hinaus bestätige ein Vergleich mit den Rechtsfolgen ähnlich gelagerter Mängel im Gründungsverfahren der SE den Rückgriff auf § 144 a FGG analog[857]. Finde beispielsweise eine Kontrolle der Rechtmäßigkeit der Verschmelzung nach Artt. 25 und 26 SE-VO, welche nach Art. 27 Abs. 2 SE-VO ebenfalls als Eintragungsvoraussetzung gelte, nicht statt, bewirke dies gemäß Art. 30 S. 1 SE-VO nicht die Nichtigkeit der Eintragung, stelle jedoch gemäß Art. 30 S. 2 SE-VO einen Auflösungsgrund dar. Fielen entgegen der Vorschrift des Art. 7 SE-VO Sitzung und Hauptverwaltung der SE auseinander, begründe dies gem. § 52 SEAG einen Satzungsmangel im Sinne des § 262 Abs. 1 Nr. 5 AktG, welcher einen Auflösungstatbestand nach § 144 a FGG erfülle.

cc) Löschung der Gesellschaft von Amts wegen gemäß § 142 FGG

Nach Ansicht *Oetkers* und *Hensslers* sei als Rechtsbehelf zur Durchsetzung der Beteiligungsrechte der Arbeitnehmer § 142 FGG einschlägig, der die Löschung der SE von Amts wegen vorsehe, wenn deren Eintragung wegen eines Mangels einer wesentlichen Voraussetzung unzulässig sei[858]. Dabei verlange der Grundsatz der Verhältnismäßigkeit, dass dem Leitungs- bzw. Verwaltungsorgan vor Löschung der SE die Gelegenheit gegeben werde, den Mangel zu beseitigen[859]. *Oetker* und *Henssler* verweisen als Begründung für die Anwendbarkeit des § 142 FGG ebenfalls auf die in Erwägungsgrund 18 der SE-RL festgehaltene fundamentale Bedeutung der Sicherung der Arbeitnehmerbeteiligung in der SE, die es rechtfertige, das Vorliegen einer Vereinbarung als *„wesentliche"* Eintragungsvoraussetzung im Sinne von § 142 Abs. 1 S. 1 FGG einzuordnen[860]. Mängel des Verhandlungsverfahrens oder eine fehlerhafte Beschlussfassung des Besonderen Verhandlungsgremiums würden dagegen keine *„wesentlichen"* Voraussetzungen der Eintragung im

---

854 *Kleindiek* in Lutter/Hommelhoff, S. 95, 105 f.
855 *Kleindiek* in Lutter/Hommelhoff, S. 95, 105 f.
856 *Kleindiek* in Lutter/Hommelhoff, S. 95, 105.
857 *Kleindiek* in Lutter/Hommelhoff, S. 95, 106.
858 *Oetker* in Lutter/Hommelhoff, S. 277, 288 ff.; *Henssler* in Ulmer/Habersack/Henssler, Einl. SEBG, Rn. 29.
859 *Oetker* in Lutter/Hommelhoff, S. 277, 289; *Henssler* in Ulmer/Habersack/Henssler, Einl. SEBG, Rn. 29.
860 *Oetker* in Lutter/Hommelhoff, S. 277, 289; *Henssler* in Ulmer/Habersack/Henssler, Einl. SEBG, Rn. 29.

Sinne von § 142 Abs. 1 S. 1 FGG darstellen[861]. Für diese Fälle könnten die Arbeitnehmerrechte durch eine analoge Anwendung der aktienrechtlichen Vorschriften über das Statusverfahren (§ 98 AktG) durchgesetzt werden, indem auf diese Weise eine dem SEBG entsprechende Zusammensetzung des Aufsichts- oder Verwaltungsorgans erreicht werden könnte[862]. Da die Tatbestandsvoraussetzungen des Statusverfahrens jedoch einen Verstoß gegen die gesetzlichen Vorschriften über die Zusammensetzung des mitbestimmten Organs verlangten und damit gegen die gesetzlichen Auffangregelungen des SEBG, käme bei inhaltlich fehlerhaften Vereinbarungen bzw. fehlerhaften Beschlussfassungen nur eine analoge Anwendung der Vorschriften des aktienrechtlichen Statusverfahrens in Betracht[863].

dd) Wiederholung des Verhandlungsverfahrens analog § 18 Abs. 3 SEBG und Durchsetzung der Neuzusammensetzung des mitbestimmten Organs über die Einleitung eines Statusverfahrens

Ebenso wie nach der Ansicht *Oetkers* ist auch nach Auffassung *Scheibes* bei der Frage, welcher Rechtsbehelf zur Durchsetzung der Beteiligungsrechte der Arbeitnehmer in der bereits eingetragenen SE anwendbar ist, nach Art des Mangels zu differenzieren[864]. Habe eine Verhandlungsverfahren und damit der Abschluss einer Vereinbarung vor Eintragung der SE gar nicht stattgefunden, sei das Amtslöschungsverfahren nach § 142 FGG als Rechtsbehelf heranzuziehen[865]. Liege eine Vereinbarung vor, sei diese aber aufgrund erheblicher wesentlicher Verfahrensfehler nichtig oder sei die SE durch Verschmelzung gegründet worden, stehe die Wiederholung des Verhandlungsverfahrens analog § 18 Abs. 3 SEBG zur Verfügung, wobei die Neuzusammensetzung des mitbestimmten Organs über die Einleitung eines Statusverfahrens durchgesetzt werden könne[866]. *Scheibe* begründet diese Differenzierung damit, dass das Amtslöschungsverfahren nach § 142 FGG nicht bei jedem Mangel im Verhandlungsverfahren eingreifen könne, sondern als Maßstab hierfür die Voraussetzungen des Art. 12 Abs. 2 SE-VO heranzuziehen seien[867]. Werde die SE vor Ablauf der in § 20 SEBG normierten Verhandlungsfrist eingetragen, so erledige sich dieser Eintragungsmangel durch bloßes Zuwarten mit der Folge, dass die gesetzliche Auffangregelung eingreife. Damit erfasse das Amtslöschungsverfahren nach § 142 FGG praktisch allein den Fall, dass mangels Bildung eines Besonderen Verhandlungsgremiums ein Verhandlungsverfahren gar

---

861 *Oetker* in Lutter/Hommelhoff, S. 277, 289.
862 *Oetker* in Lutter/Hommelhoff, S. 277, 289 f.
863 *Oetker* in Lutter/Hommelhoff, S. 277, 290.
864 *Scheibe*, S. 84 ff.
865 *Scheibe*, S. 92.
866 *Scheibe*, S. 92.
867 *Scheibe*, S. 88 f.

nicht stattgefunden habe und deshalb auch die Frist des § 20 SEBG nicht zu laufen beginne. Die Heranziehung des § 142 FGG bei einer durch Verschmelzung gegründeten SE sei ausgeschlossen, weil deren Nichtigerklärung nach ihrer Eintragung gemäß Art. 30 S. 1 SE-VO unzulässig sei[868]. Ausschließlich eine fehlende Kontrolle der Rechtmäßigkeit der Verschmelzung durch das Registergericht könne gemäß Art. 30 S. 2 SE-VO eine Auflösung begründen, doch habe der nationale Gesetzgeber von dieser Regelungsermächtigung keinen Gebrauch gemacht, so dass sich im Einklang mit §§ 20 Abs. 2, 36 Abs. 1 S. 2 UmwG ein fehlerhaftes Verhandlungsverfahren auf die Eintragung nicht auswirke. Gleiches müsse daher gelten, wenn das Registergericht die Voraussetzungen des Art. 12 Abs. 2 SE-VO zu prüfen versäumt habe. Die analoge Anwendung des § 18 Abs. 3 SEBG für den Fall, dass eine SE durch Verschmelzung gegründet wurde oder das Verhandlungsverfahren mit erheblichen Mängeln behaftet ist, begründet *Scheibe* vorrangig damit, dass die Wiederaufnahme der Verhandlungen sowohl in der hier vorliegenden Fallkonstellation als auch im Falle des § 18 Abs. 3 SEBG dem Zwecke diene, eine nachträgliche Anpassung der Zusammensetzung des mitbestimmten Organs an die tatsächlichen Verhältnisse zu erreichen[869]. Im Falle eines Scheiterns der Verhandlungen greife gem. § 18 Abs. 3 S. 2 SEBG die gesetzliche Auffangregelung. Insbesondere im Hinblick auf das Primat der Verhandlungslösung seien die Voraussetzungen einer Analogie damit gegeben. Verfahrensrechtlich könne dieser materiellrechtliche Anspruch durch das Statusverfahren gem. §§ 97, 98 AktG für die dualistisch verfasste SE bzw. gem. §§ 25, 26 SEAG für die monistische SE durchgesetzt werden[870]. Hierfür spreche, dass der Hauptanwendungsbereich des aktienrechtlichen Statusverfahrens – der Wechsel des Mitbestimmungsstatus sowie eine Änderung der Größe des Aufsichtsrates innerhalb derselben Form der Mitbestimmung – im andersartigen Mitbestimmungssystem der SE nur noch eine untergeordnete Funktion habe, da die SE einen Wechsel des Mitbestimmungsgesetzes nicht vorsehe und die Größe des mitbestimmten Organs der Autonomie des Satzungsgebers unterliege[871]. Mit der Einführung des Prinzips der Verhandlungslösung verändere sich damit zugleich der Anwendungsbereich des Statusverfahrens[872]. Dies ergebe sich auch aus dem von §§ 97, 98 AktG (*„nach welchen gesetzlichen Vorschriften"*) abweichenden Wortlaut des für die monistisch verfasste SE geltenden in §§ 25, 26 SEAG (*„vertraglich oder gesetzliche Vorschriften"; „welche Vorschriften"*) niedergelegten Statusverfahrens[873].

---

868 *Scheibe*, S. 89.
869 *Scheibe*, S. 91.
870 *Scheibe*, S. 89 f.; *Maul* in Drinhausen/Van Hulle/Maul, 2 Rn. 15.
871 *Scheibe*, S. 90.
872 *Scheibe*, S. 90.
873 *Scheibe*, S. 90.

ee) Differenzierung nach der Art des Mangels

Vorzugswürdig ist die Literaturansicht, die bezüglich des Rückgriffs auf die nationalen Rechtsbehelfe zur Durchsetzung der Arbeitnehmerbeteiligungsrechte differenziert, ob die Eintragung trotz fehlender oder trotz nichtiger Vereinbarung vorgenommen wurde.

Eine direkte Anwendung des § 144 a FGG scheitert daran, dass dessen Tatbestand das Vorliegen eines Mangels der Satzung, nicht aber der Mitbestimmungsvereinbarung voraussetzt. Wie *Scheibe* zutreffend anmerkt, lässt sich hiergegen auch nicht einwenden, dass gemäß Art. 12 Abs. 4 SE-VO die Satzung nicht im Widerspruch zur Vereinbarung stehen darf, so dass auf diese Weise über § 144 a FGG eine Korrektur der Vereinbarung vorgenommen werden kann[874]. § 144 a FGG erstreckt sich auf das Fehlen oder die Nichtigkeit von Satzungsregelungen, die Firma, Sitz, Grund- oder Stammkapital, Aktien, Stammeinlagen und die Zahl der Mitglieder des Vorstandes oder die Regelungen, nach denen diese festgelegt werden, betreffen. Derartige Bestimmungen unterliegen jedoch nicht dem Regelungsbereich der Mitbestimmungsvereinbarung und können daher auch nicht in Widerspruch zur Satzung treten.

Für eine analoge Anwendung dieser Vorschrift fehlt es am Vorliegen der für einen Analogieschluss erforderlichen Regelungslücke, da im Falle von nicht direkt durch § 144 a FGG geregelten Konstellationen auf § 142 FGG zurückgegriffen werden kann[875]. § 142 FGG sieht ein Amtslöschungsverfahren wegen eines *„Mangels einer wesentlichen Voraussetzung"* vor und knüpft damit anders als § 144 a FGG vom Wortlaut her nicht an festgelegte Tatbestandsvoraussetzungen an, sondern gibt einen unbestimmten ausfüllungsbedürftigen und daher an die gesetzlichen Änderungen anpassbaren Rechtsbegriff vor. Dadurch dass die SE nach dem ausdrücklichen Willen des Gesetzgebers erst eingetragen werden kann, wenn die in Art. 12 Abs. 2 SE-VO genannten Voraussetzungen vorliegen sowie aufgrund der herausragenden Bedeutung des Grundsatzes der Verhandlungslösung für das Mitbestimmungssystem in der SE, der seinen Ausdruck insbesondere auch in der Pflicht der Mitgliedstaaten, die Erfüllung der Richtlinienvorgaben durch die Schaffung von Verwaltungs- und Gesetzesverfahren durchzusetzen (Art. 12 Abs. 2 SE-RL) findet, können die Voraussetzungen des Art. 12 Abs. 2 SE-VO für den Fall, dass eine Mitbestimmungsvereinbarung gar nicht abgeschlossen wurde, als wesentliche Eintragungsvoraussetzungen im Sinne von § 142 FGG bezeichnet werden. Mit § 142 FGG steht daher ein Rechtsbehelf zur Durchsetzung der Arbeitnehmerbeteiligungsrechte zur Verfügung, so dass es einer analogen Anwendung des § 144 a FGG nicht bedarf.

---

874 *Scheibe*, S. 86.
875 Ebenso *Scheibe*, S. 87 f.; in Bezug auf direkt durch § 144 a FGG geregelte Fälle, geht § 144 a FGG dem § 142 FGG allerdings als lex specialis vor.

Nicht zu den wesentlichen Eintragungsvoraussetzungen gehören jedoch inhaltliche Mängel der Mitbestimmungsvereinbarung oder Fehler in der Beschlussfassung des Besonderen Verhandlungsgremiums, da die die Eintragungsvoraussetzungen festlegende Norm des Art. 12 Abs. 2 SE-VO lediglich auf das Vorliegen einer abgeschlossenen Vereinbarung abstellt, nicht aber deren Rechtmäßigkeit benennt. Bestätigt wird dies durch einen Blick auf Art. 30 Abs. 2 SE-VO[876]. Hiernach kann eine durch Verschmelzung gegründete SE nur dann aufgelöst werden, wenn eine Kontrolle der Rechtmäßigkeit der Verschmelzung gemäß Art. 25, 26 SE-VO nicht stattgefunden hat. Eine derartige Kontrolle durch das Registergericht erstreckt sich zwar auf das Vorliegen einer Beteiligungsvereinbarung, nicht jedoch auf deren Rechtmäßigkeit. Zudem kann aus Gründen des Bestandsschutzes der Gesellschaft nicht jeder Fehler des Verhandlungsverfahrens die Durchführung eines Amtslöschungsverfahrens nach § 142 FGG begründen.

Ebenso wenig von § 142 FGG erfasst wird die durch Verschmelzung gegründete SE. Wie *Scheibe* zu Recht darlegt, kann gemäß der Regelungsermächtigung des Art. 30 S. 2 SE-VO eine Auflösung nur dann erfolgen, wenn das Registergericht die Voraussetzungen der Verschmelzung und damit auch das Vorliegen einer Vereinbarung nicht kontrolliert hat[877]. Der deutsche Gesetzgeber hat von dieser Regelungsermächtigung jedoch keinen Gebrauch gemacht, so dass eine fehlende Kontrolle der Verschmelzungsvoraussetzungen und damit der Eintragungsvoraussetzungen des Art. 12 Abs. 2 SE-VO keinen Auflösungstatbestand begründet[878].

Liegt eine Vereinbarung vor, mangelt es also nicht an den wesentlichen Eintragungsvoraussetzungen im Sinne von § 142 FGG, ist sie jedoch aufgrund inhaltlicher Mängel oder Fehlern in der Beschlussfassung des Besonderen Verhandlungsgremiums nichtig, ist das Verhandlungsverfahren analog § 18 Abs. 3 SEBG nachzuholen und eine Neubesetzung des mitbestimmten Organs über die Einleitung eines Statusverfahrens durchzusetzen. Die analoge Anwendbarkeit des § 18 Abs. 3 SEBG begründet sich dabei neben dem Fehlen einer Regelung über die Beseitigung des Verfahrensmangels insbesondere durch die Vergleichbarkeit der Tatbestände sowie durch den mit Hilfe der Rechtsfolgen durchzusetzenden identischen Zweck. Der Tatbestand des § 18 Abs. 3 SEBG setzt eine Änderung tatsächlicher Umstände durch strukturelle Änderungen voraus, die geeignet sind, die Beteiligungsrechte der Arbeitnehmer zu mindern. Mit der Wiederaufnahme der Verhandlungen wird die Sicherung erworbener Rechte der Arbeitnehmer über die Beteiligung an Unternehmensentscheidungen als fundamentaler Grundsatz der SE-RL

---

876 So auch *Oetker* in Lutter/Hommelhoff, S. 277, 289.

877 *Scheibe*, S. 86; für eine Einordnung des Art. 30 S. 2 SE-VO als Regelungsermächtigung auch *Hügel* in Kalss/Hügel, SE Kommentar, § 24 Rn. 34; dagegen *Kleindiek* in Lutter/Hommelhoff, S. 95, 107 f.

878 *Scheibe*, S. 89.

(Erwägungsgrund 18 SE-RL S. 1) bezweckt und durch das Vorher-Nachher-Prinzip (Erwägungsgrund 18 SE-RL S. 2) verwirklicht. Gleichzeitig wird auf diese Weise der Gefahr einer Umgehung der Gründungsvorschriften begegnet. Kommt es aufgrund struktureller Änderungen gemäß Art. 18 Abs. 3 SEBG zu Neuverhandlungen über die Mitbestimmung und führen diese zu einer Änderung der Zusammensetzung des mitbestimmten Organs, kann ein Statusverfahren nach §§ 97, 98 AktG bzw. §§ 25, 26 SEAG durchgeführt werden, da das mitbestimmte Organ nunmehr nicht mehr entsprechend den nach den Neuverhandlungen als maßgeblich geltenden Vorschriften zusammengesetzt ist[879]. Der Wiederholung des Verhandlungsverfahrens zur Beseitigung der Mängel einer Mitbestimmungsvereinbarung kann eine Ähnlichkeit zum Tatbestand des § 18 Abs. 3 SEBG nicht abgesprochen werden, insbesondere bezweckt sie ebenso die Sicherung der Beteiligungsrechte der Arbeitnehmer in der bereits bestehenden eingetragenen SE. Im Gleichlauf mit den Rechtsfolgen fehlerhafter Beteiligungsvereinbarungen, wonach aus Gründen des Bestandsschutzes und der Rechtssicherheit nicht jeder Fehler die Nichtigkeit der Vereinbarung begründet, berechtigt ebenso wenig jeder Mangel eine Wiederholung des Verhandlungsverfahrens analog § 18 Abs. 3 SEBG. Es sind daher die Kriterien heranzuziehen, die für die Beurteilung der Rechtsfolgen fehlerhafter Beteiligungsvereinbarungen gelten[880].

Entgegen der Ansicht *Oetkers* bedarf es für die Anwendung der Vorschriften des aktienrechtlichen Statusverfahrens keines Analogieschlusses[881]. Vielmehr sind die §§ 97, 98 AktG im Gleichlauf mit den für die monistisch verfasste SE vorgesehenen Vorschriften über das Statusverfahren (§ 25 SEAG, *„nach den maßgeblichen vertraglichen oder gesetzlichen Vorschriften"*) extensiv auszulegen[882].

V. Streitigkeiten betreffend die Mitbestimmungsvereinbarung

Kommt es zu Streitigkeiten über das Zustandekommen, den Inhalt oder die Einhaltung der Vereinbarung stellt sich die Frage, welche Rechtschutzmöglichkeiten bestehen. Gemäß Art. 12 Abs. 2 SE-RL sind die Mitgliedstaaten verpflichtet, Verwaltungs- und Gerichtsverfahren zu schaffen, mit denen die Erfüllung der sich aus der SE-RL ergebenden Verpflichtungen durchgesetzt werden kann. Daher muss auch die Mitbestimmungsvereinbarung als zentraler Bestandteil der SE-RL gerichtlich durchsetzbar sein, wenn sie nicht umgesetzt oder eingehalten wird[883]. Mit der

---

879 MünchKommAktG/*Reichert/Brandes*, SE-VO, Art. 43 Rn. 77.
880 Siehe hierzu die Ausführungen unter B.IV.
881 *Oetker* in Lutter/Hommelhoff, S. 277, 290.
882 Siehe hierzu bereits B.IV.4.b).
883 *Kienast* in Jannott/Frodermann, 13 Rn. 355.

Einführung bzw. Änderung der §§ 2 a Abs. 1 Nr. 3 lit. d, 10, 82 Abs. 3 ArbGG ist der deutsche Gesetzgeber dieser Verpflichtung nachgekommen[884].

1. Sachliche Zuständigkeit

Gemäß § 2 a Abs. 1 Nr. 3 lit. d ArbGG sind die Arbeitsgerichte im Beschlussverfahren ausschließlich zuständig für Angelegenheiten aus dem SEBG mit Ausnahme der §§ 45, 46 SEBG. Für die in §§ 45, 46 SEBG genannten strafbaren Handlungen und Ordnungswidrigkeiten sind gemäß § 13 GVG, §§ 68 ff. OWiG die ordentlichen Gerichte zuständig.

Für Angelegenheiten der Mitbestimmung kraft Gesetzes (§§ 34-39 SEBG) besteht die Zuständigkeit nur insoweit, als über die Wahl der Arbeitnehmervertreter in das mitbestimmte Organ sowie deren Abberufung mit Ausnahme der Abberufung nach § 103 Abs. 3 AktG zu entscheiden ist. Von den in § 2 a Abs. 1 Nr. 3 lit. d ArbGG genannten Angelegenheiten aus dem SEBG erfasst ist auch das Verhandlungsverfahren und die Beteiligungsvereinbarung nach § 21 SEBG[885]. Das Arbeitsgericht ist damit sowohl für Leistungsanträge auf Erfüllung der Vereinbarung[886] als auch für Anträge auf Unterlassung entgegenstehender Handlungen zuständig. Anspruchsgrundlage ist die Mitbestimmungsvereinbarung. Ebenso zuständig ist das Arbeitsgericht für Feststellungsanträge bezüglich des Inhalts und der Gültigkeit der Vereinbarung. Streitigkeiten über die Zusammensetzung des Besonderen Verhandlungsgremiums und seine Beschlussfassung über den Abschluss der Vereinbarung und damit deren Wirksamkeit sind ebenfalls vor den Arbeitsgerichten zu klären[887]. Bestehen Streitigkeiten betreffend die Zusammensetzung des Aufsichts- oder Verwaltungsorgans einer nach § 21 Abs. 3 SEBG mitbestimmten SE, ist nicht das arbeitsgerichtliche Beschlussverfahren einschlägig, sondern maßgeblich ist allein das Statusverfahren nach §§ 97 ff. AktG (für den Aufsichtsrat) bzw. nach §§ 25 f. SEAG (für den Verwaltungsrat)[888].

---

884 Zum Rechtschutz in Bezug auf die Arbeitnehmerbeteiligung in der SE, *Wissmann* in FS Richardi, S. 841 ff.
885 Schwab/Weth/*Walker*, ArbGG, § 2a Rn. 92 a.
886 *Kienast* in Jannott/Frodermann, 13 Rn. 355.
887 *Wissmann* in FS Richardi, S. 841, 845 f.
888 MünchKommAktG/*Jacobs*, SEBG, § 21 Rn. 26, § 35 Rn. 26.

2. Beteiligtenfähigkeit

Gemäß § 10 S. 1 Halbsatz 2ArbGG sind die nach dem SEBG beteiligten Personen und Stellen beteiligtenfähig[889]. Beteiligte Personen in diesem Sinne sind die einzelnen Mitglieder des Besonderen Verhandlungsgremiums, des SE-Betriebsrates und der Leitungen der Gründungsgesellschaften bzw. der SE sowie die einzelnen Arbeitnehmervertreter des Aufsichts- oder Verwaltungsorgans. Da es sich bei der Mitbestimmungsvereinbarung um eine schuldrechtlichen Vertrag zugunsten der Arbeitnehmer handelt, sind auch die Arbeitnehmer beteiligtenfähig, die nicht Mitglied des Besonderen Verhandlungsgremiums oder des mitbestimmten Organs sind.

Beteiligte Stellen sind die Leitungen der Gründungsgesellschaften oder der SE, das Besondere Verhandlungsgremium, der SE-Betriebsrat und das Verwaltungs- oder Aufsichtsorgan. Haben die genannten Stellen einen Vorsitzenden, werden sie von diesem im gerichtlichen Verfahren vertreten. Ist dies nicht der Fall, müssen alle Mitglieder gemeinsam handeln

3. Örtliche Zuständigkeit

Örtlich zuständig ist nach § 82 Abs. 3 ArbGG das Registergericht, in dessen Bereich die SE ihren Sitz hat[890]. Ist die SE noch nicht eingetragen, ist das Amtsgericht zuständig, in dessen Bereich die SE ihren Sitz haben soll.

---

889 *Matthes* in Germelmann/Matthes/Prütting/Müller-Glöge, Arbeitsgerichtsgesetz, § 10 Rn. 28; *Hauck* in Hauck/Helml, ArbGG, § 10 Rn. 7.

890 *Matthes* in Germelmann/Matthes/Prütting/Müller-Glöge, Arbeitsgerichtsgesetz, § 82 Rn. 18 f.; *Hauck* in Hauck/Helml, ArbGG, § 82 Rn. 5; Schwab/Weth/*Weth*, ArbGG, § 10 Rn. 30 a; Schwab/Weth/*Weth*, ArbGG, § 82 Rn. 18.

C.Zusammenfassung

I. Gemäß Art. 12 Abs. 2 SE-VO setzt die Eintragung der SE in das Handels-
    register voraus, dass eine Beteiligungsvereinbarung abgeschlossen wurde
    oder einer der Ausnahmetatbestände erfüllt ist. Ein Verhandlungsverfahren
    über die Arbeitnehmerbeteiligung in der SE ist auch durchzuführen, wenn
    die zu gründende SE weder gegenwärtig noch zukünftig Arbeitnehmer
    haben soll, den Gründungsgesellschaften aber Arbeitnehmer angehören.
    Keines Verhandlungsverfahrens bedarf es, wenn sowohl die Gründungsge-
    sellschaften als auch die zukünftige SE arbeitnehmerfrei sind. Im Fall der
    Gründung einer SE-Tochtergesellschaft durch eine bestehende SE (sog.
    Sekundärgründung, Art. 3 Abs. 2 SE-VO) ist die Durchführung eines Betei-
    ligungsverfahrens als Eintragungsvoraussetzung für die SE nicht erforder-
    lich. Die Tochter-SE bleibt mitbestimmungsfrei.

II. Nach § 18 Abs. 3 SEGB ist eine Wiederaufnahme von Verhandlungen er-
    forderlich, wenn strukturelle Änderungen der SE geplant sind, die geeignet
    sind, die Beteiligungsrechte der Arbeitnehmer zu mindern. Als strukturelle
    Änderungen sind solche Maßnahmen zu bezeichnen, die, legt man sie hypo-
    thetisch zurück in die Gründungsphase der SE, abweichende Voraussetzun-
    gen für das Verhandlungsverfahren und damit die Arbeitnehmerbeteiligung
    in der SE geschaffen hätten. Hierunter fallen der Erwerb von Betrieben oder
    Betriebsteilen durch die SE sowie der Wechsel der Organisationsverfas-
    sung. Die Änderung der Arbeitnehmerzahl und die grenzüberschreitende
    Sitzverlegung stellen hingegen keine strukturelle Änderung im Sinne des
    § 18 Abs. 3 SEBG dar. Für die Beurteilung, ob eine strukturelle Änderung
    zu einer Minderung der Beteiligungsrechte führt, ist der Zeitpunkt der
    SE-Gründung maßgeblich. Das zu diesem Zeitpunkt geltende Mitbestim-
    mungsstatut ist als Besitzstand der SE-Arbeitnehmer festgeschrieben und
    kann daher nicht gemindert werden. Eine Minderung von Beteiligungsrech-
    ten kann daher nur bei den Arbeitnehmern auftreten, die noch nicht für die
    SE tätig sind. Dabei bleiben Beteiligungsrechte, die diesen Arbeitnehmern
    aufgrund eines Konzerntatbestandes zugestanden haben außer Betracht. Der
    Erwerb wesentlicher Anteile eines Unternehmens durch die SE mit der Fol-
    ge, dass dieses zur Tochtergesellschaft der SE wird, stellt zwar eine struktu-
    relle Änderung dar, führt jedoch nicht zu einer Minderung von Beteili-

gungsrechten der Arbeitnehmer der betroffenen Tochtergesellschaften. Keine Wiederaufnahme von Verhandlungen findet nach § 18 Abs. 3 SEBG statt, wenn die strukturellen Änderungen geeignet sind, die Beteiligungsrechte der Arbeitnehmer auszudehnen.

III.   Bei dem Besonderen Verhandlungsgremium handelt es sich um ein Ad-hoc-Gremium. Tritt der SE-Betriebsrat kraft Gesetzes gem. § 18 Abs. 3 SEBG als Verhandlungspartei an die Stelle des Besonderen Verhandlungsgremiums, fasst dieser seine Beschlüsse grundsätzlich mit der Mehrheit seiner anwesenden Mitglieder. Haben die Verhandlungen eine Minderung der Mitbestimmungsrechte zur Folge, ist gemäß §§ 24 Abs. 3 S. 2, 15 Abs. 3 SEGB eine qualifizierte Mehrheit erforderlich. Die gleichen Mehrheitserfordernisse für die Beschlussfassung gelten für einen kraft Vereinbarung gegründeten Betriebsrat.

IV.   Die Leitungen der Gründungsgesellschaften können ein einheitliches Verhandlungsorgan bilden, das dem Besonderen Verhandlungsgremium als Verhandlungspartei gegenübertritt. Dabei können sie sowohl dessen Zusammensetzung und Organisation als auch die Modalitäten einer wirksamen Beschlussfassung autonom festlegen.

V.   Eine Pflicht bzw. ein Anspruch auf Führung von Vereinbarungsverhandlungen besteht weder für das Besondere Verhandlungsgremium noch für die Leitungen. Die Heranziehung von Arbeitskampfmaßnahmen zur Erzwingung einer Beteiligungsvereinbarung ist unzulässig. Ebenso wie das Besondere Verhandlungsgremium können auch die Leitungen beschließen, die Verhandlungen gar nicht erst aufzunehmen oder vorzeitig abzubrechen. Anders als ein Verzichts- bzw. Abbruchsbeschluss des Besonderen Verhandlungsgremiums nach § 16 Abs. 1 S. 1 SEBG hat ein solcher Beschluss jedoch nicht die Mitbestimmungsfreiheit der SE zur Folge, sondern führt zu einem Eingreifen der gesetzlichen Auffangregelung.

VI.   Gemäß Art. 23 Abs. 2 S. 2, Art. 32 Abs. 6 Unterabsatz 2 SE-VO kann sich die Hauptversammlung das Recht vorbehalten, die Eintragung der SE in das Handelsregister von der Genehmigung der geschlossenen Vereinbarung abhängig zu machen. Wird eine Vereinbarung nach Eintragung der SE in das Handelsregister abgeschlossen besteht die Möglichkeit eines derartigen Genehmigungsvorbehalts nicht. Zum Schutz der Anteilseigner bedarf es für die Wirksamkeit der Vereinbarung einer Zustimmung durch die Hauptversammlung. Diese ungeschriebene gemeinschaftsrechtliche Hauptversammlungszuständigkeit ergibt sich aus einer gemeinschaftsrechtlichen Rechtsfortbildung durch Auslegung der SE-VO.

VII.   Nach Art. 6 SE-RL ist auf die Vereinbarung die Rechtsordnung des Mitgliedstaates anwendbar, in dem die SE ihren Sitz hat. Bei der Mitbestimmungsvereinbarung handelt es sich um einen kollektivrechtlichen Organisationsvertrag mit schuldrechtlicher Wirkung zugunsten Dritter. Ihre Auslegung richtet sich nach Grundsätzen der Vertragsauslegung.

VIII.   Die Gestaltungsfreiheit der Vereinbarungsparteien hinsichtlich des Inhaltes der Mitbestimmungsvereinbarung wird durch die Innen- und Außenschranken der Vereinbarungsautonomie eingegrenzt. Zu den Innenschranken zählen die zwingenden Regelungsinhalte des § 21 Abs. 1 Nr. 1, 6, Abs. 3 SEBG sowie nach § 21 Abs. 3 S. 1 SEBG die Mitbestimmung der Arbeitnehmer. Die Vereinbarung muss unmittelbar auf die Regelung der Mitbestimmung der Arbeitnehmer im Sinne des § 2 Abs. 12 SEBG gerichtet sein. Eine Außenschranke stellt neben der Organisationsautonomie von Verwaltungs- und Aufsichtsorgan sowie zwingendem Gesellschaftsrecht die Satzungsautonomie dar. Gegenstand einer Mitbestimmungsvereinbarung kann nur sein, was auch Gegenstand einer Satzung sein kann. Die Mitbestimmungsautonomie setzt daher Satzungsautonomie voraus. Nicht beschränkt wird die Gestaltungsfreiheit durch den gesellschaftsrechtlichen Grundsatz der Gleichberechtigung aller Aufsichtsratsmitglieder sowie durch den verfassungsrechtlich gewährleisteten Tendenzschutz und die nationalen Unternehmensmitbestimmungsgesetze.

IX.   Der Pflicht zur Regelung der Laufzeit der Vereinbarung können die Vereinbarungsparteien mittels einer Befristung der Vereinbarung nachkommen. Möglich ist aber auch der Abschluss einer unbefristeten Vereinbarung mit Kündigungsmöglichkeit. Eine außerordentliche Kündigung ist aufgrund der Vergleichbarkeit der Vereinbarung mit einem Dauerschuldverhältnis sowohl bei der befristeten als auch der unbefristeten Vereinbarung möglich.

X.   Die in der Vereinbarung gemäß § 21 Abs. 1 Nr. 6 Halbsatz 2 SEBG zwingend zu benennenden Fälle, die zu einem erneuten Aushandeln der Vereinbarung führen, werden vom Gesetzgeber nicht näher konkretisiert und können daher von den Vereinbarungsparteien bestimmt werden. In Betracht kommen insbesondere die Fallgruppen, die nicht vom Tatbestand des § 18 Abs. 3 SEBG erfasst sind. Ferner sind die Folgen bei erfolglosem Ablauf der wieder aufgenommenen Verhandlungen zu benennen. Enthält die Vereinbarung diesbezüglich keine Angaben, gilt die bisher bestehende Vereinbarung bei einem Scheitern der Verhandlungen fort.

XI.   Im Gegensatz zu § 18 Abs. 3 SEBG, der die Aufnahme von Verhandlungen zwingend vorschreibt, wenn strukturelle Änderungen geplant sind, die geeignet sind, die Beteiligungsrechte der Arbeitnehmer zu mindern, ermöglicht § 21 Abs. 4 SEBG eine freiwillige Vereinbarungsregelung, welche eine Wiederaufnahme des Verfahrens auch bei strukturellen Änderungen vorschreibt, die eine solche mögliche Minderung nicht zur Folge haben. § 21 Abs. 4 SEBG ist als Soll-Vorschrift nicht zwingend, sondern beinhaltet lediglich einen Regelungsvorschlag.

XII.   Die Parteien können zwar die Anzahl der Arbeitnehmervertreter im mitbestimmten Organ festlegen bzw. alternativ deren Anteil (§ 21 Abs. 3 S. 2 Nr. 1 SEBG), nicht Gegenstand der Vereinbarung ist jedoch die Gesamtzahl der Mitglieder und damit die Größe von Aufsichts- und Verwaltungsorgan, da eine solche Regelung gegen die Innen- und Außenschranken der Vereinbarungsautonomie verstößt.

XIII.   Das nach § 21 Abs. 3 S. 2 Nr. 2 SEGB zwingend zu regelnde Verfahren zur Festlegung der Arbeitnehmervertreter erfasst die Aufteilung der mitbestimmten Mitglieder des Aufsichts- oder Verwaltungsorgans auf die Mitgliedstaaten, die Ermittlung der einzelnen Arbeitnehmer (Wahlverfahren) sowie das aktive und passive Wahlrecht. Nicht zwingend, aber freiwillig regelbar sind Bestimmungen über die Abberufung der Arbeitnehmervertreter und über die Anfechtung ihrer Wahl. Unzulässig wegen Verstoßes gegen die Innen- und Außenschranken ist eine Vereinbarungsregelung, die von der Kompetenz der Hauptversammlung zur Bestellung der Mitglieder des mitbestimmten Organs abweicht. Gleiches gilt für die Abberufungskompetenz.

XIV.   Da der aktienrechtliche Gleichbehandlungsgrundsatz die Vereinbarungsautonomie der Parteien nicht beschränkt, können im Rahmen der Festlegung der Rechte der Arbeitnehmervertreter (§ 21 Abs. 3 S. 2 Nr. 3 SEBG) die Stimmrechte der Arbeitnehmervertreter gegenüber denen der Anteilseignervertreter eingeschränkt werden. Dies gilt jedoch nicht für solche Bereiche, die dem Verwaltungsorgan zwingend vorbehalten sind, da mit einer Einschränkung der Stimmrechte zugleich eine Haftungsbeschränkung verknüpft ist.

XV. Regelungen zur inneren Ordnung des Aufsichts- oder Verwaltungsorgans sind wegen Kollision mit der Organisationsautonomie dieser Organe nur begrenzt möglich. Vielfach betreffen sie die Mitbestimmung der Arbeitnehmer im Sinne von §§ 21 Abs. 3 S. 1, 2 Abs. 12 SEBG nur reflexartig und verstoßen damit gegen die Innenschranken der Gestaltungsfreiheit. Unzulässig sind Regelungen über Bildung, Zusammensetzung und Auflösung von Ausschüssen. Auch die Zustimmungsvorbehalte bzw. Plenarvorbehalte zugunsten des Aufsichtsrates bzw. Verwaltungsorgans oder die Wahl des Aufsichtrats- bzw. Verwaltungsratsvorsitzenden können nicht Inhalt der Vereinbarung sein.

XVI. Nicht möglich ist eine Vereinbarung, die die Bildung eines gesonderten Arbeitnehmervertretungsorgans außerhalb des Verwaltungsorgans vorsieht und auf diese Weise den Verwaltungsrat mitbestimmungsfrei hält. Ebenso überschreitet eine Regelung, die die Bestellung eines für Arbeits- und Sozialangelegenheiten zuständigen Mitglieds des Leitungsorgans bzw. der geschäftsführenden Direktoren vorsieht, die Grenzen der Vereinbarungsautonomie. Möglich ist allerdings eine Regelung, die eine solche Bestellung lediglich empfiehlt. Die Verhandlungsparteien können vereinbaren, dass sich ein gesetzlich vorgesehenes oder vereinbartes Paritätserfordernis allein auf die nicht geschäftsführenden Direktoren bezieht. Dagegen ist es nicht möglich, ergänzend hierzu neben dem Arbeitnehmeranteil im Verwaltungsrat die Anzahl der nicht geschäftsführenden Direktoren festzulegen.

XVII. Gegenstand der Vereinbarung kann nicht die Organisationsverfassung der SE sein. Unzulässig sind ferner Bestimmungen, die die Rechtsverhältnisse zwischen den einzelnen Organen der SE festlegen. In Ergänzung zu § 21 Abs. 3 S. 2 Nr. 3 SEBG kann die Vereinbarung die Pflichten der Arbeitnehmervertreter im mitbestimmten Organ festlegen.

XVIII. Wird eine SE durch Umwandlung gegründet, muss die Vereinbarung in Bezug auf die Komponenten der Arbeitnehmerbeteiligung das gleiche Ausmaß gewährleisten, das vor der Umwandlung bestand (§ 21 Abs. 6 SEBG). Erforderlich ist nicht eine inhaltsgleiche Übernahme der bisher geltenden Mitbestimmungsvorschriften. Es genügt, wenn Umfang und Qualität der Mitbestimmung erhalten bleiben, so dass der Anteil der Arbeitnehmervertreter im mitbestimmten Organ, das Wahlverfahren und die Rechte der Arbeitnehmervertreter zu übernehmen sind. Nicht vom Bestandsschutz des § 21 Abs. 6 SEBG erfasst ist die Funktion eines in der umzuwandelnden Gesellschaft bestehenden Arbeitsdirektors mit der Folge, dass in der SE kein Mitglied des Leitungsorgans oder der geschäftsführenden Direktoren entsprechend § 38 Abs. 2 S. 2 SEBG für den Bereich Arbeit und Soziales zu bestellen ist.

XIX. § 21 Abs. 6 S. 2 SEBG führt dazu, dass die Umwandlung einer paritätisch mitbestimmten dualistisch verfassten Gesellschaft in eine monistisch verfasste SE die Arbeitnehmermitbestimmung in Umfang und Qualität übernommen werden muss. Dies stellt einen verfassungswidrigen Eingriff in Art. 14 GG dar. Die vom Schrifttum zur gleich gelagerten Problematik des § 35 Abs. 1 SEBG entwickelte Lösung einer verfassungskonformen Auslegung ist auf § 21 Abs. 6 S 2 SEBG zu übertragen. Hierdurch ist eine paritätische Mitbestimmung in diesem mit internen geschäftsführenden Direktoren besetzten Verwaltungsrat ausschließlich auf die nicht geschäftsführenden Direktoren zu beziehen. Gehören der SE hingegen externe geschäftsführende Direktoren an, ist eine derartige verfassungskonforme Auslegung ausgeschlossen und § 21 Abs. 6 S. 2 SEBG wegen des Verstoßes gegen Art. 14 GG als verfassungswidrig einzuordnen.

XX. Für die Mitbestimmungsvereinbarung als privatrechtlichen Vertrag gelten die Vorschriften des BGB über Willenserklärungen und Rechtsgeschäfte und damit auch die allgemeinen Regelungen über die Wirksamkeit und Unwirksamkeit von Rechtsgeschäften.

XXI. Die fehlerhafte Zusammensetzung des Besonderen Verhandlungsgremiums führt grundsätzlich nicht zur Unwirksamkeit seiner Beschlüsse und damit auch nicht zur Unwirksamkeit der Mitbestimmungsvereinbarung. Etwas anderes gilt nur, wenn ein Gericht die Nichtigkeit der Wahl der Mitglieder des Besonderen Verhandlungsgremiums feststellt. Beruht die Vereinbarung auf einem nicht ordnungsgemäß gefassten Beschluss des Besonderen Verhandlungsgremiums ist die Vereinbarung nur dann unwirksam, wenn die verletzte Verfahrensvorschrift für das Zustandekommen und den Schutz der Mitglieder des Gremiums als wesentlich anzusehen ist, was der Fall ist, wenn es sich bei der verletzten Norm nicht nur um eine Ordnungsvorschrift, sondern um die Wirksamkeitsvoraussetzung handelt.

XXII. Ist nur ein Teil der Vereinbarung fehlerhaft, ist die Auslegungsregel des § 139 BGB über die Teilnichtigkeit direkt anwendbar.

XXIII. Wird eine Vereinbarung wegen eines Willensmangels gemäß §§ 119, 123 BGB angefochten, wirkt die Anfechtung entgegen der Rechtsfolgen des § 142 Abs. 1 BGB nur ex nunc.

XXIV. Eine nichtige Mitbestimmungsvereinbarung lässt die Bestandskraft der Eintragung der SE in das Handelsregister unberührt. Beruht die Zusammensetzung des Aufsichts- oder Verwaltungsorgans auf einer Mitbestimmungsvereinbarung, erweist sich diese aber als nichtig, wirkt sich dies auf die Zusammensetzung des mitbestimmten Organs nicht aus. Eine Änderung der Zusammensetzung kann nur über die Durchführung eines Statusverfahrens gemäß §§ 97, 98 ff. AktG, 25, 26 ff. SEAG herbeigeführt werden.

XXV. Die Beteiligungsrechte der Arbeitnehmer in der bereits eingetragenen SE können durch Rechtsbehelfe durchgesetzt werden. Wurde die SE eingetragen, obwohl ein Verhandlungsverfahren gar nicht eingeleitet und die Vereinbarung daher gar nicht abgeschlossen wurde, steht als Rechtsbehelf das Amtslöschungsverfahren nach § 142 FGG zur Verfügung. Liegt eine Vereinbarung zwar vor, ist diese aber nichtig oder wurde die SE durch Verschmelzung gegründet, ist das Verhandlungsverfahren analog § 18 Abs. 3 SEBG nachzuholen und die Neubesetzung des mitbestimmten Organs über die Einleitung eines Statusverfahrens (§§ 97, 98 AktG, §§ 25, 26 SEAG) durchzusetzen.

XXVI. Für Streitigkeiten betreffend die Mitbestimmungsvereinbarung bestehen gemäß §§ 2 a Abs. 1 Nr. 3 lit. d, 10, 82 Abs. 3 ArbGG Rechtsschutzmöglichkeiten vor den Arbeitsgerichten.

D.Mustervereinbarung

Der nachfolgende Entwurf einer Mitbestimmungsvereinbarung bezieht sich auf eine dualistisch verfasste SE mit Sitz in Deutschland. Mögliche Regelungen zur Unterrichtung und Anhörung der Arbeitnehmer der SE werden im Hinblick auf das Thema dieser Arbeit nicht dargestellt[891]. Da die Parteien in der Beteiligungsvereinbarung auf Unterrichtungs- und Anhörungsrechte nicht verzichten können, enthält eine die unternehmerische Mitbestimmung regelnde Vereinbarung zwingend auch Regelungen zur betrieblichen Mitbestimmung[892]. Aus diesem Grund ist in der folgenden Mustervereinbarung der Gliederungspunkt Teil II aufgeführt.

Mustervereinbarung zur Mitbestimmung in einer Europäischen Aktiengesellschaft (SE)

Präambel

Die (____[Gründungsgesellschaften]) haben am (____) die Gründung einer Europäischen Aktiengesellschaft (SE) mit Sitz in (____) durch (Verschmelzung/ Holding-SE/ Tochter-SE/ Umwandlung) beschlossen. Auf der Grundlage von § 21 SEBG haben die (____[Gründungsgesellschaften]) und das Besondere Verhandlungsgremium das Beteiligungsverfahren und die Beteiligungsrechte der Arbeitnehmervertreter über die grenzüberschreitende Unterrichtung und Anhörung der Arbeitnehmer sowie deren unternehmerische Mitbestimmung wie folgt vereinbart:

Teil I. Unterrichtung und Anhörung (SE Betriebsrat)

Teil II. Mitbestimmung

1. Zusammensetzung des Aufsichtsrats

Die SE hat sich gemäß § (____) der Gründungssatzung für das dualistische System mit Vorstand und Aufsichtsrat entschieden. (____[Anzahl]) Mitglieder des Auf-

---

891 Eine Mustervereinbarung mit Regelungen zur Unterrichtung und Anhörung findet sich bei *Heinze/Seifert/Teichmann,* BB 2005, 2524, 2526.
892 Siehe hierzu B.III.1.a).

sichtsrats der SE werden auf Vorschlag der Arbeitnehmer bestellt („Arbeitnehmervertreter").

2. Arbeitnehmervertreter im ersten Aufsichtsrat der SE
Die Arbeitnehmervertreter des ersten Aufsichtsrats der SE werden gerichtlich bestellt.

Arbeitnehmervertreter des ersten Aufsichtsrats und Ersatzmitglieder sind:
(Es folgt eine namentliche Aufzählung der Arbeitnehmervertreter, des von ihnen vertretenen Landes und des Ersatzmitglieds.)

Name	Vertretenes Land	Ersatzmitglied

3. Verteilung der Sitze der Arbeitnehmervertreter im Aufsichtsrat
Vorbehaltlich der Regelung Teil II Ziffer 2 richtet sich die Verteilung der Sitze der Arbeitnehmervertreter im Aufsichtsrat der SE auf die betroffenen Länder entsprechend der gesetzlichen Regelung des § 36 Abs. 1 SEBG nach dem jeweiligen Anteil der in den einzelnen Mitgliedstaaten beschäftigten Arbeitnehmern der SE, ihrer Betriebe und Tochtergesellschaften. Maßgeblich ist dabei die Anzahl der Beschäftigten der SE zum (___[Datum oder Zeitpunkt]).
Die Besetzung der den verschiedenen Ländern zugewiesenen Sitze mit Arbeitnehmervertretern erfolgt durch den SE Betriebsrat. Der SE Betriebsrat hat hierbei das Vorliegen der für das Mandat eines Aufsichtsratsmitglieds nötigen Kenntnisse, Fähigkeiten und fachlichen Erfahrungen zu berücksichtigen.
Die Arbeitnehmervertreter im Aufsichtsrat müssen Arbeitnehmer der SE oder einer ihrer Tochtergesellschaften sein oder Vertreter einer in der SE oder ihrer Tochtergesellschaft vertretenen Gewerkschaft.
Für jeden Arbeitnehmervertreter ist ein Ersatzmitglied zu benennen.

4. Abberufung
Ein Arbeitnehmervertreter oder ein Ersatzmitglied kann entsprechend der Vorschrift des § 37 SEBG vor Ablauf der Amtszeit abberufen werden.

5. Anfechtung
Die Wahl eines Arbeitnehmervertreters oder eines Ersatzmitglieds kann angefochten werden, wenn gegen wesentliche Vorschriften des Wahlverfahrens oder die Wählbarkeit verstoßen wurde und dieser Verstoß zu einer Änderung des Wahlergebnisses geführt hat. Anfechtungsberechtigt sind der SE Betriebsrat und die Unternehmensleitung. Die Anfechtung muss innerhalb eines Monats nach dem Bestellungsbeschluss der Hauptversammlung erklärt werden.

6. Rechtsstellung der Aufsichtsratsmitglieder

a) Grundsatz

Die Arbeitnehmervertreter haben die gleichen Rechte und Pflichten wie die Anteilseignervertreter.

b) Benachteiligungsverbot

Die Arbeitnehmervertreter dürfen aufgrund ihrer Stellung als Aufsichtsratsmitglieder weder begünstigt und benachteiligt werden noch in der Ausübung ihrer Tätigkeit gestört oder behindert werden.

c) Freistellung

Soweit dies zur ordnungsgemäßen Durchführung ihrer Aufgaben als Aufsichtsratsmitglied erforderlich ist, sind die Arbeitnehmervertreter von ihrer beruflichen Tätigkeit ohne Minderung des Arbeitsentgelts zu befreien.

d) Qualifizierungsansprüche

Die Arbeitnehmervertreter haben, nach vorheriger Information der Unternehmensleitung der SE und Benennung entstehender Kosten, einen Anspruch auf Teilnahme an Qualifizierungsmaßnahmen. Die Qualifizierungsmaßnahme muss einen konkreten Bezug zur Tätigkeit des Aufsichtsrates aufweisen und die für die Arbeit im Aufsichtsrat erforderlichen Kenntnisse vermitteln. Bei der Festlegung der zeitlichen Lage der Qualifizierungsmaßnahme sind die betrieblichen Erfordernisse angemessen zu berücksichtigen. Die Kosten trägt die SE. Für die Dauer der Qualifizierungsmaßnahme ist der Arbeitnehmervertreter unter Fortzahlung des Entgelts freigestellt.

e) Verdolmetschung

Jeder Arbeitnehmer hat einen Anspruch darauf, dass die Sitzungen des Aufsichtsrats der SE und die Vorbesprechungen hierzu in seine Muttersprache verdolmetscht werden und Aufsichtsratsvorlagen in seine Landessprache übersetzt werden.

Teil III. Schlussbestimmungen

1. Anwendbares Recht

Auf die Vereinbarung findet deutsches Recht Anwendung. Maßgeblich ist die deutsche Fassung der Vereinbarung.

2. Begriffsbestimmungen

Für die in dieser Vereinbarung verwandten Begriffe gelten die Definitionen des § 2 SEBG.

3. Geltungsbereich

Durch die Vereinbarung werden die Rechte auf Unterrichtung, Anhörung und Mitbestimmung der Arbeitnehmer der SE, ihrer Tochtergesellschaften und Betriebe in der SE geregelt. Die Vereinbarung bezieht sich auf die gesamte Belegschaft der SE und der Tochtergesellschaften und Betriebe in der EG, des EWR und (____[Drittstaaten]), die derzeit zur SE gehören oder in Zukunft zu ihre gehören werden. Derzeit sind dies die in der Anlage aufgelisteten Tochtergesellschaften und Betriebe.

4. Inkrafttreten

Die Vereinbarung tritt in Kraft mit Eintragung der (____[Gründungsform]) der (____[Gründungsgesellschaften]) in das Handelsregister.

5. Laufzeit

Die Vereinbarung kann sowohl von der Leitung der SE als auch vom SE Betriebsrat mit einer Frist von (____[Monaten]), erstmalig (____[Jahre]) nach ihrem Inkrafttreten, schriftlich ordentlich gekündigt werden. Das Recht, die Vereinbarung außerordentlich aus wichtigem Grund zu kündigen, bleibt hiervon unberührt. Sofern keine Kündigung erfolgt, verlängert sich diese Vereinbarung jeweils um (____[Monat/Jahr]), wenn sie nicht mindestens (____[Monate] vor Ablauf des jeweiligen Verlängerungszeitraums gekündigt wird. Eine Kündigung nur des Teil I oder nur des Teil II der Vereinbarung ist zulässig.

6. Rechtsfolgen der Kündigung

Die Bestimmungen dieser Vereinbarung gelten bis zum Abschluss einer neuen Vereinbarung fort, längstens jedoch (____[Monate/Jahre]). Wird bis dahin keine neue Beteiligungsvereinbarung abgeschlossen, tritt an die Stelle die gesetzliche Auffangregelung gemäß den Bestimmungen des SEBG in seiner jeweils geltenden Fassung.

7. Wiederaufnahme von Verhandlungen

a) Eine Aufnahme von Verhandlungen hat auch bei strukturellen Änderungen zu erfolgen, die nicht geeignet sind, die Beteiligungsrechte der Arbeitnehmer zu mindern. Das Verhandlungsverfahren richtet sich nach den Vorschriften des SEBG. Die Verhandlungsdauer darf (____[Wochen/Monate]) nicht überschreiten. Kommt eine Vereinbarung hiernach nicht zustande, gilt die ursprüngliche Vereinbarung fort.

b) Strukturelle Änderungen sind Maßnahmen, die, legt man sie hypothetisch zurück in die Gründungsphase der SE, abweichende Voraussetzungen für das Verhandlungsverfahren und damit die Arbeitnehmerbeteiligung in der SE geschaffen hätten.

c) Ein erneutes Aushandeln der Vereinbarung findet im Falle einer grenzüberschreitenden Sitzverlegung der SE statt. Gleiches gilt bei einem Anwachsen oder Abnehmen der Arbeitnehmeranzahl der SE um ( ) %. Das Verhandlungsverfahren richtet sich nach den Vorschriften des SEBG. Bei einem erfolglosen Ablauf der Neuverhandlungen gilt die bisherige Vereinbarung fort.

d) Wird aufgrund gesetzlicher Regelungen oder der Bestimmungen Teil II Ziff. 7 lit. b und c dieser Vereinbarung die Vereinbarung neu ausgehandelt, sind Parteien die Leitung der SE und der SE Betriebsrat.

8. Streitbeilegung
Zur Beilegung von Meinungsverschiedenheiten über Inhalt, Auslegung und Anwendung dieser Vereinbarung werden die Unternehmensleitung der SE und der SE Betriebsrat mit dem ernsten Willen zur Herbeiführung einer Verständigung in nochmalige Beratungen eintreten. Wird eine Verständigung nicht erreicht, kann für die Streitigkeiten über Inhalt, Auslegung und Anwendung dieser Vereinbarung eine Schlichtungsstelle am Sitz der SE angerufen werden.

9. Schlichtungsstelle
Die Schlichtungsstelle entscheidet in allen ihr nach dieser Vereinbarung zugewiesenen Fällen für die Parteien.
Die Schlichtungsstelle besteht aus ( ) Beisitzern und einem unparteiischen Vorsitzenden. Ihre Mitglieder werden von der Unternehmensleitung der SE und dem SE Betriebsrat benannt. Die Unternehmensleitung der SE und der SE Betriebsrat benennen jeweils ( ) Beisitzer. Auf die Benennung der Person des Vorsitzenden müssen sich beide Seiten einigen. Kommt eine Einigung über den Vorsitzenden nicht zustande, bestimmt ( ) diesen mit bindender Wirkung.
Die Schlichtungsstelle bestimmt das Schlichtungsverfahren nach freiem Ermessen. Durch den Spruch der Schlichtungsstelle wird die anschließende Anrufung des Arbeitsgerichts nicht ausgeschlossen.

10. Gerichtsstand
Für sämtliche Streitigkeiten aus oder im Zusammenhang mit dieser Vereinbarung ist ausschließlich das Arbeitsgericht ([Ort]) zuständig.

11. Salvatorische Klausel

Sollten einzelne Bestimmungen dieser Vereinbarung unwirksam sein oder in Zukunft unwirksam werden, bleiben hiervon die Vereinbarung als Ganzes oder einzelne ihrer Bestimmungen unberührt. In diesem Fall nehmen die Unternehmensleitung der SE und der SE- Betriebsrat entsprechende Änderungen der Vereinbarung vor. Können die Parteien sich diesbezüglich nicht einigen, entscheidet die Schlichtungsstelle.

Ort, Datum

Unterschrift der Vertreter der Leitungen der Gründungsgesellschaften
Unterschrift der Vertreter des Besonderen Verhandlungsgremiums

Anlage:
Liste der von dieser Vereinbarung bei Unterzeichnung betroffenen Tochtergesellschaften und Betriebe.

■ FORUM ARBEITS- UND SOZIALRECHT ■

■ Ascheid, Reiner: **Beweislastfragen im Kündigungsschutzprozeß.**
Bd. 1, 1989, 215 + XIX S., ISBN 3-89085-268-8, 24,54 € (vergriffen)

■ Braunert, Ulrich: **Schranken der kollektivrechtlichen Regelung flexibler Arbeitszeitverträge.** *Bd. 2, 1990, 298 S., ISBN 3-89085-490-7, 35,28 €*

■ Oberklus, Volkmar: **Die rechtlichen Beziehungen des zu einem Tochterunter- nehmen im Ausland entsandten Mitarbeiters zum Stammunternehmen** *Bd. 3, 1991, 223 + XLVI S., ISBN 3-89085-510-5, 22,50 €*

■ Urbatsch, Peter: **Grundzüge der betrieblichen Altersversorgung** *Bd. 4, 1991, 514 + LII S., ISBN 3-89085-603-9, 29,65 €*

■ Hübner, Bettina: **Die individualrechtliche Versetzungsbefugnis und Versetzungs- pflicht des Arbeitgebers unter besonderer Berücksichtigung von Schwerbehinderten und älteren Arbeitnehmern.** *Bd. 5, 1992, 233 + XXXV S., ISBN 3-89085-636-5, 24,54 €*

■ Boerner, Dietmar: **Altersgrenzen für die Beendigung von Arbeitsverhältnissen in Tarifverträgen und Betriebsvereinbarungen.** *Bd. 6, 1992, 356 S., ISBN 3-89085-705-1, 35,28 €*

■ Schartel, Klaus: **Rechtsprobleme unternehmensübergreifender Sozialplandotierung** *Bd. 7, 1992, 205 + XXXV S., ISBN 3-89085-711-6, 29,65 €*

■ Fecker, Jörg: **Rechte, Pflichten und Regelungsmöglichkeiten des privaten Arbeit- gebers im Hinblick auf Alkoholkonsum von Arbeitnehmern** *Bd. 8, 1992, 297 + LX S., ISBN 3-89085-709-4, 34,77 €*

■ Schulenburg, Werner Graf von der: **Der tarifliche Rationalisierungsschutz im deutschen und schweizerischen privaten Bankgewerbe** *Bd. 9, 1993, 239 S., ISBN 3-89085-718-3, 29,65 €*

■ Federlin, Ulrich: **Der kollektive Günstigkeitsvergleich** *Bd. 10, 1993, 207 + XXX S., ISBN 3-89085-762-0, 29,65 €*

■ Ricken, Oliver: **Rechtliche Probleme bei der Standortplanung von medizinisch-technischen Großgeräten.** *Bd. 11, 1994, 224 S., ISBN 3-89085-979-8, 35,28 €*

■ Robben-Vahrenhold, Andrea: **Die Haftung der Treuhandanstalt für Sozialplanansprüche der Arbeitnehmer** *Bd. 12, 1995, 142 S., ISBN 3-89085-998-4, 29,65 €*

■ Lohse, Eva: **Grenzen gesetzlicher Mitbestimmung.** Eine Untersuchung neuerer Tendenzen der Rechtsprechung zur Mitbestimmung in Arbeitszeitfragen *Bd. 13, 1995, 194 + XXXIV S., ISBN 3-8255-0053-5, 34,77 €*

■ Poletti, Elisabeth: **Auswirkungen fehlender oder fehlerhafter Beteiligung des Betriebsrats bei der Versetzung auf das Einzelarbeitsverhältnis** *Bd. 14, 1996, 226 + XXII S., ISBN 3-8255-0057-8, 35,28 €*

■ Sievers, Jochen: **Die mittelbare Diskriminierung im Arbeitsrecht** *Bd. 15, 1997, 192 S., ISBN 3-8255-0136-1, 35,28 €*

■ Trefz, Ulrich: **Der Rechtsschutz gegen die Entscheidung der Schiedsstellen nach § 18 a KHG.** *Bd. 16, 2002, 386 S., ISBN 3-8255-0385-2, 34,80 €*

■ FORUM ARBEITS- UND SOZIALRECHT ■

■ Schneider, Monika: **Die Koordinierung der Leistungen der sozialen Pflegeversicherung in der Europäischen Union**
Bd. 17, 2003, 202 S., ISBN 3-8255-0423-9, 26,90 €

■ Kowalski, Nina: **Vom passiven zum aktiven Sozialplan.** Vergleich zwischen dem gesetzlichen Förderungsinstrument der §§ 254 ff. u. d. Transfer-Sozialplan-Konzept des BAVC e.V.
Bd. 18, 2004, 218 S., ISBN 3-8255-0472-7, 26,90 €

■ Schumacher-Mohr, Marion: **Die vorzeitige Beendbarkeit des Anstellungsverhältnisses eines AG-Vorstandmitglieds gegen seinen Willen.**
Bd. 19, 2004, 206 S., ISBN 3-8255-0473-5, 26,50 €

■ Seeger, Silke: **Organisationskonflikte und Tarifvertrag.** Dargestellt am Beispiel der Tarifzuständigkeit der DGB-Gewerkschaften im industriellen Dienstleistungsbereich
Bd. 20, 2005, 218 S., ISBN 3-8255-0474-3, 26,50 €

■ Fandel, Stefan: **Die Angabepflicht nach § 5 Abs. 1 Nr. 9 UmwG**
Bd. 21, 2004, 242 S., ISBN 3-8255-0483-2, 25,90 €

■ Trautmann, Arnim: **Der Vertrag der ärztlichen Gemeinschaftspraxis.** Vertragsarzt-, berufs- und gesellschaftliche Anforderungen unter besonderer Berücksichtigung von Junior-/Seniorpartnerschaften. *Bd. 22, 2005, 398 S., ISBN 3-8255-0526-X, 29,90 €*

■ Rönsberg, Ute: **Die gemeinschaftsrechtliche Koordinierung von Leistungen bei Arbeitslosigkeit.** Die Verordnung (EWG) Nr. 1408/71 und ihre Reformbedürftigkeit
Bd. 23, 2006, 268 S., ISBN 3-8255-0604-5, 27,50 €

■ Wahlers, Ulrich: **Die Umsetzung der Richtlinie über die Arbeitnehmerbeteiligung in Spanien.** *Bd. 24, 2006, 378 S., ISBN 3-8255-0608-8, 30,90 €*

■ Meißner, Matthias: **Familienarbeit in der Alterssicherung nach europäischem Sozialrecht.** *Bd. 25, 2005, 264 S., ISBN 3-8255-0613-4, 27,50 €*

■ Vaupel, Christian: **Die Kompensation von Ungleichgewichtslagen im Arbeits- und Verbraucherrecht.** *Bd. 26, 2006, 354 S., ISBN 3-8255-0639-8, 30,90 €*

■ Dunker, Daniela: **Unternehmensbezogene Tarifverträge.** Rechtsfragen einer unternehmensbezogenen Tarifpolitik
Bd. 27, 2007, 455 S., ISBN 978-3-8255-0635-5, 59,50 €

■ Boller, Sonja: **Die Zuständigkeiten der gewerblichen Berufsgenossenschaften**
Bd. 28, 2006, 308 S., ISBN 978-3-8255-0662-9, 29,50 €

■ Norda, Henriette: **Der Anspruch auf Elternteilzeit – de lege lata und de lege ferenda**
Bd. 29, 2008, 286 S., ISBN 978-3-8255-0699-5, 27,90 €

■ Naber, Sebastian: **Der massenhafte Abschluss arbeitsrechtlicher Aufhebungsverträge.** *Bd. 30, 2009, 312 S., ISBN 978-3-8255-0720-6, 29,90 €*

■ Gawlick, Jörg: **Die stufenweise Wiedereingliederung arbeitsunfähiger Arbeitnehmer in das Erwerbsleben nach § 28 StGB/§74 StGB 5.** Eine arbeitsrechtliche Betrachtung
Bd. 31, 2009, ca. 380 S., ISBN 978-3-8255-0725-1, ca. 35,– €

■ Willemsen, Alexander: **Einführung und Inhaltskontrollen von Ethikrichtlinien**
Bd. 32, 2009, ca. 200 S., ISBN 978-3-8255-0732-9, ca. 35,– €

MIX
Papier aus verantwortungsvollen Quellen
Paper from responsible sources
FSC® C105338

If you have any concerns about our products,
you can contact us on
ProductSafety@springernature.com

In case Publisher is established outside the EU,
the EU authorized representative is:
Springer Nature Customer Service Center GmbH
Europaplatz 3, 69115 Heidelberg, Germany

Printed by Libri Plureos GmbH
in Hamburg, Germany